資源化される「歴史」

中国南部諸民族の分析から

長谷川 清・河合洋尚 編

風響社

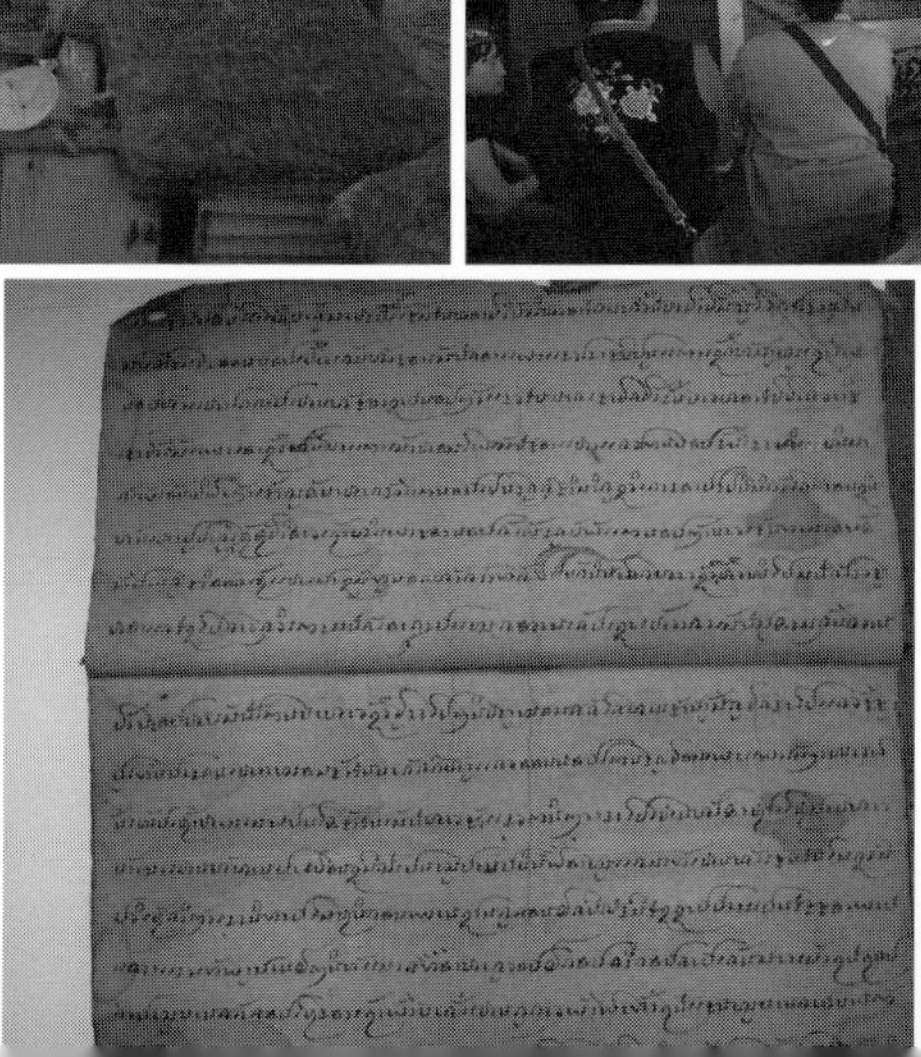

目次

●第二部　媒体の多様性と歴史表象／歴史叙述

●第三部　歴史のアーカイブ化と景観の資源化

装丁＝オーバードライブ・前田幸江

●資源化される「歴史」——中国南部諸民族の分析から

序

長谷川　清

一　問題の所在――「歴史」の資源化における中国的文脈

本書は、多民族国家・中国における「歴史」の資源化をめぐって、中国南部地域の諸民族を中心に、さらには比較の観点から中国東北・西北部、東南アジア大陸部などの隣接諸民族の事例も含めつつ、その動態的な過程や多様なかたちを民族誌資料に基づいて検討することを目的としている。近年、中国の影響力が強まり、日本や世界に多大な影響を及ぼしており、中国に対する関心の高まりとともに、これまで以上に複眼的かつ多面的な中国理解が必要不可欠になっている。

漢族と少数民族からなる「統一的な多民族国家」として自己を定義する中国では、地理・民族・宗教・文化などの多様性や歴史の重層性を特色とし、地域性を形成している。親族、宗族、村落・地域社会、エスニック集団など、様々な属性を帯びる社会集団が交錯して歴史的に形成されてきたローカルな政治空間や社会体制があり、多様な基層社会を形成している［Liu and Faure 1996, Zang 2015］。こうした状況に対しては、政治や経済、国際関係といった視点からの分析だけでは十分な理解が得られず、実地調査を通じて中国という全体社会にアプローチしてきた文化人類学が探究していかねばならない現代的課題も多いのである［Harell 1995, Rossabi 2004］。

改革開放以後の現代中国で進行している諸問題の解明には、中国の基層社会の多様性に基づき、資源をめぐる対立や競合、あるいはその歴史的変遷や動態を対象化する方法が有効とされ、各種資源の様態やそれらをめぐる利益集団の関係性、資源化の過程が分析されている［伊藤　二〇一二］。資源論的アプローチの必要性は経済的な領域だけにとどまるものではない。政治的、社会的、文化的な領域においても同様の意味で不可欠である。また、かつての中国王朝の統治体制のもとで存続してきた伝統的な歴史観や歴史意識は、今日なお中国社会の論理を形づくっており、近・現代中国になって以降は歴史認識の形成や政治的動員において中国的な特色を持つナショナリズムの潮流を生み出している［西村　二〇〇四、ワンジョン　二〇一四］。

ここで注目しておきたいのは、〈歴史の資源化〉（以下、歴史の資源化）とでも呼ぶべき興味深い現象が今日中国各地で進行しているという点である［塚田編　二〇一六：四］。問題領域のイメージを以下のような光景や現象によって示しておこう。

多民族が混住する地方都市のコミュニティ区域や公共的空間において、諸民族の表象物やシンボルなどが展示され、「中華民族」の一体性を表すものとして、多民族間の共存や融和、団結が強調されている。創世・起源神話や伝説上の英雄のモニュメントやレリーフ（浮彫りの造形物）が観光スポットの一角に建立され、民族歌舞の文芸公演や諸民族の祝祭イベントが頻繁に行われるようになっている。太古の神話・伝説の時代から始まり、歴代の王朝統治、中国革命や抗日戦争への参画を経て、諸民族の団結によって中華人民共和国が成立し、今日の改革開放の時代へと至るまでの長い歴史が連綿と書き綴られている編年体の形式による民族史や様々なジャンルの民族文化をテーマとした書籍が多数刊行され、書店の一角を占めている。歴史的な出来事や題材を扱ったテレビドラマや映画作品が多数制作され、教養・娯楽作品として放映、消費されている。歴史的建造物の修復や再現、著名な文化人や政治家、民族エリートの記念館・旧居の整備や保存などによって地域のアイデンティティ構築やブランド化を進め、観光地としての特色化を図るようになっている。国境地域では隣接しあう諸民族が長い交流の歴史を有し、互いの文化形成に深く関与しあってきたという語りやそれを具現化したイベントが開かれ、国境に跨がる地域間の経済・文化交流の機会となっている、等々。

以上は、筆者がこれまで現地調査を行ってきた雲南省の国境地域（西双版納、徳宏等）での見聞をふまえて列挙してみたものだが、中国の他地域においても同様の事象が確認できるのではないだろうか。そして、これは様々なレベルで歴史や記憶の掘り起こし、想起の作業が進行していること、国家としての統合を図るべく民族間の融和や団結を謳い、多元的な民族文化の共存を志向するナショナリズムの対象に、歴史・記憶が資源として活用されつつあることを示唆し、教育、啓蒙、娯楽などの社会的ニーズに応えるために、多様な媒体（メディア）が動員されていることを意味している。

本書において扱われる「資源化」という用語は、資源人類学［山下　二〇〇七］でいうところのそれを出発点としているが、本書ではその意義をふまえつつも、近年の市場経済化、グローバル化の進行との関係だけで資源化を理解することだけでは十分とは言えず、長い王朝統治の歴史を有する文明社会であった中国の歴史的、政治的、社会的文脈との関係において資源化の展開を捉えておく必要があるという立場をとっている。早くから文明化し、文字文化を発達させた中国社会では、漢字という記録媒体を基本とした歴史の記録化・史料化（＝アーカイブ化）が早くに起こったし、前近代における長期にわたる王朝体制のもとで形成された商品経済の伝統がある。広大な市場経済圏が形成され、都市社会が出現し、歴史などの知識や教養・文化が流通し、民俗社会に浸透したのである。

中国社会において、漢字という文字媒体が歴史の資源化にどのように関わっているか。中国の政治・経済システムといかなる関係にあるのか。特定の主体や集団がローカルな文化的実践の場において紡ぎ出した「歴史」は、為政者や権力組織によってどのような加工と操作の対象とみなされ、より包括的な中国社会の文脈に再配置されていくのであろうか。

これらの問いは、中国における歴史の資源化を検討していく際、看過できない検討課題である。歴史や文化を消費する行為は中国社会の伝統でもあり、それは政治的な権力関係や文化的実践の成果として生み出されたものである。歴史の資源化は実用価値的な側面だけでなく、様々な認識主体が自分たちの正当性とアイデンティティの維持を担保しようとして構築される側面を有する。すくなくとも言えることは、歴史の資源化を近年の市場経済化のもとでの動きと捉えるだけでは、中国的文脈や特色について十分には解明できないだろう。中国的文脈において歴史とみなされたものがすべて市場経済によって資源化されていくとは限らないし、何が資源化されるかは当該の集団やコミュニティが属する歴史・政治的文脈や社会経済的状況の違いによっても異なっている。また、資源化を促す力が何に起因するのかについては、諸民族の歴史や集合的記憶が多面性や重層性を有する点をふまえて、それらが公式的な歴史表象や歴史叙述へと転換される過程だけでなく、「中華民族」の一体性という語りとの接合やそれへの包摂についても視野を広げて分析していく必要がある。

本書のもととなった研究プロジェクトは二〇一四年一〇月から二〇一八年三月までの期間、国立民族学博物館共同研究会〔資源化される「歴史」——中国南部諸民族の分析から〕として開催された。ここに参加したメンバーは、これまで中国南部および周辺地域の諸民族の文化資源（＝民族文化資源）を焦点化し、中国的文脈において諸民族の表象行為や文化資源、資源化のポリティクスなどがどのような特徴を有するかについて関心を共有し、共同研究を続けてきた。多様な主体間の権力関係や歴史的・地域的布置において、諸集団の来歴を語る神話や伝承、風俗習慣、族譜、宗教儀礼、建造物、文化的景観、祝祭イベントなどが資源として戦略的に選び取られ、その表出や利用をめぐってせめぎあいの場が生成される点などについて、現地調査において収集した民族誌資料による比較分析を行ってきた［武内・塚田編　二〇一四、塚田編　二〇一六］。

共同研究会は民族文化資源に関する国立民族学博物館の研究プロジェクトで得られた知見や成果をふまえてスタートした。歴史の資源化をめぐる議論の方向性はこれらの延長線上にあるとも言えるが、資源化の意味内容や捉え方は資源人類学に依拠しているとはいえ、各自の関心領域や力点は異なっている。(1) 歴史は、潜在的な可能性の束（＝資源）とすることもできるし、そうした資源化による文化的産物でもあるが、実地調査によって収集した民族誌資料を中国社会の多様な文脈性のなかで多面的に検討していくことを重視している。共同研究会を通じて得られた共通認識では、資源化という包括的な概念だけで多様な媒体によって進行する歴史の資源化の内実を明らかにすることには限界があり、歴史研究における「記録化」、「史料化」、「歴史化」、「アーカイブ化」などの分析概念も同時に必要となる。とくに、アーカイブ化の概念は重要であろう。文字テキスト以外の景観や身体技法など、有形・無形の文化資源を含めた幅広い領域に関わる概念と捉えておきたい。また、ナラティブ（物語）と歴史の資源化の関係、資源化に作用する最上位の「想像の共同体」としての「中華民族」という枠組みや概念の重要性、歴史の資源化においては誰が何のために誰に対してどのように資源化を行うのかも問題となる。さらには、歴史を資源化していくことで何を創出しようとしているかなどについても地域間・民族間の比較が必要である。しかし、歴史哲学によくあるような抽象性の高い思弁的な議論を回避するためには、「歴史として記述」や「人に歴史を感じさせる物質的な媒体」に限定した比較分析が生産的であるとの共通理解を得たことは有意義であった。以下の三つの問題視角から、歴史の資源化における中国的文脈の解明をめざし、中国諸民族の社会・文化研究における資源論的アプローチを刷新していきたいと考える。(2)

1　歴史・記憶とアイデンティティ

「歴史とは何か」という問いに対して、しばしば指摘されるのは、歴史という概念が「過去に起こった事柄」と「過去についての記述」を意味している点である。歴史は「起こったこと」や「語られたこと」をめぐって多様な諸主体が関わりあう状況で紡ぎ出される、過去についての解釈や想像による構築物である。また、過去に生起した事実のすべてが歴史となる訳ではない。ナラティブ（物語）の性格を持ち（以下、物語）、特定の関心や価値判断に基づく取捨選択によって組織化された過去についての知識の集積である［野家　二〇〇五］。

歴史という言葉は「歴」と「史」からなり、それぞれに意味があるが、ヒストリーという意味での歴史は中国語起源のものではない。日本語の「歴史」は、英語のヒストリーの訳語として明治時代に新たに作られた言葉で中国古典にはわずかな用例しかなく、「歴史」という語を冠した著作が江戸時代に翻刻されてすでに広まっていたため、この語がヒストリーの訳語として借用され、普及したのだという［佐藤　二〇〇四］。史学概論でしばしば説かれるように、歴史という用語には、さらに詳しく検討を加えれば、①「過去の現象事実」（＝実際に起こったこと）、②「過去現象の記録」（＝実際に起こったことの記録）、③「記録による展開」（＝歴史家による叙述＝歴史叙述）、④「体験していない人も共有すべきものとして語り継がれるもの」（＝集団の歴史）の四つの意味があり、多層的である点が指摘されている（この意味でのヒストリーは、近年の文化人類学において「歴史主義（historicism）」と呼ばれることもある）［鹿島　二〇一七］。

中国社会を対象とする文化人類学において、編年や時系列的な把握を第一義としない「歴史」の研究に取り組むことは必ずしも容易なことでない。仮にある特定の時空間で生起した歴史的出来事に対する解釈を試みるにしても、漢籍史料や文献記録、文物、史跡についての理解、時代・地域・テーマごとに細分化された歴史学の研究成果の摂取が要求されるばかりでなく、中国文明という長い伝統を有する全体社会の複雑な政治権力構造や地域社会、民族間関係の実態把握など、いくつもの課題がある。中国史研究では時代・地域・テーマ・王朝・制度などの諸分野に細分化され、分業化された歴史学的研究の分厚い伝統があるばかりでなく、史・資料の読みや解釈のレベルから歴史叙述の様式、学術用語の使い方に至るまで細かく専門化されている〔礪波・岸本・杉山編 二〇〇六〕。

中国における歴史とは何かについて確認しておこう。中国古典において「歴」とは過去の事件全般やその経緯を表し、「史」とは書かれた記録を意味する。天命に基づく世界の運行がすなわち出来事や事件として記録の対象となり、これを管理する役人（史官）によって書かれ、保存・編纂される。また、長い王朝支配の歴史を有する中国において歴史認識の根幹をなすのは「正史」である。これは、公式に編纂された王朝の歴史書のことであり、司馬遷の『史記』に始まって、これ以後、各王朝の正式な歴史記録である「二十四史」あるいは「二十五史」が代表的である。「正史」はすべて「紀伝体」で書かれている点に特徴があるが、皇帝の命を受けて歴代王朝の為政者が編纂するのが慣例であった。紀伝体とは本紀（皇帝を中心とする帝国支配の歴史記述）、列伝（臣下や諸外国についての記述）、志（個別分野の記述）などからなる。正史の記述は各王朝によって整備されていくが、正史が紀伝体によるのは皇帝を中心とする支配を正当化するためである。正史は公式見解であった。歴史書と歴史叙述のこうした伝統が中国社会では継承されてきたのである〔岡本 二〇一六、竹内 二〇〇二〕。

これに対し、本書が対象としている歴史は、歴代の中国王朝が編纂した歴史書に記録される事象や出来事そのものではなく、仮に文字による記録があったとしても断片的であり、個人や集団で民間に保持される記憶や非文字資料などで補ってはじめて考察を可能とするそれである。そして、関連する史料や文物の多くは民間のエリートや知識人、民衆によって生み出されたものである。文字や口承による過去の出来事やそれについての語りは、いかに詳細な内容を有していたとしても過去そのものではない。史・資料は過去の断片を示す痕跡や記号でしかないのである。

歴史学の方法論や理論についての概説書をひも解けば明らかなように、近代歴史学の成立以後、出来事や歴史的事実、歴史叙述、歴史認識、歴史観などをめぐって長い論争がある。アナール学派による全体史の提唱、集合的記憶、物語、文化史、ミクロヒストリーの手法など、多様な観点や分析手法によって問題領域が形成され、その影響は歴史学のみならず、人文学の諸分野に広がっている。今日、「集合的記憶」〔アルヴァックス 一九八九〕、アライダ・アスマンとヤン・アスマンによって理論化された「文化的記憶」〔アスマン 二〇〇七〕、「社会の記憶」〔コナトン 二〇一一〕などは、歴史や記憶をめぐる議論において必要不可欠な概念となっている〔岡本 二〇一六〕。アルヴァックスは歴史家によって書かれ、学校や書物で学ばれる「書かれた歴史」と区別し、集合的記憶を「生きている歴史」と呼んでいるが、記憶とは、ある共同体においてすでに存在する社会的枠組みによって構築され、共有される歴史的な出来事についての語られ方の総体であり、過去についての集合的記憶と個人的記憶の混在する領域から支配的な言説や自己物語が生成してくる点が重要である〔片桐 二〇〇三〕。他方、文化人類学では、歴史が日常的な生活世界において現在の社会的状況の解釈や説明に用いられる点に着目し、事実や出来事が人々によって記憶され、想起され、主観に基づいて取捨選択されるといった、歴史が紡ぎ出される過程やそうした場の様態、媒体の問題に関心を示す傾向がある〔関編 一九八六、須藤・山下・吉岡編 一九八八、森編 二〇〇二〕。

中国でも歴史と記憶に関する上述の議論には関心が集まっており、歴史に関わる集合的記憶が「歴史記憶」と定義され、その意義について認識が深まりつつあるだけでなく、中国社会を構成する多様な集団や民族のアイデンティティの動態を分析するうえで有用な概念として定着している〔王明珂 二〇〇三・二〇〇六〕。しかし、中国諸民族のアイデンティティの動態分析や民族誌研究ばかりでなく、中国各地の伝説故事、歴史事件、歴史人物などに対する社会史研究の成果も蓄積されつつある〔郭 二〇一六・二〇一七〕。多民族構成が顕著な政治的、社会的、文化的状況下におけるエスニック集団の歴史・記憶研究では、アイデンティティの形成や創出をめぐる民族間のポリティクスの文脈において過去の集合的、歴史的記憶がどのように資源として利用されているのか、エスニック集団間の複雑な力関係と社会経済的文脈において歴史・記憶にいかなる読み替えや再解釈が進行するのかなど検討課題は多いと言える［Denton 2014］。

2　媒体の多様性と歴史表象／歴史叙述

中国では多様な媒体を介して歴史は表象され、それを活用、操作する主体も複雑に関与して多様な意味づけがほどこされている。中国諸民族には漢族も含めて、起源神話や移住伝説、他集団との対立や葛藤、災害などにまつわる出来事に関して、有形・無形の文化資源が多数ある。歴史・記憶を伝承し、歴史を表象する媒体は大きくわければ、文字媒体と非文字のそれに区分できる。前者は史書、地方志、族譜、家譜、日記、小説、教科書などの書かれた記録、後者は口頭伝承、儀礼、記念館、博物館、歴史的建造物、史跡・遺跡などである。中国南部の諸民族について言えば、漢字という文字媒体による記録の蓄積がある一方で、碑文、民族独自の文字テキスト、口頭伝承、宗教儀礼・祭祀、舞踊など、多様な形態と様式がある。

歴史を書くという行為は、特定の歴史的素材に対して、書き手となる主体が利益や目的、観点に立って、特定の人物やその行為、出来事などから、書き手という主体が重要と思われる素材を取捨選択し、物語として組み立てていく作業である。その際、書く側と書かれる側や対象となる事物の間には、想像力やイメージをも含む様々な力が作用し、複雑なポリティクスが展開される磁場が生み出される。すなわち、そこでは無数の歴史的「本源」から、様々な歴史の細片をハイブリッドな形で縫合して構築した資源化が進行する。中国的文脈において歴史を資源化する主体は、各級政府、研究者、知識人、マスメディア、一般民などがあり、そうした複数性が互いに対立、交渉、妥協しあいながら資源化の潮流を作り出している。「書かれた歴史」はいかなる意味でもテクストとしてのそれであり、過去の事実の総体を示すものではない。ストーリーによって成り立つ物語であり、常に新たな解釈や表象行為の結果として現れてくる。正統とされる「単数の」歴史のほかに、知識人や民衆が様々に認識する「複数の」歴史が存在する。したがって、公定の史観やイデオロギーに基づく「単一の」歴史ではなく、複数性を特徴とし、多様な社会的状況や複雑な関係性を背景に、矛盾や齟齬、不一致を内包していると言える。

また、歴史を資源化していく実践とアイデンティティ構築の関係は動態的で可塑的である。それは境界づけられた自己の内部における価値づけとは異なり、外部からは負の評価を与えられる状況も起こりうる。結果として、歴史上の人物や出来事をめぐる解釈や叙述には、同意・承認、改編・改作、追加・加筆、削除・棄却といった複雑な取捨選択の力学が展開するのである。したがって、こうした動態的な過程に焦点を合わせることによって、公式的で「正統」な歴史の創出・編纂の制度的な仕組みが明らかになることが予想される。この他、歴史的素材は他者による加工や脚色、再解釈がほどこされ、小説、教科書、戯曲、舞台芸術など、多様な形式のテクストへと移し替えられる側面を持っている。

近年の中国では、博物館、記念館、学校での歴史教育、映画、テレビドラマなどの分野ではそうした状況に拍車がかかっていると言える。多民族国家の中国において、書かれつつある諸民族の「歴史」は多かれ少なかれ、上述したようなポリティクスの産物であるとみなすならば、歴史を書くという作業は政治性を内包していると言えよう。そして、まさにこの点が「中華民族」の復興という今日の中国が抱える国家的課題と接合していくのである。

3　歴史のアーカイブ化と景観の資源化

中国には史跡や古鎮、歴史的建造物、村落その他の歴史・文化的景観が数多く残っている。これらは今日、地域のブランド構築や観光化戦略において、博物館や記念館といった公共的な性格を持つ文化的施設とともに、ノスタルジア（郷愁）や歴史的な雰囲気を創り出す文化的装置として関心が高まり、一定の役目を果たしている。中国では近年、物質／非物質も含め、文化遺産の保護・保存が重視され、各地における集合的・歴史的記憶を記録するプロジェクトが展開されている。記憶の記録化には科学技術の著しい発展が加わり、記録は量的にも質的にも大きく変化したが、それにともない従来の記憶と記録との間の境界は変容し、相互に交錯しあう状況が生まれている。様々なレベルの記憶を掘り起こしていく作業は今後も重要だが、歴史資源の文字テキストの作成・編集、アーカイブ化についての事例分析が今後必要になると思われる。

中国において歴史・文化資源として価値を有する事物にはそれぞれに歴史的な来歴がある。それは、中華帝国の長い歴史的過程で形成されてきた重層化した歴史的過去の堆積物である場合もあれば、近・現代の中国革命の展開、社会主義への体制転換後の再評価によるものなど、様々である。なかでもエスニック集団にとって過去や現在を展示すること、「解放」という偉業に関わる中国革命の歴史や革命の聖地・記念碑を展示すること、海外に移住した人々にとって愛郷心やローカリティ（地方色・地域性）の拠点をつくることなどは、国家や地方政府、地域社会の重要な文化政策となりつつある。こうした景観（外的景観）だけではなく内面的な心象風景に支えられた景観（内的景観）の創出と活用という視点から、歴史の資源化を検討することも現在進行中の歴史の資源化を明らかにするうえで不可欠な検討課題である。景観は中国という国家の内外における多様な社会集団を国民や民族としてまとめあげる時空間を構成する役割を担うが［河合編　二〇一六］、歴史に由来する景観はナショナリズムやノスタルジアの対象でもあるからだ。

現在、中国では市場化にともなって消費主義が急速な勢いで拡大しており、人々の日常生活の様々な場面に多様な歴史が配置されている。歴史の価値あるいはその資源性は、国家というナショナルな境界を有する特定の全体社会の文脈を基盤としつつも、その外部の社会も含めた消費者との関係性のなかから、その都度生じてくるように思われる。しかも、歴史を消費する人々は当該のコミュニティや社会集団、民族だけとは限らない。観光化を契機として資源化される少数民族の歴史の場合、それを資源として利用・活用して利益を追求する人々はむしろ外部者であるとも言える。アカデミズムや研究者といった従来の書き手、すなわち歴史を生産する側からばかりでなく、多様な社会的ニーズを有する歴史を消費する側に立ち、資源化やアーカイブ化の動きを捉えていくことも必要であろう。

二　本書の構成

歴史の資源化における中国的文脈を明らかにするために、前節では三つの問題視角を設定した。本書は、この枠組みに従い、①歴史・記憶とアイデンティティ（第一部）、②媒体の多様性と歴史表象／歴史叙述（第二部）、③歴史のアーカイブ化と景観の資源化（第三部）、という構成で、一三本の論考を収めている。もちろん、これらの三つの枠組みはあくまで便宜的に区別したものにすぎず、相互に関連している。それゆえ、一人の執筆者が、以上の三つの枠組み全てに言及していることもある。ただし、三つの部に分けることでみえていくものもあるため、以下、各部のポイントを紹介していこう。

第一部　歴史・記憶とアイデンティティ

第一部では、中国国内・国外でのローカルな地域社会あるいはエスニック集団の移住の歴史・集合的記憶が、集団形成やアイデンティティ構築の場において、資源としてどのように活用されていくのかをミクロ・マクロ両面の分析視角から検討する。

塚田誠之「三江県の『六甲人』の『侗化《トン》』に関する一考察」は、広西壮族自治区の三江県を主に居住する「六甲人」と称される集団を事例に、その起源に関わる移住の歴史伝承、チワン（壮）族やトン（侗）族などの他集団との関係、言語・習俗の異同などに注目し、同族としての自己意識の保持やアイデンティティ構築にとっていかなる資源となりうるかを検討している。六甲人にはその移住の時期や他集団との関係において地域差があり、自己意識や文化的内容における違いがある。塚田は、侗族地域に再移住をし、侗族の影響を受けて侗族になった人々の歴史を主に扱っている。すなわち、すでに人民共和国成立以前に侗族地域に再移住し侗族になった人々においては、年末の儀礼や姓の祭りの社祭への変化、曹姓における牛肉食の禁忌、「六甲から来た」という歴史意識の存在など六甲人としての独自性を主張する要素が認められる。彼らは侗族の一員であるとともに、六甲人であるという多重の帰属意識を持っている。六甲人の同族意識の表れの一つとしては、族譜の編纂、始遷祖・曹大禧公の墓地の建設と整備、六甲人の宣伝用ＤＶＤの作成と地域社会での流通という現象が起きている。この動きは、各地で進行している近年の民族の枠組を越えた族譜編纂や祖先伝来の歴史への関心の高まりに対応しているが、六甲人の場合、公定民族の枠組みからこぼれ落ちる人々による自分たちのアイデンティティの維持と集団存続のための文字化（族譜）や墓地整備という形で、歴史の資源化が起こっているとする。また、六甲人の間でのネットワークの強化、六甲人意識の活性化も指摘できるとしている。

国家の政策によって新たに生まれた「民族」には、よりローカルなレベルでは、集合的記憶を共有する集団が存続している。社会主義化や経済開発の展開のもとで大きく変貌を遂げたとは言え、より基層の部分に移住などを契機として形成された共通の歴史・文化の記憶が堆積している事例は多くある。塚田の考察は、こうした問題検討の必要性を促している。

松岡正子「二〇〇八汶川地震後のチャン族の都市移住と村規民約」は、二〇〇八年汶川地震後にチャン（羌）族農村部において多出した都市移住について、ミクロ・リージョンの分析視角を援用して検討している。この概念は、移住先の都市部と移住元の農村部を一体化された空間として捉える点に有効性があり、被災後のチャン族社会の動態を明らかにするうえで有益である。すなわち、チャン族の移住者と故郷の農村との間にはネットワークが形成されており、村規民約（習慣法）が機能しているとする。チャン族の都市移住者は、村民としての権利・義務を持ちつつ、都市部で「他者集団」として暮らすことを選択し、その際、村規民約は重要な役割を果たしている。村規民約には村の歴史の記憶が反映されているが、チャン族は文字を持たない集団であったため、石碑、口頭伝承、文書の三種類の形式がある。

松岡は、都市部に移った住民の多くが戸籍を旧村に残したままで農地を保有し、退耕還林の補償と入山権を確保するという選択をしている点に注目するが、それは、移住者が移住先に戸籍がないため都市部の政府や居民委員会の管轄外となるためである。被災後、村規民約には新たな条項が追加され、住民たちが活動する空間の拡大に対応した形となっており、社会関係を維持する資源として活用されている点を明らかにしている。

農村から都市への移住という現象は広く見られる現象であるが、自然災害による移住の選択であるとはいえ、移住後の集団が様々な形で移住前の村落との間にネットワークを構成する点に関して、慣習法の実態を視野に入れた興味深い調査報告となっており、今後の比較研究が可能な分析視角を提供している。

稲村務「『歴史』の資源化——台湾に逃れたハニ族土司を事例として」は、中華人民共和国の成立後、台湾に逃れたハニ（哈尼）族土司への聞き取り調査に基づく個人史を、国共内戦のマクロな構図のなかでたどりながら、台湾における歴史の資源化について検討している。歴史をある種の「社会工学」として捉え、それを使う主体を形成するという観点から分析していくが、「記憶」から「史料化」へ向かう動きとしての「歴史化」と、それを政治手段などに利用する「資源化」とを区別し、これが台湾政治の変遷過程でどのような現れ方をするかを視野に入れて考察している。すなわち、一九四九年から一九五四年の第二次国共内戦後、雲南省からビルマ国境で戦った中華民国軍は「泰緬孤軍」というカテゴリーによって総称されるが、稲村が調査対象とした人物もそのなかの一人である。土司の歴史は、中華人民共和国では「解放」の物語に位置づけられ、土司史として「歴史化」していくのに対して、台湾の側ではこれと同じ軌跡をたどってはいない。一九八〇～九〇年代には忘れられた存在となる。二〇〇〇年代に入って再び、「本土化」（台湾化）の対抗イデオロギーによって「資源化」「歴史化」が進んでいくとする。「泰緬孤軍」としての土司個人の経歴は共和国と台湾でそれぞれ「歴史化」しているが、別々のイデオロギー的な物語によって「資源化」されている。「アイデンティティに抗する歴史」がハニ＝アカ族の「内的歴史」であったが、土司自身の持つハニ族のエスニシティとしての「歴史性」は土司でありながらも「内的歴史」のそれであった。アイデンティティの政治をかいくぐってなるべく「名」を残さぬように生き延びてきた人であったと結論づけている。

雲南省の国境地域には、中華人民共和国の成立期まで多くの土司が政治制度として存続したが、社会主義改造によってその地位や身分は解体する。稲村が出会ったハニ族土司の個人史は複雑な政治的状況とアイデンティティの問題を照射している。

韓敏「歴史に関する集団的記憶とその資源化――中国東北地域瀋陽のシボ（錫伯）族の事例を中心に」は、シボ族の「西遷」という歴史的出来事に関する記念行事およびその国家無形文化遺産登録に焦点をあて、エスニック集団としての集合的記憶の資源化とその活用について検討している。

シボ族は中国東北部の嫩江流域を原住地とし、ツングース系言語を話す民族である。大半が遼寧省に居住するが、遠く離れた新疆ウイグル自治区にも居住している。清朝の時代に「八旗」制度への編入が段階的に行われ、二回の集団移住（一七世紀の「南遷」、一八世紀の「西遷」）を経験した。国家戦略として行われた大移動の歴史については、シボ族の族譜、ラマ教寺院にある石碑や清朝の公式文書など、様々な媒体によって記録されており、シボ族の間で集団的記憶として共有されている。近年、東北と新疆のシボ族の人々がこの歴史的出来事を記憶する記念行事の「西遷節」が国家無形文化遺産に登録されたが、その拠点となるシボ家廟は祖先を偲ぶ場所、自己のルーツを確かめる場所として、儀礼的結集の聖地として機能している。そして、清朝の国家統一への貢献として、中国政府は「西遷節」を中華民族の英雄の顕彰や愛国主義の称揚の重要な機会とみなし、多民族共生のための公共的空間としてシボ家廟を愛国主義教育基地、多民族共存教育基地に認定した。さらにはシボ族と他の民族との差異化を示すエスニック・シンボルとして表象し、シボ族のテーマパークやグリーンツーリズム、地域文化、芸能、都市の公共政策など、様々な分野で利用されている点を論じている。

韓敏によるシボ族の事例研究では、中国のエスニック集団のアイデンティティ構築と歴史の資源化にアルヴァックスの集合的記憶の枠組みを導入する一方、「王朝統治の歴史が長い多民族国家の中国において、ある民族集団の記憶の構築とその資源化を語る場合、国家や行政による介入に対する注目は不可欠」であるとし、歴史研究との接合も図っている。「中華民族」の一体性がどのように物語として構築されていくのかについて有益な視点を提供している。

第二部　媒体の多様性と歴史表象／歴史叙述

第二部では、媒体の多様性を歴史の表象行為やテクスト化、歴史叙述をめぐるポリティクスとの関係で検討する。漢字その他の民族文字、宗教儀礼、年代記、歴史書編纂の問題が扱われる。

吉野晃「タイ北部におけるミエンの歴史資源化」は、中国南部から東南アジア大陸部への移住を繰り返したミエンが保持してきた各種の漢字文書を、ジャンルごとに歴史資源としての活用の有無を検討し、祖先の来歴を観念的に対象化した〈飄遙過海〉という定形句で示されるジャンルだけが彼らの歴史認識に関わっているとし、そのバリエーションを比較検討していくが、「集団の歴史を対象化したものを、展示や集団アイデンティティの維持などに活用すること」や「どの集団の歴史を資源化して利用するか」に留意している。その結果、漢字文献を豊富に有するミエンにおいて、その大半をなすのは道教・法教系の経文であり、歴史の資源化がないこと、「祖圖」と呼ばれる祖先の葬地を記した書や「評皇券牒」などにおいては、各家の祖先の移住経路を記録している媒体（祖圖）、民族アイデンティティの物質的媒体（評皇券牒）ではあるが、内容面での歴史資源化ではないことが明らかにされる。

〈飄遙過海〉のストーリーは、南京（或いは南海）八万山にいた十二姓傜人（ミエン）がある時、大干魃にあったのを期に、航海と陸路で移動し、途中での困難に際しては〈盤皇（盤王）〉〈唐王〉〈五旗兵馬〉などに祈願し、危機を乗り越え、各地へと移住していくという物語である。彼らの祖先の来歴は〈飄遙過海〉という定形句に対象化されている。この〈飄遙過海〉は単一のテキストではなく、〈盤王〉祭祀系の経文、〈歌堂〉儀礼、婚礼の儀礼文書「親家礼書」、歌、個人の書き付け、廟における〈盤王〉像など、多様な媒体によって伝承されている。複合的な媒体に分化して対象化されることで、歴史資源として利用されている。そして、〈飄遙過海〉という観念を前提として展開された様々な媒体によって、ミエンの人々は祖先の「歴史」的事象を再認し、自らのよって来たる所以を確認し、民族アイデンティティの構築に活用している。〈盤王〉などの神像は、〈飄遙過海〉を背景とした歴史認識を物質的に対象化し祭祀対象としている点で、新たな展開が起きていると論じている。漢字を受容したエスニック集団の典型とされるミエンの移住の歴史が、文字テキストではその範囲が限定的であり、その継承においては非文字媒体や身体的記憶に依存する点を明らかにしている。

野本敬「イ族にみる『歴史』の構築とその素材」は、中国西南に居住するイ（彝）族のうち、雲南省・四川省・貴州省の交界地域を地盤とする東部方言群の集団が伝承してきた伝統的なイ文字の特徴や漢籍、族譜、石碑といった各ジャンルの媒体、中華的秩序の文脈における「正統的」で「公式」の歴史叙述との関係などを幅広く検討している。同地域のイ族は「長編叙事史詩」を多数伝承されることで知られる。イ族の上層社会を占めるエリート層は、始祖伝説「六祖神話」をはじめ、神話・英雄譚、氏族の系譜・源流・移住などが混在した〝叙事詩〟を自らの「歴史」としてアイデンティティを共有し、複数の「小国家群」に分立して地域の実効支配を行ってきた。他方、自らの「歴史」をものがたる「語り」は漢文化と習合し、イ漢合璧の石碑という新たな形式が出現するなど、内容や形式、素材において多様に変化を遂げていく。イ文は中国王朝の側が要求する土司継承の証明には使用されない。それらは、しばしば王朝側の漢籍より借用したプロットによって記されていく。中華的秩序が優勢になるにつれて、漢族の族譜形式を借用し、イ族伝統と漢文化の支配的言説を習合することで、支配者の系譜・源流からなるイ族の「歴史」の継承が図られる。今日、これは「歴史研究」の史（資）料としてイ族の歴史的再構成に活用されているが、イ族民衆の場合、「自らをものがたる」行為は「宗族」としてのあるべき姿を復元し、その再結集を図ろうとする意志でもあり、そのために入手可能な知識資源が動員されていくのである。

野本の論考は、民族アイデンティティを補強する「素材」における「歴史の記録化」であるとともに、「中華民族」の一員として現行体制で不合理を蒙らないための戦略性も含みこんだベクトルを持つ「歴史」の表象行為の事例である。「歴史」が資源として利用されていくことをめぐって、漢文地方文献という「公定的枠組」を利用する一方で、イ族の文字テキストによる記録や無文字の状態での記憶をつなぎ合わせて、自民族の「歴史」構築を図るイ族側の歴史意識や歴史観がどのように文脈関係を作り上げていくかについて示唆に富んだ考察を行っており、比較研究の視座を提供している。

兼重努「自民族の歴史を書く――『トン族簡史』から『トン族通史』へ」は、中華人民共和国の成立後、少数民族に認定されたトン（侗）族に関する文字媒体に注目し、歴史叙述のプロセスを考察し、トン族の「歴史」が誰によって、いかに書かれたかを検討している。すなわち、トン族知識人による自民族の歴史書である『トン族通史』の記述と『トン族簡史』の記述を比較検討する。二つの時期の異なる「簡史」と「通史」という歴史書の叙述形式と内容を比較し、何がどう加筆・改変されたのかを分析していくことにより、少数民族知識人たちが自民族の歴史の記述に託した意図や願望の一端を明らかにする。『トン族通史』では、トン民族形成過程を提示・強調し、トン族独自の社会制度（款）、宗教（サー信仰）、物質文化（鼓楼）の三つを選択している。これらの要素は原始社会に産出したものの残余として記述されていた価値づけを転換し、①款という社会組織が単一民族としてのトン族の形成を促し、②鼓楼（太鼓を備えた楼閣建築物）は「共同の心理的素地」（トン族の民族意識とアイデンティティ）の代表である、と位置づけ直した意味は、自民族トン族を統合する文化的象徴の創成をめざした結果である。それは逆に言えば、トン族には民族を統合する象徴装置を欠如しているために、新たにシンボルを創りだす必要があったからである。鼓楼という物質文化、サースィという女神とそれにまつわる創世神話をトン族の民族統合の象徴にしようとする執筆者の思惑を読みとることができるとする。

兼重が二つの成立年代が異なるトン族の歴史叙述を比較し、『トン族通史』が民族統合を図るという社会的状況を反映した内容となっているとする点は他の少数民族においても共通して見られる問題である。歴史の資源化が民族統合のシンボルを確定していくことによって民族としての境界が形成されるが、支系を多く有する民族において公式の「歴史」は誰によって誰のために書かれるのかという比較研究の可能性を提起するものである。

曽士才「聖なる時空の現出とその観光資源化」は、ミャオ（苗）族の民族起源・創世神話に基づく宗教儀礼であり、世界観を表出し、さらに祖先祭祀としての意味合いも帯びるミャオ族の鼓社節について、貴州省黔東南のミャオ族観光村（雷山県・郎徳上寨）で実施してきた継続的な現地調査と参与観察によって儀礼過程を記述し、祭祀儀礼を通じて顕現する「歴史」の資源化の問題を検討している。曽が扱っている「歴史」とは移住によって形成された村落コミュニティのそれではない。神話としての過去が儀礼によってどのように再現されるのかということに焦点があてられ、ミャオ族における始源の時間や空間の儀礼的再現が、村落内外の具体的な政治・社会経済的関係性を基礎にしてどのように実践されているかを分析している。鼓社節は永遠回帰的な神話世界の「聖なる時空」が現出する祭祀儀礼であり、祭りの期間、天地創造の「始原」が現出し、龍と同一視される土地神のエネルギーを村の全世帯に注入することにより、村に繁栄と豊穣がもたらされると信じられている。一二年周期で行われるが、一二年前に調査した内容との比較をしている。すなわち、一二年前のそれはあくまでも村内の行事であって、観光客を相手にはしてこなかったが、強力なライバルの出現や国内団体客の減少は村人たちの意識を大きく変え、会期拡大と観光客を意識した多数のアトラクションを設けるなど、観光客を積極的に受け入れる形に変貌したとしている。

中国西南部のエスニック観光のメッカであり、牽引役であるミャオ族観光村の宗教儀礼を現地調査によって記述し、外部世界からの様々なインパクト、観光化、観光地間での競争、観光商品化の波を受けて、どのように変容を遂げつつあるかを民族誌として描写している。これ自体が時代を反映する史料となる可能性があり、外部の観察者による広義の歴史表象でもある。

樫永真佐夫「ベトナム、マイチャウにおけるターイの移住開拓伝承の資源化」は、二〇一三年ターイの文化を展示する村落博物館として開館した「マイチャウ博物館」を対象に、「資源の資源たるゆえんは、ある目的のためにそれが操作・加工され、商品化され消費される点にある」とし、設立の経緯を観光化との関連から検討し、さらにマイチャウの移住開拓伝承が、伝承の主体であるハ・コン一族の間でどのように継承されてきたのかを明らかにしている。一九七七年と一九八八年、二〇〇二年に出版された三つの文献資料を比較の素材として、語りの内容構成について分析し、それがターイの移住、先住民サーとの民族間関係、ベトナム王朝との関係、支配の正統性、銅のシンボリズムなどのモチーフから物語が構成され、前近代のターイ首領の権力基盤とその権威化、首領による現地支配の正統性を根拠づける歴史伝承となっているとする。伝承の内容は現地の地方アイデンティティとも深く結びついているが故に、観光客による現地の伝統や文化に対する関心の高まりを背景に、移住開拓伝承の語り聞かせという歴史の資源化があったとしている。そのため、新しく試みられた博物館における伝承の語りは、歴史の資源化の具体例として捉えることができる。「ハ・コン一族の来歴」では、一五世紀の黎朝以来、マイチャウのターイ各首領がベトナム王朝に従属し、冊封を受け、官職を授与された記述が豊富である。マイチャウのターイの移住伝承もベトナム王朝に前近代から服属していたことを強調している。フランス植民地支配からの独立を果たす前から「諸民族が団結し、ベトナムは一つ」であったとする国家側の主張を肯定する内容となっており、諸民族の団結とベトナムの一体化を強調するための歴史の資源化に対して有効であった。この点がこの歴史伝承の語り聞かせの題材としての可能性を引き出し、観光化のなかで資源化されえたとしている。

博物館という公共的空間において呈示される歴史は、単にエスニック集団の集合的記憶を超えて地域社会で共有される歴史となったが、ターイにとっての先住民はどのような歴史意識を構築しているのか、観光開発による資源化の影響など、興味はつきないものがある。

第三部　歴史のアーカイブ化と資源化

第三部では　歴史・文化資源のなかでも議論が活発に行われている景観の創出や活用、管理などをめぐり、資源化と深い関係にあるアーカイブ化の問題も含めて検討する。景観は国家アイデンティティの構築や国民／民族の形成に深く関わり、ナショナリズムやノスタルジアとも結びつき、現代社会の動態を理解するうえで重要な問題群である。

長谷川清「国境地域の歴史文物の資源化――雲南省孟連県・娜允古鎮を事例に」は、雲南省普洱市(旧思茅市)の孟連傣族拉祜族佤族自治県のタイ(傣)族土司の歴史文物を事例として、歴史の資源化を検討している。歴史的には中国王朝の土司制度の枠内にあって「孟連宣撫司」という官職を与えられ、伝統的な政治・社会組織や統治体制は中華人民共和国が成立するまで保持されてきた。統治権力のシンボルであったのは孟連宣撫司の拠点として建築物(土司衙門)である。中国歴史文化名鎮、全国重点文物保護単位にも指定されている。娜允古鎮・古城で知名度の向上を図っているが、この建築物は民族歴史博物館として活用されている。歴史文化名城・名鎮・名村の制度設計と指定がどのように展開してきたかを概観した後、娜允古鎮の指定に向けた取り組みが地元政府や民族エリートによってどのように展開されてきたのかを扱う。思茅県の文物工作や文化行政との関係も検討している。雲南省政府は地元政府を指導する形で孟連宣撫司署の再活用を図っていくが、その具体的な形式が博物館による活用である。孟連宣撫司署は雲南省政府によって愛国主義教育基地に指定されている。歴史展示の記述言語は漢語のみであり、傣語は一切使われていない。傣族の年代記にあるエピソードを語るパネルも混じるが、漢籍史料の記録による歴史記述が中心となっている。現行の民族政策の正当性や経済開発などを過去の孟連土司の歴史に見出している点で、現在から過去を選択的に再構成した内容となっている。観光地としてのブランド化と祝祭イベントの創出、「土司文化」の孟連県傣族宣撫古楽の上演など、観光開発において孟連土司の歴史や文化的記憶が活用されており、それに真正性を付与する文化的装置が娜允古鎮であると論じている。

長谷川の論考は、歴史文化名城・名鎮・名村という制度化が進行している点を注視しつつ、個別の歴史文物を拠点に展開される歴史の表象実践については、マクロ・ミクロ両面からの検討が必要になることを示している。

高山陽子「革命の歴史の資源化──紅色文化における解放の語りと展示の分析を中心に」は、紅色文化としての解放の歴史の資源化について、毛沢東様式という様式面と解放の語りという題材の両面から検討している。高山によれば、「紅色文化」とは中国の社会主義革命精神を称える文化であり、創作年代も異なる多様なジャンルとコンテンツからなる。毛沢東時代（一九四九～一九七八）に作られた革命歌（紅歌）やドラマ（紅色戯）、映画（紅色電影）などの紅色経典、愛国主義教育基地に指定された各種の革命博物館や革命記念館、それをめぐる社会主義革命観光（紅色旅游）がある。紅色文化としてカテゴリー化された中国革命の歴史の資源化においてポイントになるのは、解放戦争である。解放の語りの中心的テーマは、中国革命の展開を壮大な歴史として描くことである。これは現実に展開した社会主義革命の歴史を資源化する行為であり、国家的な課題でもある。最も重要なのは、革命の歴史の資源化が毛沢東様式という強固に構築された様式と、繰り返される解放の語りから成り立っている点である。改革開放によって社会主義イデオロギーの退潮にかわる愛国主義教育の基地建設やレッドツーリズムの推進などの課題が挙げられるが、紅色文化は政治的資源としてのみではなく、商品的な価値が高まっている。二〇〇〇年代になってからは、辛亥革命を含む革命や戦争を描いたドラマ・映画も大量に制作されている。解放の出来事やその拠点は歴史的な事実や史跡、文物、記念碑の形をとって資源化されており、中国ナショナリズムの動きがノスタルジアを喚起し、革命記念碑や烈士陵園にみられる政治利用（政治資源化）、観光利用（観光資源化）と関係していると指摘する。

高山の論考は、紅色文化の時間と空間軸は歴史的事実から離れ、愛国主義教育とノスタルジアの対象になっている点を明らかにしているが、中国革命の民族誌を記述することも歴史の資源化の重要な問題領域となることを示すものである。

孫潔「雲南省元陽棚田地域における景観とその資源化──村民による映像撮影への関わりを中心に」は、中国雲南省元陽地域（箐口村）におけるハニ（哈尼）族の伝統家屋に焦点をあて、その変遷をたどりながら、消えつつある建築物がいかに取捨選択され、エスニック・シンボルとなりうるキノコハウス（「蘑菇房」）へと歴史的に構築されたかについて検討している。今日、箐口村においてキノコハウスは村落の景観を構成する重要な要素となっている。この景観の創出過程には政府、知識人、観光業者、映画撮影班、地元民など様々な主体が関わりあっているが、その実践は外部から与えられたエスニック・シンボルのイメージを内化していくことでもあった。孫は、キノコハウスに関する言説や物語を比較検討し、キノコハウスの村落景観の評価には進化論的思考様式が背景としてあることを指摘し、農村、棚田、茅葺き屋根のキノコハウスなどの物質的な景観は現代社会と対極にある「大昔」、「原風景」を想起させ、ノスタルジーを喚起するが、この形式が普及するまでにはいくつかの段階があるとする。キノコハウスの資源化に関して注目できることは映画撮影班による撮影が政府側、知識人、村民、観光業者に与えた影響である。箐口村では二〇〇二年から二〇〇八年にかけて、様々な映画・ドラマの撮影班を迎えるという出来事が起きた。キノコハウスの資源化は様々な主体の異なる思惑によって創出されたものであり、キノコハウスが時代に合わせた妥協物であること、民族発展史における進化論的思考様式がキノコハウスをめぐる村落景観の評価と建設に大きく影響していることを明らかにしている。

孫の論考は、歴史的景観は絶えず変化を遂げながら、様々な意味を付加されて提示されていくことを具体的な事例によって明らかにした点で興味深い。ステレオタイプ化した伝統家屋の事例は雲南省南部だけでなく広く見いだせるが、形式としての固定がきわめて新しい現象であり、それが現代から遠く離れた時間を表象、過去を想起させるという問題の検討に応用していくことができる。

河合洋尚「歴史性と景観建設——寧化石壁客家祖地における時間と空間の資源化」は、一九九〇年代に寧化石壁で客家祖地の景観が建設されたことを端緒に、それが二〇〇〇年代以降、どのような景観へと整備が進んだのかを現地調査によってたどりつつ、客家の「歴史性」がいかに創られていったのか、いかに客家の「正統な」歴史観がそこに刻まれるようになったのかを検討している。歴史の資源化には「排除と選定の力学」が作動するが、同時にそれは「時間と空間が資源化されていく過程」であるとする。寧化は客家の象徴的空間としての地位を獲得し、彼らのアイデンティティやルーツの参照点として、「客家の故郷」の中心地の一つとして、中国社会で認識されるようになっている。客家祖地は、「客家魂」の石碑と客家公祠、葛藤広場、客家先賢像、尋根路などの施設から構成され、文字記録も刻まれるなど、きわめて大がかりの施設となっている。

寧化石壁をめぐる歴史記述とアーカイブ化に関して、寧化石壁をめぐる語りがどのように客家と結びつけられ、文字のうえで表されてきたのかについては、その伝承が二つの段階を経てアーカイブ化されてきた。「民間の語りを族譜という文字に表す」段階を経て、「族譜を見た外部者が『科学』の言説のもとで体系化していく」段階に至ったとする。こうしてできあがった「通説」や寧化石壁の来歴に関する語りが「歴史的事実」(「史実」)として市場で流通されるようになっていくが、教科書、概説書、博物館などの媒体が深く関わっている。また、客家祖地の建設をめぐる社会的状況、およびその景観建設をめぐる多様な主体間の関係については、国内的要因だけで解釈することはできず、海外の客家社会における事情が大きく関係しており、客家の団結の象徴として海外に住む客家、とりわけマレーシアを中心とする積極的な参与が不可欠であった。寧化石壁と客家との結びつきは、市場経済化の進む中国において、県政府、学者、メディア、華僑などの働きかけにより、後に結びつけられるようになったとしている。河合の論考は歴史の資源化を検討する理論的な枠組みにおいて今後の方向性を示している。

ここで、河合は、人類学的歴史研究の領域は「歴史性(historicity)」の解明にあると論じている。客家の事例分析において、歴史を客観的な事実として記述するのではなく、特定の社会的状況において様々な主体により再構成されていく過程の分析が不可欠であることを指摘している。とくに、現在を起点として過去と未来が並べられるとき、人間（「主体」）の認識だけではなく、既存のアーカイブ（物質性を伴う「客体」）が重要な作用を及ぼすという主張は、十分な説得力がある。分析手法もあわせ、今後の歴史研究にとって理論的な分析枠組みを提供している。

三　成果と今後の課題

本書に収録した一三本の論考を通じて、歴史の資源化をめぐる問題領域が多岐にわたっている点を示すことができたように思われる。しかも抽象的議論としてではなく、民族誌記述をふまえた事例分析によって今後のさらなる比較研究の方向性を示すことができたのは大きな成果と言える。

まず、中国の歴史的展開において普遍的な現象として現れる移住という出来事をめぐって、歴史・記憶とアイデンティティという視角から、それが様々な状況との関係、すなわち自然災害や戦乱、居住地の変更などの危機の共有、集団の境界を形づくる言語・習俗、上位権力との歴史的関係、先住民その他の諸集団間の競合関係の有無などの要因がいかに歴史の資源化とアイデンティティ構築の力学に作用していくかを明らかにすることができた。次に、媒体と歴史表象、歴史叙述に関しては、文字媒体とその社会的布置・役割、移住の歴史・記憶の文字テキスト化、非文字媒体としての祭祀儀礼における歴史表象、民族という集団的カテゴリーの創出や実体化に関わる歴史叙述、歴史書編纂の問題などを扱った。また、公共性を有する歴史的建造物や宗教・文化施設、博物館、記念館などの資源化、中国革命の歴史表象、歴史・文化的景観の発見や創出、その保存・管理・活用、各種の記録媒体によるアーカイブ化などについても新たな観点を得ることができた。

本書で扱った各論考の提示する課題については今後も事例研究の蓄積を必要とするが、中国という巨大な全体社会を構成している多様な文脈との関係において資源化され、歴史・記憶のアーカイブとしての価値を付与される動きのなかにある点を看過すべきではないように思われる。すなわち、ここで叙述・表象されている多様な歴史は、現代世界で急速に進む政治、経済、社会、文化のグローバル化やアイデンティティ政治に共鳴しあうところがある一方で、「中華民族」の一体性との接合や諸集団の歴史的過去に関する公的言説の再構築という意味あいも込められ、中国的文脈のなかに埋め込まれている。こうした点については、さらなる事例研究の進展が期待される。

以上を通じて、国家や政府、民族／エスニック集団、ローカルなコミュニティ、多様な社会集団を構成する諸主体が参画・交渉し、経済利益の獲得や政治目的の追求ばかりでなく、日常生活での文化的消費のニーズにも対応した形で、中国で展開している歴史の資源化に関する比較研究の課題群について、その一端が明らかにできたとすれば望外の喜びである。本書が一つの契機となって、中国と隣接地域を対象とした歴史の資源化の比較研究がさらに進展していくことを願うものである。

注

（1） 国立民族学博物館共同研究会「資源化される「歴史」――中国南部諸民族の分析から」（二〇一四年一〇月～二〇一八年三月）については［長谷川　二〇一五、二〇一六、二〇一七］を参照。

（2） 塚田は「中国では無数の出来事の中から特定の事柄が人為的に選択されて文字史料として記述され、特定の場所が歴史上のゆかりの地とされてきた。そもそも歴史は当然ながら史実とは限らず、それを認識する様々な主体によって自分たちの正統性とアイデンティティの維持のために書きかえられてきた。その点からすれば、歴史は文化として創造されるものであり、容易に資源化となり得るであろう。従来の人類学の文化資源研究でも歴史的事象は全く扱われなかったわけではないが、とくに文字記録が多く残された中国については研究は不十分であった」［塚田編　二〇一六：四］としている。歴史の資源化に関する先行研究としては［塚田・河合　二〇一七］を参照。中国南北諸地域を視野におき、歴史・記憶、神話、宗教儀礼、物質文化、無形文化遺産などに関して、その多様な位相を人類学的視点から比較検討している。

参考文献

アスマン、アライダ（著）、安川晴基（訳）
二〇〇七『想起の空間――文化的記憶の形態と変遷』東京：水声社。
アルヴァックス、モーリス（著）、小関藤一郎（訳）
一九八九『集合的記憶』大津：行路社。
伊藤昭男
二〇一二『現代中国の資源戦略――資源の再考察と資源化のダイナミクス』札幌：ＨＩＡＳ。
岡本隆司
二〇一六『中国の論理――歴史から解き明かす』東京：中公新書。
岡本充弘
二〇一八『過去と歴史――「国家」と「近代」を遠く離れて』東京：御茶の水書房。
鹿島徹
二〇一七『危機における歴史の思考――哲学と歴史のダイアローグ』札幌：響文社。
片桐雅隆
二〇〇三『過去と記憶の社会学――自己論からの展開』京都：世界思想社。
河合洋尚編
二〇一六『景観人類学――身体・政治・マテリアリティ』東京：時潮社。
コナトン、ポール（著）、芦刈美紀子（訳）
二〇一一『社会はいかに記憶するか――個人と社会の関係』東京：新曜社。
佐藤正幸
二〇〇四『歴史認識の時空』東京：知泉書店。
須藤健一・山下晋司・吉岡正德（編）
一九八八『歴史のなかの社会』東京：弘文堂。
関一敏（編）
一九八六『人類学的歴史とは何か』東京：海鳴社。
竹内康浩

二〇〇二　『「正史」はいかに書かれてきたか――中国の歴史書を読み解く』大修館書店。
武内房司・塚田誠之（編）
二〇一四　『中国の民族文化資源――南部地域の分析から』東京：風響社。
塚田誠之（編）
二〇一六　『民族文化資源とポリティクス――中国南部地域の分析から』東京：風響社。
塚田誠之・河合洋尚（編）
二〇一七　『中国における歴史の資源化の現状と課題』国立民族学博物館調査報告（SER）一四二。
礪波護・岸本美緒・杉山正明（編）
二〇〇六　『中国歴史研究入門』名古屋：名古屋大学出版会。
西村茂雄
二〇〇四　『二〇世紀中国の政治空間――「中華民族的国民国家」の凝集力』東京：青木書店。
野家啓一
二〇〇五　『物語の哲学』東京：岩波書店。
長谷川清
二〇一五　「資源化される「歴史」と中華ナショナリズムの諸相」『民博通信』一四八号：一六二―一六三。
二〇一六　「中国諸民族の「歴史」と資源化のダイナミクス」『民博通信』一五三号：一六―一六七。
二〇一七　「複数の『歴史』とポリティクス――中国的文脈と特色の解明にむけて」『民博通信』一五八号：二四―二五。
森明子（編）
二〇〇二　『歴史叙述の現在――歴史学と人類学の対話』京都：人文書院。
山下晋司（編）
二〇〇七　『資源人類学　第二巻　資源化する文化』東京：弘文堂。
ワン・ジョン（著）、伊藤　真（訳）
二〇一四　『中国の歴史認識はどう作られたのか』東京：東洋経済新報社。
郭　輝
二〇一六　「中国記憶史研究的興起与路径分析」『史学理論研究』第三期：一四一六―一四八。
二〇一七　「中国歴史記憶研究的回顧与思考」『蘭州学刊』二〇一七年一期：六九―八八。

王明珂
二〇〇三　『羌在漢藏之間――一個華夏辺縁的歴史人類学研究』台北：台湾聯経出版事業股份有限公司。
二〇〇六　『華夏辺縁――歴史記憶与族群認同』北京：社会科学文献出版社。

Denton, Kirk A.
2014 *Exhibiting the Past: Historical Memory and the Politics of Museums in Postsocialist China,* Honolulu: University of Hawai'i Press.

Harell,Stevan (ed.)
1995 *Cultural Encounters on China's Ethnic Frontiers,* Seattle and London: University of Washington Press.

Rossabi, Morris
2004 *Governing China's Multiethnic Frontiers,* Seattle: University of Washington Press.

Tao Tao Liu, David Faure
1996 *Unity and Diversity: Local Cultures and Identities in China,* Hong Kong University Press

Zang, Xiaowei
2015 *Ethnicity in China: A Critical Introduction (China Today),* Cambridge ; Malden, MA : Polity Press.

●第一部　歴史・記憶とアイデンティティ

三江県の「六甲人」の「侗《トン》化」に関する一考察

塚田誠之

一　はじめに

中国には多くの民族集団が居住する。歴史の資源化やそれをめぐる諸主体の関与の実態は、資源化の対象となる事象や民族、地域性、地域社会のありようなど諸条件の相異によって多様で複雑である。そもそも歴史のもつ属性自体が多様で、記録され政治的な意味合いを持つものと民衆の間で伝承される歴史とがある。後者の場合でも、民衆が自らの集団を維持するために、伝承されてきた歴史や文化を資源として活用する場合が少なからず見受けられる。筆者は先に、広西壮族自治区三江侗族自治県に居住する「六甲人」という集団を事例として、自らの歴史・文化を維持し、それを資源として活用していること、具体的には来歴・言語・風俗習慣などの歴史や歴史上形成されてきた文化にもとづいて六甲人としての同族意識を堅持してきたことを検討した［塚田二〇一七］。六甲人は現在は漢族に属し、人口は約十数万人ほどといわれる。費孝通によると、六甲人は、少数民族地区に移住した漢人のうち早期移民が長期間内地と隔絶し、後来漢人と言語・風俗習慣において一定の区別があり、なおかつ後来漢人から差別を受けたため、自ら当地の漢人と差異があることを認め、「解放」後に少数民

写真１　侗族の村落　山腹に家屋が密集する（2017年７月、桂書村 G2 屯）

族と承認されることを要求した［費　一九八〇］。黄光学主編［一九九五］によると、清代の行政区域である六つの甲にちなみ、（県庁所在地である）古宜（鎮）周辺に居住し人口二万二〇〇〇人（一九五三年）、祖先が福建汀州府上杭県から来住し、漢語系統の言語を持つこと、風俗は現地の侗（トン）族と異なる点が多いこと、漢人から差別され蔑称があったことにふれ、言語・歴史から見て漢族に属するものの、来住後、長期間侗族、壮（チワン）族と接触しその影響を受けた集団であるという。唐志宗［一九八六］によると、古宜鎮の大寨村を中心に縦横五キロメートルほどの範囲内に三万人の六甲人が居住し、漢族を含む他民族とは異なる「共同の言語、共同の習俗、共同の経済生活、共同の心理状態を有する」集団だという。中国の公定民族の枠組みからは、いわば「こぼれ落ち」ながらも、集団としての独自性を保持してきた人々だと言えよう。

「六甲人」は古宜鎮付近の沿河地域に集中して居住している。「民族成分」上は大多数は漢族とされている。しかし、一部、非漢族地域に移住し、非漢族になったものも見られる。たとえば侗族地域では侗族に、壮族地域では壮族になっている。六甲人について、唐［一九八六］以外には従来、研究が少なく、かつ唐［一九八六］の研究についても古宜付近に範囲が限られたものであった。その習俗のどの部分に侗族、壮族の影響を受けたのか、また、それら民族の影響を受けながらどのようにその独自性を保持し得たのか、そうとすればそれはいかなる要因によるものか等、不明な部分が検討課題として多々残されてきた。もとよりこの点に関する調査は十分ではないが、本稿では侗族集住地である三江県同楽苗族郷に移住して侗族になった「六甲に由来する人」（以降「六甲人」と略称）

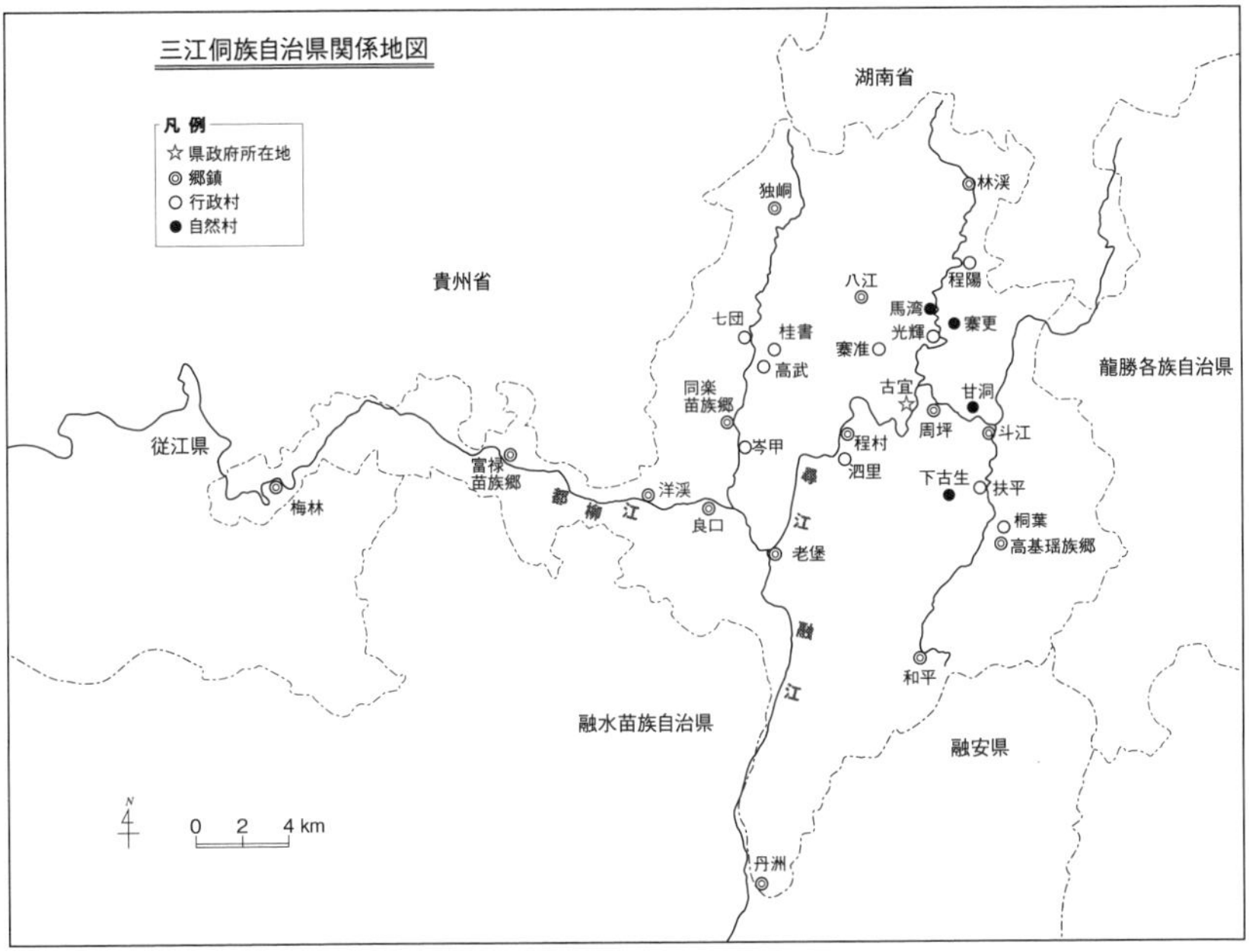

三江侗族自治県関係地図

の事例を主に取り上げて、古宜付近の六甲人と比較検討を行い、彼らの民族意識のありように迫りたい(1)。

二　同楽苗族郷における六甲人

1　移住史

同楽苗族郷は、三江県西部にあって、県城から四〇キロメートルほどのところ、独峒郷の南、良口郷の北、八江郷の東、洋渓郷の西に位置する。山地が多く、山間の水田のほか茶葉・油茶の栽培が生業の中心であるが、貧困地域ゆえに壮年人口の三〇～四〇%もが外地に出稼ぎに行っているという（同郷七団村）。人口九六四八戸三万九〇六五人のうち、苗（ミャオ）族が四四%、侗族が四八・八%、瑶（ヤオ）族が六四%を占める（二〇〇九年）。一九の行政村、九五の自然屯がある。これらのうち少なくとも高武、七団、桂書、蓬葉の四行政村に「六甲人」が居住しているという。人口については正式な統計がないが、四個村でおよそ一五〇〇戸六〇〇〇人ほどの人口のうち、「六甲人」

写真2　同楽郷の侗族の女性　ここでは苗族と同じ衣装（2017年7月、同楽街）

には曹姓・侯姓がおり、推定一〇〇〇人ほどといわれる[2]（七団村S屯　曹Z氏）。高武村には三自然村、七団村には二自然村、桂書村には二自然村がある。「六甲人」の曹姓は高武・七団・桂書・蓬莱のそれぞれの一自然村に居住する。侯姓は高武・桂書のそれぞれの一自然村に居住する。ただし、どの自然村も曹姓・侯姓と他姓が共住しており、「六甲人」だけが集住しているわけではない。四個村の曹姓の移住について、程村郷泗里村冷漕屯から移住してきたという伝承がある。曹姓のうち蓬莱村の曹姓は高武村から分出したが、他村の曹姓はそれぞれ冷漕屯付近から直接移住してきたという伝承がある。侯姓は古宜付近の平寨から移住してきたという。

そもそも六甲人には「一二大姓」（曹・侯・栄・李・龍・藍・龔・謝・欧・楊・潘・馬）とそれら以外の姓を含む三一姓もの姓がある。「一二姓」のうち曹・侯・栄姓が最も多い。唐〔一九八六〕によると、六甲人「一二大姓」の来歴には二種の伝承がある。一つは、宋徽宗大観元（一一〇七）年に金軍の戦乱から逃れ、各姓の始祖が男女四〇〇〇人を率いて、福建汀州府上杭県珠璣巷から広東嘉応州を経て広西柳州へ至り、そして古宜へ来た。もう一つの伝承は、唐朝末に黄巣が蜂起した際に、一二大姓は福建汀州府上杭県から逃げて広東嘉応州に行き、そこにしばし留まり、さらに柳州、融水へ来た。融水でも暫し留まり、後に古宜へ来た。前者については、民国二二（一九三三）年に栄成基・栄冠英・曹駿庭等人が建立したという碑「開基始祖曹栄龍李欧楊潘馬藍龔侯謝十二大姓発源紀念碑」の銘文に刻まれており、その碑は現在、古宜鎮大寨村曹家祠堂内にある。

曹姓について『曹氏宗志』〔二〇一一、未定稿〕によると、初代曹槐公は、原籍が河南省南陽中州であったが、北宋嘉佑年間に総兵官に任命されて福建に赴任し、任期が終わった後、福建上杭県東門街珠璣巷に住んだという。第三代簡台公は湖北鄂州、柳州、融県に任官し、その後融県水東街に住んだ。そして第五代大禧公が正隆年間（一一五七年頃）に懐遠（今の老堡）に来て、南宋淳熙年間（一一八〇年頃）には現在の冷濳屯に来たという。このときに一二姓の衆人を率いてきたという。

同楽郷の曹姓は、冷濳屯付近から再移住して以来、すでに相当の時間が経過している。たとえば七団村S屯の曹Z氏（七一歳）によると、来住後すでに一八代が、桂書村G1屯の曹D氏（六〇歳）によると一二代が経過しているという。少なく見積もったとしても清代、一八世紀中には当地に来ていることになる[3]。

2　言語

唐［一九八六］によると、六甲語は、麻介話（客家語）・白話（粤語）と融水一帯の方言「土拐話」の中間にあり、六甲語は「独立性が強く」、六甲人は自言語に対する執着心が強いという。離郷して何年経っても帰省すれば六甲語を使用すること、またその女性に顕著な現象だが、別の人と話すときに相手が六甲語を解さなくとも六甲語を話すという。もと古宜区では、郷幹部会や代表会議の際に六甲語で発言がなされたともいう。また、後述するように他族との婚姻はかつては少なかったが、六甲人の女性が漢人と結婚した場合でも夫婦間や家庭では六甲語を話したという言説がある。このように、人口的に少なく弱小集団ながらも自言語に対する執着の強さは注意すべきである。古宜鎮付近の沿河地域では現在でも多くの六甲人が漢語のほか自言語を話している。

しかし、同楽郷では状況が異なる。同楽郷の「六甲人」は日常的に侗語を話しており、六甲語はほとんど使われていない。わずかに旧暦一二月二九日の大晦日の夜、年越しの夕食のご馳走を一家で食べる前に祖先を祀る祭壇に供物を捧げて焼香し、最も年長の老年男性が、「祖先たちよ、また新年が来ます。どうぞ一緒に食事をして下さい。そして私たち一家の平安を祈ります」という内容の言葉を六甲語で唱える。この時だけ六甲語を使用するが、傍で聞いている家人はその言葉の意味はわからないという。この習慣は四個村で共通している。六甲人の習俗として「六甲歌」が知られるが、同楽郷の「六甲人」はそれを歌うことができない。彼らの歌はもっぱら侗族の歌である。

もっとも一九五九、一九六〇年頃に古宜の泗里村付近に家屋建築の「出稼ぎ」に行ったことのある者は六甲語を少しは解するという。ちなみに、その当時、歩いて冷漕屯の始祖墓にひそかに墓参に行った者がいること（車道が開通するのは一九六六年）、また一九九七年以降には清明節に集団で冷漕屯に墓参に行き、六甲人の村である冷漕屯の人と交流をしてきたので、全く六甲語を解さないわけではないようだ(4)。

3　六甲人の拡大

同楽苗族郷の「六甲人」は古宜に来てから侗族地域に再移住したものであるが、民族成分の上からは「侗族」である。「自分たちは侗族であるが、六甲の地から移住してきた」という意識を持つ。三江県には、壮族になった六甲人もいる。斗江鎮扶平村下古生屯では六甲人の民族成分は「壮族」である。下古生屯梁X氏（七八歳）によると、祖先が四〇〇年近く前に「南丹慶遠府」の壮族地域から「苗蛮」鎮圧のために移住したがゆえに民族は壮族である。しかし、風俗習慣は六甲人のそれであり、付近の壮族と通婚をし、壮族であっても壮語を解さず、日常会話は六甲語である。斗江鎮では、六甲人、壮族、侗族が混住している。おおまかにいえば六甲人は鎮政府周辺の低地農村に、侗族は斗江河に沿って南下した地域に、壮族はさらに奥地の山腹にという違いがあるが、局地的には先の下古生屯のように複数の民族の集落が隣接していたり、扶平村から分かれる西側の道を南下したところの斗江鎮白言村のように壮族と侗族が同一集落に共住することも少なくない［塚田　二〇〇二］。白言村からさらに南下すると壮族の多い和平郷に入る。扶平村から分かれる東側の道を南下すると、高基瑶族郷に入り、壮族と瑶族が多く居住する。高基郷にも良口村に六甲人の村があり、周囲は壮族が圧倒的に多く、壮族と通婚をし、その影響を受けている。良口村B屯の曹Z氏（七〇歳）によると、古宜の大寨村から当地に来て一二代経過しているが、六甲語を維持しており、壮族との間で歌掛けを行うときにさえも六甲語を使用したといい、六甲人としての意識が強い。

他方、同楽郷の場合は、「六甲人」の習俗はその年末に唱える一言の祝詞や移住史にもとづく意識などを除いては、習俗はほぼ侗族のそれに変わってしまっている。六甲人は古宜鎮一帯を中心に居住しているが、一部は斗江鎮や同楽郷のように壮族や侗族地域に再移住をし、斗江鎮のようにその習俗が壮族の影響を受けたり、同楽郷のように周囲の侗族の影響を受けて侗族になったものも見られることが指摘されよう。この点は唐［一九八六］を含む従来の研究では注意が払われてこなかった。

六甲人は姓に関する意識が強く、同姓内での婚姻は避けられ、また姓ごとに年中行事がある。たとえば王姓は五月五日、曹姓や黄姓は五月一四日、侯姓は五月一五日、栄姓は六月六日である（何れも旧暦）。姓ごとの行事といっても、現在は特段の内容はなく、食事をともにするだけであるが、姓ごとの結びつきの存在とその強さに注意しておきたい。同楽郷でも、曹姓、侯姓は人民共和国成立以前はその祭りを行った。なお、曹姓はどこに居住していても「牛肉食の禁忌」を有する。同楽郷の各村でもこの点は変わらない。曹家に嫁入りしてきた女性（多くは侗族）もこの禁忌を遵守せねばならない[5]（ただし他姓に嫁出した場合は牛肉食は可能である）。

こうした「六甲人」の習俗はどのようであるのか、その自己意識が習俗にどのように現れているのか、次に具体的に検討して行こう。

三　風俗習慣

1　居住・生業・飲食

唐［一九八六］によると、六甲人のもと古宜区における村落として、尋江とその支流の三つの河川の両岸に大小四七寨が集中して立地し、家々が密集する。その家屋は人民共和国成立以前は平屋が主体であったが、人民共和国成立後に、二層に人が住み、一層に家畜を飼養する様式に変化したという。その変化の時期、要因については前稿［塚田　二〇一七］で検討した。ただし近年は、沿海部への出稼ぎの流行にともない、広西において高床式住居が急速に減少し、コンクリートブロックの家屋に新築する動きが至る所で生じている。大寨屯など古宜鎮に近いところでは村の景観がすっかり変化してしまっている。これに対して同楽郷では、侗族に特徴的な三～四階建ての大規模な「吊脚楼」がまだ多くみられる。建築物について、侗族村落には多くの場合「鼓楼」が建てられている。しかし、少なくとも「六甲人」の居住する四個村には鼓楼がない。そのことが「元からの」侗族からすると、六甲人と侗族との大きな違いであるという言説が聞かれた。

生業は農業主体で、唐［一九八六］によると、かつてはとくに「禾把米」と呼ぶ一期作のウルチ米を好んで植えた。ウルチ米は当時他民族はほとんど植えなかったという。この点、同楽郷では以前も粘米やモチ米を主としており、古宜の六甲人との間に違いが見られた。現在でも六甲人はモチ米を食べるのを好み、オコワやモチが親戚友人を訪問するときの礼物となる［三江侗族自治県民族事務委員会編　一九八九］など漢人とは異なっているが、この点は同楽郷でも同じである(6)。農作業に際しては男女の分業が明確で、人民共和国成立前、男は田植えをせず女は犂を使う田起こしをしなかったという。とくに犂を用いての田起こしは重労働である。この点では同楽郷でもほぼ同様で、田植えは男女ともに行うが、田起こしは男性の仕事であるという。古宜では男女分業という点で六甲人と侗族とは異なるという言説が各地で聞かれたが、同楽郷でも男女の分業という点では古宜と大きな相違はないようである。

飲食面での特徴はモチ米食品を好み、年中行事の度に行事食としてモチ米食品を食べる点、侗族のように油茶や魚・肉のナレズシ（酸魚・酸肉）を好む点である。ナレズシの作り方について、古宜付近の六甲人はイロリの煙でいぶしてから漬けるが、侗族は直接漬ける（光輝村寨更屯　栄H氏）。漬ける時間も、六甲人は二、三箇月間程度であるのが侗族のほうはそれよりも長期にわたるという。六甲人は「熟したものを食べる」ので、「生食」を好む侗族と違うという言説もある（光輝村馬湾屯　謝Q氏）。同楽郷の場合、七団村S屯では数日干してから蒸したモチ米や塩を混ぜて半年以上漬け込む。高武村G1屯では数年間、蓬葉村でも二年間は漬け込んでおり、古宜付近のそれとは異なり、漬け込む時間の長さについては侗族のそれにより近い。ナレズシは、どこの六甲人にとっても平常時のみならず婚葬儀礼や客人の接待の際に必要不可欠である。

2　婚姻習俗

唐［一九八六］によると、六甲人は唱歌を好む。歌には、男女が恋愛の際に歌う情歌とそれ以外の娯楽の歌がある。歌う際には必ず偶数の人数で歌い、同姓者の間では歌わない。また歌で恋愛をする場合でも、人民共和国成立前は当事者が自由に婚約をすることはできなかった。この点、同楽郷では、歌は「六甲歌」ではなく、侗族の歌であることが大きな違いである。同楽郷では六甲歌は残されていない。高武村では人民共和国成立以前、父母が媒酌人の紹介に応じて配偶者を決める「父母包弁」婚よりも、歌掛けを通じて知り合って結婚することのほうが多く、また社会の蔑視を受けることもなかったという（その場合でも、最終的な手続きとして父母の同意は必要であった）。

この点では、古宜の場合よりも、高武村ではより侗族のそれに近かったようである。民国『三江県志』二、社会、風俗、冠婚葬祭「婚」では、六甲人は、父母が主導し、「合八字」をはじめ漢族式の過程を経るのに対し、侗族は、女性が男性のもとに「私奔」して三日後に男性側がそのことを女性側に通知し、その後に婚礼の準備を始めることが示されている。記事では両者の対比が強調されがちであるが、侗族の歌掛けを通じた、より自由な配偶者選択の特徴が窺われる(7)。

「六甲人」は旧暦三月三日、四月八日などに侗語で唱歌をした。とくに四月八日のそれは男女老幼が山へ行き昼夜を通して唱歌をしたという。八月一五日の中秋節には男女が満月を鑑賞しながら互いに歌いあったという。ただし、同姓者同士は歌うことができなかった。同姓忌避の点は古宜の場合と同様である（高武村G1屯　侯H氏〈七一歳〉）。高武村より侗族集居地の独峒郷に近い七団村S屯では、「六甲人」も侗族の習慣に従って、婚前に男が同じ年齢集団（トンバン）に属する者数名とともに夜に村々を巡って女性を探して歌掛け「坐妹」をしたという。八月一五日をはじめ年中行事の際、四季折々に自由に侗語で歌ったという。改革開放以降、若者が出稼ぎに行くようになってからは、中年以上の者が娯楽で行うにとどまっている。近年はスマートフォンが普及しているが、それを使った歌掛けが娯楽として行われている。なお、同楽郷の侗族化した「六甲人」は配偶者選択に当たって、六甲人に限らず、侗族とも婚姻をしてきた（ただし同姓は除く）。なぜなら、そこに住む「六甲人」は早期に侗族に「なった」からである。同楽郷の侗族は古宜に住む六甲人を自分たちと異なる集団として認識してきたが、侗族になって久しい「六甲人」については自民族同様に扱ってきたのである(8)。

六甲人は歴代、他民族との通婚をしないとされてきた。ただし、同楽郷では「六甲人」同士とともにそれ以外の侗族との通婚が行われてきた。同楽郷では「六甲人」も侗族と見做されてきたからである。「六甲人」の通婚圏は狭く、高武村の場合、七団村、寨大村との、七団村S屯の場合、七団村の別屯や寨大、高武、桂書村といった比較的近い村落との縁組が多かった。

かつて婚後一定期間夫婦が別居する「不落夫家」婚が行われたが、この点について、夫家に嫁いだその翌日に花嫁が、婚礼の際に彼女に随伴して来た未婚の女性たちとともに実家に戻った。夫と別居する最初の一年は、春社（春の社祭）、田植え、収穫、茶葉の選別といった機会に夫方に戻り数晩泊まる。二年目は夫家へ行く回数が次第に増える。三年目は基本的に夫家に常住する。唐［一九八六］は、その原因として、早婚、嫁の実家における綿花等での畑の労働を挙げている。かつては三年以内に花嫁が夫家に定住したら「不正常」として蔑視されたという（二〇〇三年、斗江鎮甘洞村 栄C氏（六八歳））。この点は侗族地域の同楽郷高武村でより厳格に守られ、婚後三年以内は妊娠することができず、人民共和国成立前は三年以内の妊娠は正式な結婚には数えられなかったという。しかし古宜付近の六甲人のもとではそれほど厳格に遵守されていなかったようである。(9)

年齢集団トンバン（ドントイ、ホーバン）について、唐［一九八六］は、結婚の数日前にトンバンの女性たちが夜に新婦の家に集まり、唱歌をする（「伴女歌」という）。嫁出の際に四人が「送姨妹」として新婦を送る行列に加わる。この点について、程村洒里屯では、結婚前に新婦の家でトンバン五、六人を呼んでともに夕食を取り、食後に一緒に歌った。トンバンは新婦の房族の女性たちと夜半まで新婦の親元を離れる苦悩を表現した歌を歌った。さらには新郎方から結婚前日に礼物を持参して来た若者たちと朝まで歌ったという。その後、未婚の友人四人が新婦を送る「送姨」として花嫁行列に加わった。

婚礼の際の侗族と六甲人との大きな違いは、三江侗族自治県民族事務委員会編［一九八九］によると、侗族の場合、新郎が自ら新婦の家に迎えに行くことと、花嫁行列が新郎の家に向かう時刻が夜半である点である。六甲人は新郎が自ら新婦を迎えに行かないし、新婦が夫方に行くのは通常は昼である。高武村G1屯でかつて行われた婚礼は次のようなものである。すなわち、一、婚礼の一日前の夜一二時以降に新郎とその同伴者の四名が新婦の迎えに行く。この際に同伴者が蘆笙を吹く。二、新婦と持参財を担ぐ人、および未婚の介添え二、三人、新婦のオバの計五名ほどが夜半から明け方にかけて新婦とともに夫方に歩行して行く。持参財は、銀の胸飾り、新郎用の衣服・布地、帯、布団など。途中の橋のところで夫方の蘆笙を吹く男児が待ち受けて、そこで介添え人たちは里方に戻り、新婦と持参財を担いだ人が蘆笙を吹く男児を先頭に夫方へ行く。三、婚礼。四、婚礼が行われたその日の夜半に、新郎が連れ添って新婦を里方に送る。この際に、殺した豚に血を塗った「紅猪」や豚肉、オコワ、モチ、酒、茶葉、ナレズシなどを嫁方に送る。古宜付近の場合とは異なり、新婦は籠には乗らない。また嫁出する前に父母との離別を悲しむ「哭嫁」は「縁起が悪い」として行われない。また、兄弟が新婦を籠に乗せるまでの間に背負う習俗もない。このように、婚礼の時間、新郎自身の送迎、嫁入りの際の蘆笙の演奏、新婦の歩行、「哭嫁」の有無などにおいて、同楽郷の場合は古宜とは異なっていた[10]。

女性の服装について、古宜の六甲人は、黒色の上着と幅の広いズボンを着用した。「大袖大裤」、すなわち上着の袖口とズボンの幅が広かった。この他に盛装の場合、黒色エプロン、銀の腰飾り、銀のネックレスをし、既婚者は髷を結い黒白の格子柄の頭巾を巻いたという[11]。これは下古生屯でも同様であった。この点、同楽郷では侗族と同様の服装で、高武村では、人民共和国成立以前、黒色の襞の多いスカートを着用した。とくに婚礼や正月の蘆笙舞などのハレの日には着用した（一〇年ほど前に着用しなくなったという）。六甲人の服装の特徴として女性はスカートを着用しない点で侗族とは違うという言説が多く聞かれるが、同楽郷の「六甲人」は事情が異なっている[12]。

初生児が生まれたら貧富に関わらずすべて「三朝酒」を行う。古宜付近では三朝酒の祝いでは双方の女性がもっぱら活動し、男性は基本的に参加しない。この点、同楽郷では三朝酒に新婦の父や兄弟をはじめ妻側の男性も来る。七団村S屯では子供の名づけも初生児については妻方の父母が担当したという。贈り物は、モチ・ニワトリ・

豚肉等の食品、子供の背負い帯である。三朝酒の期日は侗族の村の道公に選んでもらったという。このように、歌掛け、不落夫家、年齢集団の習俗において、漢族のそれよりは非漢族のそれに近いものがあり、女性の服装においても独自性が見られたが、同楽郷では侗族の習俗の受容が見られた。

3　年中行事

春節「過大年」について、同楽郷の「六甲人」は一二月二九日に始める（以下、月日は旧暦）。三〇日夜は「守夜」として家人がイロリを囲んで老人からの伝承を聞く。正月に備えてモチをつく。この点は古宜の六甲人と同様である。七団村S屯の場合、曹姓のほか廖姓・楊姓侗族が居住し、曹姓だけが六甲に由来する移住伝承を持つ「六甲人」であるが、曹姓は他姓よりも一日早く一二月二九日に祖先を祭り始める。その由来について『曹氏宗志』では曹姓が冷漕屯に居住していた頃にすでに行われていたのを移住後も遵守してきた伝承が記されている。なお、同楽郷では正月は村同士で往来しあい蘆笙の吹き比べを行う。男性が蘆笙を吹き、女性は蘆笙の音色に応じて舞を踊る[13]。この点は古宜には見られない。正月には嫁出した娘が帰省をする。S屯の場合、帰省は新年の二日から元宵節の期間に行われ、娘はモチや鶏・豚肉を持参する。

二月は春の社祭「春社」が行われる。社祭は年に二度、春秋に行われるが、同楽郷では「六甲人」がとくに重視をする。三江侗族自治県民族事務委員会編［一九八九］によると、春社・秋社は六甲人が比較的重視する行事で、モチをつくり、ニワトリやアヒルを殺す[14]。同楽郷では社祭を重視するのは古宜と同様である。春秋の社祭のどちらをより重視するのかは村によって異なるが、たとえば七団村S屯の曹姓は秋社を重視する。秋社は立秋以後五〇日、ほぼ八月一五日の頃に二日間行われる。初日の夕食を「小社」、翌日の昼食を「大社」と呼ぶが、親戚や友人を家に呼んで、モチをつきご馳走を食べる。それは春節とならぶ大きな行事であるという。古宜でも同

写真3　曹姓始遷祖曹大禧公の墓
(2017年7月、泗里村冷漕屯)

楽郷でも六甲人たちは「曹家節」「侯家節」など各姓の祭りを重視する（内容は客人を招いて一家でご馳走を食べる）が、同楽郷では姓の祭りが社祭の日に行われるという。人民共和国成立以前は姓の祭りがあったのが、以降は姓の祭りが社祭に変わったという言説が各地で聞かれた。この点は姓の祭りと社祭とを別に行う古宜とは異なっている。七団村S屯の廖姓など侗族もそれを行うが、「六甲人」ほど盛大ではない。付近の「六甲人」以外の侗族はそれを行わないものも多い。社祭それ自体の有無は侗族と「六甲人」とを峻別する際の標識にはなりにくいかもしれないが、「六甲人」が古宜を離れて以降も姓の祭りを記憶し、社祭を姓の祭りと関連させて認識していることには六甲人の歴史記憶が表れているものと推測される[15]。社祭には嫁出した娘が里帰りをする。娘の里帰りが出来ない場合でも実家から娘に通知をする。娘の帰省は、春節、清明節[16]にも行われるが、それだけ社祭が「六甲人」のもとで重視されていることの表れであろう。

三月三日は、人民共和国成立以前は高武・七団・寨大村など一帯の侗族の「飛山宮」の祭りで、飛山宮の前の広場で豚を殺して神祭りをし、その場で豚肉を食べたという。六月六日にもこの祭りを行うが、七年に一度、牛を殺して祭った。これは侗族に由来する祭りである[17]。「六甲人」も侗族の一員であったため、毎戸に課せられる経費の負担をしさえすれば参加することが可能だったという[18]。

清明節は、基本的に村において各戸単位で墓参をする。「六甲人」も各村の始遷祖を祭るが、高武村から分出した蓬葉村曹姓の場合、先に高武村へ墓参に行き、その後に本村に戻って始遷祖墓に参るという。冷漕屯には曹姓の始遷祖曹大禧公の墓があり、一九八三年以降、とくに一九九七年以降に各地の曹姓が参るようになったが、それ以前、人民共和国以前や一九五〇年代末、一九六〇年代初期に同楽郷から曹姓が個別に参詣したことはあるが、墓地がより広く「六甲人」の間に認知され、冷漕屯が中心となって参拝者の大規模な接待をするようになった一九九七年以降に集団で墓参に行く機会が増加した。近年は曹氏理事会が各村の曹姓から寄付金を集めて墓地の整備をしている。

四月八日には黒色のオコワを作り、牛を一日休息させる。これを「喫牛糞」というが、実際に牛糞を食べるわけではなく、また牛糞を祖先に供奉するのでもない。牛の苦労をいたわり敬意を表するがゆえにそうした言い方があるという。

七月一四日（中元節）について、侯姓はそれを行わない。栄姓や曹姓の一部にもない。行う場合でも客を招待して食事をするくらいである。斗江鎮下古生屯の梁姓は、春節よりも大きな行事として重視し、ニワトリ・アヒル・豚肉などの供物を捧げて祖先を拝むが、おそらく壮族の影響が考えられる。なお、古宜一帯の数十の村落では、農暦三月三日に二聖侯王を盛大に祀る。同楽郷では家の祭壇にその文字が書かれているが、特別な祭祀活動は行われない。

先述のように姓氏ごとに祭日がある。同楽郷の「六甲人」にもかつてあって、その記憶が伝承されている。それは桂書村G２屯の呉姓、蓬葉村の覃姓など一部の侗族にもある。この点、斗江鎮の下古生屯では姓だけの行事はないという。

古宜では、かつて七年に一度の敬神活動「十月神」が行われた。人民共和国成立後になくなったというが、その内容は農暦一〇月のうちに一日を選んで客を招待し、豚「神猪」二頭を殺して盛大な宴会を催す。三、四戸から七、八戸ごとに毎年交代で行ったという。この点、同楽郷では十月神のことは聞かれなかった。

唐［一九八六］によると、古宜の六甲人には過去に蘆笙を吹く習俗があった。侗族地域に近いところで一九四九年以降、あるいは民国初期になくなったという言説が聞かれた。古宜でも侗族地域に近いところだけであり、六甲人が来住後に侗族の影響を受けたことが容易に推測される。その場合、もっぱら吹くだけで踊らない。また六甲人の自らの村寨でのみ吹き、他族とともには吹かなかったという。この点、同楽郷の各村では正月や中秋節など年中行事の際や婚礼などに他の侗族とともに蘆笙を吹き踊ってきた。

四　六甲人のアイデンティティ

六甲人は一般の漢族よりも早期に入植し、その習俗にも漢族と異なる部分が見られた。婚姻の際の歌掛けや行事の際のモチ米食品、蘆笙、ナレズシ、女性の服装などの諸般にわたって顕著であるが、そうした漢族と異なる点がかつて漢族から差異視される要因になった。冒頭に挙げた費［一九八〇］は、そのように差異視されたことからみずからを「六甲族」として承認されるよう申請したという経緯を指摘している。このように、六甲人の多くは自文化の特徴を堅持して、漢人とも一線を画してきた。そのことが背景となって一九五二年に「六甲族」と申告することになる。結局、この六甲族としての申請は政府に却下されることになるが、六甲人の同族意識の強さは現在にまで維持されている。

同楽郷に再移住をした「六甲人」の場合、事情は異なっている。久しく侗族と共住し、通婚をはじめ侗族の一員として過ごしてきたため、民族識別工作の時にはすでに侗族になっていた。それゆえ自らを「六甲族」と主張することはなかった。六甲語はほとんど失われ、日常の言語や習俗は侗族のそれになっており、侗族の一員であるという意識を持っている。それでも祖先が「六甲の地から移住して来た」「六甲に由来する」故事が代々伝承されてきており、そうした意識は強い。また、桂書村の「元からの」侗族は、付近の「六甲人」の祖先は古宜の六甲人だと見做している。言語や多くの独自の習俗を失ったものの、年末の儀式を守り、姓の祭りとそれが社祭に変化したという意識を保持している。曹姓の場合は他の六甲人同様に牛肉食の禁忌を墨守してきた。侗族であって、なおかつ六甲に由来する者という二重の帰属意識を持っている。

この点、非漢族地域に移住した斗江鎮下古生村の六甲人は、民族成分のうえでは壮族になり、南丹慶遠府からの移住史や七月の中元節の受容など、それなりに壮族の影響を受けている。しかし、日常的な六甲語の使用をはじめ、同楽郷の「六甲人」と比べると六甲人としての意識がより強い。移住によって生じたところの、多重の民族や集団への帰属意識のどれをより強調するのかは、それぞれが置かれた地の民族間関係を含む環境の相異など諸条件の相異によっては異なってくるであろうことが推測される。

六甲人の同族意識の表れの一つとして、二〇一六年、三江県曹氏理事会が成立し、県内の曹姓の住む村々に理事小組が置かれ、人数姓名を把握してもっか族譜の編纂に取り組んでいる。[19] それに先立ち二〇一一年頃から各村で族譜のもとになるべく草稿『曹氏宗志』が作成されてきた。さらに、二〇一七年、三江県曹氏理事会の成員が出資して、冷澧屯の村はずれの尋江を望む小高い丘の上には始遷祖の曹大禧公の立派な墓地が建設された。墓自体は以前からあったが、インフラや墓地周りが整備された。くわえて同楽郷でも六甲人の宣伝ＤＶＤが作られ流布している。こうした動きは、近年の各地での民族の枠組を越えた族譜編纂をはじめとする祖先伝来の歴史への関心の高まりと自らをそうした歴史の中に位置付けようとする動きとも呼応しているが、六甲人の場合、公定民族の枠組みからこぼれ落ちる人々による自分たちのアイデンティティの維持と集団の存続のための文字化（族譜）や墓地整備という形での歴史の資源化の試みであると言えよう。そしてこれまで六甲人としての主張をあまりしなかった同楽郷の「六甲人」にとって、そうした歴史の資源化の行為に参加することで、これまで口頭伝承で伝えられてきた六甲人の一員としての意識が強化されることになろう。

冷漕屯での清明節墓参の際には、清明節から一箇月の期間中、県内各地から二万余人もの曹姓六甲人が墓参に来た。その場合、参拝者が爆竹や線香、オコワを持参するが冷漕屯でも食事を用意して接待に当たるという[20]。それは各地から集まる六甲人の交流の場にもなっている。同楽郷の四個村の「六甲人」も、以前は相互の連絡交流は非常に少なかったというが、近年、清明節に数村の曹姓が連絡を取り合って一緒に来始めているという。こうした六甲人相互が接触する機会の増加を含む近年の動きは、六甲人間のネットワークの強化、六甲人意識のさらなる強化につながるであろう[21]。

五　おわりに

六甲人は人口の少ない弱小集団で、一民族として承認されていない。しかし、言語や風俗習慣において独自性を維持し、歴史文化にもとづいて同族としての意識、凝集力を維持してきた。国家の政策によって新たに生まれた「民族成分」とは別個に、より基層の部分に、より古い時期において形成された六甲人としての歴史・文化の記憶が堆積しているのであり、その基層の歴史・文化を自らのアイデンティティの維持のための資源として活用し続けてきたように考えられる。それは祖先の遠い過去の歴史に向き合い、自らの根源を解明し、そのことを通じて自分たちのアイデンティティの維持と集団のさらなる存続に寄与するという歴史の資源化の試みの一つであり、そうした試みに主体的に参加することで、集団の一員としての意識が強化されるのである。

本稿では六甲人の中でも、侗族地域に再移住をし、侗族の影響を受けて侗族になったものを主に検討してきた。すでに人民共和国成立以前に侗族地域に再移住をし侗族になったものの中でも、年末の儀礼や姓の祭りが社祭に変化したこと、曹姓の牛肉食の禁忌、「六甲から来た」歴史意識など六甲人としての独自性を主張する要素が見られる。彼らは侗族の一員であるとともに六甲人であるという多重の帰属意識を持っている。ただ、こうした多重の帰属という点は同楽郷に関する限りでは一般の人々の日常生活にとって特段の影響を及ぼすものとは考えにくい。そもそもながい歴史の中で多くの集団が移動し接触交流を経てきた中国では必ずしも特殊ではないであろう。

いずれにしても六甲人の事例は、歴史の資源化を考える際に一つの興味深い材料を提供するものである。

注

（1）筆者は六甲人について、一九九〇年六月、一九九七年七月（いずれも斗江郷の複数の村落、古宜鎮大竹村大寨屯）、二〇〇三年一一月（斗江鎮甘洞村、古宜鎮大寨屯、程村郷頭坪村）、二〇一五年八月（同楽苗族郷高武村、程村郷泗里村、古宜鎮光輝村寨更屯、斗江郷扶平村下古生屯）、二〇一六年六月（同楽苗族郷七団村、古宜鎮光輝村馬湾屯）、二〇一七年七月（同楽苗族郷七団村・桂書村・蓬葉村、程村郷泗里村、高基瑶族郷良口村）と六回短期間の調査を行った。

なお、二〇一五年〜二〇一七年の調査は科学研究費補助金による研究「中国周縁部における歴史の資源化に関する人類学的研究」（代表者：塚田誠之、基盤研究（A）、課題番号 **JP15H02615**、二〇一五年四月〜二〇一八年三月）の一環として行われた。

（2）「六甲人」は七団村S屯では早期に来住したが、この地域全体では苗族・瑶族が先住民であったようである。民国『三江県志』二、社会、「民族」では瑶人・苗人を「土著」（先住民）として扱っている。この点、七団村には苗族も居住しており、楊姓が草分けであったという。唐［一九八六］によると、六甲人が大寨に来て八籠の銀子で先住の猺人からこの土地を購入した。それゆえに古宜大寨を「八藍銀子地」とも呼ぶという。六甲人は漢人の中でも最も早期に来住したが、それでも苗族・瑶族のほうが先住民であったようである。

（3）なお、「六甲人」が移住してくる前に侗族が同楽郷に居住していたとは限らない。七団村S屯では曹姓「六甲人」がより早期に来たが、他の侗族の廖姓・楊姓は後に江西から移住してきたという。

（4）冷漕屯は人口四〇〇人ほどの小さな自然村で、その九五パーセントが曹姓である。侗族が多く居住する同楽郷に近いこともあって侗語を解する者も少なくないので、同楽郷の「六甲人」とは侗語をも駆使して交流をしてきたように推測される。

（5）この点について、『曹氏宗志』［二〇一一］では、曹姓の始遷祖曹槐公が福建で倭寇との戦闘中に河畔に追い詰められて牛尾にすがって渡河し難を免れたという故事を挙げて、今後牛肉を食べないこと、もし食べたら「牛皮瘡」に罹るだろうという誓いを立てた記事がある。

(6) なお、同楽郷では人民共和国成立以前から二期作で、一九八〇、一九九〇年代以降労働力となる壮年人口の出稼ぎによる流失が増加して以降、水稲は一期作になり、そして一九九七年頃からは茶葉などの経済作物の栽培が大規模に行われるようになった。

(7) ただし全て本人の自由意志によっていたとは限らない。桂書村G2屯は「元からの」侗族の村だが、「半数は自由婚だが、半数は紹介婚」であったという。なお、斗江鎮下古生屯では、人民共和国成立以前は全て「紹介婚」であり、恋愛婚は許されなかった。

(8) 古宜の六甲人の場合、同姓者の場合は歌うことが許されないので、歌う際には先に相手の村名と姓氏を聞いた。同姓婚は禁止されており、歌掛けもできないし当然婚姻も不可能であった。この点は同楽郷の「六甲人」も同様であるが、現在は他村の場合なら同姓婚が許されるという。なお、下古生屯では同村でなければ同姓婚が行われた。

(9) この習俗はすでに消滅した。七団村S屯では「一〇年前まではあった」という言説が聞かれた。

(10) 下古生屯の場合は古宜とほぼ同様である。なお、嫁入りの際に里方から新婦に随行した未婚同伴女性が婚礼の日にも新婦に付き添う場合もある。ここで挙げた事例は高武村の場合で、要点は嫁入りが夜に、新郎が迎えに来て行われ、蘆笙の演奏が伴われる点で侗族的な要素が強いことにある。

(11) ただし唐［一九八六］によると、銀製品は一九三〇年頃に玉製に変化したという。

(12) 高武村では、来たときは「漢族の衣装」だったが、周囲が侗族・苗族で、服装の上でもその影響を受けたという。なお、同楽郷の侗族は「侗語苗衣」として女性の衣服は苗族と共通である（写真2参照）。また、「侗語侗衣」の独峒郷の侗族とは通婚を行わないという。このように侗族の中でも違いがある。

(13) 蘆笙は秋の収穫の後、翌年の春耕までの期間に行われる。三月の春耕以降六月頃までは「稲の生長に良くない」として吹かない。蘆笙は自家製ではなく、約五〇キロメートル離れた湖南省通道県まで購入しに行ったという。

(14) 二〇〇三年一一月の大寨屯の曹J氏（当時八〇歳）の語りによると、かつて（人民共和国成立以前は）春秋の社祭に豚を殺して祖先祭祀をした。威信のある人二、三人が主催をした。社祭には「会首」三人程度を選び「社田」を管理し、収穫した米を売って供物を購入したという。今は各家で豚肉を購入して過ごすという。

(15) これは筆者の限られた範囲内での調査にもとづく推測である。なお、侗族は社日を重視するが六甲人は重視しないという言説も古宜では聞かれた。『三江侗族自治県概況』編写組・『三江侗族自治県概況』修訂本編写組編［二〇〇八］や三江侗族自治県志編纂委員会編［一九九二］では、社祭は侗族の行事の一つとして挙げられている。その広がりや深度などの点は今後の検討課題である。なお、侗族は一〇月の「喫冬」行事を重視するが、七団村「六甲人」にはその習俗はない。

(16) 清明節の際には嫁出した娘は先に夫方の墓参を済ましてから帰省をする。

(17) 民国『三江県志』二、社会、風俗、「迷信」に「飛山公、侗人祀之。苗或参加，昔在侗苗郷村間，率建有宏大之廟宇。考其碑記，称唐時之征蛮者，然皆略而不詳」とある。

(18) 七団村では飛山宮は一九五八年に破壊され、一〇年間は祭祀活動が中断したが、二〇一三年に再建され祭りが復活した。

(19) 曹姓は県内に約三万人おり、四六もの自然村に分布し、理事が六〇余人いる。

(20) 冷漕屯では一九八三年に参拝者の接待を開始したが、一九九七年には村の広場で宴席を設けて二〇〇〇人の接待をした。二〇一七年には参拝者がのべ二万人にも達し、参拝者が集中する四月二日・三日には宴席を設けて三、四〇〇〇人もの人を接待したという。それにかかる経費は近年は県城に居住する理事会の有力メンバーが多くを負担するが、冷漕屯も長年経費の負担をしてきたという。

(21) とはいえ、繰り返しになるが、同楽郷の「六甲人」は民族識別工作以前から侗族になっており、習俗のほとんどが侗族と同じで、ながく侗族として生活してきた。同楽郷の事例に関する限りでは、六甲人としての意識の高まりが侗族の一員であるという生活や意識にただちに何らかの影響を与えるものとは考えにくい。

参照文献

費孝通
　一九八〇　「関於我国民族的識別問題」『中国社会科学』一九八〇（一）：一四七―一六二。

黄光学（主編）
　一九九五　『中国的民族識別』北京：民族出版社。

『三江侗族自治県概況』編写組・『三江侗族自治県概況』修訂本編写組（編）
　二〇〇八　『三江侗族自治県概況』北京：民族出版社。

三江侗族自治県志編纂委員会（編）
　一九九二　『三江侗族自治県志』北京：中央民族学院出版社。

三江侗族自治県民族事務委員会編
　一九八九　『三江侗族自治県民族誌』南寧：広西人民出版社。

唐志宗
一九八六　「六甲人」『三江県志通訊』一九八六（一）：一二三—一四〇。
塚田誠之
二〇〇一　「民族とその文化における国家政策・民族間関係の影響に関する一事例——広西北部三江侗族自治県斗江郷の場合」横山廣子（編）『中国における民族文化の動態と国家をめぐる人類学的研究』（国立民族学博物館調査報告〈SER〉二〇）：一四五—一六〇。
二〇一七　「三江県の「六甲人」に関する覚書——その歴史・文化と民族意識」塚田誠之・河合洋尚（編）『中国における歴史の資源化の現状と課題』（国立民族学博物館調査報告〈SER〉一四二）：一二九三—三〇七。

二〇〇八汶川地震後のチャン族の都市への移住と村規民約

松岡正子

一　はじめに

本稿は、二〇〇八年汶川地震後、都市部へ大量移住したチャン族農民が、移住先の都市部と故郷の農村との間に形成した「空間コミュニティー」について、その形成の過程と機能を、紐帯となった村規民約の分析を通して考察するものである。

二〇〇八年の汶川地震後、中国四川省のチャン族の村落では、都市部への大規模な人口移動がおきた。チャン族が集住する茂県の鳳儀鎮では、県城および周辺の八つの村に二〇〇八年からの三年間で総人口三万五七〇〇人に対して約四〇〇〇人が流入した。人口移動は、まず、再建不能と判断されて復興を断念した高山部の農村から始まった。その後、再建されたはずの村落からも大量の住民が都市部に移った。被災後、村落は複数省の対口支援策[1]によって巨額の支援を受け、道路や水道電気などのインフラが整備され、家屋には現代的なトイレや台所の施設が配備された。被災地は、三年をまたずに被災前の水準を超える生活環境が整えられた。しかし住民は、高山部の農村を中心に、県城など地方都市周辺に家屋を購入し、一家を挙げて移住した。

筆者が定点調査を行ってきた阿壩州茂県雅都郷でも、高山部の農民が大挙して都市部へ移った。村落では少数の高齢者や経済的に移ることのできなかった者だけが残され、統廃合された。村から次々と人の気配が消えていった。しかし、移住者を多出した村落で話をきくと、残された家屋はいつでも使える状態にしてあり、移住者はその後もたびたび帰村しているという。都市に家屋を購入しながら、なぜ移住者たちは村にもどってくるのか。G村のY組長はその理由の一つに、被災後、村規民約に新たな条項が追加されたことをあげる。村規民約とは、村落社会の習慣法を代表するもので、そこには村の歴史の記憶が反映されている。では、村規民約は、空洞化した故郷の村落と在村者、移住者の間でどのように活用（＝資源化）されているのか。

本稿では、被災後、チャン族社会で多出した都市移住の意味について一九九〇年代から近年に至る都市への人口移動を分析したうえで、都市移住者の視点から、移住者と故郷の農村、移出先の都市部が形成する空間について、村規民約の機能に注目して考察する。事例とするのは、都市移住者を多出した茂県雅都郷、村規民約に関して村民自治移行期前後の記録を残す理県蒲渓郷、被災後に村規民約碑を造った平武県牛飛村等である。

二　先行研究からみたチャン族における都市への移動

農村から都市への人口移動について、厳善平［二〇一〇］は、一九九〇年代以降の移動を「未曽有の規模」とし、新中国成立以降の動きを政策との関連から次のようにまとめる。前半の三〇年間は、政府は計画経済体制のもと戸籍制度等で厳格に管理した。改革開放が始まった一九八〇年代も、農家の余剰労働力は農村工業等で吸収し、工場で働くが都市部に移動しないとする「離土不離郷、進廠不進城」を方針として農民の移動を制限した。しかし、九〇年代、沿岸部の急速な経済発展による労働力の需要をうけて中国西部から多くの若い労働力が沿岸部に移動した。ただし「離郷不背井」（若いうちは都市部で働くが、老いたら帰郷）が主であった。ところが、二〇〇〇年代には出稼ぎ者の主体が改革開放後にうまれた新世代にかわり、「農村戸籍ではあるが農業経験がなく、帰村して農業をする気のない」者が主となって、「挙家離村」（一家をあげて都市へ移動）が始まった…現役出稼ぎ者は三〇代までの若年層に集中し、教育を多く受けた者ほど自身を農民と思わない意識が強い…帰郷の理由は親の介護が多いが、帰郷後の仕事は、二〇代以下は主に商売で、四〇代以上は農民にもどる［厳 二〇一〇：九六、一一四］。なお、厳報告では、地域によって異なる展開の様相や、出稼ぎ者の村落および家族についてはふれていない。

一方、J・フリードマン［二〇〇八］は、一九九〇年代までの流動者（出稼ぎ者）をとりあげて五つのタイプがあるとする。適職やそこそこの生活を求めて転々と移動する「逐次型」、いずれまた出かけるために村に戻る「反復型」、収穫期や定期的行事に帰郷する「周期型」、長い不在の後に、何等かの理由でもどる「帰還型」、都市に踏みとどまろうと出ていく「恒久型」である。さらに、一九九五年統計をもとに、全国で一〇人に一人の農民が郷里を離れて職をみつけ、その多くが生まれ育った村の近くの郷で働き、恒久型の流出者はほとんどいない…彼らの多くは教育水準が低く、高度な技能をもたない未熟練労働者で、「三K（危険、汚い、きつい）」に就き、低賃金、劣悪な労働条件下にあるとする［フリードマン 二〇〇八：一四二―一五〇］。

注目されるのは、二〇〇〇年代以前は、出稼ぎ者の多くが故郷の農村の近くで働き、移動ではあるが移住＝恒久型ではない点である。その後、三〇歳代を中心に一家をあげて移動し、二〇一〇年代にかけてその子供たちが就学期に入り、義務教育の普及や郷あるいは県城への小中学校の統廃合を背景に、子供の教育問題に直面する。筆者が調査した西南中国の少数民族地区でも、二〇〇〇年代初期には「普九」（小・中学九年間の義務教育の普及）の進展によって小学校から寄宿舎生活をして食事や洗濯を自分でする児童や、県城の粗末な小屋で母親や祖母が同居して学校に通う児童がみられた。チャン族地区では、二〇〇八年被災後に一気に小学校の統廃合が進み、県城の小学校には各郷から集まる児童が急増した。さらに親の病気治療や介護等も問題となり、比較的近くに出稼ぎしていた五〇歳代以上の世代が帰村して親の面倒をみている。被災後の住宅の再建は、子供の教育と親の介護に直面する彼らに、まさに第三の難問としてふりかかった。これは、将来、家族がどこでどのように暮らしていくのかという家族の在り方の問題であった。

さらに、出稼ぎ者の都市における居住について、フリードマンは次のように指摘する。一九九〇年代までは、出身農村の近くの郷で働く…特定の方言・文化等を共有する人々が集住し…そこでは自らを同郷人とみなし、職探し、地方政府との闘い、自分たちの問題解決に関して相互扶助体制をとる(2)［フリードマン　二〇〇八：一五一―一五二］。すなわち当時、農民にとっての「都市部」は出身村の近くにあって地域言語を同じくする人々が集住し、働く場であった。

日本の社会学でも、戦後の高度経済成長期におきた激しい人口移動について、都市と農村の関係、都市に形成された同郷的関係に着目する。鰺坂学によれば、日本社会学では、歴史的に、都市と農村（村落）は相対的に区別されてきたが、近代社会以降は、両者は深い連関をもっており、「農村から都市へと向かう関係と、都市から農村へと向かう関係、さらに都市における農村的関係の持続や再編、農村における「都市的」な関係の影響・繁栄」を指摘し、都市―農村関係の媒体として Gesellschaftlich な関係（資本・貨幣、商品、労働力、国家の行財政、マスコミ・マスカルチャー、イデオロギー）と、Social な関係（家族・親族の助け合い、地域・同郷的互助、心づくしの品、仕送り、「つて」、故郷の便り、郷土芸能、おくにことば、故郷意識）をあげる。特に、移住者によって移住先の都市において形成された同郷的関係と、農村と移住者（他出者）とが結ぶ関係をあげ、これはプッシュ＝プル論［Sassen 1988］だけではなく、特殊なソーシャル的要因を捉えることができるとする［鰺坂　二〇〇九：二］。

さらに地域研究では、移動を契機にして生み出される空間の在り方とヴァリエーションについて「ミクロ・リージョン」という概念の援用が提案されている。王［二〇一〇］によれば、ミクロ・リージョンとは、人と人との相互作用から創出される社会文化的、政治的、経済的な場や空間であり、次の四つの特徴をもつ。第一に、空間的広がりは無制限ではなく、特定の場（locality）と限られた領域（regionality）をもつ。第二に、その空間内では同一の文化的社会的価値観や規範を維持させていく上で不可欠な、集合的な拘束力や力学が働く、第三に、境界によって囲まれた空間は、可視化された表現体をしばしば伴っており、継承性がある。例えば、各宗教や文化施設の存在が、ミクロ・リージョンの維持と継承のために行為者に大きな影響を与える。第四にそこでたちあがるミクロ・リージョンは、必ずしも公権力が形作る既存の地域にとって代わる空間として制度化されるとは限らないが、公権力への交渉、行政・政治への働きかけや承認を求める場として潜在的な政治性をはらみもつ空間的媒体である［王　二〇一〇：七－一〇］。

ミクロ・リージョンの概念は、移住先の都市部と移住元の農村部を一体化された空間として捉える場合に有効である。チャン族の都市移住者は、村民としての権利と義務を有しつつ、都市部で「他者集団」として暮らしている。村規民約に代表される習慣法は、本来、村民の誰もが承知する口頭伝承として村落内で村民に働きかける拘束力であったが、被災後は、彼らの生活空間は少なくとも移住先と移住元を結ぶ空間にまで拡大されている。従来の村規民約には、被災後、新たな項目が加えられ、移住者への拘束力を強化させている。本稿では、この空間における移住者、在村者、村民委員会との関係、村規民約の力について分析する。

三　四川省阿壩蔵族羌族自治州茂県雅都郷における被災後の再建と移住

1　高山部の住民はなぜ都市へ移住したのか

茂県雅都郷は(3)、県西北部の海抜一七八〇～四六六四メートルの高山峡谷地帯に位置し、チャン族の伝統的な生活文化がよく残る地域とされている。現在もチャン語北部方言が日常的に使われ、白石を奉じた伝来の石積み家屋が残り、火葬が行われる。しかし、かつて外敵からの防衛には有利であった閉鎖的な地理条件は、今日では経済の出遅れの要因となり、若者の出稼ぎが恒常化している。さらに二〇〇〇年代以降は一家で出稼ぎする家庭の「空掛戸」（戸籍はあるが住民不在の家）も出現した。被災後は、高山部から下りてきた住民の新村が郷内に複数新設されたが、彼らの主な生業は従来と同じ行商であり、村落の空洞化が一挙に進んだ。

雅都郷は八つの行政村からなる。河谷部に通河壩と赤不寨の二村、高山部に木魚寨、俄俄寨、四寨、雅都寨、大寨、俄口寨の六村が分布する。人口は二八六八人、うち九八％がチャン族である（二〇〇五年）。総面積のうち森林や灌木が七〇％を超え、耕地や牧草地は二％にもみたない。高山部ではジャガイモやトウモロコシを栽培する自給的な農業を行い、深山の麝香や虫草などの漢方薬材採取を古くからの重要な収入源とする。冷涼で乾燥した気候であるが、河谷部は昼間比較的暖かいためサンショウや果樹の栽培に適している。九〇年代まではサンショウやリンゴ、二〇〇〇年代初期にはブドウ、被災後は青脆李が政府によって奨励されている。このうちワイン工場の生産基地となったブドウ生産は、各戸に数万元の年収をもたらしたが、二〇〇九年に赤不蘇河上流に誘致された塩化工場が汚気汚水を垂れ流したためにブドウ樹木が全滅した。住民の激しい抗議をうけて工場はやがて廃業したが、ワイン工場の経営不振のためにブドウ生産が不況となり、中年と青年は再び出稼ぎにでるようになった。

被災後、高山部の住民のほとんどが県城周辺部に移住し、河谷部からも一家をあげて都市部へ移る者が続出した(4)。彼らは、なぜ移住という選択をしたのか。高山部の雅都村と大寨村、河谷部の俄俄村俄俄組と赤不寨村大瓜組を事例としてとりあげ、移住者、村民委員会と在村者、移住先の社会の三つの立場から分析する。

高山部の雅都村と大寨村は、政府によって再建不可能とされたわけではないが、土地の崩落や閉鎖的な地理条件からみてこのままでは豊かになれないと判断し、幾つかの集団に分かれて都市部へ移住した。

雅都村は、被災前、海抜二三〇〇〜二七〇〇メートルの山腹斜面に哈哈組六〇戸と雅都組五九戸があった。ともに農業生産には不適で、二〇〇〇年初には土地の崩落もおきたために、遂に全戸が村の再建を諦めた。ただしほとんどが戸籍は残したままとし、哈哈組では四五〇畝の耕地すべてを退耕還林にして、畝あたり二六〇元の補助費で一戸あたり二〇〇〇元弱の年収を確保した。雅都組も青脆李栽培の約五〇畝以外のすべてを退耕還林にした。

雅都村の移住の特徴は、第一に、村民のほとんどが戸籍を旧村に残して、退耕還林による数千元の年収と漢方薬材採取のための入山権を確保したこと、第二に、茂県県城所在地の鳳儀鎮に全一一九戸のうち約八〇％が集団移住したこと、このうち四五戸が南庄村、二二戸が水巷村等である。このほかの一一戸は崇州市である。雅都郷人民政府から鳳儀鎮県城までは、被災後に道路が整備されて車で一時間超の近さになり、毎時一本の民営小型バスが運行されている。雅都村まではさらに山道を歩かなければならない。比較的近い都市部に集団移住したことで従来の互助関係はほぼそのまま継続され、子供の教育や医療、買い物、交通の点ではかなり便利になった。ただし、耕地の取得はできず、水源も不足しており、もはや農業も家畜の飼育もできなくなった。主な収入源は装飾品等の行商で、主に省内で活動する。村民の葬儀が行われる場合には、死後三日以内に帰村しなければならないからである。年間を通じて男性は不在で、女性と就学期の児童や幼児、老人が常住していることは旧村と同様である。移住先の行政単位には属しておらず、居住村の冠婚葬祭に呼ばれることもない。

大寨村も、海抜二三〇〇〜二八〇〇メートルの閉鎖的な山腹に位置する。戸数六五戸、人口二四八人で、上房組（二七戸、一〇〇人）と下房組（三八戸、一四八人）からなる（二〇一四年）。ほぼ全員が王姓のチャン族で、他村と比べて様々な行事や共同活動における結束力の強さが際立っている。収入は出稼ぎが主で、退耕還林の補助金と漢方薬材の採取で補う。被災後、村民の労力と県政府からの六〇〇〇元と二トンの爆薬で道路が舗装され、山西省の対口支援を受けて種々のインフラが整備された。村民委員会の建物や広場が一新され、家屋は再建九戸、一部補修五六戸で、台所には現代的なコンロや調理用具が配布され、太陽光温水器つきのシャワー、洗面室兼トイレも新設された（日常的にはほとんど使われていないが）。しかし、二〇一〇年までに六五戸のうち六一戸が移住し、経済が困難な五戸のみが残った。主な移住先は、都江堰市と鳳儀鎮に半々で、鎮内では較場壩村一九戸、坪頭村四戸、南庄村五戸、大河壩村三戸である。都江堰市も高速道路で約二時間半の距離にあり、風光明媚は観光地でもある。漢代まではチャン族が居住し、被災後は経済的余裕のあるチャン族がかなりここに移住した。

大寨村のW村長は、移住の背景を次のように語る。「本村は海抜が高いために農作物は生産量が少なく自給用にしかならなかった。そのため農地一三六四畝のうち退耕還林に八〇三・八畝、残りの五六〇畝にトウモロコシやジャガイモ、チンクー麦、小麦等を生産した。男性が行商や道路工事等の出稼ぎをして現金収入を得、老人や女性が村に残って農業と家畜の飼育をした。三〇代を主流とする出稼ぎ者は一家を挙げて移動する場合が多く、二〇〇九年までに全人口の約八割が出稼ぎにでて、一年の大部分を村外で過ごすようになった」と。都市部に住居をもつことは仕事の往来に便利であるばかりでなく、子供の教育や老人の医療に都合がよかったからである。またここでは、全村の耕地をまとめて村落出身の合作社に貸し出して野菜生産を行う農園経営が村民大会で承認され、村に残った住民が雇われている。村落存続のための試みの一つといえる。意見の集約がしやすいという単姓村の利点が生かされている。

以上のように、高山部からの都市移住者は、家族全体の生活の場を求めての必要な移住であるため、旧村の人間関係や互助関係をほぼそのまま新しい居住地に再形成しており、村落の解体ではない。同じ構成員で、同じ村落共同体の空間＝在り場の位置を変えたにすぎない。戸籍を残したのは、彼ら独特の「計算」による。高山部での主な生業は、高山部にいても都市部でも現状では行商である。旧村に戸籍があれば、退耕還林の補助金を年間数千元受け取ることができ、漢方薬材採取のための入山権も失なわれず、行商という不安定な職業からいえば、最低限の経済的支えになる。移住はそもそも親の病気治療や子供を都市の学校に進学させるためであったが、県内であれば県城の学校に入学できることや農村医療保険がかなりよくなっているため、都市戸籍を得るメリットがあまりないと考えるようになった。また大寨村の場合で顕著であるが、故郷は祖先や山神がいる信仰の場である。都市に生活の場を、農村に精神の場を併有しているともいえる。

2　河谷部の住民は、なぜ都市部に移住するのか

河谷部における都市移住は、個人による農業生産を放棄せざるをえなくなった高山部の移住とは異なる。河谷部では、なお果樹栽培などによる生計の維持が可能であり、高山部に比べてかつても現在も概して豊かである。次世代の学歴もやや高く、行商の収入も比較的多く、親の扶養のために帰村した者は地元の水力発電所で働く。俄俄村俄俄組と赤不寨村大瓜子組の事例は以下のようである。

俄俄村俄俄組は、海抜二二〇〇メートルの山腹に二六戸が暮らす。サンショウは栽培に適していたため被災前にすでに一戸当たりの年収は一万元を超えていたが、塩化工場の汚染で全滅した。被災後、青脆李が奨励されて苗木が無償配布され、耕地の約半分の四〇〇畝で栽培している。一戸あたりの平均年収は二〇一二年に一万元、多い者は数万元に達する。被災後、郷政府までの道路が舗装されインフラが整備された。五〇代以上の戸主たちは、家屋修復には数十万かかるため、村内の家屋を再建するよりも都市部に家を建てた方がよいと考えた。次世代の三〇代以下の者は多くが県城で教育を受けて都市で定職をもち、あるいは都市間を回る行商で生計をたてており、将来的に村に戻ってこないこと、将来子供との同居を考えたら都市部の家屋が必要だ。退耕還林の補償金も一戸あたり年平均数千元になる。ただし、都市部では耕地を手に入れることができないので戸籍は旧村に残し、農繁期には身体の続く限り帰村して農業を続けたいと。なおかつては一戸あたり平均ヤギ数十匹、ブタ三〜五頭

飼育していたが、人手不足のためにほとんど売り払ったという。結局、村内で新築したのは一戸で、半数以上の一五戸が鳳儀鎮七戸、汶川県七戸、灌県一戸に土地借地権を購入して家屋を新築し、都市で暮らすようになった。

呉XL（五〇歳・男性）は本組の典型的な農民である。家族は妻（五〇歳）と息子（二五歳、高卒、彭県県城で働く）、娘（二二歳、師範学校卒、茂県県城で働く）である。耕地は二二畝、うち一一畝を退耕還林して年間補償費は三一一〇元、二〇〇八年から青脆李を五畝植え、トウモロコシやジャガイモを自家用に栽培する。被災後、三四万元で鳳儀鎮波西村に旧家屋を購入して改修した。移住を決めたのは、二人の子供とも都市で働いており、将来一緒に暮らすには都市近郊に住むしかない、兄や姉妹、親族も次々に村を離れ、村内に近い親戚はもう誰もいなくなったからだ。現在は一年のうち俄俄組と波西村に半分ずつ暮らす。年収は約三万元、支出は冠婚葬祭等の交際費が最多で約一万元、体力の続く限り村で農業を続けたいという。

赤不寨村大瓜子村は、被災後、山腹斜面の旧村までは車道が造れないことから、全村移住で河谷の畑地に新村を建設した。戸数四〇戸、うち陳姓二三戸、楊姓四戸、王姓七戸、余姓六戸（二〇一六年）。被災後、約三分の一が鳳儀鎮などに家屋を購入した。理由は分家する息子のためである。チャン族は兄弟が複数の場合は結婚後に分家し、末弟が親と同居するため、早くから兄弟の数にあわせて家屋を準備する。かつては村人の手伝いを得て、農閑期に毎年少しずつ自分たちで石を積んで家屋を建てた。近年は、若者は中学生時代から県城で寄宿舎生活をし、卒業後も進学や出稼ぎで都市に在住するため、ほとんど村には戻らない。一方で、娘しかいない家では、どんなに富裕であっても県城に家は買わないという。出稼ぎの第一世代である四〇代以上は、行商などの出稼ぎ経験者も少なくない。しかし農村で自給できる場合は都市部で生活することをあまり望んでおらず、七〇歳以上の親がいれば、帰村して親の面倒をみる。

3　移住先の鳳儀鎮のチャン族社会

移住先は、旧村から車で一〜二時間という比較的近い、県城のある鳳儀鎮が最も多い。このほか岷江沿いの成都平原入口にある都江堰や崇州など、彼らが成都をはじめとする省内各都市を回る際に必ず往来する都市部で、馴染みがある場所である。

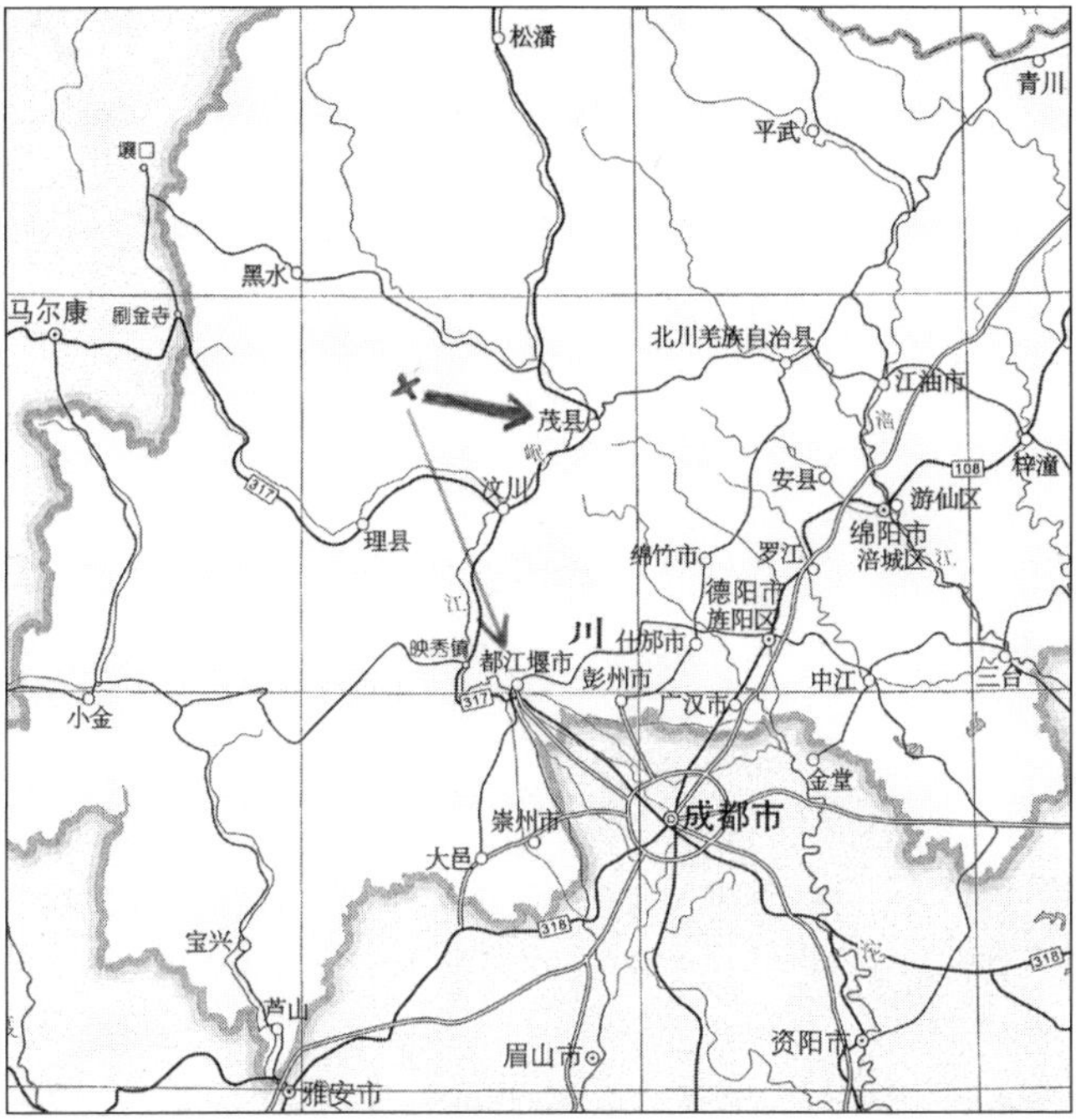

図1　2008汶川地震後の茂県雅都郷における都市への移住
［凡例］　×は茂県雅都郷　→は移住先　＝は高速道路　―は国道、省道
［出所］　民政部国家減災中心編制『汶川地震災害監測評估図集』（科学出版社2012年6頁より作成

雅都郷から最多のチャン族が移入した鳳儀鎮は、県城と前進、南橋、禹郷、静州、順城、水西、坪頭、甘青、回龍、龍洞、南庄、南店坡の一二の行政村と内南、外南の二つの居民委員会からなる。歴代の州治、郡治、県治の地で、チベット地区に通じる川西北高原の軍事拠点でもあった。人口二万七七五一人（二〇〇〇年）で、うちチャン族七二%、漢族一八%であったが[5]、被災後、移民で増加したチャン族が八〇%を占める。二〇〇一年に始まった小城鎮都市化政策により、周辺農村部では農地の転用による商業区化が進み、移住者

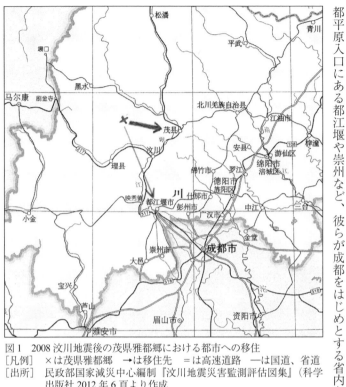

はそれらの旧農地を購入して新居を建てたが、都市計画外にあるため戸ごとの敷地面積が狭く密集している。[6]

南庄村に移住したYZM（四一歳・女性）は、黒水県曲瓦村のチベット族で、省内で漢方薬材や工芸品の行商をする夫（四一歳、中卒）と娘（九歳、鳳儀鎮小三）の三人家族。戸籍はみな故郷にある。曲瓦村では、被災後、二〇〇戸余りの半分が自主的に移住した。YZM自身は移住したくなかったが、子供を県城の小学校に入れるために鳳儀鎮に来た。南庄村に知り合いはいないが、周りはみな茂県雅都郷出身者で言葉が同じなので助け合うことができる。[7] 二〇一二年に九万元で約二アールの土地を購入し、親戚たちも泊まりに来るので三階建てにした。工費は約三〇万元で、十数万元を親戚から借り、今後の収入でチベット風内装にしていく。両親が存命の時は春節には必ず帰村したが、亡くなってからは春節には戻らない、一番の稼ぎ時だから。夫は共産党員なので村民会議のために年に数回村に戻る。子供が成長して、自分たちも老いたら故郷にもどるつもりだという。

南庄村の事例が示すように、移民区では言語や習慣を共有する同村出身者や親戚友人、地域言語を同じくする人々が緩やかに集住し、日常的な互助グループが形成されている。彼らは戸籍をもたないので地元政府の管轄外であり、地元住民ともほとんど接触がない。また中年と青年男性の多くは出稼ぎのためにふだんは不在で、老人や女性、児童だけが残された状況は旧村に似ている。現状では、彼ら自身による移民区の自治的運営は難しく、フリードマンが指摘する「地元政権に対抗できる力」にも至っていない。しかしすでに行商で蓄財して県城に店を出す者も現れており、次世代が都市部において安定した職業を獲得して定住し、力をもった同郷集団が形成される可能性も推測される。

四　チャン族社会における都市移住者と村規民約

1　習慣法と村規民約

高其才［二〇一七］によれば、村規民約は郷規民約ともいい、村落の習慣法を代表するものである。伝来の固有の民間法を継承し、村民会議とともに村民自治を構成する一要素である。(8) 譚崗鳳［二〇一五］はこの伝来の民間法を民間規約とよび、個人間の契約でも国家の法律でもない規約で、民間の社会組織の自治規範であるとする［譚崗鳳　二〇一五：三三］。また、江［二〇一六］は、村規民約は基層社会の特定された地域、特定された集団、特定された時間において構成員が取り決めて遵守する自治的な規範と制度であり、それは血縁と地縁によって維持された基層社会の紐帯となり、家と家、宗族と宗族、村と村の間の関係を調整する。また成文法が国家の法律によって処罰を行うのに対して、郷村規約は住民の道徳的観念に基づく処罰および社会的制裁を行うとする［江二〇一六：三〇］。

村規民約の制定の背景と過程については、陸麗君・南裕子［二〇〇〇：一六五］が次のようにまとめる。中国の農村では、一九七〇年代末の生産体制改革をうけて、一九八〇年代初頭には基層組織の再編が行われた。村レベルでは生産大隊に代わって村民委員会が設立され、村民自治が試行された。関連法については、国家レベルでは、一九八七年『中華人民共和国村民委員会組織法（試行）』から一〇年を経て一九九八年六月『同（修訂草案）』、同年一一月『同（新法）』、郷鎮レベルでは、郷鎮政府と村民委員会の関係についての規定、村幹部の管理規定、村レベルでは、「村規民約」や「村民自治章程」が制定された。なお、郷鎮と村レベルの区分けは明確ではない。また、村規民約が社会道徳や公民としての義務の履行（納税、国家政策の遵守等）を主な内容として村民の基本的な行為規範を定めるのに対して、村民章程は村の組織や経済活動、社会秩序など様々な村内事項の処理や管理の方針および方法を具体的に規定し、これに則って村民自治が展開される。ともに村民会議で制定し、村民委員会がその監督と執行にあたる。これらを経て国家は、農村社会に対する直接的一方的な統治法を転換して村落に一定の自立性を認め、村務（村落固有の事務）や政務（国家が執行する行政事務で、計画生育や税収、徴兵など）の実施については村落内の合意形成に委ねた、と［陸・南　二〇〇〇：一七五―一七六］。

以上によれば、中国の農村社会にはかつて習慣法（＝民間規約）を規範とする自治的制度があり、賠償と社会的制裁による処罰が行われていた。村規民約は、村民自治が提唱された一九八〇年代以降、かつての民間規約を継承し文章化されたもので、村民委員会や村民会議とともに村民自治を構成する。村規民約は、現在も特に民族地区において刑事や民事の諸事件、財産権などの調停になお効力をもっており、近年は、都市化が進む農村において調停機能としての有効性が報告されている。そのため先行研究は、国家が主導する村民自治の視点から、村規民約を国家の成文法とどのように整合させ、活用するのかを論じるものが多い［譚万霞　二〇一三、陳森霖　二〇一六、高　二〇一七等］。

しかし村規民約については、一九八〇年代をはさんで激変した国の政治や社会において従来の民間規約をどのように継承し文章化したのか、その変化についてあまり論じられていない。実は、この点に村規民約の有効性の核心があると思われるため、以下ではこれについて分析する。

2　一九九〇年代の民間規約と村規民約

チャン族の習慣法については、兪［二〇〇〇］が現地調査に基づく詳細な報告を行っている。それによれば、民間規約から村規民約への変化の概略は以下のようである。

民間規約は、古くより、ほとんどの村にあった。形式には、石碑式と口頭伝承式、文書式の三種がある。最も一般的な形式は口頭伝承である［兪 二〇〇〇：三四〇］。チャン族は固有の言語はあるが文字をもたないからである。このうち石碑式は、多くが明清時代に作られ、十数種が現存する。文章化されたものであり、かつての内容を知ることができる。総合的なものと特定事項に関するものがある。前者には①刑事事件（殺人、傷害、略奪、窃盗等）、②治安、③売買、④もめ事、⑤道徳的違反（不孝、窃盗、姦通等）、⑥事件の処理法が含まれる。殺人は被告の命で贖うが、その他には「香火銭十仟文」など神に贖罪を願うための罰金が科せられる。また土匪が多かったことから外来人の宿泊も禁じられた。後者には「封山碑」や「界碑」がある。封山碑は、森林保護のための伐採禁止を記す。一般森林と神林の別があり、特に、神山の森林に対しては厳格で、伐採だけではなく放牧や落葉拾いも許されない。界碑は村落間の境界を確定するもので各地にみられ、地方官吏による調停のことも記されている［兪 二〇〇〇：三三二―三五〇］。

以下では、理県蒲渓郷蒲渓村における村規民約を事例として具体的な変化について考える。蒲渓郷は成都から西北へ二〇〇キロメートル、チャン族居住地の最西端に位置し、海抜一九〇〇～三〇〇〇メートルの峡谷部に蒲渓など五つの村が分布する。戸数三八五戸、人口一九九六人[9]（一九九二年）、ほぼ全員がチャン族である。チャン語が日常語として使われ、山腹斜面には伝統的な碉房が要塞のように聳える。筆者は一九九〇年代から当地で定点調査を行ってきたが、彼らの社会は現在も「熟人社会」であり、新旧の民間規約を中高年のほとんどが熟知している。二〇〇八年被災時には中青年層が出稼ぎで不在であったが、もと村長ら長老組の指揮の下、廟前の広場に食料や水を集め、力を合わせて被災直後の生活を乗り切ったと語る。本節では、口頭伝承の民間規約と文書化された「理県蒲渓村新訂村規民約」（一九八九年）、「蒲渓郷郷規民約」（一九九一年）、「理県蒲渓郷紅白事理事会章程」（一九九〇年）を事例として比較する（資料1、2）。

民間規約は、口頭伝承で、森林保護、田管、争いの調停、境界の遵守、孝道、公共事業、喜慶集会の七項目がある［兪　二〇〇〇：三四一―三四五］。第一の森林保護は、神樹林に対するあらゆる行為の禁止と、一般森林における二月上旬猪日狗日の「還願会」から六月六日開山までの封山である。違反者には香銭の罰金と山神廟に吊して村民が鞭で打つという体罰がある。第二の田管制度は、住民から選ばれた田管が作物を家畜に荒らされないように見張る。畑を荒らした牛の尻尾を切って証拠とし、所有者が弁償する。また耕牛を虐待あるいは殺した者は、シピ（シャーマン）が火刑や舌や耳、脚を切る等の体罰を課す。第三の争いの調停は、一族から選ばれた信望のある「老民」たちが、揉め事の当事者双方から事情を聴いて裁定し、合意を表明する酒宴を行う（「転転酒」）。非があると裁定された側が賠償金を支払い、酒費と調停費を負担する。第四の境界の遵守は、山河や白石等を標識とする。境界を越えて狩猟、放牧、薪取り、堆肥集め、灌漑を引く等はできない。第五の不孝に関するものは、不孝を改めない者は冠婚葬祭から除外され、帰るべき家を失う。最も重い罰則であるとする。第六は橋や道路の修築などの公益事業の分担で、毎回各戸は必ず一人出す。出せない場合は代わりの者を出し、或は金銭や食料を供出する。違反者には罰金（食料）が課せられ、酒を用意して住民を招く。第七は喜慶（冠婚葬祭）集会に関する規定。一九九三年の簡素化に関する記載しかないため、本来の内容は不明。

これに対して「理県蒲渓村新訂村規民約」（資料1）は、一九八九年に村民委員会幹部が規定して村民会議で宣布したと記す。田管、封山、冠婚葬祭、年猪（春節用に豚を解体する）、もめ事などの調停、公共事業などへの労力の供出の六項目からなる。民間規約を基に、村民委員会の判断で一九八〇年代以降にあわないものを削除、改定したものといえる。内容で共通するのは、田管、封山、争いの調停、公共事業の四項目で、現実の生活や生産に直結したルールである。ただし罰則規定について大きく二つの変化がある。その一は、一九八〇年代の物価に相当した現実的な対価補償になっていること、その二は、シピが関わる宗教的制裁や社会的制裁のなかで、国家の成文法の範疇に入らない、シピが占いによって決める宗教的体罰が消去されたことである。ただし「転々酒」といった従来の調停和解の場は文面から消えているが、実際は正式な場面としてなお行われている。

消去されたなかで重要なのは、第五条の孝道に関わるものである。不孝の者で族長や母方叔父から度々注意されても改めない者は、冠婚葬祭から除外され（「紅事不発請帖、白事不扎孝帕」）、家から追い出され、帰るべき家をもたない者とされた。冠婚葬祭への参加は、チャン族社会では成員としての最も重要な条件であり、それを認めないことは最も厳しい社会的制裁であり、その一家が村では生きていけないことを意味する。これは、村落社会の核心部分でありながら、国家の成文法が全く関知できない範囲である。新訂村規民約でこの部分が消去されたのは、このような精神文化的内容がまさに国家法の範囲外にあるからであろう。

これに対して冠婚葬祭に関しては、経済的側面から新たな条項が加えられた。第三項の婚姻や葬儀、年猪作りなどに対する簡素化の奨励である。結婚式では酒席は三卓、式は三日間、葬式では五卓、五日間を上限とする。罰則は一卓につき五～一〇元。第四項の「年猪」では「転転酒」（客を招く宴）を禁止し、一卓につき一〇～一五元の罰金を科す［兪　二〇〇〇：三四〇―三四、五九三―六〇二］。簡素化は中央政府の方針にそったものである。当時、「中共中央関与加強社会主義精神文明建設指導方針」のもとで「移風易俗」（古い風俗習慣を改める）、婚儀や葬儀の陋習の改革、封建迷信の排除等が奨励されており、同時期に蒲渓郷で設立された紅白喜事理事会の「理県蒲渓郷紅白城事理事会章程」の第一項にもこの指示を当地で実践するために章程を作成したとある［兪　二〇〇〇：五九二］。しかし一九九〇年代以降は、出稼ぎなどによって生活水準が徐々によくなり、冠婚葬祭や年猪作りなどは一族あるいは村全体の一大イベントとして盛大に行われる習慣が復活し、政府の奨励する簡素化は早々に効力がなくなった。例えば、結納金の上昇や盛大な婚礼は全国的な傾向であり、近年、ますます強くなっている。

以上のように、村レベルの村規民約が、時代にあわせた変化を加えながらも従来の民間規約を基本的に継承しているのに対して、国家機構の末端組織である郷鎮レベルでは、「理県蒲渓郷郷規民約」（資料２）は国家政策との関連を強く示している。まず、目的に「遵守国家政策、法令」（第一五条）を基本として人々に法律知識や法制観念を普及するとある。全体は全二三条からなり、大きく三つに分けられる。第一は一～五条で、規約の性質、範囲、執行機関、調停員、罰則についてのべ、国家の法律や法令、「治安管理処罰条例」に抵触しない範囲で郷政府の公安、司法、婦連、計画生育委員会などの機関が執行するとし、処罰には教育、反省、賠償、公安による処理の四種がある。第二は六～一五条で、具体的な日常生活の事例や政務（国家が執行する行政事務で、計画生育や税収、徴兵など）をあげる。第三の一六～二三条は、村幹部の管理規定で、当事者、執行側の幹部や調停者の調停に関する腐敗禁止を示す。執行側関係者が親戚友人や有力者等との関係から事件を処理し、住民や集団に不利益や経済的損失を与えた場合は司法機関によって厳重に責任を問われるとする［兪　二〇〇〇：五九四―六一〇］。

蒲渓郷規民約は冒頭および第一、三の部分に明らかなように、郷村社会において国家の成文法を普及し、郷政府機関が違反者を取りしまるとする。すなわち、郷規民約に表された村民自治とは、郷政府側が住民をいかに統治するかであり、住民が民間規約をもとに合意によって自治的に運営する従来の村落自治とは異なる性格をもつ。よって、六～一五条の具体的な項目の内容も、住民側の視点ではなく、政府執行側の視線に基づく様々なトラブルと処置法が羅列されている。第六条は集団および個人の財産の破壊で、対象は林木、食糧や野菜、鶏、衣服、水利施設、電気電話線、鋼管、道路等である。第七条は私利を図る行為で、外地人を雇って工賃を払わない、家畜が他家の畑を荒らす、偽物を売って他者の身体を害し金銭を騙し取る、他人の家畜を盗んで食べ、或は売る、耕地や荒れ地の占有。第八条は迷信を信じ、乱伐を行い、耕地を占有し、計画生育を守らず、飲酒で騒ぎを起こし、婚儀や葬儀を盛大にし、銀行への返済を遅延し、納税を拒む、第九条は不倫や強姦、老人や子供の虐待、正常な教学秩序や業務秩序を乱す、子女の教育を重視せず、学齢期の子供を通学させない、第一〇条は計画生育を歪曲し、超生の罰金を支払わず、地方のボスが横行する、第一一条は社会の治安や秩序を乱す行為で、飲酒によるもめ事、小規模の賭博、公共の場や結婚式、葬儀で秩序を乱す。第一二条は水道や電気の使用違反で、秘かに電気を引く、電気代を払わない、火災を起こす。第一三条は交通安全違反で、公路での放牧、石や泥をおく妨害行為、無免許運転。第一四条は外部者による事件で、各種技術や占いで財物を騙し取る、女性や子供をかどわかす。第一五条は債務を支払わず、請負金を納めない行為である。このうち一九九〇年代に新たな問題としてあげられたのは、計画生育、土地の占有、銀行への返済、無免許運転、納税、外来人とのトラブルである。旧来はなかった計画生育や納税、債務など国家の新たな方針に基づく政務が明示され、婚姻葬式などの簡素化が強調されている。

また、この規約には、住民の執行者に対する反感、執行者に対する罵りや殴打が度々記されており、八条では党政府の幹部や職員を批判、九条では政府関係者と衝突し、公務員を殴打、一〇条では公務員を罵って殴打とあり、一一条では住民が善人を装って執行者を騙し、裏で執行を妨害するという記述がある。さらに、郷政府の執行者側についても、腐敗や不公平を戒める文言がある。一一条には、職権を乱用し、親戚関係によって事を処理し、争い事の種を作ることを戒める。すなわち、処罰の執行を住民自身から政府機関に移したことについて、住民側にかなりの不満があったことをうかがわせる。

ところで、筆者の一九九三年から二〇一〇年にかけての蒲渓村での調査によれば、本村は韓姓と王姓が長期にわたって婚姻を重ねてきた「熟人社会」であり、暗黙の村規民約によってかなり安定した社会が形成されている。少なくとも、郷規民約に羅列されたような違反事項の実際の発生は稀ではないかと思う。ただし、郷人民政府のある河壩村は、一九九〇年代以降外地人の往来が多くなり、郷政府の役人も地元のチャン族ではないためもめ事がおきてもおかしくはない。九〇年代の郷規民約は、中央政府の方針を執行する郷政府役人の管理規約という性格をもつ。それは事件が郷政府の所轄となった場合には、裁定は郷政府機関が行うからである。

3　被災後の村規民約

被災後の村規民約には二つのタイプがある。一つは、国家の道徳を強く反映したトップダウン型で、いま一つは、かつての民間規約を原型とした自治的な従来型である。

前者は、平武県平通鎮[10]牛飛村の村規民約に代表される。これまでの村規民約にはほとんどみられない、現代社会の道徳や公民としての義務の履行（納税、国家政策の遵守等）を主な内容として村民の基本的な行為規範を示す、国家の村規民約である。

牛飛村は戸数二三六戸、人口八一八人で、九五％がチャン族である。当地のチャン族は、早期に漢化したために一九八〇年代以降の民族回復でチャン族と認定された時には、言語も風俗習慣もすでにチャン族のそれを失っていた。汶川地震では山腹の五つの小組のうち四つの組で地滑りや土石流が発生して五九人が死亡、全家屋が倒壊した。そのため、被災後は重点復興地区に認定されて幹線道路沿いに全村で移住し、チャン族風の外観が加味され、チャン族民俗旅游のモデル村として経済発展が期待された。村の入口にはチャン文化を代表する碉楼や伝統の酒造り工房、石積み風家屋が建てられた。また、憲法石や碑文「平通鎮村規民約三字経」（資料３）、「牛飛村村規民約」（資料４）が置かれた。ともに国家主導の愛国を謳い、国民教育の普及をめざすものである。

このうち平通鎮村規民約は、普及のために三字経形式を用いている。毎句三字、四句で一行、一行ごとに一つの内容を表し、全二九行からなる。三字経は、かつて子供に文字を覚えさせ、初歩的な思想教育を行うことを目的として村塾などで教科書として用いられた。隔句に押韻があって口頭で暗唱しやすく、元代以降盛行した［近藤　一九七八：二七三］。平通壩三字経も二列目に「建設好、新農村、本規約、要牢記」、三列目に「愛祖国、愛集体、跟党走、老不移」とあり、愛国心教育と、国法と一九九八年修訂「中華人民共和国村民委員会組織法」を伴う新農村建設をスローガンとする。さらに四～二六列目までは個人が守るべき道徳的項目として正業、教育、文化、法紀、道徳、規矩、義務、兵役、計劃生育、晩婚、敬老、文明、清潔、火葬、隣人との和諧などをあげ、打破すべきものとして婚姻や葬事の旧俗、邪教、八恥などをあげる。そのほか「倒垃圾不随意、磚瓦柴攊整斉、(家禽畜)与人居要分離、建居房勿攀比」などの日常の行為に関する決まりも並べる。まさに愛国教育と道徳教育を伝える、全国一律の村規民約である。しかし、二〇一六年に筆者が訪れた時には住民の多くが出稼ぎにでて、入口も工房も閑散としており、チャン族旅游の発展は挫折していた。

これに対して従来型の村規民約は、茂県雅都郷にみられる。雅都郷では都市移住者が多出し、高山部の複数の村落が実質的に解体したが、都市移住者のほとんどが出身村落に戸籍を残している。そのため村民としての権利、権益を受けると同時に、果たさなくてはならない義務もある。そのような義務を集めたのが村民規約である。成人の村民はこれをほぼ暗記している。内容はほぼ伝来のものであり、毎年、村民大会で確認されているからである。

赤不寨村大瓜子組の陳XC(男性・二九歳)によれば、毎年全組で行うことは五項目ある。第一は、水路を修理することで、三～四日かかる。第二は、水源である山上の池を整備することで、水路の修理と一緒に行う。第三は、山上の池から引く水道管を修理することで、二〇一五年に一度氷結した。これらは、春に耕作を始める前に行う。第四は、家屋を建てる時に手伝いにいくこと。なお、楊G(六五歳)によれば、建築を行う側の戸主は、特に記録はしないが、誰が何日手伝ったかをしっかり記憶しており、別の家で同様の手伝いをする場合には日数などで相当分を返す。一般に、一人で七～八日間行く。また戸主は、完成時にはチンクー酒二、三甕を用意して全村民を招く。親戚は二〇〇～四〇〇元の祝儀をもっていく。第五は、葬儀や婚礼の手伝いをすることである。

第一から三までは、各戸から必ず一人出さなければならない。帰村できない場合には、代理を雇い、日給八〇元を負担する。第四の建築の手伝いについて、陳XCはあまり知らないという。彼は中学校から県城で寄宿舎生活をし、卒業後は知り合いと装飾品や工芸品を売る商売をして四川省内だけではなく陝西や湖南、湖北を回ったので成人後の村での生活体験がない。郷内のほとんどの若者がすでにそうである。

最も重要なのは、第五の葬儀への参加である。どんな理由があろうと必ずもどって手伝い、出席しなければならない。同郷の俄俄村俄俄組では次のように規定する。村内で葬儀が行われる時には、通知が出て三日以内に必ず帰村しなければならない。被災後、戻れない場合は、一回目は一〇〇〇元、二回目は三〇〇〇元、三回目は五〇〇〇元の罰金を科すという条項が規約に加えられた。ただし、まだ違反した者はいない。外地に出稼ぎに出る者は、緊急時に備えてほぼ四川省内で動いているからである。俄俄組では、被災後、全二六戸のうち一五戸が県城等に家屋を購入して移っていったが、生業だけではなく住居も村にはなくなったために、移出者の村への関わりに危機感がもたれたことが背景にあるという。

このほか、年末の村民大会への出席も必須である。陳ＸＣ（二九歳）によれば、大瓜組では被災後に全村が河谷部に移ることになり、陳家もそこに二階建て家屋を建てた。ただし成都市西河鎮にもマンションを買っており、ふだんは妻と子供、両親と暮らす。西河鎮は成都市郊外の新興住宅地で地下鉄の終点で便利なため、大瓜子出身者も何人かここに住んでいる。父（六三歳）は工場の保安員、母（五一歳）もスーパーで働いており、二人は月収が三〇〇〇元、村に残した退耕還林の補償もある。ただし年末には新大瓜組の家にもどって村民大会に参加し、春節を過ごす。父は陳一族の同世代で最年長であるため、春節には、曾祖父を同じくする四戸が順に招きあって共食する習慣を続けている。

俄俄組では、毎年一二月二六日に村民大会が開催され、一年間の村での出来事や作業についての総括、次年度の「春耕」（農作業の開始）の時期、防火防犯、出稼ぎ者への注意事項等について相談する。村民大会は、かつての「議話坪」(11)に相当する。議話坪とは、チャン族の伝統的な合議の仕組みで、各戸から成人男子一名が参加してリーダー（民国期は再寨首、郷約）を選出し、村規や祭祀活動、出兵、機闘（武力行使）、もめ事の調停など村全体に関わる重要事項を合議で決める場である［李鳴　二〇〇八：二四三―二四九］。また筆者の一九九〇年代の聞き取りでは、村民集会（議話坪）はかつて最も需要であった祭山会や瓦爾俄足で山神への祭祀が終わった後に開かれ、みなで民間規約を確認したという。さらに、大寨村では、一二月二三日の村民大会以外に清明節や四月一五日水神祭、五月五日瓦爾俄足節、一〇月一日羌年にも帰村する。特に、水神祭は大寨独自の祭祀で、第一回二〇一四年には郷から補助を受けて盛大に行われ、以来、毎年行われている［cf. 松岡　二〇一七：二五］。

以上のように、都市移住者は、移住後も村民大会と村規民約に基づく諸行事、および冠婚葬祭に参加して村民としての義務を果たしており、なかでも葬儀の重要性が突出しているが、伝統の習慣法の力が農村と移住先の都市部を含む新たな空間コミュニティーの紐帯となっていることがわかる。

さらに、村規民約に凝集された伝統の力を運営するにあたっては、村に残る優秀な村民委員会幹部の存在がみのがせない。雅都郷では、高山部の村は実質的に廃村状態であるが、都市移住者は戸籍をほぼそのまま残しているため村落は行政単位としては存続している。そのため選挙で選ばれた村長や組長が郷人民政府のある通河壩村に残り、村落の治安維持のために交代で旧村に居住し、その一方で、平時は移住先あるいは出稼ぎの移動先の戸主に電話で連絡をとって医療保険などの社会保障や退耕還林の補償など行政全般の手続きを行い、行政事項を伝え、有事には、集まりやすい県城内の住民の家で会議を開き、年末には村民大会を開催する。

木魚村の王X村長（四五歳、中卒）は、母（七三歳）と妻（四五歳、小卒）、長男（二三歳、中卒、都江堰在住）と長女（二一歳、中職卒、茂県県城在住）の五人家族である。王Xは、装飾品の行商で成都や都江堰以外に吉林や長春、大連、内蒙古、広西、江西を回った。一〇～二〇人がグループとなって各地の小売市場等で管理費七〇～八〇元を払って商売し、月に一〇〇〇～二〇〇〇元の純利があった。二〇一四年に村長に選ばれてからは村内に常駐している。

退耕還林が九・六畝、耕地五・四畝に青脆李を栽培して収入は約一万元（二〇一三年）。二〇〇八年に従兄の紹介で都江堰の土地を三万八〇〇〇元で購入し、七万元で四合院（二三〇平方メートル）を建てた。老母の病気治療のため、自身の行商が成都や都江堰であったこと、息子が都江堰で働いていたからである。しかし老母はなかなか都市暮らしに慣れない、やはり雅都郷での生活の方が好きだという。

赤不寨村の王H村長（四七歳、中卒）は妻（四六歳、黒水出身）と娘（一六歳、茂県高校在学）、息子（一四歳、少林寺）、両親の六人家族。二〇一四年に子供の通学のために鳳儀鎮河西村に三〇万元で家屋を買い、祖母が世話をする。長年、グループで行商をしていたが、二〇一三年に村長（年収一万六〇〇〇元）に選ばれ、郷内の水力発電所に勤めながら（月収一六〇〇元）、村で茶楼と雑貨店を開いたが、ブドウ生産が不景気になったので閉店した。

四〇～五〇代の村の男性は、若いうちは行商をし、五〇代頃には親の世話のために帰村し、農業をしながら水力発電所で保安係になる。息子がいれば、県城周辺に教育と将来の結婚準備のために家屋を購入する。この年代は農村での生活体験があり、一九九〇～二〇〇〇年代初期まで出稼ぎに出た。出稼ぎの内容が低賃金の肉体労働から行商に代わっていくことで、かつてよりも多少の利益を得る者が増えた。筆者が調査を行ってきた約三〇年間に様々な状況に対応しながら、確実に豊かになってきている。村民委員会幹部に有能な者を選出するという村民の意志は、四〇代以上の村民の村落への帰属意識の強さを物語っている。

五　おわりに

本稿では、二〇〇八年汶川地震後にチャン族農村部において多出した都市移住について、その歴史的変化と実態を明らかにしたうえで、移住者と故郷の農村、移住先の都市部によって創出された「空間コミュニティー」に関して、従来の民間規約を基にした村規民約がその維持と継承のためにどのように機能しているのか、そこに働く力学について考察した。

二〇〇〇年代に入って、西部辺境の山間部に位置するチャン族地区には様々な「外圧」がおしよせた。三〇代以下の者の出稼ぎが恒常化して村内から青年層が消えたこと、小中学校の統廃合によって多くの児童が県城で寄宿生をしながら義務教育を受けるようになったこと、老人が病気治療のために都会の病院に通うようになったことなどである。被災後、戸主たち（四〇代以上）はこれらの問題に対処するために、今後どこに居住すべきか、一族や村落全体で相談し、高山部ではほぼ全村をあげて都市部に移住するという決断を下し、河谷部でも将来の息子との同居をみすえて都市部に移った者が少なくない。中央政府が農村部の効率的な再編を進めるために補助金をつけて都市への移住を奨励したことも後押しした。

しかし、都市移住者の多くは、居住地は移したものの、戸籍を旧村に残したままで農地を保有し、退耕還林の補償と入山権を確保するという選択をした。四〇代以上の戸主世代は、農村で成長し、農地を最後の財産とする農民としての意識を強くもっていたため農地を失うのを恐れたこと、同一県内の都市部では農民としての福利厚生や教育を受ける権利がそのまま通用したため都市戸籍の実益があまりなかったこと、また彼らは移住後も主に行商を生業としているため日常的にそこで暮らすことがなく、定住という意識には至らなかったことなどが背景にある。県城周辺に購入した家屋は、家族のための居住場所ではあるが、次世代用である。子供が教育期間中は宿舎であり、息子が成長して結婚する時は新居として与え、子供が帰村しない場合は将来の親世代との同居用でもある。

では、都市移住者はどのような「空間コミュニティー」のなかで生きているのか。移住者は移住先に戸籍がないため都市部の政府や居民委員会の管轄外にあり、その地のコミュニティとも冠婚葬祭を含めてほとんど接触がない。彼らは、移住後もなお旧村の成員であるという意識をもち続けている。都市部で暮らしながら旧村の村規

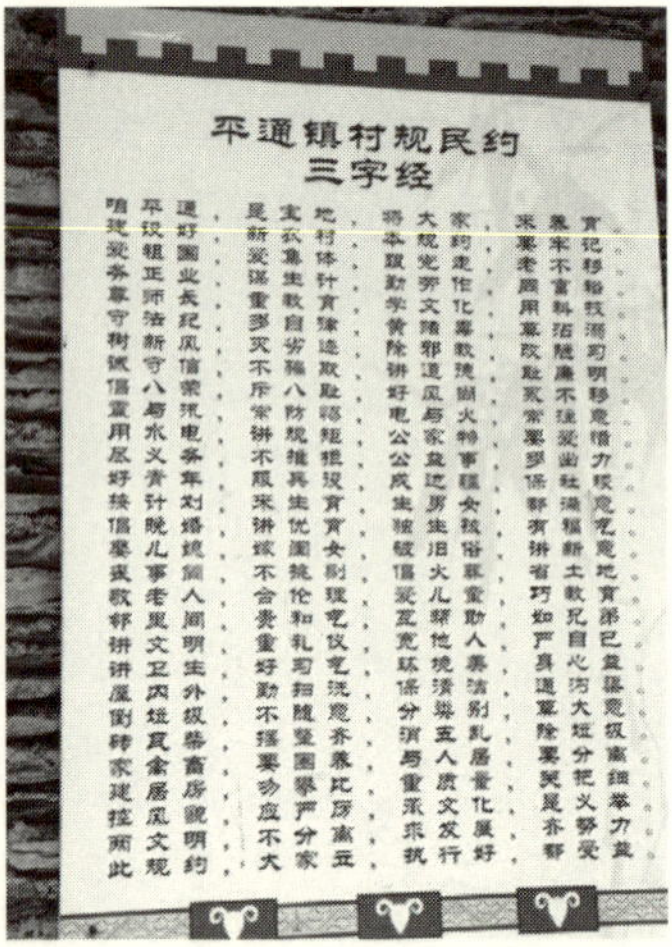

写真1　平通鎮村規民約三字経（2016年6月、筆者撮影）

民約を遵守し、必要な場合には必ず帰村する。年末には村民大会に出席し、一族とともに春節をすごす。共同作業に参加し、葬儀や婚儀には必ず各家庭一人が手伝いに出る。特に葬儀への参加は必須である。被災後、村民規約に新たに加えられた葬儀不参加者への罰金は、その確認であろう。

彼らの「空間」は故郷とその延長にある移住先であり、虚構の空間である。そしてその空間に大きな力を及ぼしているのが村規民約に代表される習慣法であり、葬儀のもつ力である。村規民約は、村民委員会や村民大会とともに一九九〇年代から政府によって喧伝された村民自治の構成要素である。しかしチャン族社会には、かつてすでにこれらに相当する習慣法（民間規約）や長老組、議話坪があり、村落ごとに独自の自治的運営がなされていた。チャン族にとって一九九〇年代以降の村民自治は、かつての自治制度の復権と変容である。漢族とチベット族という二大民族のはざまで「面従腹背」で生きてきたチャン族にとって、国家法との整合性のために習慣法の一部を変えて対応することは当然である。時代や権力にあわせて柔軟に適応するのが彼らの特技であり、それは蒲渓村新訂村規民約によく示されている。結局、彼らが実際に遵守するのは、彼らの判断で現状に適応させた従来の習慣法である。選挙で選ばれた有能な村民委員会幹部は、移住者と携帯で頻繁に連絡をとりながらこの関係を巧みに支えている。

しかしこのような虚構の空間コミュニティーが次世代においても存続できるのかは不明である。故郷への思いはそこでの生活体験の有無によって大きく異なっており、四〇代以上は故郷を強く意識し、三〇代以下は教育と仕事の場である都市での暮らしを生活の中心におくからである。

[資料1] 理県蒲渓村村規民約

一九八九年，村干部议定，规定六条，于开会时向村民宣布。

一，田管制度：各家要加强牲畜管理，反播种到收成期间，牲畜不许下田，如有违反，按损失赔偿，损失主粮一株罚玉米一斤，损失洋芋一窝，罚洋芋五斤，损失杂豆一窝，罚豆子〇・五斤。

二，封山制度：寨坝上林盘，神山，实行封山。只能捞树叶积肥，不许砍柴砍树。砍柴一背罚五～十元；砍树一棵罚二十五～三十元。

三，红白喜事规程：各家红喜事请客喝酒，不能超过三天，酒席不能超过三桌；白喜事做道场不被不过超过五天，酒席不能超过五桌。如有违反，一桌酒席罚款十～十五元。

四，各家宰年猪，不许请吃转转酒，违反者按请客人数罚款，每桌罚十～十五元。

五，打架吵嘴，由村民调解委员会调解处理，肇事双方各交十～二十元手续费；调解人员误工一天给十～二十元。调解处理后，手续费，误工费由错误方负担。

六，村里的公共设施，公益建设，家里有劳动力的必须出人参加，如不派人参加，今后不得享受该公共利益，但家里没有劳动力的，教师或成年儿子在外参加工作的不算。

[出所] 摘抄子韩冬玉提供的会议记录，韩冬玉，五十四岁，羌族，曾任蒲溪村会计。龙大轩抄录一九九四年七月二一日。（兪栄根主編『羌族習慣法』重慶出版社二〇〇〇年，三三九頁）

[資料2] 理県蒲渓郷郷規民約

第一条　郷規民約的性質是經過郷人民代表大會充分討論和強烈要求而制定出來的，帶有強制的規範，從一定意義上講，它是法的屬性和補充。

第二条　郷規民約的範囲是：不触及国家法律，法令以及「治安管理処罰条例」，但它又必須是處理人民内部矛盾。

第三条　郷規民約的執行機構是郷社會綜合治理辦公室即公安，治保，調解，民政，司法，武裝部共青團，婦聯，計畫生育委員會，財糧，林正聯合辦公室。

第四条　調處人員的任務是熟悉業務，善於調査研究，提高工作效率，核實揭發材料和口述問題反映，接受不服處理的正當要求進行複査。

第五条　違反郷規民約的處罰有下列四種：⑴批評教育　⑵檢討（包括口頭，書面檢討和大小會檢討）⑶罰款（兩日拒不交者，在罰款基數上加10～20%）(4)情節嚴重者，報共安派出所處理。

第六条　對破壞，侵占集體和村民生産資料有下列三款，並處罰款20～50元。

第七条　對損公肥私，侵呑集體和他人利益的，除了沒收和賠償經濟損失以外，報有關部門予以處理或依法追究刑事責任。第一款：用花言巧語拉攏外地人員雇請用工，少付工錢，不付工錢，或嚇唬他人造成糾紛和後果的。第二款：家禽家畜管理不善，損害他人農作物，林木的。第三款：無論本地或外地行商者，以假劣貨冒充真貨販賣，危害人民身體健康，騙取錢財的。第四款：因箇中原因利非法手段，故意刁難他人索取利益的。。第五款：起壞心盜窃他人家禽家畜轉手倒賣，有意致殘，宰殺吃掉，用藥毒致死的。第六款：未到法定年齡的少年，學生，損害國家，集體，村民財産的，追求其家長或教師的責任。第七款：未經批准或已批准住宅基地，利用各種關係和手段，多占或強占耕地，荒坡，灘地面積的，按有關土地管理法規予以嚴肅處理。

第八条　經教育不改，搞封建迷信，亂砍濫伐，亂占耕地面積，違反計畫生育法規行為，酗酒鬧事，鋪張浪費（操辦婚事，大辦葬事）拖欠銀行貸款，抗交各種税收，圍攻黨委政府幹部職工等造成後果的，有下列處罰。第一款：不信科學，搞封建迷信，除了沒收索取得錢財外，對造成的如有後果者，罰款5～20元。第二款：亂砍濫伐，耕地面積，計畫生育法規，酗酒鬧事，鋪張浪費，拖欠銀行貸款，抗交各種税收，對造成的如有後果者，規定不審批申請木材，申請住宅基地，不給任何困難補助或救濟。

第九条　因各種原因和矛盾引起打架斗毆的，將處以罰款和處理，情節嚴重報送公安機關。第一款：破壞他人家庭，作風下流，調戲婦女，亂搞兩性關係造成後果的，強姦婦女，攔路劫持女青年團伙的，直接報公安機關嚴肅處理。第二款：虐待老人，兒童，公，婆，媳，婿，經教育多次不改而造成後果的。第三款：干擾正常教學秩序，其他業務部門正常上班秩序，沖擊政府機關，聚眾尋衅鬧事，謾罵毆打公務人員，經勸阻不聽造成後果的，給予罰款或報公安機關依法處理。第四款：不服管理，多次教育不改繼續鬧事。

第十条　對尋衅鬧事，拔弄是非，造成後果的，罰款5～50元。（第一～六款略）

第十一条　擾亂社會治安秩序，罰款5～30元。（第一～五款略）

第十二条　違反安全用水，用電，引起火警隱患的，罰款20～50元。（第一～三款略）

第十三条　違反交通安全的，罰款10～30元。（第一～四款略）

第十四条　外來人員在當地肇事，違反本約有關条款，罰款5～30元，並追究其牽線人。（第一～二款略）

第十五条　遵守國家政策，法令，積極繳納農業税和其它各種税收，集體的上交管理費，歸還銀行貸款，拖欠集體債權債務款和企業欠款，故意拖欠，拒交的或謾罵毆打催收人員的，罰款5～20元。（第一～四款略）

第十六条　對需要處理問題的，但又對上述条款包括不進去的，罰款2～5元。（第一～四款略）

第十七条　違反規約後，要求處理問題的雙方當事人先預交處理費各30元，待問題處理後，收肇事者方，退輕者方80%（罰款，損失在外）。

第十八条　鄉管工作和調處人員在執行鄉規民約時，要剛直不阿，秉公辦事，如果不按鄉規民約辦事，從親朋角度，仗勢後台等關係，搞不利於團結，支持歪門邪道，投機倒把，經濟建設損失，亂批亂簽条子，報告，私自拉公款和貸款的，應按有關条款予以嚴肅處理，情節嚴重者報司法機關追求其責任。

第十九条　雙方當事人需要處理問題，經傳訊不到者，均可視其態度和情節輕重給予加罰。

第二十条　工作需要，抽派協助參加處理的人員，誤工由雙方當事人，責任人承担，肇事者承担80%，另一方承担20%。

第二十一条　對於敢揭發檢舉問題，不論幹部，群眾，學生，都應給予獎勵，獎勵分為精神和物質兩種（公開獎勵，不公開獎勵），對檢舉揭發者實行絕對保密安全。

第二十二条　加強普及法律常識的宣伝，掀起互教互學的習慣，人人遵守法律，法令，法規，力爭戶戶爭黨遵紀守法的光榮戶，村村寨寨爭黨遵紀守法的文明村寨榮譽稱號。

第二十三条　此鄉規民約，從公布之日起執行。

蒲溪鄉　第七屆人民代表大會　第二次會議全體代表討論通過一九九一年二月一〇日

［出所］　兪栄根編『羌族習慣法』（重慶出版社二〇〇〇年、五九四―六〇一頁）

注

（1）汶川地震後の「対口支援」とは、一九の省市それぞれが重度被災地の各県を担当して三年間支援を行う制度。支援側は前年財政収入の一％以上の資金、人員や資材、設備などを提供して学校や公共機関、道路橋などを修復し、インフラを整備する［松岡　二〇一七：九七―一〇二］。

（2）J・フリードマン［二〇〇八：一五一―一五三］は、「流動者という新興勢力は都市の正員であることや永続的な権利を認められないため、公定のプランニングの枠外に新たな社会的空間を築く…その空間変換は物的空間のみならず、経済的社会的軌道を刷新しようとする後期社会主義経済的改造の不可分な動的側面でもある…地方政府をかわす巧妙さ、当局にはりあう力量があり、その存在は都市空間や大きな社会の再編成をもたらす」とする。

（3）本稿の雅都郷に関する資料は松岡［二〇一七：三七―八八］による。

（4）移住には政府主導型と自発型がある。前者は政府が移住先を決めて家屋の「房産権」、耕地、戸籍を提供するが、移住先は農村部で自然条件はあまりよくない［張曦ほか　二〇一二］。雅都郷内では木魚村が前者の例であるが、耕地の供給がなく収入は出稼ぎによる。常住人口の四〇％が六五歳以上の高齢者である。移住の多くは後者で、政府から一家族三人以下の場合は一万六〇〇〇元、五人以下は一万九〇〇〇元の助成金がある以外、すべて自費によるが、自由に移住先を選ぶことができる［松岡　二〇一七：四五―九六］。

（5）　四川省茂県地方志編纂委員会編［二〇一〇：三六―三九］。

（6）　北京清華城市規画設計研究院により羌城建設が進められた［陳振華・陳冊冊　二〇一二：五五―六二］、四川省茂県地方志編纂委員会編［二〇一〇：五二三―五二六］、耿静［二〇一二：二九―三〇］参照。

（7）　黒水人はチベット族とされているが雅都郷のチャン族とは言語が同じチャン語北部方言を用い、昔から通婚関係がある［松岡　二〇一七：一四五］。

（8）　習慣法は宗族、村落、行会、行業、宗教寺院、秘密結社、少数民族の七種に分かれるとする［高　二〇〇八：一一―一三］。

（9）　第五次人口センサス（二〇〇〇年一一月）では人口一八〇二人（常住人口一七八二人）、戸数三八八戸で、登録上の人口は微減であるが、筆者の調査ではすでに若者の出稼ぎが恒常化してほとんど帰村しない者もおり、常住人口の高齢化や減少が顕著である。蒲渓郷については松岡［二〇〇〇：一三四―一三六］参照。

（10）　平武県のチャン族は一九八二年僅か三人であったのが、民族回復によって一九九〇年五万八〇九八人に激増した。白草番人の末裔とされ、清・嘉慶五年（一八〇〇）白蓮教起義後に増加した漢族移民の影響を受けて漢化し、一九五〇年代にはチャン語を失っていたが伝来の風俗習慣はなお残していたという［平武県県志編纂委員会編　一九九七：二一六―二一八］。平通鎮は人口二五〇〇人（二〇一五年）、県東南部（旧豆叩区）の平均海抜千数百メートルの河谷地区に位置する［平武県県志編纂委員会編　一九九七：八三―八四］。

（11）　民国期には保長甲長が召集し、周辺の複数の村落にも呼びかけたとある［兪　二〇〇〇：五三九―五四〇］。

参考文献

鯵坂学
　二〇〇九　『都市移住者の社会学的研究――「都市同郷団体の研究」増補改題』法律文化社。

王柳蘭
　二〇一〇　「越境者とミクロ・リージョンの創出」『地域研究一一〇号（特集）越境と地域空間――ミクロ・リージョンをとらえる』京都：昭和堂。

厳善平
　二〇〇九　『農村から都市へ――一億三〇〇〇万人の農民大移動』（叢書中国的問題群七）岩波書店。

二〇一〇「帰郷と都市定住の間をさまよう農民工の選択――二〇〇八年珠江デルタ九市農民工アンケート調査に基づく」『桃山学院大学経済経営論集』五一（二）：九五―一一八。
高其才
二〇〇八「試論農村習慣法与国家制定法的関係」『現代法学』二〇〇八（三）：一二―一九。
二〇一七「延続法統：村規民約対固有習慣法的伝承――以貴州省錦屏県平秋鎮魁胆村為考察対象」『法学雑誌』二〇一七（九）：五四―六一。
江祖松
二〇一六「村民自治体系中村規民約対依法治村的平衡作用」『江南論壇』二〇一六（一一）：三〇―三一。
耿　静
二〇一二「遷移、社会網絡和知識体系建構――四川茂県藍店坡村震後羌族自発移民的適応性研究」『西南民族大学学報（人文社会科学版）』二〇一二（一一）：二九―三三頁。
近藤春雄
一九七八「三字経」『中国学芸大事典』大修館書店。
四川省茂県地方志編纂委員会編
二〇一〇『茂県志　一九八八―二〇〇五』北京：方志出版社。
ジョン・フリードマン著、谷村光浩訳
二〇〇八『中国　都市への変貌　悠久の歴史から読み解く持続可能な未来』東京：鹿島出版会。
譚崗鳳
二〇一五「論城郷変遷中村規民約的糾紛調解作用」『法学経済 LEGALECONOMY』三三―三五。
譚万霞
二〇一三「村規民約：国家法与民族習慣法調適的路径選択――以融水苗族村規民約対財産権的規定為視角」『法学雑誌』二〇一三（一二）：八〇―八六。
張曦・虞若愚ほか
二〇一二『移動的羌族――応用人類学視角的直台村與文昌村』北京：学苑出版社。
陳振華・陳冊冊
二〇一二「災後重建規劃中的文化保護与文化伝承――以四川茂県為例」『中国名城』二〇一二（九）：五五―六二。

陳森霖
二〇一六「法治建設背景下習慣法適用研究」『山東農業大学学報（社会科学班）』二〇一七（一）：七五―八二。
平武県県志編纂委員会（編）
一九九七『平武県志』成都：四川化学技術出版社。
陸麗君・南裕子
二〇〇〇「農村における基層組織の再編成と村民自治――ハードな統治からソフトな統治へ」『現代中国の構造変動五社会――国家との共棲関係』東京：東京大学出版会、一六五―一八八。
松岡正子
二〇〇〇『中国青蔵高原の少数民族――チャン族と四川チベット族』東京：ゆまに書房。
二〇一七『青蔵高原東部のチャン族とチベット族――二〇〇八汶川地震後の再建と開発』名古屋：あるむ。
李　鳴
二〇〇八『碉楼與議話坪』北京：中国法制出版社。
劉易平
二〇一二「会首組織：羌族伝統自治組織的現代恢復――以阿壩州茂県松坪溝郷岩窝寨為例」『重慶郵電大学学報（社会科学版）』二〇一二（三）：七四―七七頁。
龍大軒
一九九六「羌族習慣法述論」『現代法学』一九九六（二）：一一五―一二二頁。
二〇一〇「略論西南少数民族地区的民事糾紛及其解決机制度」『甘粛政法院学報』二〇一〇（一一）：三一―三八。
龍大軒・喩成
二〇一一「羌族民事習慣法与国家制定法的沖突与和合」『甘粛政法院学報』二〇一一（一）：一五―二三。
梁海燕
二〇一五「民族地区習慣法与区域法治構建探析」『民間法』一五：六一―七三。
兪栄根（主編）
二〇〇〇『羌族習慣法』重慶：重慶出版社。

「歴史」の資源化

――台湾に逃れたハニ族土司を事例として

稲村　務

一　序――「資源化」と「歴史化」およびアイデンティティ、「歴史性」

本稿は「歴史の資源化」について雲南省東南部の紅河県の落恐土司と呼ばれた人物へのインタヴューを通して考察するものである。民国期に「紅河十八蛮」と呼ばれた土司のうち中規模の勢力を誇った土司であったが、後述するように中華人民共和国成立後に台湾に逃れたハニ族の土司のうち最後の生存者と思われる。本稿ではこの人物に焦点をあて、「歴史の資源化」について考えてみたい。

「歴史」は「集合的記憶」［アルバックス　一九九九］が尽きるところから始まる。つまり、「歴史化」は伝えたい人々の記憶が危うくなるところから始まり、それを記録する制度があって始めて「歴史」となる。そうした「歴史」は、それが「国家史」、「地域史」、「軍史」、「国際関係史」など何であれ、何らかの枠組みが必要であり、単に人の過去や記憶と同一ではありえない。

まず、記憶はもちろん個人の頭の中に形作られるものであるが、「集合的記憶」「社会的記憶」［コナトン　二〇一一］というように記憶は「社会的」でなければ残らない。誰からも無視されるような「出来事」は「社会的」

ではないからである。「社会」がまだ「出来事」を記憶している時には特にそれを記録しておく必要はそれほどない。また、それは個人にとってはそれぞれの人生の思い出であり、そこには思い出したくないものもあれば人に伝えておくべきこととして記憶されているものもある。「証言」として伝えられるものも時が経てば記憶から消えてしまうこともある。記憶するにしても歴史として書かれたものを理解するにしても「歴史の理解や経験の文化的にパターン化された様式（way or ways）」＝歴史性（historicity）〔Ohnuki 1990 :4〕があり、過去の出来事は文化的な「歴史性」によって取捨選択されている。私たちがマスコミによって日々伝えられる昨日おきた「出来事」の解釈ですら「真実」であるかどうかは心許なく、また記憶していることも限られているのである。

社会人類学者のＥ・リーチ（Edmund Leach）は機能主義・構造主義者として知られるが、彼はまた反歴史決定論者でもあった。ビルマで日本軍とも戦った経験を持つリーチが晩年「すべての歴史は神話である。しかし、その逆は必ずしも真でない」〔Leach 1990:229〕と述べ、一九九〇年代の人類学の史学への傾斜の中にあってもなお、警句を発していたことには意味があるだろう。リーチは続けて言う。「記録というものは、単に残存したということだけで歴史の一部になるわけではない。記録が保存されるのは、歴史家が現在について信じるところのものに対して、それが特権を付与するからなのである。それぞれの歴史家はそれぞれ別のものを信じるであろうし、それにしたがって記録は解釈され（そして変更され）ることになるのだ」〔Leach 1990: 227-228〕。また、「二〇世紀の西洋の学者たちの文化的価値観が、われわれをして『良い歴史』とは『ありのままに』記述しているものであり、『悪い』歴史とはそうでないものと信じ込ませている。しかし、われわれがこの種の区別を行う基盤は、常に危ういものである。『悪い』歴史も、幻想から構築されることはほとんどない。単に、われわれは現在の思考に都合の良いものを『良い』歴史として受け入れる傾向があるにすぎない」〔Leach 1990: 229〕と述べている。

リーチの警句は、今日でも歴史を扱う時は人類学者は心に留めておくことだと思う。現在の中華人民共和国と台湾の「関係」もまた時代とともに変わり、それぞれのベネディクト・アンダーソンのいう所の「想像の共同体」（imagined political community）としての「中華人民共和国史」と「中華民国史」あるいは「台湾史」の中に個人の「証言」や「記憶」も包摂されていく。多くの場合、「出来事」自体が捏造されることは少ないと思えるが、記録された文書と人々の記憶をいかに照合しても、何が「史実」となり何が記載されないかは、それを聞く人と聞かれる人の思惟、あるいはそれを一次史料として歴史を編む歴史家の思惟に任されている。それぞれの段階には役割やイデオロギーがあり、「歴史」は政治的「資源」として使われる。

「資源」という見方は、「歴史」をある種の「社会工学」として捉えるということであり、それを使う主体を形成する。現在の台湾は蔡英文の民進党政権化で台湾の現状維持を掲げており、「中華民国史」というよりは現状維持としての「台湾史」としての「歴史」が重要視されている。その一方で、習近平政権下の中華人民共和国は「一帯一路」構想や南沙諸島・尖閣諸島問題にみられるように拡大主義をとっており、「歴史」においても「中華民族史」として共産党の正統性を喧伝する方向にある。中日戦争（抗日戦争）、国共内戦（国共戦争）にしても個々の人生の「出来事」を政治的言説として「資源化」しようと躍起になっている。

現在の台湾の「眷村」（台湾において外省人が居住する地区）の資源化やそれに伴う台湾地方史の整備なども「国共内戦」の「歴史化」であり、台湾の外省人と内省人の間にはそれぞれ言い分があるが、証言者の高齢化とともに記録として重要視されるようになってきた。台湾側の立場に立てば、それは大陸へのアンチテーゼでもある。しかしながら、個々の「眷村」のコミュニティー活動では、高齢化したかつての「栄民」（退役軍人）「義民」（中華民国軍の眷属）を元気づけ、認知症予防のための活動として捉えられており、特に政治性のあるものとは思えない。高齢の方々の「社会」活動として、コミュニティーでは小さな史料館が建てられ、彼らの雲南への渡航は「楽しみ」でもある。こうした福祉的な「資源」として「眷村」の観光化があるが、観光収入としては微々たるものであるのが現状であり、むしろ福祉としての「資源」と考えてもよい。

台湾の世論をアクターとしてみると本稿の落恐土司は「泰緬孤軍」の一員であり、若松大祐〔二〇一四〕の研究がその歴史イメージの資源化を分析するには重要となる。リーチがいういわば「神話」は世論を形成し政治を創り出す。それは「想像の共同体」の物語としてである。

「歴史の資源化」というテーマはそうした「歴史」の所有や利用について重要な視点を与えるものである。それは「記憶」から「史料」という「歴史化」のプロセスと「歴史」の利用という「資源化」のプロセスの双方を含んでいることに注意しなくてはならない。「歴史化」と「資源化」は両輪の関係であるが同じではない。「想像の共同体」としての国民国家は、テロリズムの二一世紀初頭を経て、インターネット、スマートフォン、監視カメラなどのテクノロジーの進展によってむしろ国家による国民の掌握を「完全」といってよいほどに可能にした。高齢化した話者は自身の体験が「歴史化」されることを望み、それを過ぎ去った過去の記録として研究してほしいと思っている。しかし、それを「資源化」する側は政治手段として利用できるものとすることを望む。日中戦争から国共内戦の歴史は「歴史化」するには時間がなさすぎるが、「資源化」はテクノロジーの進歩で急激に進んで行く。アメリカの人類学者のJ・スコットがむしろ近代以前の口頭伝承に救いを求めたように「歴史」は個人の過去を国家に登録する道具でもある。人間の自分の名や経験を後世に残したいという願望と人間を掌握したい国家の欲望が交わるところがいわばこうした「歴史」である。

スコットは彼自身が「ゾミア」（Zomia）と勝手に名づけた中国西部から東南アジア山地の広大な山間地域の人々が発達させた文化を、「統治されないための術」（The Art of Not being Governed）と捉え、「脱国家史」を書こうとした［Scott 2009］。そのゾミアの民の「術」の一つが文字になった歴史を残さないということだった。文字化された歴史を残せば、国家による紛争の種であるし、国家から納税や罰を課されることになる。それは社会の階層化を招き、搾取を助長もする。それを防いできた祖先の知恵こそが歴史を残さない「統治されないための術」なのである。スコットが二〇世紀半ばにゾミアは消滅したと述べているように、テクノロジーは世界の隅々まで人間を把握し尽くすようにみえ、「歴史」はそれを更に可能にする「資源」でもある。

そうした意味では人類学者は矛盾した立場にある。ハニ＝アカ族[1]はゾミアの民の典型としてまさにそうして生き伸びてきた人々である。ここで彼らの「歴史」を書いてしまうことは彼らを国家に通報しているようなものであり、それは筆者の本意ではない。しかしながら、本プロジェクトが意図しているものは「歴史の資源化」なのであって「歴史」について述べないわけにはいかないのである。

本稿で扱う「土司」という歴史的人物はこうしたゾミアに住むハニの伝統に反して、「名」を残してしまった人々であり、またそれが故に激動の時代を経験する破目になってしまった人々であるともいえる。一般のハニ＝アカ族はそれを戒め、「名」を残さぬようにひっそり生きてきたが「土司」だけはそうすることができなかったし、一人の個人としてみれば気の毒な人生でもある。やはり、結果的には歴史に「名」を残すべきではなかったのかもしれない。

アイデンティティ（identitity）という用語が一九九〇年代の人類学ではよく使われていた。心理学者のエリクソンが一九五〇年代に心理学用語として導入してから、よく青年期の問題として使われていたこの概念は民族的アイデンティティ（ethnic identity）として個人の心理よりも集合的な用法が広まった。この語は学術語としてはもはや使われ過ぎて「すりきれた語」であり、人類学ではアイデンティティ概念自体の歴史化がいわれている［太田二〇一三］。近年のアイデンティティ論はむしろ、国家などの権力側から同定（アイデンティファイ identelify）を問題にしており、社会構築主義な転回によって、日本でも上野千鶴子が『脱アイデンティティ』（二〇〇五年）を書き、特に渡辺公三が『司法的同一性』（二〇〇三年）を発表してよりはっきりしてきたのは、このアイデンティティという概念そのものが国家が国民を掌握するための道具になってきているという認識である。今や日本のコンビニでも中国のアリペイ（Alipay「支付宝」）で決済がされ、中国でも至る所に監視カメラが置かれ、列車に乗ってもホテルに泊まっても顔認識システムやＩＤカード（「身份証」）でアイデンティファイされる時代である。国家はやろうと思えばはいかようにでも個人情報をテクノロジーで把握することが可能な時代になっている。ベネディクト・アンダーソンが出版ナショナリズムを問題にした『想像の共同体』（一九九七）の時代よりも更に強力で緻密なテクノロジーによって、諜報組織は国民を明確にアイデンティファイし続ける。国家だけではない。今やアイデンティティは盗まれ、売り買いされ、データとして秘匿されるような個人情報であり、企業や国家間でも情報のやり取りが厳しく制限される「資源」なのである。スーパーモダンと言われる現在、アイデンティティの問題は個人の心の問題というよりは「司法的同一性」を超えた存在論的対象となった。アイデンティティの本質は「名」である。ハニ＝アカ族は「名」はいくらでも変えられるし、「名」をいくつも持つことで命と誇りを維持することが出来ることをよく知る、スコットいわく「クラゲのようなアイデンティティ」を典型的に持つ人々である。しかしながら、本稿もまた「アイデンティティの呪縛」の中にある。

「歴史」はまた、「想像の共同体」による新たな「資源」争いの場となった。その一方で、台湾「眷村」の歴史の資源化はそうしたスーパーモダン社会における一種の「居直り」でもあり、大陸からの観光客が来て生身の「歴史」を直視することも厭わないという戦略的資源でもあろう。

筆者自身は民族的アイデンティティという語を使うことを封印した〔稲村　二〇一六：一七〕。以前は「エスニシティ」という用語と「民族的アイデンティティ」という用語は類義語であった。フーコーが『監獄の誕生』で述べた「生政治」（Bio-politics）の世界は今ここにある。私たちはアイデンティティという語の使用についてもっと慎重になるべき時期に来ているのである。

二　中華人民共和国と台湾の歴史の資源化――「土司史」と「泰緬孤軍史」

中華人民共和国でのハニ族土司を含む紅河土司の「土司史」の資源化については様々既に述べたので、本稿での要点をまとめておきたい［稲村　二〇一四a、二〇一四b、二〇一五、二〇一六］。まず、土司遺跡の歴史資源化であり、文化大革命によって破壊された土司遺跡のうち共産党の物語に沿った遺跡の修復がある［稲村　二〇一四a、二〇一五］。それは特に紅河県では「華僑の郷」という文脈で歴史資源化され、元陽県においては二〇一三年の「紅河哈尼梯田」（Cultural Landscape of Honghe Hani Rice Terraces：紅河ハニ棚田の世界文化景観遺産）登録の絡みで土司遺跡の修復は登録されるまでの対外向けの歴史の資源化であった。

中華人民共和国にとっては土司は中国共産党によってすでに「打倒」されたかつての「封建領主」であり、「解放」の物語の一つである。実際に彼らはすでに無力な人々にすぎない。その意味では土司の「外的歴史」[3]は「歴史」化され、「資源」化されている［稲村　二〇一七］。大きく見ればそれは経済的に躍進する「中華人民共和国」における辺境の「解放」の物語であり、「中華民族史」に包摂されていったいわば過去の「歴史」の物語である。湖南省と貴州省では二〇一五年に土司遺跡群が中華人民共和国の世界遺産として登録されている。

それに対して台湾ではどのように歴史化、資源化されているのだろうか。台湾の歴史研究者の若松大祐の研究を参考に考えてみたい［若松　二〇一四］。誤解のないように急いで付け加えておくべきことは、本稿の扱う陳訓民について台湾では土司のイメージは全くといっていいほどなく、本人もほとんど土司としては語ってこなかったことである。それは「泰緬孤軍」と呼ばれる軍隊の一兵卒としての多くの歴史記録の一つに過ぎないが、調査自体はもう十分なされているといってもよいであろう。いいかえれば、台湾では彼の個人史は土司史としては資源化も歴史化もしていないが、彼が従軍した後の記憶の歴史記録化はかなりなされているということである。

まず、若松の研究の参照文献が示すように台湾の多くの研究機関が主に口述の記録として修士論文なども含めて詳細な歴史研究を行っており、その点「泰緬孤軍」の「歴史」化はかなり進んでいるといってよい。こうした研究を支えている台湾での世論のイメージについて若松は「義の同胞、難民、華僑、新移民などの異なるイメージで理解している」として、「①東西冷戦下の泰緬国境地帯における国軍：一九五〇年代の知る人ぞ知る軍事活動、②国共内戦下の義の同胞：一九六〇年代―七〇年代のイメージ、③共産主義の被害者としての難民同胞：一九八〇年代のイメージ、④タイにおいて支援すべき難民華僑：一九九〇年代―現在のイメージ、⑤台湾において支援すべき難民華僑：一九九〇年代―現在のイメージ」として考察している。本稿の扱う「資源化」の問題についてはこの「イメージ」が最も重要な問題である。

「泰緬孤軍」とは一九四九年から一九五四年の第二次国共内戦後、雲南省からビルマ国境で戦った中華民国軍に後の人が名付けた呼称である。筆者は歴史叙述自体は専門的に扱えないので、若松の歴史叙述を引用して「泰緬孤軍」の歴史の概略を簡単に示しておくことにしたい［若松　二〇一四：六三―六五］。

一九四九年、中国での国共内戦に敗北した国民党は、中華民国の中央政府や主要な軍隊を率いて大部分が台湾へ撤退する。この時、雲南省にあった軍隊の一部（約一五〇〇人）が共産党への投降を拒み、越境してビルマへ移る。彼らは主に李国輝の率いる第八軍二一三師第七〇九団の残兵（約六〇〇人強）と、譚忠の率いる第二六軍九三師第二七八団の官兵（約八〇〇人強）とで構成されていた（両軍の人数には兵士の家族を含む）。この軍隊こそが、泰緬地域の土着の人々や新たに中緬国境を越えてくる中国難民との間で集散離合を数十年にわたって繰り返し、後に台湾側から泰緬孤軍とイメージされる集団になってゆくのである。

さて一九五〇年五月、在緬の国民党軍が復興部隊として再編され、李国輝が総指揮をとる。六月、朝鮮戦争

（一九五〇—一九五三）が勃発すると、米国は地政学的観点から台湾と雲南の重要性を認識するようになる。すなわち、人民解放軍（中国共産党軍）を中朝国境に集中させないためにも、米国は台湾海峡の中立を破って台湾を支持し、米華両国は中緬国境にある復興部隊を援助し始めたのである。

一九五一年一月五日、中華民国総統の蒋介石が台湾から雲南—ビルマ国境の国民党軍へ電文を送り、戦闘の継続を激励する。四月一一日、国民党軍は雲南反共救国軍として成立した。総指揮部はMong Hsat（猛撒／孟薩）に置かれ、総指揮は李弥が担当する。一〇月五日、反共抗ソ大学（反共抗俄大学、軍事訓練機関）がMong Hsatに成立し、李弥が学長になった。兵力が三万人を超える救国軍はサルウィン川流域に待機し、台湾海峡を越えて中国大陸へ攻め戻ろうとする（台湾の）国民党政府軍本隊の動きを待った。

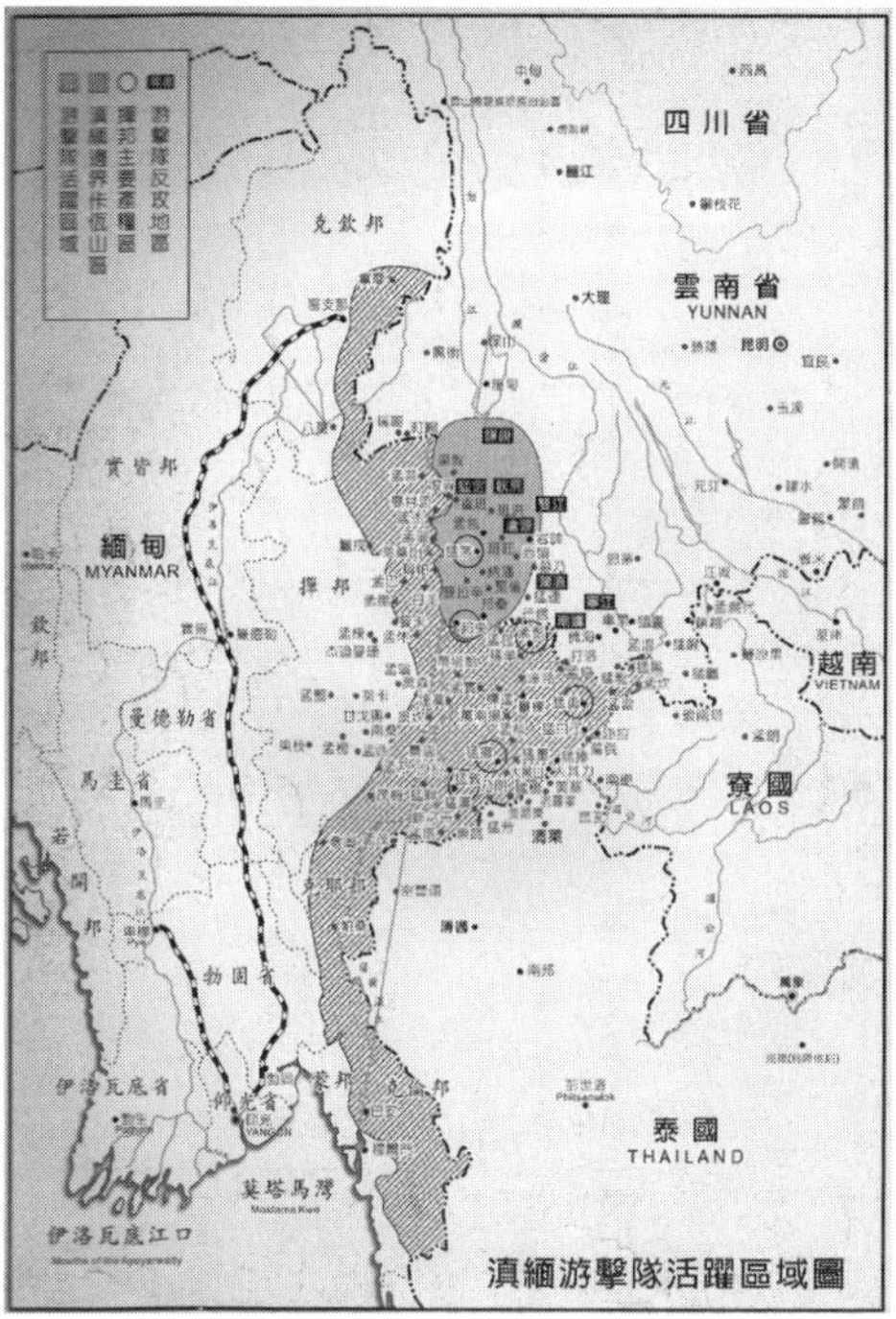

図1　滇緬遊撃隊（「泰緬孤軍」）の地図
（＊この図は台湾出版の様々な出版物で使われている地図であり、台湾での「歴史化」「資源化」をよく示すものと言う意味でも挙げておくが、取材した村は南投県ということではない：出典：南投縣政府文化局　2011）

一九五三年三月、ビルマは自国領に他国の軍隊が駐屯するのを悦ばず、軍を遣ってサルウィン川を攻めるも惨敗する。武力で負けたビルマは、舞台を国連に移し、中華民国の行為をビルマ領に対する侵略として訴えた。五月、バンコクで米華泰緬の四国会議が開催され、国民党軍の撤退が決まる。一一月から翌一九五四年三月にかけて、タイの南髻（Lampang?）空港から七千名（軍人＋家族）が台湾へ撤退する（第一次撤退）。

一九五四年五月末、李弥が雲南反共救国軍の編成番号を取り消し、解散を宣言し、李弥は台湾へ戻される。これにより、国際社会の理解では国民党軍がビルマ領にもはや存在しないはずであった。しかし一〇月、中華民国政府は柳元麟を派遣し、軍事的支援を続ける。柳は部隊を雲南人民反共志願軍（全五軍）に再編する。柳元麟が総指揮をとり、第一軍は呂人蒙（仁豪）、第二軍は甫景雲、第三軍は李文煥、第四軍は張偉成、第五軍は段希文が指揮を担う。

一一月、雲南反共救国軍の関係者が連名で蒋介石へ上書して自軍の惨状を説き救助を訴えると、蒋は中国大陸災胞救済総会（一九五〇年成立。理事長谷正綱。中華救助総会の前身　斉しく「救総」と略す）に命じて救援を始める。

一九五五年、総指揮部がタイ - ラオス国境に近い江拉（Keng Lap / Kent Lai）へ撤退し、部隊を再編する。柳元麟が総指揮を執る全五部隊は、一九六一年の第二次撤退まで続く。江拉時期、中華民国は政府が台湾から特戦教導総隊を派遣し、訓練を指導していた。一九五八年、中華人民共和国で三面紅旗政策（社会主義建設の総路線、大躍進、人民公社）が行われる。雲南西部で共産主義による統治を嫌った人々が暴動を起こし、一部が越境し難民としてゴールデン・トライアングルと呼ばれる地域へ逃避する。この機に乗じて七月に、雲南人民反共志願軍がビルマから雲南へ反攻する。ただ補給が切れたために、占拠は短期間に終わる。

しばらく後の八月二三日には、厦門沖の金門島で国民党が共産党の対台湾侵攻を止めている（第二次台湾海峡危機）。滇緬国境地帯での国民党軍の存在が、人民解放軍を台湾解放に集中させなかった一因にもなった。

同年一〇月に蒋介石・ダレス共同コミュニケが、米華は大陸反攻を武力（軍事）に拠らないと宣言した。しかし直後に米国は、もし中国大陸で反共起義が発生した場合に限り、中華民国が台湾から大陸の起義を軍事的に協力することについて認めている。起義とは中華民国側の呼称であり、義挙を指している。不義（この場合は共産主義を指す）に対して正義の行動を起こすことである。中華民国としては、今後の中国大陸で期待通りに起義が発生しなければならない。

雲南人民反共志願軍は雲南での起義の発生（もしくは煽動）に関与できる。だからこそ、国際社会ではもはや存在しないはずの軍隊が、現実には滇緬国境地帯でしっかり待機しておかなければならなかった。つまり台湾を国民革命の前方基地とすれば、雲南人民反共志願軍は国軍の一部として、滇緬国境という敵の後方から中華人民共和国を攻撃する役割を担っていたのである。

一九六〇年一一月、中国人民解放軍とビルマ軍が合作して国民党軍を攻撃したため、国民党軍は江拉を離れる。メコン川を越え、ある者はラオスへ、ある者はタイへ向かい、少ないながらもビルマのワ州に拠る者もあった。なお一二月二〇～二四日、蔣介石は督戦のため秘密裏に蔣経国を猛不了（Mong Pa Liao）へ派遣している。

一九六一年、ビルマは再び国連で中華民国の領土侵略を訴える、米国の強い要請があり、米国から台湾への軍事的かつ経済的な援助（いわゆる米援）の継続と引き換えに、蔣介石はやむなくビルマからの軍隊撤退を命じた。こうして第二次撤退が始まる。これは蔣経国と米国中央情報局（ＣＩＡ）の駐台事務所主任の Ray Steiner Cline（克雷恩）が米華それぞれの責任者を務めたため、「国雷演習」と呼ばれた。三月から五月に、約五千名（軍人＋家族）がチェンマイ空港から台湾へ撤退する（第二次撤退）。

ここでは、歴史的事実についての当否について筆者は述べる立場にはない[4]。繰り返すが本稿では「歴史化」と「資源化」について考えるのが目的である。若松の述べる「①東西冷戦下の泰緬国境地帯における国軍：一九五〇年代の知る人ぞ知る軍事活動」の段階ではほとんど歴史化も資源化も生じていない。歴史化・資源化が始まるのは「②国共内戦下の義の同胞：一九六〇年代―一九七〇年代のイメージ」化が始まる一九六〇年代である。それは作家の柏楊がペンネームで書いた『異域』[5]（一九六一年）によるものだという。それによって中華民国のために義を尽くす「義胞」として注目された。つまり、この段階では「反共イデオロギー」のために「泰緬孤軍」の「歴史」は資源化されたともいえる。しかしながら、実際には農地の私有などは一九九〇年代まで認められておらず、それまで「義民」は政府からあてがわれた住宅に住み借地を耕して暮らさざるを得なかった〔稲村　二〇一四c参照〕。

若松の述べる「③共産主義の被害者としての難民同胞：一九八〇年代のイメージ、④タイにおいて支援すべき難民華僑：一九九〇年代―現在のイメージ」の一九八〇年代、一九九〇年代の相反するイメージは「難民」「華僑」のイメージであり、政府と市民の意識はタイ北部の「泰緬孤軍」の子孫の支援のほうにシフトしていく。それは一九九〇年代の「本土化」（台湾化）の流れの中で「中華民国」の国軍であるにも関わらず、台湾とは切り離されていく過程でもある。雲南や四川に残った家族は「離散家族」となり、「中華民国」の「国民」や「義胞」ではなく、「台湾」の「華僑」ないし「難民」という扱いに変化する。その間の台湾の「眷村」の歴史は「資源化」されることなく過去のものとして「歴史化」していった。

二〇〇〇年代に入ってこの「難民」イメージは台湾の経済発展、「眷村」の史跡化とともに大学の論文や歴史記録として調査研究が進められ「歴史化」・「資源化」が進められた。それは若松のいう「⑤台湾において支援すべき難民華僑：一九九〇年代―現在のイメージ」においてであり、二〇一〇年代の観光化や情報のグローバル化が本格化して、特に呉伯雄・馬英九期の国民党政権下には、大陸や東南アジアとの交流を推進するための政治的「資源」となったといえる。

三　落恐土司へのインタヴュー

『国立民族学博物館調査報告』一四二号に筆者は次のように書いた。

「兄弟の跡目争いを抱えていた土司であったが、思陀土司のせいで共産党側にたった末代土司陳訓民は郷長になったが、文化大革命の間に結局台湾に逃れた。目下、生死は不明であるが民族特色村として観光用に整備された龍甲村の二〇〇八年に建てられたと思われる看板には台湾の高雄市在住とある。弟の陳裕民は共産党との戦いに敗れ投降し昆明在住という［陳裕民　二〇〇五］。落恐土司署は現在朝陽郷の人民政府の役所となっており建物は壊されて残っていない。表には「のぼり台」があるとされているがそれも近年役場の改修でなくなった。いくつかの居宅が残っているが再建の動きはなく、子孫ではない人が住んでいる。土司の椅子といわれるものが役場にあったが、文物として保管されているようではなかった」［稲村　二〇一七：一二七―一二八］。

写真1　陳訓民と筆者（2017年3月18日、台湾某所にて筆者撮影）

この報告を書いた後、台湾在住の友人から落恐土司が生きているとの報せを受けた。プライバシーの問題でどこまで書いてよいか迷っていたため、ゲラの修正はしなかった。ご本人には書くことを許して頂いているものの、台湾の屏東県の「眷村」とだけ書いておくことにする。特に政治的に問題がある内容でもないものの、テーマが歴史であるだけに個人名を伏せて書くわけにもいかない。前述のように既にインターネットでも個人を特定することは簡単にできるし、記録して国外にでも発表してほしい本人の意向はあるが、筆者としては高齢のため煩わせたくないという気持ちが強いので、地図や写真は敢えて載せないことにしたい。

陳訓民へのインタビューは二〇一七年三月一八日、同年六月二五日にそれぞれ一～二時間ほど行った。長い間ハニ族の研究をしてきた筆者にとっては望外の喜びでもあり、大きな期待をしてインタヴューに臨んだ。筆者にとってはまさに目の前にいる人物こそが「歴史」そのものであり、長年知りたかったことや疑問に思っていたことが解けるかもしれないという期待でいっぱいだったが、インタヴューはまだ十分とは言えない段階である。

陳訓民はとにかく自身が土司であったことはほとんど他人にもいわず暮らしてきたことがよくわかった。夫人は快活な人で雲南料理を振舞ってくれた。雲南省保山生まれの富裕な家の出身で夫が少数民族だと知っていたら結婚しなかったわよと語っていたし、土司制度についてもあまり理解していない様子だったことに筆者は驚きを禁じ得なかった。彼女は漢人であり、夫妻はそれぞれに「雲南人民反共救国軍」従軍した時に台湾で知り合って結婚したのだという。眷村の発行している記念誌には多くの従軍した人たちの想い出などが載せられており夫人の記事もあるが、陳訓民はそれにも記事を載せてはいなかった。また、眷村のハニ族の他の人に聞いてみても「土司だった」というのは意外な様子だった。

しかし、陳訓民にあなたが落恐土司でしたかと筆者が問うと、逆に嬉しそうであった。陳訓民は民国一五年（一九二六）の生まれで、九一歳を超えていた。「寝て起きたらもう起きられないかもしれない」と笑って話す。おそらく、それで日本人の筆者のインタヴューに答えてくれたのだと思う。同じく台湾に逃れたハニ族の瓦渣土司の銭禎祥（一九一四―一九九九）もかなり前に亡くなっており、陳訓民も雲南同郷会などの役員などにも加わらず、同会が発行している『雲南文献』などの編纂などもほとんど関わらずに過ごしてきたようである。陳訓民もまた快活な口調で親切にいろいろ教えてくださるのではあるが、彼がいたはずの土司署の写真などをみせても子供の時の詳細なことは忘れたといって話してはくれなかった。(6) 彼が従軍して台湾に出て行ったころには両親は亡くなっていたという。民国五一年（一九六二年）に「中華民国國軍戦鬥英雄」として表彰されており、「栄民」となった。現在は子供は息子二人娘二人で孫にも恵まれ幸せに暮らしている。ごく普通の台湾の家庭という印象であり、「封建領主」というような印象は全く感じられなかった。

陳訓民は少しではあるが、ハニ語を覚えていた。雲南にも招待されて何度も行ったという。筆者が持っていた『紅河土司七百年史』を持っていて、それを筆者にもみせてあなたが聞きたいことはこれにみんな書いてあるといった。筆者はそれは読みましたと答えるとちょっとだけ違っているところがあるけど大体合っていると控えめに答えた。陳は紅河には何回も行ったというし、その時に雲南でもらった本である。歴史認識について対立する中国と台湾であるが、紅河土司史にかんしてはある程度合意が出来ていることを確認したことに意味はある。

筆者が「土司は『読書人』だからハニ語はうまくないですね」というと笑っていたが、彼の漢語には明らかに雲南の訛があった。[7] 衙門では確かに漢語のみが使われていたという。屏東は三月でも三〇度近くあり、どこか以前の西双版納州を思わせる風情があった。この村には雲南の少数民族（特に西双版納付近の出身者が多い）が多く住んでおり、雲南料理の食堂もあった。雲南名物の「米線」（米うどん）は台湾風にアレンジされていた。

多くの土司が昆明の雲南陸軍講武堂などで軍事教育などを受けたが、彼は軍事教育は受ける間もなく一八歳で従軍している。一九三九年の落恐土司の管轄にあった落恐郷（五〇八戸、一九七〇人）［紅河県志：四七六］程度であり、思陀土司の半分、瓦渣土司の三分の一程度の土司である。紅河の有力な土司だった納楼土司には会ったことがあるとはいっていたが挨拶しただけで詳しい話は知らないという。こうした忘却が年齢のせいか、社会的なものかはいまだ不明であるが永く戒厳令が続いた台湾では忘れても仕方がないのかもしれない。

彼は四人キョウダイで、兄と弟と妹があった。兄は幼い頃亡くなっている。前に述べた弟の裕民は二〇〇一年に亡くなった［『紅河県志　一九七八―二〇〇五』：五一五］が、妹は四川で暮らしているという。男子均分相続の漢族とは違い、一般のハニ族は末男相続か長男相続で、長男でも末男でもない「中間の男子」（ハニ語：ザオssaqhaol）は家から出ることが多いが、訓民の場合は長男が早く亡くなっているので土司を一旦継いだ。弟の陳裕民との後継争いが国共内戦のころは兄弟間の複雑な対立になったものと筆者は思う。ハニ族が末男相続になりやすいのは親の面倒を長くみるかわりに家と土地を相続するということであり、土地や権力の少ない農民なら争いになりにくい。しかし、土司となると、長男相続か末男相続かが明確でないことは社会構造的に跡目争い恒常化する原因であった。落恐土司の場合は訓民の父の陳沢民は一九三九年の「七・七事件」[8]で訓民が一三歳のころ亡くなっているので姻戚の関与もあってこれも後継者争いを複雑にした原因の一つであった。彼自身は親が早く亡くなったので土司の生活はよく覚えていないといった。

以下は本人の口からは聞いたことではないが、民国期までの紅河の土司は相互に姻戚関係であり、それによって問題を解決していたことが逆に落恐土司の運命を複雑化したと思える。紅河土司についての清末から民国期の文献史料による筆者の理解は稲村［二〇一五］に示したので参照していただきたい。

民国期のひどい動乱についてはともあれ、一九三七年七月七日の 盧溝橋事件[9]から、土司らは「抗日」で結束するようになり一九四〇年に稿吾土司の龍毓乾が左能土司、落恐土司などに連絡して「抗日」のため団結した。元陽の猛弄土司白日新は「告江外各土司及民衆書」を発表し、兵と金銭を出すよう唱えて「抗日」の団結を図った。一九四一年には雲南省政府の蘆漢が「抗日」を批准し「抗日遊撃隊」が蒙自に発足した。一九四八年一〇月に国民党の葉植南が建水、石屏、元江の十二の郷鎮連防総隊を組織し、瓦渣土司銭禎祥を総隊長とし、思陀土司李呈祥など十一人を副総隊長とした。

しかし、一九四九年、蘆漢による雲南起義で李呈祥は国民党側で戦うが、共産党軍の上海青年会学校の隴生文に助けられ共産党へ入党する。二月に紅河県人民政府準備処が出来、李は銃を持って滇南人民行政公署で投降した。六月二六日に李は共産党の滬薩臨時治安維持委員会の主任に任じられる。その後は一九五一年一月　紅河哈尼族自治区主席となり、文化大革命まではハニ族の共産党側の中心人物であった。

思陀土司の李呈祥は陳訓民の近い姻戚であり、瓦渣土司の銭禎祥もそうであった。李呈祥に助けられて訓民は土司職を三年程務めた。しかし、李呈祥が共産党に入党したため、反共の銭禎祥と反目し、共産党と国民党に分かれたことが陳訓民と陳裕民の運命を左右した。一九五一年には土司制度はなくなり、跡目争いではなくなっていたが裕民は共産党と戦った後に投降した。訓民は反共側に立ち、蒋介石が一九四九年に四川から台湾に逃れると、李弥や柳元麟らの率いる「雲南人民反共救国軍」（一九五〇～一九六一年）に参加し、ビルマ、ラオスの戦闘を経て自身も一九六〇年一一月に台湾に逃れた。この間十一年もの熾烈な戦いは証言集として記録映画「南国小兵」（李立劭監督 二〇一四）としてまとめられテレビやネットでも公開されているが、彼は黙ったままだった。

四 結語

調査はまだ十分とはいえない段階であるが、台湾側の記憶の「歴史化」は話者の高齢化とともに否応なく進んでいる。大陸側の映画などにみられる毛沢東や朱徳などの英雄史の「解放」の物語とは違う「敗者の歴史」としてではあるものの、大陸も台湾もこのアジア史を「資源」として活用し続けている。脱政治化としての純粋な「歴史化」は難しく、一方で個人のアイデンティティとしての「歴史」はテクノロジーによって膨大な個人情報が両政府の管理下に置かれ「資源」とみなされるようになり、急速に「資源化」も進んでいる。

陳訓民個人の「歴史」は中華人民共和国では「解放」の物語に位置づけられ、「歴史化」していた。今日では紅河県の観光資源の一部となっているが、「両岸関係」の交流の一つの話題にすぎない。台湾では一旦「中華民国史」として資源化されたものの、一九八〇～九〇年代には忘れられた存在となる。二〇〇〇年代に入って再び、「本土化」（台湾化）の対抗イデオロギーのなかで「資源化」「歴史化」が進んだ。

「アイデンティティに抗する歴史」がハニ＝アカ族の「内的歴史」であった。それは心理的な内面的問題でも、血縁や出自といった問題でもない、口頭でのみ伝えられる「歴史」である。「アイデンティティに抗する歴史」は土司のような文字を持つ人々にとっては難しいが、陳訓民には「名」を残さずに誇りを残すというハニ族の内的な「歴史性」を持つ人であることが感じられた。それは、いわば「敗走の歴史」の続きでもあったであろう。

土司であったがために数奇な運命に巻き込まれた陳訓民の人生に問題などない。「中国」という巨大な政体は古くから歴史を「資源」とみなしてきた。ナショナリズムは新しい制度や文化を古くみせかけ、過去の事実を忘却させていく。彼は中華人民共和国の「解放」の物語の中で「封建領主」というラベルを貼られることを恐れて逃げのびた寡黙なハニ族に過ぎなかった。

注

（1）ハニ族（哈尼族）、ハニ＝アカ族という概念については稲村［二〇一六］などを参照。眷村ではハニとアカは同じと考えられていて、区別されてはいなかった。

（2）集合的アイデンティティ（collective identity）、構築された民族アイデンティティ（constructed identity）であるならば、文化（culture）、エスニシティ（ethnicity）、帰属意識（belongingness）と言い換えて問題はないはずである。心理的意味で使うならば、小さな集団に限られるが、本稿が示すように陳訓民のアイデンティティについて司法的同一性、および心理学的な意味でのアイデンティティについて筆者は知りえない。しかし、彼のエスニシティはハニ族である。

（3）ハニ＝アカ族の「内的歴史」「外的歴史」の区別については Alting von Geusau［2000］によっており、「内的歴史」とは口頭で語られるもので、「外的歴史」とは文字に記載された「官制」の歴史と考えてもよい。チベットから南下していく長大な「内的歴史」の歴史性（historicity）としていえば、それは英雄性の希薄ないわば「敗走の歴史」であり、生きるため紛争を避けて生き延びた祖先の物語である。

（4）北部タイでの彼らの歴史は王柳蘭［二〇一一］、台湾については稲村［二〇一四c］も参照。

（5）柏楊は国民党のイデオローグではなく、むしろ反政府的なイメージでこの「泰緬孤軍」の歴史を政治的に宣伝した著名な文筆家である。参考文献に挙げたように『異域』はしばしば再版されており、その時期には国際国内世論に訴える政治的な「資源」となったことを反映している。

(6) 紅河県の朝陽村の衙門は跡目争いのため陳訓民は使っておらず、彼が土司になったころにはすでに荒廃していた[何世貞ら 二〇〇五:一五九]。陳訓民は住んではいなかったと思われるが、「忘れた」というのは思い出したくないのかもしれない。

(7) 一九五一年四月の中央民族訪問団紅河地区訪問では李呈祥(窩尼)、落恐土司の陳裕民(窩尼)、左能土司の呉済昌(窩尼)[中央訪問団第二分団 一九八六:二〇四]とある。この調査に土司として記載されたのは弟のほうだったことがわかる。この「窩尼」という語は紅河のニス(彝族)がウォニポと呼ぶ語の当て字であって、訓民氏もハニザ Haqniq ssaq が自称であることを確かめた。彝族の優位な当時の政治状況がこうした書面語を生んだと考えてよいだろう。

(8) 「落恐七・七事件」は一九三九年七月七日に起きた当時土司職にあった陳沢民暗殺事件である。訓民が一三歳の時ということになる。『紅河土司七百年』の記載によれば、国民党政府の土地の登録の際に陳沢民が土司の伝統ということで自身の名にしてしまったことに起因する各村の頭目が結託し衙門に放火。陳沢民の母は実家の瓦遮土司を頼って報復するなどして多数の死傷者が出た[『紅河土司七百年』:二八二—二八五]。

(9) 一九三六年に昆明で生まれた、英帝国の海関税務署に務めていたアイルランド人の父を持つ幼いベネディクト・アンダーソンの目には日本人が教鞭を執っていた雲南講武堂が見えていただろう。盧溝橋事件(一九三七)から日中戦争が激化してアンダーソン一家は一九四一年にアメリカに移住している。それは彼がナショナリズムの問題を目にした「原風景」かもしれない[cf. 稲村 二〇一七]。

参考文献

〈日本語文献〉

稲村務

二〇一四a 「中国紅河ハニ棚田の世界文化景観遺産登録からみる『文化的景観』と『風景』」『地理歴史人類学論集』(琉球大学法文学部紀要人間科学別冊)五。

二〇一四b 「棚田、プーアル茶、土司——『ハニ族文化』の『資源化』」武内房司・塚田誠之(編)『中国の民族文化資源——南部地域の分析から』東京:風響社。

二〇一四c 「山を目指してきた人々と海を目指していた人々——ハニ＝アカ族とアミ族」池田榮史(編)『人類の拡散と琉球列島』平成二五年度琉球大學プロジェクト報告書。

二〇一五 「雲南紅河土司の『近代』——清末から共和国成立後まで」琉球大学法文学部琉大アジア研究編集委員会『琉大ア

ジア研究』一二。
　二〇一六『祖先と資源の民族誌――中国雲南省を中心とするハニ＝アカ族の人類学』めこん。
　二〇一七「ハニ＝アカ族の記憶と記録」『国立民族学博物館調査報告〈SER〉』一四二。
上野千鶴子
　二〇〇五『脱アイデンティティ』勁草書房。
王柳蘭
　二〇一一『越境を生きる雲南系ムスリム――北タイにおける共生とネットワーク』昭和堂。
太田好信
　二〇一三「アイデンティティ論の歴史化――批判人類学の視点から」『文化人類学』七八（二）。
若松大祐
　二〇一四「現代台湾史における泰緬孤軍イメージ――本土化の不徹底を示す一事例」『社会システム研究』二九。
渡辺公三
　二〇〇三『司法的同一性の誕生』人文書院。

〈欧文（邦訳も含む）〉
Alting Von Geusau, Leo G. M.
　2000　Akha Internal History: Marginalization and the Ethnic Alliance System. Andrew Turton (ed.) *Civility and Savagery: Social Identity in Tai States*, pp.122–158. London: Curzon Press
アンダーソン、Ｂ
　一九九七『増補・想像の共同体――ナショナリズムの起源と流行』白石隆・白石さや訳、ＮＴＴ出版。
コナトン、ポール
　二〇一一『社会はいかに記憶するか――個人と社会の関係』（芦刈美紀子訳）新曜社。
フーコー、ミシェル
　一九七七『監獄の誕生　監視と処罰』（田村俶訳）新潮社。
アルバックス、Ｍ
　一九九九『集合的記憶』（小関藤一郎訳）大津：行路社。

Leach, E.
1990 Aryan Invasion over Four Millennia. Emiko Ohnuki(ed) *Culture through Time.* Stanford Univ.Press. pp.227-245.
Ohnuki, Emiko
1990 Introduction: the historicization of anthropology. Ohnuki(ed) Culture through Time. Stanford Univ.Press. pp.1-25.
Scott, James C.
2009 *The Art of Not Being Governed: An Anarchist History of Upland.* Southeast Asia. Yale University Press（スコット、ジェームズ・C、二〇一三『ゾミア――脱国家の世界史』佐藤仁ほか訳、みすず書房）。

〈中文・華文〉
中央訪問団第二分団
一九八六『中央訪問団第二分団雲南民族情況匯集（下）』雲南民族出版社。
紅河県地方志編纂委員会（編）
二〇一五『紅河県志一九七八―二〇〇五』雲南人民出版社。
陳裕民
二〇〇五「土匪囲攻元陽和紅河県城失敗紀実」王之友（主編）『紅河文史集萃（上）』民族出版社。
鄧克保（柏楊）
一九六一『異域』台北：平原出版社。
（再版一九七七　台北　星光出版社）
（柏楊一九八八『異域』柏楊書報導文学 一 台北：躍昇文化）
（Bo Yang 1996 The Alien Realm, translated by Janice J. Yu. London: Janus Publishing.）
（柏楊 二〇〇〇『異域』柏楊精選集二六 台北　遠流）
（柏楊 二〇一二『異域　中国共産党に挑んだ男たちの物語』出口一幸訳　第三書館）
何世貞・李正才
二〇〇五「落恐土司史略」王之友（主編）『紅河文史集萃（下）』民族出版社。
郭純礼・黄世栄・揑努巴西
二〇〇五『紅河土司七百年』民族出版社。

李明錫
　二〇〇六　「『国雷演習』接運台来『反共義民』安置社区之研究」樹徳科技大学建築與古蹟維護系碩士論文。
南投縣政府文化局
　二〇一一　『従異域到新故郷～清境社區五〇年歴史専輯』南投県仁愛郷清境社区発展協会。
雲南省紅河県志編纂委員会（編）
　一九九一　『紅河県志』雲南人民出版社。

［付記］本研究は、「中国周縁部における歴史の資源化に関する人類学的研究」研究代表者塚田誠之　基盤研究（A）（平成二七～二九年度）課題番号15H02615の研究成果である。また、東京外国語大学アジア・アフリカ研究所共同研究員（二〇一五年度―二〇一七年度）研究課題名「中国雲南におけるテクスト研究の新展開」（研究代表者：山田敦士）、文部科学省概算要求事業「自律型島嶼地域社会の創生に向けた「島嶼地域科学の体系化」」（琉球大学国際沖縄研究所・法文学部）「島嶼地域科学の体系化」プロジェクトからも支援を受けた。

歴史に関する集団的記憶とその資源化
――中国東北地域瀋陽のシボ（錫伯）族の事例を中心に

韓　敏

一　はじめに

本稿は、執筆者が近年、中国東北地域、遼寧省瀋陽市内及びシボ族の集中している郊外の瀋北新区と市内にあるシボ族の聖地、太平寺（シボ家廟）で実施された文献調査と現地調査にもとづき、民族の集団的記憶の構築とその資源化の実態を明らかにするものである。具体的には一八世紀に乾隆帝の勅命により東北在住の一部のシボ族が西部の新疆地域へ移動したという歴史的出来事の記憶、それにかかわる記念行事の「西遷節」及びその記念行事の国家無形文化遺産登録に焦点をあて、歴史の集団的記憶とその資源化のかたちとプロセスを考察する。

本稿で使用される集団的記憶（collective memory）の概念は、一九二五年にフランスの社会学者M・アルヴァックス（Halbwachs 1877-1945）によって提起されたものにもとづいている。M・アルヴァックスによると、過去は無意識の状態の中で再生されるものではない。あらゆる事柄が示唆しているように思えるのは、過去は現在という基盤から再構成されるということである。すなわち集団的記憶とは、過去の想い出をそのまま再発見するものではなく、集団の観点から過去を再構成する営みにほかならない。このような過程を経て、集団内部の成員たちによって、ある想い出が共有される営みは集合的記憶になる［哈布瓦赫　二〇〇二］。本稿において、筆者はアルヴァックスの提示した集団的記憶の概念を踏まえ、過去を記録するかたちや集団内部で共有するための歴史構築とそのメカニズムに注目したい。

また、王朝統治の歴史が長い多民族国家の中国において、ある民族集団の記憶の構築とその資源化を語る場合、国家や行政による介入に対する注目は不可欠だろう。中国の歴史の資源化について、本共同研究の代表者である長谷川が次のように指摘している。歴史の「多民族国家・中国において、書かれつつある諸民族の「歴史」は多かれ少なかれ、上述したようなポリティクスの産物であると見なしうるならば、「歴史を書く」という作業は政治性を内包していると言えよう」［長谷川　二〇一六：一七］。本稿において筆者は、多民族国家におけるポリティクスの産物としての歴史という考え方をふまえ、シボ族の「西遷」という歴史的出来事にかんする記念行事及びその遺産登録に焦点をあて、エスニック集団としての記憶と王朝・国家の記録の関連性を明らかにする。

二　調査地及びシボ族の歴史的概要

筆者は、シボ族について二〇一五年八月から二〇一七年一〇月までにシボ族の集中している中国東北地域の瀋陽市瀋北新区の黄家郷、石佛郷、興隆台鎮と市内にあるシボ族の聖地、ラマ教寺院の太平寺（シボ家廟）で四回の短期調査を実施してきた(1)。

シボ族（錫伯族）は、中国東北部の嫩江流域を原住地とするツングース系言語を話す民族であり、五六の民族の一つである。一九五四年中華人民共和国政府が民族識別を行った時に、シボ族は、その他の三七の民族と一緒に中国の正式の少数民族の一つとして公認された。また、同じ年の三月に、新疆ウイグル自治区イリ・ハザク自治州において、シボ族が集中的に居住している察布査爾県《チャプチャル》が中国初のチャプチャル錫伯自治県として設立された（本文の付録を参照）。

第六回国勢調査（二〇一〇年）によると、シボ族の人口は一九万四八一人で、中国政府が公認する五六の民族の中では三一番目に多い。一九万あまりのシボ族総人口の内、六九・五％（一三万二四三一人）が遼寧省に居住し、三万四三九九人（一八・一％）が新疆ウイグル自治区に分布している。上記の遼寧省と新疆のほかに、シボ族が一〇〇〇人を超えた地域は、黒竜江省、吉林省、内モンゴルと北京である。遼寧省はシボ族がもっとも多く居住している地域であり、遼寧省の一三万人あまりのシボ族は主に瀋陽の瀋北新区に集中している（写真1）。

シボ族の名称の由来について、『錫伯族簡史』(2)の中で、「『錫伯』は漢文の中で須卜、犀比、鮮卑、悉比、失比、師比、室韋、失韋、斜婆、西伯、実伯、史伯、洗白、西北、西棘、席北、席伯、席北、錫伯などの二〇あまりの読み方と書き方がある」と記述されている［錫伯族簡史編写組　一九八六：八］。また、中国第一歴史檔案館の資料によれば、「中国の漢文文献では、シボ族は、「鮮卑」、「失韋」、「室韋」、「席北」、「斜婆」、「錫卜」、「喜伯」、「席百」、などの異なる漢字を用いた表音文字が使われていた［中国第一歴史档案館　一九八九：三］。シボ（錫伯）族の名前は、そもそも彼らの自称であり、彼らの口語では、「siwe」あるいは「sibe」と発音されている［王晈・江帆　二〇〇四：四］。

写真1　シボ文字と漢字表記の「錫伯故里」のモニュメント（2017年瀋陽瀋北新区シボ族鎮、筆者撮影）

「錫伯」の漢字標記が歴史文献に最初に登場したのは、明の万暦二一（一五九三）年九月の条の「九部之戦」である。「科爾沁三部、すなわち科爾爾沁、錫伯、卦爾察、九部連軍がヌルハチを攻めたが……」［錫伯族簡史編写組　一九八六：九］。

清朝の史書には「席百、席伯、席北等が多いが、たまに錫伯の書き方も見られる。辛亥革命以降から今日に至るまで、一律に錫伯を使用してきた」［錫伯族簡史編写組　一九八六：九］。

また、シボ族の民族起源について、満洲族やオロチョン族と同じ源をもつ説がある。たとえば、一七世紀の楊賓氏が書いた『柳辺紀略』において、「席百、あるいは西北、席北の人々が、みずから満洲と同祖と自称し、モンゴル科尓沁の奴隷として服役していることが記載されている［楊　一九三六：二一―二二］。また、二〇世紀初期、日本人研究者である島田好も楊賓の見解に賛同していた。島田は、シボ族について、満洲氏族通牒（族譜）と言語の見地から、シボ族は満洲族と同じ祖先（女真人）であり同族であると指摘している［島田　一九四一：二］。彼自身はシボ族について現地調査をしなかったが、親友の天海謙三郎に頼んで、東北のシボ族について調べてもらった。その調べた過程と結果について、島田は『満洲学報』[3]の中で次のように述べている。

「畏友天海謙三郎氏が（遼寧省）開原の五十満里許りの錫伯部落なる老虎頭及び大湾屯に土地調査に赴いた時、氏に委嘱してその言語を採蒐した。是によればその言語は満洲語の一方言に過ぎぬものである……要するに錫伯は女真の多数の氏族よりなれる部族である。……種族的には満洲民族（満洲本部の）と異なる所がない［島田　一九四一：三―四］。

すなわち、言語的にみても種族的にみてもシボ族は満洲族と同祖であると結論した。

現在、鮮卑の後裔である説がもっとも有力な学説であり、分子人類学（molecular anthropology）の領域では、ＤＮＡ分析をもとにシボ族のルーツが鮮卑にあることが証明されている。歴史的にみて、シボ族の先人は鮮卑であり、東胡の一部である。大興安嶺（内蒙古自治区、黒竜江省）一帯に住居していた鮮卑は紀元三三七年～五八一年の間に、遼東や華北に南下し、黄河流域で南燕、西秦、後燕、南涼、北魏、東魏、北斉、西魏、北周などの十数の王朝を建てた［錫伯族簡史編写組　一九八六：六］。だが、他の鮮卑の一派は依然として嫩江から松花江一帯に残り、本来の習俗を保っていた。これがシボ族の前身とされている。彼らは大興安嶺から南東の嫩江流域へ移動し、ハイラルの南東のフルンボイル草原で狩猟、放牧、漁業を農業と共に重要な生業としていた。

長い歴史の中で漢族、モンゴル族、満洲族などの民族と接触する中、錫伯族の宗教信仰も多元的となり、祖先崇拝、シャーマニズム、チベット仏教（ラマ教）、漢族の民間信仰、関公信仰など、多様な信仰体系が見られる。『錫伯族簡史』によれば、シボ族の中で祖先祭祀が、もっとも重視され、シャーマン信仰、ラマ教及びその他の神々より盛んに行われている。多民族雑居の瀋陽においてシボ族は、長い歴史の中で、観音や関羽などのような外来の神々を受け入れながら、自分たちの信仰体系を維持してきた。たとえば、彼らは喜利媽媽《シリママ》、海尔堪瑪法、伊散珠媽媽の女神を崇拝している。また、狐、鷹、蛇、鮮卑獣（瑞兽ともいう）、虎などのトーテムも崇拝している。

三　満洲人の「八旗」システムへの編入とそれにともなう民族大移動

1　「八旗」システムへの編入

元朝において、錫伯部のほとんどは科尔沁蒙古の統治下に置かれていた。明代万歴二一（一五九三）年にシボ部族をふくむ九つの部族が、連携してヌルハチと戦った。明代万歴二一年九月の条に叶赫、哈達、烏拉、輝発、科尔沁、錫伯、卦勒察、珠舎哩と訥殷の九姓が連合してヌルハチと戦い、三路より来襲したことが記されている［島田一九四一：六］。この「九国之戦」は結果としてヌルハチに負けた。一六三六〜一六四八（清崇徳元年至順治四）年、負けた科尔沁蒙古が八旗に編入されたため、科尔沁蒙古の統治下にいた錫伯部が蒙古八旗の一部となる。

ヌルハチの満洲軍に征服されたシボ族は、モンゴル族などの他の北方民族とともに徐々に満洲の八旗組織に編成されるようになっていく（付録参照）。満洲人による征服と「八旗」制度への編入は、シボ族の人々にとって、のちの民族大移動、民族の分布、生業及び彼らのアイデンティティに大きな影響を与えた大きな出来事である。

八旗とは一種の屯田兵制度であり、基本的な村づくりの枠組みである。ヌルハチの時代に八旗制度が創始されたのは、相互に何一つ結合関係を持たない複数の部族集団を統合・管轄する上で、新たな結合秩序としての組織を創設する必要が生じたためである。八旗は、清の始祖であるヌルハチが、満洲人の前身である女真を統一する過程で、女真固有の社会組織を「旗」と呼ばれる軍事集団として編成、掌握したことに始まる。八旗は当初、ヌルハチが支配する後金（清の前身）に属するすべての軍民が所属する軍事組織であったので、女直以外にもモンゴル人や漢人で後金に服属した軍人も八旗に編入されることになった。ヌルハチの後継者ホンタイジの時代には、清に服属して八旗に編入されたモンゴル人や漢人が次第に増えてきたため、彼らを新たに蒙古八旗及び漢軍八旗に編成し直した。これにより従来の満洲人の八旗はこれと区別するため、満洲八旗と呼ばれるようになる。八旗に属する旗人たちは、平時は農耕・狩猟に従事しつつ要地の警備や兵役にあたっていた。

シボ族の「八旗」制度への編入は、段階的に行われてきた。一六三六～一六四八年、錫伯部が科尓沁蒙古八旗に編入され、モンゴルに奴隷扱いされた。一六九二年はさらに科尓沁蒙古王公である台吉らによって清朝政府に献上され、満洲の三旗（鑲黄、正黄、正白）に編入され、チチハル、伯都訥、吉林烏拉などの駐屯に移住させられた［錫伯族簡史編写組　一九八六：三四］。こうして征服されたシボ族は、最初に蒙古八旗、のちに満洲の八旗に編入されたのである。

2　清朝の国家戦略にともなうシボ族の強制的民族大移動、一七世紀の「南遷」

「八旗」システムへの編入により、東北にいるシボ族の人々が、清朝の統治システムに規制されるようになり、北部における諸民族の政権興亡及びロシアとのせめぎ合いにともない、シボ族は、二回の民族大移動――「南遷」（一七世紀）と「西遷」（一八世紀）の民族大移動を経験した。シボ族大移動の背景や具体的な様子については、シボ族の族譜、ラマ教寺院にある石碑や清王朝の公式文書などの媒体によって詳細に記述されており、特に民族移動の歴史的背景について、シボ族の人々が自分たちの解釈と記録を残している。

たとえば、瀋陽市郊外にある大孤家子村に住んでいるシボ族の呉扎拉氏一族の『宗譜』の中で、「崇徳帝（清太宗）が曰く、錫伯の連中を各辺境地に分散させるべし。彼らが紛争をおこす恐れがあるゆえ、絶対に一か所に居住させるべからず」と記載されている［錫伯族簡史編写組　一九八六：一五］。また康徳一〇（一九四三）年に編纂された、瀋陽市蘇家屯のシボ族である完顔家系譜の中でもシボの南遷及び各旗への配属は、シボ族を分散させるという清の皇帝の戦略によるものであると言及した［王俊・李軍　二〇一五：五三］。シボ族の人々にとって、西遷をふくむ祖先たちの長距離の大移動は、シボの人々を分散させるという満洲人の清王朝による「分而治之」の策略であると解釈することができる。

シボ族の瀋陽への南遷をもたらした原因には、上記の「分而治之」という清朝の策略のほかにもう一つの要素がある。清朝が北京に都を移してから、東北にいる満洲の兵士が中国全土の城と要塞に駐屯するようになったため、盛京（瀋陽）所属の各地の兵士が激減してくる。盛京は清朝の留都[4]なのでそれを守る任務も肝心である。そのため、弓道と戦いに長けている兵力を盛京に送ることが清王朝の急務となる。これがシボ族の人びとが北から南の盛京に移動させられた「南遷」のもっとも重要な原因である。

上記の背景のもと、清朝康熙の時代（一六九九年～一七〇二年）に、シボ族の兵士とその家族が、三回にわたって、黒竜江省嫩江県、チチハル、ボドナー（都伯訥、現在吉林省扶余県）、ジーリンウラー（吉林省吉林市）から、南の盛京、錦州などに強制移住させられた。

「南遷」により、瀋陽（盛京）在住のシボ族が次第に増えてきた。しかし、チベット仏教であるラマ教を信じるシボ族にとって、新しい移住先である瀋陽には、宗教的行事を行う専門的な場所がなかった。そこで、康熙四六（一七〇七）年、瀋陽在住のシボ族は、六〇両の銀貨を集め、実勝寺（皇寺ともいう）の近く（現在瀋陽市和平区皇寺路太平里二一号）にある民家を購入し、そこにシボ族のラマ教寺院太平寺（シボ家廟）と石碑を建てた。その後、毎年シボ族の人々がここに集まってきて、仏様や祖先を祀ってきた。

この時に建てた石碑には、シボ族の人びとが盛京（瀋陽）所属の城鎮に移動してきた時間、場所、人数などについて漢文と満洲文字で記載されている。その記録によると、錫伯部族は、祖籍はハイラル東南のザランダロ流域にあり、子孫がモルガン、チチハル、ボドナーなどの地に移動し、七四の牛録に編入され、四〇年余暮らしていた。また、更に一六九九年、一六七〇年、一六七一年（康熙三六年、三七年、三八年）の三回に分けて盛京に入り、全省各地の駐屯と防衛に安置された」［錫伯族簡史編写組　一九八六：一六、王俊・李軍　二〇一五：一九三―一九四］とある。

3　一八世紀の「西遷」

上記の「南遷」と同じように、シボ族の「西遷」も、清朝の辺疆地域の国家戦略の一環として実施されたのである。清朝が最盛期を迎えた乾隆帝の時代に、ロシアの侵入を防ぎ、新疆の防備を強化するため朝廷はミンルン（明瑞）をイリ将軍に任命しイリに駐在させた。ミンルン将軍はイリに赴任してみると数か所で兵力が不足していることに気がついた。そこで乾隆帝に要望した結果、盛京守備のシボ族の兵士の中から若くて弓馬のすぐれた者を選び、家族ともども新疆に派遣した。瀋陽の他にも撫順や遼陽や鳳城など一七か所のシボ族の兵士の中から一〇二〇人の優れた者を選び家族ともども合計三二七五人を新疆イリの守備に移動させた。一行は河北省張家口を経て、現在の蒙古国を通り、新疆自治区塔城へ進み酷暑や厳寒に苦しみながら一年五か月を経て目的地のイリに到着した［錫伯族簡史編写組　一九八六：二］。

上記の「西遷」は、清王朝の文献［中国第一歴史档案館編 一九八九、錫伯族簡史編写組 一九八六］のみならず、東北に残っているシボ族の族譜の中でも記述されている。たとえば、瀋陽市于洪区馬三家子のシボ族である韓氏（哈斯呼里氏）の同治一一年（一八七二）と一九八六年に編集された族譜の中で第六世達爾札（旧家譜では達林）と第八世の瓦力海が新疆のイリに配属されたことが記述された［王俊・李軍 二〇一五：六二―六三］。

上記のシボ族の西遷の背景について、清朝の公式文書の中には次のような詳しい記述がある。

「乾隆二八（一七六三）年一〇月二二日 イリ（伊犁）将軍である明瑞と愛隆阿が、乾隆帝に盛京のシボ族から選出し、駐屯部隊として新疆のイリに派遣するよう求めるために、次の奏摺を提出した。

奴才明瑞および愛隆阿は、陛下の聖旨を賜りたく、上奏いたします。

奴才らはカザフとの境界の巡察を終えてイリへ帰還した後、屯田、築城、関所の設置について十分な話し合いを行う考えであり、陛下の聖旨を賜りたく、上奏いたします。そのため、奴才愛隆阿は先に少数の部隊を率いてイリへ戻り、すぐにイレトゥ（伊勒図）を、査吹および沙喇伯勒等の地へ派遣します。

奴才らの知る限りでは、盛京には計一万六、七千人の軍隊が駐屯し、そのうち四、五千人がシボ兵です。シボ兵は伝統を守り、狩猟を生業とし、武芸にも優れています。奴才らは、このシボ兵から選出した優れた人材をこちらに派遣すれば、黒龍江の兵にも匹敵する戦力になると考えます。

また、奴才らの愚意を申し上げますと、タルバガタイ（塔爾巴哈台）に駐屯する軍隊の準備が整った後は、ウルムチ（烏魯木齊）が重要な地になると考えます。また、カザフをタルバガタイ付近に住まわせないことにより、ウルムチへの道のりが遠くなり、ウルムチまで取引に向かうことがなくなります。ウルムチにおいてカザフ族と取引を行わなくなれば、残る問題は屯田と兵の訓練のみです。総兵や提督を設置する場合は、どちらか一人がいれば十分だと考えます」［中国第一歴史檔案館（上）一九八九：二八一―二八六］。

明瑞らの要請に対して、乾隆帝が同じ年の一一月一六日朱批（朱筆による諭旨）を書き加えたため［中国第一歴史檔案館（上）一九八九：二八七］、明瑞将軍の提案したシボ族の西遷の案が施行された。この移動は、新疆のシボ族の起源につながっていくのである。[5] 当時、新疆に移動したシボ族の人々について次のような記述が見られる。「家族連れで新疆に移動したシボ族の間で、『錫伯営』が作られた。「錫伯営」の中で八旗にのっとって、八つの城が作られ、そこに定住するようになった」［錫伯族簡史編写組　一九八六：六］。城の中では、他の民族との雑居が許されなかった。また、清朝政府が『旗民不通婚、旗民不交産（旗人と漢民人の間で通婚と旗地の売買が厳禁）』という禁止令を下したため、新疆のシボ族が他の民族と交流する機会は比較的少なかった。そのため、長い間、自分たちの言語と文字、生活習慣、宗教信仰などの特徴を保持することができた。同時に、新疆の主要な民族であるウイグル族やカザフから食生活の影響を受けたところも見られる。新疆のシボ族と比べて、東北に残ったシボ族の居住は分散し、長い間、漢族、満洲族とモンゴル族と雑居し、経済、文化の交流が盛んに行われ、漢族からの影響が大きかった。

この二回の民族移動、特に後の「西遷」はシボ社会のあり方及び民族意識の形成に大きな影響を与えることになる。「西遷」は、シボ族の東西の分離を導いたことは確かであるが、しかし、この「西遷」のできごとは、また、分離された民族の共同記憶の核をつくりだし、コミュニティの集団的記憶を生み出すきっかけにもなっている。

四　「西遷」とそれに関する公式文書による記録

シボ族の「西遷」は、清朝の辺疆地域の国家戦略の一環として実施されたため、その詳細は当然に公式文書に記

表　1764年に盛京から新疆へ移動したシボ官兵の数と彼らの所属の地名

	瀋陽	鳳城	遼陽	開原	広寧	熊岳	復州	岫岩	金州	蓋州	錦州	義州	牛庄	興京	撫順	合計
官兵		1	1	1	1	1	1	1	1	1		1				16
兵丁	404	45	66	94	60	51	52	28	44	15	24	61	23	23	10	1,000
合計	404	46	67	95	61	52	53	29	45	16	24	62	23	23	10	1,010

下記の資料にもとづいて作製したものである［錫伯族簡史編写組　1986：46］。

録されている。当時の満洲文字による『録副奏折』の二三二一条によれば、盛京将軍の舎図肯らが、シボ族の官兵の出発を報告する奏摺を乾隆二九（一七六四）年四月一九日に提出した。

「奴才らはすぐさま各都市の城守尉、協領の中から、盛京城の鑲黄旗協領の阿穆呼郎、熊岳城の協領の噶爾賽を選出しました。第一部隊は、守備五人、驍騎校五人、兵四九九人、官兵の家族計一六七五人で、すべて協領の阿穆呼郎が管理し、四月一〇日に出発しました。第二部隊は、守備五人、驍騎校五人、兵五〇一人、官兵の家族計一六〇〇人で、すべて協領である噶爾賽が管理し、四月一九日に出発しました。ソロン族の総官の基準にならい、各協領らに一年分の俸銀百三〇両、二ヶ月分の塩菜銀（毎月六両）、召使六人、馬一〇頭を支給しました。守備、驍騎校らにソロン族の驍騎校の基準にならい、品級に従って各自に一年分の俸禄を支給するほか、二ヶ月分の塩菜銀（毎月二両）、召使四人、馬六頭を支給し官員の各召使に二ヶ月分の塩菜銀（毎月五銭）、賞銀二両を支給しました。兵の各世帯に身支度用の銀三〇両を支給、世帯内の各自に馬一頭を支給しました。また、各世帯にラクダ一頭、テント一個、鍋一個を支給しました。」［中国第一歴史檔案館　一九八九：二九四―二九六］。

乾隆帝は「承知した。もし逃亡者が出た場合、厳しい捜索を行い、奏摺を提出すること。奏摺による報告がなく、他の者が逃亡者を発見した場合、そちらに責任を追及すると返事した」［中国第一歴史檔案館　一九八九：二九六］。筆者がここで指摘しておきたいのは、公式文書には「西遷」は一七六四年の四月一〇日と四月一九日の二回にわたって行われたという記録である。これはシボ族の記憶と及び近年の刊行物における記述（表参照）が異なっている。これについて次の節で議論する。

五　歴史と文化をつなぐシボ家廟

シボ族の移動に関して上述したような公式文書のほかに、シボ族の人々も口頭伝承や石碑などのモニュメントによって自分たちの歴史を記録しようとしている。たとえば、瀋陽在住のシボ族が増えた中、彼らは康熙四六年（一七〇七年）、実勝寺（皇寺）の近くにある民家を購入し、そこにシボ族のラマ教寺院太平寺（シボ家廟）とシボ族の由来や「南遷」の歴史を記録した石碑を建てた。その後、毎年、シボ族の人々がここに集まってきて、仏様や祖先を祀ってきた。しかし、中華人民共和国建国後の一九五一年からシボ家廟は、市立小学校や工場などに他用され、文化大革命時期に一部が破壊されたが、二〇〇四年に瀋陽市政府と和平区政府の投資により修復され、現在の形に再建された（写真２）。

もとの形に修復されたシボ家廟は、前庭と後庭の二つの建築群からなっている。家廟の門をくぐたところに広い前庭があり、一七六四年の「西遷」の歴史を具現化するかのように、移動中のシボ族の兵士とその家族の姿を表した彫刻がそびえ立っている（写真３）。その奥には、シボ族の集合的祖先の位牌を供え祭祀する大きな部屋がある（写真４）。その横にあるシボ族聯誼会の事務室などは、瀋陽シボ族聯誼会のものである。現在、年に三回、シボ族の人々がここに集まり、同胞の親睦と祖先祭祀を行っている。

後庭はシボ族の歴史と文化を展示する部分と、ラマ寺院から構成されている。前庭は、シボ族の聯誼会が所有して管理しているのに対して、ラマ寺院と展示室から構成された後庭は、瀋陽市和平区の文体局によって管理されている。

後庭に入ってすぐ左に、西遷の歴史を展示する部屋があり、そこには瀋陽から新疆までの西遷のルートを示す地形及び各関所の模型が展示され、また自動音声による説明もおこなわれている。シボ家廟が出発点であることも強調さている。庭の両側にあるもう二つの展示室はシボ族の歴史と衣食住の文化などが模型、音声、実物などの形で展示されている。また、多民族雑居地域の東北におけるシボ族が他の朝鮮族、満洲族、回族、漢族、モンゴル族などの民族と連携して共催した文芸などのイベントも写真パネルの形で展示されている。

ラマ寺院には、仏像が祀られている。僧侶はいないが、参拝者が時々訪れている。参拝者が線香を上げたい場合は寺院を管理するスタッフから一〇元一本の値段で購入することになる（写真5）。参拝用の線香や願掛け用の赤い

写真2　「西遷」の出発地とされる瀋陽市内の「シボ家廟」（2015年、筆者撮影）

写真3　シボ家廟の前庭にある西遷途中のシボ族官兵とその家族の塑像（2015年、筆者撮影）

写真4　シボ家廟内部の祭壇。集合祖先の位牌はシボ文字と漢字で併記されている（2015年、筆者撮影）

写真5　線香を手にして参拝している（2015年、筆者撮影）

写真6　家庭円満、学業成就などの祈願が書かれている（2017年、筆者撮影）

布（写真6）の販売による収入も瀋陽市和平区のものになる。

瀋陽にあるシボ族家廟は、中国全土においてシボ族の唯一の家廟である。二〇〇六年に国務院によって第六回全国重点文物保護単位、「近現代重要史跡及び代表的建築」として認定された。また、ここで毎年行われている西部への大移動を記憶する行事であるシボ族の「西遷節」も同じ年に国家級非物質文化遺産に登録されるようになった。

六　西遷節——儀礼化された集団的記憶

シボ族民衆の間では、一七六四年旧暦四月一八日に錫伯族の兵士とその家族四〇〇〇人以上が新疆伊犁（イリ）地区へ国境警備と開拓のために瀋陽を出発したという「西遷」の出来事に関する語りは一般的である。

新疆ウイグル自治区在住のシボ族の間で行われてきた「西遷」記念行事は、「遷徙節」とよばれている。この行事は、清朝の時代において主に東北に残っていた錫伯部の同胞を偲ぶものでもあるので、「懐親節」とも呼ばれていた。また、この行事は、旧暦四月一八日に行ってきたため、「四・一八節」、「農歴四月一八日節」、「農歴四月一八日西遷節」などの名前でも呼ばれている。シボ族のことばでいうと、「穆麟徳、duin biya juwan jakūn」、「太清、duin biya juwan jakvn」（漢字表音文字は「杜音拜伝扎坤」「杜音拜伝扎昆」「杜因拜扎坤」、すなわち「四月一八」）という意味である。

これは、新疆ウイグル自治区イリカザフ自治州察布査尔錫伯自治県のシボ族の人々にとって伝統的な祭日である。清朝乾隆二九年（一七六四年）に、勅令に応じて、中国の東北からモンゴルを経て、新疆のイリ地区に移動して、駐屯し、その後、錫伯部の満洲八旗まで発展して、大清国の西北国境地域を守っていたことを記念するものである。

この西遷の出来事について、東北と新疆のシボ族の間では異なる形で記憶されてきた。

まず、移住先の新疆では、毎年の「西遷」の記念行事は、「各牛録や旗下にある檔房[6]が主催し、寺院の中で羊を殺し、羊のスープを作り、高粱のご飯を食べる。牛録の老若男女の全員がここに集合して、一緒に共食をする。瀋陽から出発した前日のことを追憶する。それに対し、東北のシボ族の人々は瀋陽のシボ家廟、すなわち太平寺の中に集まり、離別の時の宴の様子を偲んだと記載されている［錫伯族簡史編写組　一九八六：一二六］。

二〇〇六年一月に、新疆ウイグル自治区察布査尔錫伯自治県政府の申請により、「錫伯族西遷節」が第一回目の中国国家無形文化遺産、民俗の部類の遺産（No.457）として登録された。その内容については中国文化部と旅游部が管理し、中国芸術研究院が運営している「非物質文化遺産」のホームページでは、次のように述べられている。

新疆ウイグル自治区錫伯族の「西遷節」は、「遷徙節」、「農歴四月一八日節」、「農歴四月一八日西遷節」などとよばれてきた。乾隆二九年（一七六四年）農歴四月一八日、四〇〇〇名余りの錫伯族官兵及び彼らの家族が朝廷の勅命に応じて、盛京（現在瀋陽）から出発し、新疆イリ地区の軍屯に向かった。その後、旧暦四月一八日になると、人々がさまざまなイベント活動を行い、祖先の英雄的な業績を盛大に記念してきて、次第にこの日はシボ族の伝統的な祭日になったのである。「西遷節」の内容は実に豊富であり、宴、弓術の試合、武術の試合、歌や舞踏なども含まれている。特別な独唱と合唱の形式の歌は、西遷途中の出来事を内容とする徴調式の響きをもち、その歌詞は四〇〇行余りである〔関　二〇〇〇：二一―一六〕。

二〇〇年以上にわたって伝承、加工と創造が加えられてきた結果、現在、七種類の「西遷の歌」が伝承されている。(7) 一方、上記した「西遷」の出来事に関するシボ族の記念行事と口頭伝承の語り方は、清朝の公式文書の歴史記録と不一致な部分がある。まず、清朝の公式文書によると瀋陽から出発したシボ族の兵士とその家族たちは一回ではなく、二回に分けて出発した〔錫伯族簡史編写組　一九八六：四五、中国第一歴史檔案館　一九八九：二九五〕。しかも、その出発日は、四月一〇日と一九日であり、一八日ではない。

現在、残されている清の乾隆時代の軍機処満洲文字文献である『録副奏折』の二三二条中には、当時盛京将軍である舎図肯などが乾隆二九年（一七六四年）四月一九日に乾隆帝にシボ官兵が瀋陽から出発したことを報告した奏摺という報告文書が記載されている。そこに書かれた出発の日時と人数が下記のように記録されている。

第一チームは、防御五人、驍騎校五人、兵四九九人、官兵の家族計一六七五人で、一括して協領の阿穆呼郎が管理し、四月一〇日に出発した。第二チームは、防御五人、驍騎校五人、兵士五〇一人、官兵の家族計一六〇〇人が、一括して協領である噶爾賽が管理し、四月一九日に出発した〔中国第一歴史檔案館　一九八九：二九五〕。

上述したように、清朝の公式文書においては、西遷は二回に分けて行われたことが明らかになった。筆者が西遷の時間のほかに、もう一つ疑問に思うのは、西遷の人々がシボ家廟から出発した記録が公式文書では見当たらず、出発した場所に関する詳しい記録がなかった点である。

一方、民間の口頭伝承、近年出版された刊行物、あるいは政府の公式ホームページにおいて、西遷の出発点はシボ家廟となっている。たとえば、中国国家民族事務委員会の公式ホームページでは、シボ家廟について、以下のように説明している。「一七六四年（乾隆二九年）清政府は准噶尔部叛乱を鎮め、辺疆の安全を守るために、盛京から一〇〇〇名余りの錫伯族の官兵を選出し、新疆伊犁に「西遷」させ屯墾させた。その年旧暦の四月一八日に、西遷にあたる三〇〇〇名余の官兵及びその家族たちが東北に残る錫伯族の同胞たちと錫伯家廟にあつまり、最後の別れを語り合う。その後、錫伯族の人々は旧暦四月一八日を「西遷節」とした。この日になると、全国から錫伯族の同胞がこの錫伯家廟に集まり、祖先祭祀の儀式を行い、先人たちの愛国の壮挙を記念している[8]」。

歴史の事実として西遷の出発点はシボ家廟であるかどうか、その根拠について今後さらに考察していく必要がある。一方、人類学者にとっては、シボ族の民衆の間で、祖先たちが一七六四年四月一八日瀋陽のシボ家廟から出発したという語りとこの記憶のパターンが、なぜ、どのように継承され、また、それが展示、文化遺産登録、刊行物、インターネットなどの媒体によって伝えられ、言説化され、固定化されていく過程を注視していく作業がより重要になると筆者は考える。

現在、毎年旧暦四月一八日はシボ族にとって伝統的な祭日「西遷節」となっている。この日が近づくと、瀋陽在住のシボ族のみならず、遼寧省の他の地域、吉林、黒竜江省、北京、新疆からシボ族の人々が瀋陽市内にあるシボ家廟に集まってきて祖先祭祀と同胞たちとの親睦を行う。ここで旧暦の二〇一七年四月一七日と一八日に筆者が瀋陽で観察した「西遷節」の概要を述べたうえで、儀礼の構造と増幅されてきた集団的記憶を分析することにする。

一七日、すなわち「西遷節」の前日に、シボ家廟の近くにあるレストランで三〇〇人ぐらいの人が集まって、午後四時一八分に瀋陽市シボ族聯誼会の責任者が民族大宴会のスタートを宣言した。この時刻は、自分たちの祖先が

写真７　北京と新疆自治区チャプチャル県などのシボ族（2017年、筆者撮影）

写真８　瀋陽のシボ家廟の前の新疆シボ族の巡礼団体（2017年、筆者撮影）

写真９　西遷節の際にシボ家廟の前庭でシボ族の歴史が描かれた連環画が展示されている（2017年、筆者撮影）

出発した日の数字であり、「西遷節」の開幕を意味する。その後、長春、ハルビン、新疆のチャプチャルなどの各地会長がスピーチを行い、シボ族の祖先たちが清朝の国境安定と祖国の統一に貢献したことを讃え、現在のシボ族の人々の活躍と親睦を述べた。また、瀋陽在住の朝鮮族、満洲族の代表たちも祝辞を述べ、民族団結を強調した。スピーチと祝辞の共通点は、祖先たちの「西遷」は苦難に満ちた出来事ではあるが、「愛国主義」の壮挙であるという認識である。

その後、宴会が始まり、歌、踊りなどの出し物が続いた。その中で、シボ族出身の音楽教師である肖昌が作詞作曲をした「西遷の歌」が披露された。

一八日「西遷節」の当日午前、瀋陽、新疆、遼陽、長春、ハルビン、北京など各地のシボ族が、シボ家廟の前庭に一杯集まってきた。新疆塔城のシボ族のような、貸し切りのバスで来た団体もあった。遼陽市からの参拝者や記者と一緒にいた新疆の塔城から来た中年女性が涙を流しながら、遼陽の記者に「今日、やっと祖先の地を踏むことができました。祖先たちの苦労を思うと、感無量です」と語った。

遠方からきたシボ同胞をもてなすために、瀋陽市在住のシボ族出身のボランティアたちが出迎えをして、受付などの仕事もしていた。

肖昌が率いた楽団が「西遷の歌」の曲を演奏して、「西遷節」の開幕を知らせた。つづいて、瀋陽市シボ族聯誼会の責任者がスピーチをおこなった。その後、各地のシボ族の代表たちが順番に位牌のある部屋に入り、位牌の前に供え物を供え、祖先の集合位牌に参拝した（写真7）。参拝後は前庭に戻り、家廟の中で集合写真をとったり、他の地域のシボ族と交流したり、自分の祖先の出身地や、一族の由来を確かめあった（写真8）。また、前庭の長い掲示板には、西遷の歴史を描いた連環画も展示されている（写真9）。午後、瀋陽郊外にあるシボ族自治鎮で昼食をとり、見学しながら現地のシボ族の同胞を交流した。

このように、毎年の民族の大宴会、各地の会長のスピーチ、「西遷」に関する出し物、家廟の参拝、集合写真などがシボ家廟で繰り返され、儀礼化されている。祖先たちの出発した場所と出発した時間が、全国から集まってきたシボ族の人々が参加する儀礼の中で、共有され、シボ族の集団的記憶が形成され、反復されていくのである。

七　結論

このように一七六四年四月一〇日と一九日に、瀋陽（当時の盛京）をふくむ東北の一五か所から集まってきた一〇〇〇人余りのシボ族の兵士と三〇〇〇人ほどの彼らの家族が、乾隆帝の勅令の下に、瀋陽から出発して一年半

1950		苗族代表の田心桃が中央政府に「土家」に対する調査と識別を要請 [9]。
1951	太平寺が平寺小学の校舎として使用された。	
1952	～1953年新疆のシボ族の間で土地改革が行われた。	
1954	シボとその他の37の民族と一緒に公認され、3月新疆ウイグル自治区 イリ・ハザク自治州チャプチャル（察布查爾）シボ自治県が設立された。	国家による民族識別の実施。
1955	太平寺の東と西の配殿及び僧房が、オートバイ修理場に貸し出された（のちに包装機械場）。	
1959	吉慶と肖夫が少数民族の簡史を編纂するために、新疆から瀋陽などの東北に来て瀋陽のシボ家廟を訪れ、石碑を発見した。	
1966	太平寺の大部分が打ち壊された。残された中殿が包装機械場の車庫として使用されのちにオートバイ工場に使用された。	文化大革命勃発。
1972		UNESCOが『世界文化と自然遺産保護条約』が採択。
1978	全国のシボ人口、4万4000人。	政府は政治優先の観光政策を是正し、観光産業化を推進し始めた。
1983	瀋陽市興隆台シボ族郷成立。	
1984	興隆台シボ族鎮に改名。	
2000	新疆シボ族の阿吉肖昌が「文化使者」として妻の伊文蘭と一緒に瀋陽興隆台シボ族学校に到着。シボ族の言語や芸術などを伝授。また、「慕客登少儿芸術団」創設。第1回目の「西遷節」が瀋陽市興隆台シボ族鎮で開幕。	
2001	和平区人民政府が太平寺を修復。	中国が世界観光機関（World Tourism Organization）に加入した。
2003	6つの企業と163世帯の民間人が転出。区政府が出資、シボ家廟全面修復。	中国が世界無形文化遺産保護条約に加入。
2004	瀋北新区石佛寺郷に西遷記念館建設、300余りの民族文物。	
2005		国務院による『文化遺産保護の強化に関する通知』の頒布、全国非物質文化遺産の調査を開始した。
2006	シボ家廟が国務院に第六回全国重点文物保護単位に認定。シボ族の「西遷節」も国家級非物質文化遺産に登録。	6月第2土曜日を「文化遺産の日」と制定した。中国初の国家級無形文化遺産代表リスト公布（518件）された。
2011	シボの「錫伯族民間故事」、「民間文学」、「錫伯族刺繍」、「シリママ」は、国家級無形文化遺産に登録された。	2月、中華人民共和国非物質文化遺産法成立。
	錫伯家廟は遼寧省共産党委員会宣伝部、統戦部と省民族事務委員会によって、遼寧省民族団結進歩教育基地に認定された。	
2014	西変遷250周年。	

本表は、筆者が『錫伯族檔案史料』（中国第一歴史檔案館 1986）と『錫伯族簡史』［錫伯族簡史編写組　1986］などの文献にもとづいて作成したものである。https://nuoha.com/book/191104/00065.html（2018年3月9日最終閲覧）
＊注（9）を参照。

付録　シボ族関連の年表

年代	シボ関係	情　勢
春秋戦国	北方に東胡の一派であった鮮卑の名称が現れた。	
386 ～557	鮮卑族拓跋珪により北魏王朝を立てる。	
元代		
1593	明万歴 21 年 9 月「九国之戦」の記録によれば､叶赫、哈達、烏拉、輝発、科尔沁、錫伯、卦勒察、珠舍哩と訥殷の九姓が連合して三路よりヌルハチを攻めたが失敗する。	
1625		女真の「大金」が盛京（瀋陽）へ遷都。
1636	1636 ～ 1648 年（清崇徳元年至順治 4 年）科尔沁蒙古が八旗に編入されたので、科尔沁蒙古の統治下にいた錫伯部が蒙古八旗の一部となる。	
1692	康熙 31 年科尔沁モンゴルが、錫伯部族を清に献上。清はこれを「上三旗」に編入した。チチハルや都伯訥、吉林烏拉などに安置する。	
1699 ～ 1701	3 回にわたってチチハルや都伯訥、吉林烏拉からシボ族の兵士とその家族を盛京（瀋陽）に強制移住させる。	
1707	康熙 46 年瀋陽在住のシボ族が市内にラマ教の太平寺（シボ家廟）を建設する。	
1764	乾隆 29 年暦 4 月 10 と 19 日に盛京、開原、遼陽など 17 か所から 1020 名シボ族の官兵を調達、彼らの家族をふくめ、約 4000 人が瀋陽から新疆イリ地区へ国境警備と開拓のために強制移住させる。	
1765	9 月新疆のタルバガタイ（塔爾巴哈台）に到着。のちにイリ南岸に移る。	
1767	新疆的シボ族が 8 つの牛録に分けられ、ともに「錫伯営」を構成した。	
1882	光緒 8 年，新疆にある索伦総監の色布喜賢麺が，シボ営の 8 つの牛録で学校をつくり、シボ族の義務教育を始めた。教育の内容は、『詩経』、『三字経』、『千字文』、『四書五経』など。女子校も 1 つ作る。	
1911	辛亥革命の後も、新疆における錫伯営の旧制度と八旗の特権も残る。	辛亥革命
1938	陳潭秋、毛沢民等の共産党が新疆に到着、錫伯営と八旗を廃止した。	
1944	三区革命　シボ騎兵連　34 名死亡	
1946	シボ新聞創刊（満洲文字）	
1947	シボ族の知識人が満州文字をベースにシボ文字を作った。シボ文字の新聞も発行。新疆に住むシボ族の知識人はアルタイ語族の満洲文字を改良し、シボ文字を創設。	
1949	東北地域のシボ族の間では土地改革が行われた。	中華人民共和国成立
1950		苗族代表の田心桃が中央政府に「土家」に対する調査と識別を要請*。
1951	太平寺が平寺小学の校舎として使用された。	

をかけて、清国の西部辺疆地域へ大移動していった。この歴史的な出来事は、口頭伝承、族譜、寺院、公式文書などの形で記録され、シボ族の間で集団的記憶として共有されている。さらに近年、この歴史的出来事を記憶する記念行事である「西遷節」が国家無形文化遺産登録に登録されるようになった。

いまのシボ族の人々にとって、シボ家廟がほんとうに祖先たちの出発した場所かどうかは重要ではない。むしろそうであってほしい、彼らの民族としての歴史記憶や祖先の土地のイメージを具現化する場所があってほしいのである。歴史の記録はイコール記憶ではない。記憶は恣意性、主観性が入ってくるものである。記録を超えた記憶は、共有できる。言い換えれば、ある歴史を共有するために、歴史の記録を単純化していく作業、あるいは、つなげていく作業が必須である。M・アルヴァックスの言葉でいうと、過去は現在という基盤から再構成される、ということである。すなわち集団的記憶とは、過去の想い出をそのまま再発見するものではなく、集団の観点から過去を再構成する営みにほかならない。このような過程を経て、集団内部の成員たちによってある想い出が共有される営みは集合的記憶になる［哈布瓦赫　二〇〇二］。現実のシボ家廟は、歴史と現在、各地のシボ族同胞をつなげる特別な場所、彼らの祖先を偲ぶ場所、自分たちのルーツを確かめる場所であると同時に、彼らの記憶の聖地でもある。

また、シボ族の「西遷」という歴史的出来事は清朝による国家危機管理戦略の一環として行われたものであり、当然、清朝の歴史の一部として公式の文書に記録されていた。シボ族からみれば、国家戦略による強制的な軍事移動であるが、一方、故郷や家族が離散させられた記念すべきできごとでもある。そのため、「西遷」の歴史、シボ家廟と「西遷節」は、シボ族と他の民族との差異化を示すエスニックマーク、あるいはエスニック・シンボルとして、シボ族のテーマパーク、グリーンツーリズム、特色のある地域文化、多民族共存の都市政策、芸能などの分野で利用されている。たとえば、瀋陽地域の他の民族の人々にとって、シボ家廟は、シボ族のものであると同時に、ラマ教の寺院でもあり、自分たちの信仰の場、健康、長寿、学業、金運、出世、幸運などを祈る場でもある。地元の政府の文化行政を見れば、シボ族の歴史的建造物、文化と口頭伝承を、地域のイメージ向上、観光事業の創出などの地域開発に結びつける傾向が窺われる。

「西遷」から二〇〇年後の現在、シボ族の移動の歴史は、清朝の国家統一への貢献として、中華民族の集団的記憶の一部として語られ、この歴史的出来事を記念する行事も国家級無形文化遺産に登録されている。すなわち、シボ族の歴史、特に一七世紀の「西遷」の歴史はシボ族の間でのみならず、為政者、学者、地域及び他の民族の間でも国家的物語として共有されている。政府は、「西遷節」を愛国主義教育の場、多民族共生の場とし、その儀礼化された集団的記憶の場所であるシボ家廟を愛国主義教育基地と多民族共存教育基地として登録している。

西遷の歴史が起きた場所とされたシボ家廟は、シボ族の人々にとって、自分たちのルーツ、民族のアイデンティティ、分断された民族の共通の記憶を喚起する特別な場所、また各地の同胞と出会う場として聖地化されつつある。さらに自分たちの祖先が、中華民族の統一と国境の安全のために移動したので、中華民族の英雄として昇華され、讃えられるようになった。

公式文書、儀礼、建造物、口頭伝承などによって長い時間の中で蓄積されてきたシボ族の移動の歴史をめぐる集団的記憶は重層的であり、複雑である。今後も人々が時代のニーズに応じて、この豊富な集団的記憶から選択的に必要な要素を選び出し、物語を語りつづけていくだろう。

注

（1）ＪＦＥ財団からの助成金により第一回目の調査（二〇一五年八月一二日～一七日）を実施した。研究代表者は東京理科大学・李海燕であり、研究課題名〈一四歴〇〇〇〉は「中国東北地区の民族雑居地域における民族関係をめぐる社会史的考察――漢・満・モンゴル・朝鮮族雑居地域でのフィールドワークを通じて」である。残りの三回の調査は、科研（代表者：塚田誠之）「中国周縁部における歴史の資源化に関する人類学的研究（二〇一五―二〇一七）」基盤研究（Ａ）の助成により、二〇一六年八月一七日～二一日、二〇一七年五月一一～一五日、一〇月一一～一七日に実施したものである。

（2）『錫伯族簡史』［錫伯族簡史編写組　一九八六］は、中国国家民族委員会が編集した民族問題五種叢書の一つである。『中国少数民族問題五種叢書』は、一九五〇年代以降の中国における民族研究の一大成果である。そのうちの一つである『錫伯族簡史』は、新疆少数民族社会歴史調査チームが一九五八年から一九六二年にかけて編集して、一九六三年に北京で内部資料として刊行された『錫伯族簡史簡志合編』をベースにシボ族出身の歴史家の肖夫（一九二四―一九九二年）がさらに調査と研究を加え、仕上げたものである。

（3）一九三一年九月に満鉄社員が中心となり満洲学会が組織され、一九三三年から『満洲学報』が刊行された。

（4）中央集権国家の複都制では、皇帝が常住する都を上京、上都、京城、皇都、京師などといい、その他の都を陪都、留都（りゅうと）などという。

（5）新疆のシボ族について、日本人による民族史及び民族政策の研究［楠木　一九八九］、シャマニズム［西原　一九九八］、民族文化の境界と民族教育［丸山　一九九二、二〇〇〇、二〇〇五a、二〇〇五b、二〇〇七］などがある。

（6）檔房は八旗の各旗が自分たちのところの官兵の戸籍檔案、文書、皇帝の勅令、旗志、家譜などの文献を管理するところである。

（7）中国文化部と旅游部が管理し、中国芸術研究院が運営している「非物質文化遺産」のホームページ **http://www.ihchina.cn/5/11074.html**（二〇一八年五月一日最終閲覧）。

（8）**http://www.seac.gov.cn/art/2014/3/13/art_7810_209046.html**（二〇一八年五月一日最終閲覧）。

（9）一九五〇年に北京に行って国慶節の記念イベントに苗族の代表として参加した田心桃が、他の民族代表たちと接触した際に、そこで自分たちの習慣と、苗族、漢族との違いに気づいた。その後、彼女は、共産党組織と政府に自分の民族身分が、苗族ではなく、土家族であると主張して、中央政府に人を派遣して、土家の人々について調査と識別を行うことを要請した。彼女の要請が中央の指導部と専門家に重視され、中央民族学院（のちに中央民族大学）研究部の潘光旦、王静如、汪明瑀らの教授がすぐに田心桃によって提示された土家人の歴史文化、風俗習慣と言語などの状況について調査研究に着手した［黄・施　二〇〇五：一〇四―一〇五］。

参考文献

〈日本語〉

楠木賢道

一九八九　「中国におけるシボ族史研究の動向」『史峯』三。
島田好
一九四一　「錫伯、卦爾察部族考」『満洲学報』一―二三頁。
西原明史
一九九八　「民族誌における主体性の脱構築――特にシボ族のシャーマニズムを事例として」『九州大学比較教育文化研究施設紀要』五一：一二三―一五一。
長谷川清
二〇一六　「中国諸民族の『歴史』と資源化のダイナミクス」『民博通信』一五三：一六―一七。
丸山孝一
一九九二　「マイノリティ教育民族誌方法論（二）伊犁錫伯族における民族教育の歴史的背景」『九州大学教育学部附属比較教育文化研究施設紀要』四三：二五―四〇。
二〇〇〇　「シボ（錫伯）族」『世界民族事典』東京：弘文堂。
二〇〇五ａ　「文化的境界領域に立つ少数民族の文化過程――特にシボ族の場合を中心に」丸山孝一（編著）『民族文化の境界領域に関する文化力学的研究』平成一三～一五年度科学研究費補助金（課題番号JP13571019）研究成果報告書、一―二二頁。
二〇〇五ｂ　「錫伯文化の時間と空間――錫伯族の原郷を訪ねて」『シルクロード』一五：一八―一九。
二〇〇六　「シボ族文化変容試論」『福岡女学院大学大学院紀要――臨床心理学』三：八一―八六。
二〇〇七　「シボ族における民族的カタチ」『福岡女学院大学大学院紀要――臨床心理学』四：一―七。

〈中国語〉
哈布瓦赫・莫里斯
二〇〇二　『論集体記憶』上海：上海人民出版社。
関宝学
二〇〇〇　『錫伯族民歌集』瀋陽：遼寧民族出版社。
黄光学・施聯朱（編）
二〇〇五　『中国的民族識別――五六個民族的来歴』北京：民族出版社。

国家民委経済発展司、国家統計局国民経済綜合統計司編　瀋陽市民委民族志編纂弁公室
　一九八八　『瀋陽錫伯族志」瀋陽：遼寧民族出版社。
王皎・江帆（編）
　二〇〇四　『錫伯族――遼寧省瀋陽市新民村調査』（中国民族村寨調査叢書）昆明：雲南大学出版社。
王俊・李軍（編著）
　二〇一五　『瀋陽錫伯族家譜』瀋陽：遼寧民族出版社。
錫伯族簡史編写組
　一九八六　『錫伯族簡史』（国家民委民族問題五種叢書、中国少数民族簡史叢書）北京：民族出版社。
楊賓
　一九三六　『柳辺紀略』北平：文殿閣書荘。
中国第一歴史檔案館編訳
　一九八九　『錫伯族檔案史料　上、下』瀋陽：遼寧民族出版社（遼寧省民族古籍歴史類）。
中国科学院民族研究所新疆少数民族社会歴史調査組
　一九六三　『錫伯族簡史簡志合編　初稿』（少数民族史志叢書）北京：内部発行。

●第二部　媒体の多様性と歴史表象／歴史叙述

タイ北部におけるミエンの歴史資源化

吉野　晃

一　はじめに

民族文化の観光資源化は、一般に当該社会の文化の特徴を具えた物に文化を対象化したり、定型句、詩、歌などに対象化して資源として利用する。一方、歴史の資源化とは、集団の歴史を対象化したものを、展示や集団アイデンティティの維持などに活用することを指す。祖先以来の来歴や移住史を記した文書などが歴史を対象化したものの典型である。文書の場合は、文書そのものが既に物体として対象化されているので見えやすい。しかし、口頭伝承の場合は、物質的に対象化されて文字資料として客体化され資源として利用される場合と、観念的に対象化されて定型句や定型詩として客体化されて資源として利用される場合とがある。本稿ではこのように、歴史の物質的対象化と観念的対象化を扱う。

また、資源を考えるときには、当然利用が前提となるが、その資源を誰が利用するかが資源の質を決める要素として重要である。歴史の資源化の場合、どの集団の歴史を資源化して利用するかが問われる。即ち、民族の歴史なのか、村落など地縁組織の歴史なのか、親族集団の歴史なのか、家族の歴史なのか、それとも個人の歴史なのか……が問われる。この利用主体の問題を抜きにして歴史の資源化を論じることはできない。よって、本稿では資源利用主体についても検討してゆく。

二　タイにおけるミエンの歴史資源化――文書

タイ北部に居住するミエンは、ヤオと他称され、中国の湖南・広東・広西・雲南とベトナム、ラオス、タイに亘って分布している民族である。山地で焼畑耕作を営み、移動を繰り返してこのように広く分布するようになった。タイ王国の領土には一九世紀後半に移住してきたと推定されている。

ミエンの許では様々な漢字文書が作成されており、過去から伝承されている。こうした漢字文書は古くから伝承されている故にミエンの歴史を語る資源となりそうに見える。そうした漢字文書としては、⑴「評皇券牒」、⑵「祖圖」、多くの儀礼で用いられる経文がある。

１　評皇券牒

パヤオ県ポン郡のＰＫ村に伝わる「評皇券牒」は「盤護神話」とも言われる犬祖神話が記載されている。そのカラーコピーはミエンのイベントなどで民族の象徴としてしばしば掲示されている。しかし、内容について知る人はあまりいない。ＰＫ村の「評皇券牒」は、民族アイデンティティのシンボルとして資源化されて利用されているが、文書の内容自体を歴史資源として利用することは進んでいない

２　祖圖

ミエンの基本的な社会集団は家族集団ピャオ[1]（*pjau*）であり、文書では〈家〉（*ca:*）と書く。個々のピャオ＝家に伝わる〈祖圖〉（*tsau tau*）という文書がある。そのピャオの父系直系祖先とその妻を葬った葬地が詳細な地名と共に記載されている。記載の形式としては、例えば「李D五郎葬在廣西道羅城縣頂善爲金山爲龍地主　同妻盤氏g娘葬在廣西道四城府管下晏獺冲黄総兵黄盤傘地主」という具合に書く。まず夫の儀礼名と埋葬地、その後に妻の儀礼名と埋葬地を記述する。傍線を引いたのは夫と妻の儀礼名である。煩瑣になるので以下には夫の埋葬地に関する記述の一部を並べてみる。

「祖圖」1（ナーン県ムアン郡ボー区NL村、李FN氏所蔵）〔（■代）は筆者が入れた。〕

（一代）　太A一郎墳堂葬在雲南道開花府文山県…

（二代）　太B二郎墳堂葬在廣西道沺［氵＋杏］冲…

（三代）　李C一郎葬在廣西道躰枝冲…

（四代）　李D五郎葬在廣西道羅城縣…

（五代）　李E一郎葬在（雲南道）開花府管入云平里…

（六代）　李F二郎葬在（雲南道）開花府管下果羅冲…

（七代）　李G一郎葬在猛隴府管入猛宣州管入…

（八代）　李法H葬在猛隴府管入澮自冲嶺头…

（九代）　李法I…安葬猛隴府管入猛哈洞…

（十代）　李法J…安葬在猛南府管入猛蜂洞…

（十一代）　李法K安葬猛南府管入猛利洞…

「祖圖」２（ナーン県ムアン郡ボー区ＮＧ村、鄧ＫＷ氏所蔵）
（一代）　鄧α三郎祖宜葬在廣西道柳州府北流縣…
（二代）　鄧β一郎宜葬在廣西道平楽府平楽県…
（三代）　鄧γ二郎祖宜葬在廣西道桂林府永寧県…
（四代）　鄧δ二郎祖宜葬在廣西道四城府梁雲県…
（五代）　鄧ε五郎祖宜葬在廣西道四城府淩雲県…
（六代）　鄧ζ二郎祖宜葬在大越垷京道帰化府文盆州…
（七代）　鄧η二郎祖宜葬在雲南道臨安府建水県…
（八代）　鄧θ一郎祖宜葬在暹羅道猛竜府管上猛宣洞…
（九代）　鄧法ι…祖宜葬在暹羅道猛南府管上猛［虫＋白］洞…
（Ａ～Ｋ，α～ιには漢数字以外の漢字が入る）

右の例では、十一代あるいは九代の祖先が記載されているが、原則は「祖圖」２のように九代記載することになっている。世代が替わって新たな「祖圖」を書き写すときに、前の「祖圖」の筆頭に記載されていた世代の祖先を記載から外す。これは、九世代経つと、生まれ変わる（〈托生〉する）からであると説明される。しかし、実際の記載では、原則に従わず十代以上記載している例がよく見られる。したがって、世代だけ見れば「祖圖」１の三代目が「祖圖」２の初代に相当する。

この二つの「祖圖」を見ると、「祖圖」１の祖先たち（李姓）が雲南道の開花府から広西へ移動し（二代目）、広西に三代いたのち再び雲南道開花府へ移動して、七代目はラオスのルアンパバーン〈猛隴府〉で葬られ、十代目にタイのナーン県〈猛南府〉へ移って葬られたことが読み取れる。「祖圖」2では、一代から五代までは広西道の中を移動していたことが分かる〈府・県は異なる〉。その後、ベトナム〈〈大越〉〉、〈雲南道〉と移動し、八代目はルアンパバーン、九代目はナーン県に墓があることが読み取れる。このような移動は、ミエンが携わってきた焼畑耕作に伴うものであるが、この二つのピャオの「祖圖」を見ても、その祖先の移住経路は異なっている。

このように、「祖圖」に記載された祖先の子孫にとっては祖先の移住の歴史を知る縁《よすが》になる。しかし、個々のピャオにとって歴史資源となり得るが、ミエンに共通の歴史資源とはなり得ない。漢字が読めなくては、祖先の歴史を辿ることも不可能である。そのため、「ピャオの歴史資源化の可能性」はあるが、あくまで当該のピャオに限られる。

3　経文

ミエンは中国の道教や法教を多く受容し、自らのものとしてきた。葬儀やイニシエーション儀礼といった数日かかる大規模な儀礼の時には〈大堂画〉*tom toŋ faːŋ*という掛け軸状の十数枚の神画を掛け、神を招来して儀礼を行う。一枚一枚の神画には神の全身像が描かれている。この〈大堂画〉には三清〈元始天尊・霊宝天尊・道徳天尊〉や玉皇といった道教の神が描かれている。三清や玉皇は、正一教系統の道教において祀られている神々である。一方、儀礼における神々への上奏文中に、「北極驅邪院閭梅二教三戒弟子」といった文言が儀礼執行者を示すのに使われる。これは閭山教と梅山教の両方の法教の流れを汲むことを示している。このように、ミエンの従来の儀礼は、漢族から道教と法教を混淆して受容し、且つ〈盤王〉祭祀も並行して行う習合となっている。

この道教・法教的な儀礼を行う際に用いられる経文は漢字で書かれており、手写によって伝持されてきた。その量は膨大なものになる。しかし、道教・法教系の経文の内容はミエンの歴史を語るものではなく、神を祀り祈願するものである。経文は、現在儀礼で使用されている「実用書」であり、ミエンの歴史を表象させるものとして対象化されていない。そのため、歴史資源化はされていない。

このように、一見すると歴史資源化が可能ではないかと予想される文書があるが、子細に見てゆけば、ミエンの歴史を表象するための資源としては利用されていないことが分かる。かろうじて〈祖圖〉がピャオの歴史資源として利用可能であるが、ミエンの歴史を語る資源とはなり得ていない。

三　タイにおけるミエンの歴史資源化――〈飄遙過海〉

ミエンの許には〈飄遙過海〉（*p^hiu jiu cia k^hɔi*）という決まり文句で伝承される「渡海神話」が伝わる。これは祖先の移住神話である。

パーネルの編輯した *Iu-Mienh—English Dictionary with Calural Notes*［Purnell (compl. & ed.) 2012］にも熟語として掲載されている。

> **piu-yiub jiex koiv**[2]［*p^hiu jiu cia k^hɔi*〈飄遙過海〉］一、海を渡ることを余儀なくされること。二、飄遙過海伝説（the Voyage Across the Sea）。【文化的説明】史実性は疑問視されているが、飄遙過海の話は、殆どのミエンの民族アイデンティティを規定する特徴の一つである（しかし Cin-Jaa Dorngx［*ts^hin-ca: tɔŋ* 千家峒］も見よ[3]）。この話は、彼らの祖先たちが、明代初期の十年以上に亘る圧迫と三年に及んだ大旱魃とを逃れるために、西暦一四〇〇年頃に南京を離れた経緯を物語っている。ミエンは船で南京を出て、南海を航海して広東北部にたどり着いた。

> この旅行譚には異伝もある。一つの異伝では、風が凪いで船が進まなくなり、生命の危険すら感じられた。しかし、彼らは始祖の Bienh Hungh［*pian huŋ*〈盤王〉］に救護を懇願した。彼らの切羽詰まった嘆きは聞き届けられ、船は無事岸にたどり着いた。〈盤王〉への感謝のため、〈盤王〉を敬い、最初の願掛けに対する返礼の謝恩儀礼（Zoux Ndaangh［*tsəu daːŋ*〈歌堂〉］）が折に触れて行われる。……［Purnell (compl.& ed.) 2012: 635-636］

〈飄遙過海〉の粗筋はおおよそ以下のようである。①かつて〈十二姓傜人〉（ミエン）は南京（或いは南海）八万山にいた。②寅卯の年、大干魃にあった。③〈十二姓傜人〉は南京を脱出し、海を渡った。④航海中に船が進まず、風で難破しそうになり、恐れた。⑤船中で願掛けをして神に祈った。⑥〈盤皇（盤王）〉〈唐王〉〈五旗兵馬〉などの神々によって救護され上陸した。⑦広東道韶州府楽昌県に到った。⑧〈十二姓傜人〉は、謝恩・願ほどきの儀礼を行った。⑨その後、〈十二姓傜人〉は分散して各地へ移動していった。

ここには、〈十二姓傜人〉の祖先たちが難に遭い、神に祈って救護され、広東へ到り、そこで謝恩・願ほどきの儀礼を行った後、分散してゆく様が述べられている。これがミエンの祖先に共通した歴史的出来事であると表象され、〈飄遙過海〉という定形句に対象化されているのである。

このストーリーは一件の個別テクストによるものではない。逆に言えば、多様な媒体によって伝承されている。この点がスタンダードなテクストがある道教・法教系の経文との違いである。〈飄遙過海〉は、儀礼で使われる経文でも、口承伝承でも伝わっている。〈飄遙過海〉のエピソードは以下のようなものに対象化されている。すなわち〈盤王〉祭祀系の経文、〈歌堂〉儀礼、婚礼の儀礼文書「親家礼書」、歌、個人の書き付け、廟における〈盤王〉像である。以下のミエン文書の引用に際しては、難読字、誤字、宛字、異体字を読みやすい字体に修正した。

1　儀礼文書における〈飄遙過海〉

先に道教・法教系の儀礼の経文には歴史資源となるものがないと述べた。以下に挙げるのは、道教・法教系ではない〈盤王〉祭祀系の経文に〈飄遙過海〉が言及されている例である。

(1)以下は「完盆歌堂」(*jun pun dʑau da:ŋ*) という儀礼に用いられる儀礼文書に記載されたバージョンであり、J・ルモワンがラオスのルアンパバーン県で採集したものである [Lemoine 1972: 58-59]。その一部は、Lemoine 1982 にも写真版が掲載されている [Lemoine 1982: 14-17]。上記の粗筋の該当部分を①、②といった形で示し、下線を付した。

……人民生在有字分明。青雲筵過了照見凡間。又來交過無万。明朝出世返敗人民百姓。重叩盤皇聖帝差有五旗馬。随後救生。盤古聖王座落金鸞殿上。置有南京道十保洞。平田水土平地所耕。一千八百五十四歳完満以了。又来交過寅卯年間。天王造反。地主流乱。返敗天下人民。洪武開枝。聖王退位。十二姓猺祐子孫田基抛荒。①退下南海八万山頭。随山畊種。②又来交過寅卯二年。天地大焊三年。官倉無米。官庫無粮。深潭水底小。無滂浪鯉魚。蕉木出火。格木出烟。人民慌乱。無處投生。吃尽萬物。君是吃君。民是吃民。愁気在心。③十二姓猺祐子孫。不耐之何思量思着。正来飄湖過海。限定七朝夜。船頭到岸。船尾到街。一千路途。④过了三月。船路不通。水路不通。船頭不得到岸。船尾不得到街。十二姓猺祐子孫愁気在心。投天無路。入地無門。投山山高。叩水水深。恐怕枉風吹落五海龍門。原在船中里内。思量着門路無人救得十二姓猺祐子孫。當初以来。盤皇聖帝差有五旗兵馬。随后救生。恐怕救得。⑤一十二姓猺祐子孫。願在船中裡。備辨白紙銀銭三牲長利。敇動祖宗香火太祖家先五旗兵馬回頭轉面。許上完盆部書歌堂良願在案。進在船中裡内。担保十二姓猺祐子孫。⑥未経三朝七夜。船路也通。水路也開。送船到岸。送馬到街。⑦劄落廣東韶州府樂昌縣庭劄三年四歳。⑧各人開口譎量。備辨還恩荅謝聖。

（Lemoine［1972: 62］のテクストに従い、一部は Lemoine［1982: 14-17］掲載の写真版によって修正した。句点は写真版を参照して吉野が付けた。）

［意訳］明朝になって悪政が人々を苦しめた。盤皇聖帝に祈ると、五旗兵馬を遣わし、救ってくれた。盤古聖王は金鑾殿に座し、南京道に十保洞を置いた。耕作した土地は平らかであった。千八百五十四年経った。寅卯の年に天地が乱れた。洪武帝の治世が始まり、聖王が退位した。十二姓傜人子孫は耕地を放棄し、①南海八万山に移動し、山地で耕作した。②また寅卯二年に、天地が大旱魃となり三年続いた。役所の倉には米がなく、深い池も底に小さく水がたまるだけで、魚もいなかった。バナナの木は火が点き、堅い木も煙を出した。人々は慌てふためき、生きて行く途がなく、全てのものを食べ尽くした。君主が君主を食い、民が民を食うような混乱状況であった。③憂いた十二姓傜人子孫は、どうしようもなく、正に海に漕ぎ出した。七昼夜で岸に到達する予定であったが、道のりは長く、④三ヶ月が過ぎたものの船は一向に進まず、岸に到達できない。十二姓傜人子孫は非常に憂えたが、どうしようもなかった。強風が吹いて海底の龍門に落ちるのではないかと恐れた。昔から盤皇が五旗兵馬を使わして、人々を救ってくれたことを思い出した。⑤十二姓傜人子孫は船中で祈り願を掛けた。紙銭・銀錢・犠牲を供え、祖宗・家先・五旗兵馬が頭をめぐらせて看てくれることを願った。助かったら完盆歌堂を行うことを約束して願掛けした。神々は船に入り、十二姓傜人子孫を助けた。⑥三朝七夜経たないうちに船が進み、岸に到達した。⑦廣東道韶州府楽昌縣に住んで三～四年が過ぎた。⑧人々は相談して神々に謝礼の儀礼を行い、願をほどいた。

(2)「大王書」中の「還愿大王意者」チエンラーイ県在住の馮ZO氏所蔵

……洪武開交。猺人子孫退朝換國。①十二姓猺人子孫分下廣東道南海八萬山頭南山。耕種置田塘。②也交過寅卯二年。天下大焊三年三歳。官倉無米。深潭無魚。蕉木出火。格木出烟。人民慌乱。萬物吃尽。③十二姓猺人子孫飄湖過海。一千路途。④過了三月。船路不通。水路不通。十二姓瑶人子孫慌慌熩了。無計奈何。飛天無門。飛地無■。又怕大風吹落海底龍門。十二姓猺人子孫重在船中。思量思着。當初以來。盤古聖王。開天立地。前来殺死。後来救生。⑤十二姓猺人子孫。重在船中内裏。求献五旗兵馬回頭轉面。許上歌堂簿書良愿。⑥未經三朝七日。船行到岸。馬行到鄉。⑧猺人子孫酧還荅謝聖王父母神恩良愿。児孫代々執帯香烟。……（■は読解不能の字）

これも、〈歌堂〉という儀礼で用いられる経文である。過海以前の居住地が八万山ではあるが、廣東となっている点や、⑦廣東道韶州府楽昌縣という地名が抜けている点が他のテクストと異なるが、その他の②〜⑥と⑧の大筋は他のテクストと相同である。

2　〈歌堂〉儀礼

〈歌堂〉儀礼そのものも、〈飄遙過海〉神話を伝えるメディアとなっている。〈歌堂〉儀礼は、〈飄遙過海〉の時にミエンの祖先たちを救護した〈盤王〉ほかの神に対する謝恩儀礼である。船で海に漕ぎ出でた〈十二姓傜人〉は、船が動かなく、難破の危機に直面した。そのとき、テクスト(1)の「完盆部書歌堂良願」あるいは(2)の「歌堂簿書良愿」を「許上」した。「許」（*hau*）は「願を掛ける」意味である。その救護に対して、(2)では、「猺人子孫酧還荅謝聖王父母神恩良愿。児孫代々執帯香烟。」（ミエンたちが神々（聖王父母）の神恩に感謝し、願ほどきの儀礼を行った。子孫代々〈盤王〉への祭祀を続ける）とあり、〈飄遙過海〉での救護に対して、〈十二姓傜人〉の子孫が、謝恩儀礼を行うことが義務づけられている。

基本的には、〈盤王〉に対して歌を献上する形になっているが、〈飄遙過海〉の後上陸してから祖先たちが謝恩儀礼のために野豚を捕らえ屠る様子を演じる節目があり、〈飄遙過海〉のエピソードをパフォーマンスとして形象化している。又、タイにおける〈歌堂〉調査では確認していなかったが、中国湖南省の〈還家願〉儀礼中の〈歌堂〉儀礼では供物の豚の供え方が〈過海〉した船を象っている［廣田 二〇一三：一五、二〇一五：二四五—二四六］ことは参考になる。いずれにしても、〈歌堂〉儀礼自体が〈飄遙過海〉に由来し、且つ儀礼中に〈飄遙過海〉を想起させる要素が織り込まれているわけである。

3　婚礼で読まれる儀礼文書「親家礼書」

婚礼の司祭者を「清水」（*ʦʰiŋ swi*）という。この清水が新郎新婦に対して読み上げる儀礼文書を「親家礼書」（*ʦʰiŋ-ca: lei sau*）という。道教・法教系儀礼で用いられる経文は字句の変更を行わない原則で手写されてきたため、テクストの文面はほぼ相同である（但し、実際の経文には誤写・欠字・衍字など細かい点で変差がある）。しかし、この「親家礼書」はそうした経文と異なり、テクストにかなりの変差が看られる。即ち、手写のときに筆写者によるテクストの変更が入りうる文書である。儀礼テクストとしては、道教・法教系儀礼の経文と比べるとマイナーな位置づけになる文書である。「親家礼書」には、いくつかの神話が挿入されており、〈飄遙過海神話〉も入っている。

(3) ナーン県ムアン郡ボー区NG村鄧FK氏所蔵の「親家礼書」

……猺人作得退朝散國。①搬來南京海岸八萬山頭。随山耕種。随田種地。開立算定不退。②又到寅卯二年。天地不可。大旱三年。江河無水。深塘無魚。官倉無米。百姓無粮。蕉木出火。格木出煙。人民慌乱。吃尽森山萬物。無處投生。③作得飄遙過海。一千之路。④過了三朝的日子。船路不通。水路不通。又怕大風吹落海底龍門。⑤大家商量。合意正來許起大神良愿。⑥未經三朝三夜。船行到岸。馬行到郷。⑦來到廣東道韶州府樂昌縣。停下一年一歳。⑧過了正来還錢散愿。消愁解意。⑨過了又來開枝分散。一份在落廣東道。一份走行廣南道。一份走下廣西道。一份走行湖廣道。……

ここには①～⑨の粗筋が揃っている。②の後段の旱魃時の描写も(1)(2)と同様である。⑤神に祈る箇所では、(1)(2)では〈盤王〉が使わす〈五旗兵馬〉が来てくれるよう祈るところ、本テクストでは〈大神〉と簡略に書かれている。逆に、(1)(2)にない⑨その後の分散については詳しく書かれている。

(4)パヤオ県チエンカム郡PY村鄧KL氏所蔵の「親家礼書」

……①十二姓猺人子孫在落南京海岸十保八萬山頭。刀耕火種。逢山吃山。逢水吃水。立有平陽田地。②又到寅卯二年。天地大焊。養猪又出角。養鶏又出牙。焦木出火。枯木出烟。江河無水。深洒身無魚。官倉無米。百姓無粮。犬吃犬。民吃民。無處投生。正扛開從手印。得見東方辺重有萬里州廷。③思量過海。十二姓猺人。就来交過洪武開枝。人民退朝。七月十五中隔日。流船過海。流路过街。流郷過界。④得七朝七夜。船路不通。馬路不通。船行不到岸。馬行不到街郷。當時被風吹落海底死了。人民無處投生。叩天之高。叩水之深。就来思作。前日以来。重有五旗兵馬。前来殺死。後来救生。⑤十二姓猺人。原在船中内里。就辦大州海岸。太白明香。湖南龍康。清水六合。対聖霊盃。投聖王了。⑥未經三朝三夜。船路也通。馬路也通。船行也岸。馬行也到郷。⑦船来流到廣東道韶州府樂昌県。亭居安宅。⑧就来辦荅謝聖王面前了。⑨十二姓猺人子孫就来分散[代+市]。你的翁在廣東。我的翁在廣西。一世不相逢。……

このテクストでは②旱魃時の描写が詳しい。「飼っている豚に角が生え、鶏に牙が出た。枯れ木は烟を上げ、池には魚がいない。役所の倉庫には米がなく、人々は食料がない。犬が犬を食い、民が民を食った。」と、これまで見てきたテクスト以上に詳細に記されている。逆に(5)の神に祈る段は、(3)と同様、「〈聖霊〉〈聖王〉（圣は聖の略字。灵は霊の略字）に祈った」と、簡略に書かれている。

(5)パヤオ県チエンカム郡PY村趙CS氏所蔵の「親家礼書」

この「親家礼書」には飄遙過海の段が二回出てくる。

……①原日元在南京十保八萬山頭。刀耕火種。②交過寅卯二年。天地大旱三年歳。官倉無米。深塘無魚。枯木出火。焦木出烟。③十二姓猺人無計耐何。七月十五中隔日。正来流船过海。流路過街。④七朝七夜。船不通。水路不通。又怕大風落海底龍門。無計奈何。⑤船中伏叩大聖了。⑥未經三朝三夜。行到街。⑦剳落廣東道韶州府落樂昌縣安剳。⑧原日太公大齋。⑨政来分散来。你的翁流去廣東。我的公流下廣西。……

……①原日元在南京十保八万山頭。耕田種地。②又来交過寅卯二年。天地大旱三年三歳。養猪出角。養鶏出呀。枯木出火。樵木出烟。江河無水。深塘無魚。官倉無米。百姓無粮。犬吃犬。民吃民。刹敗了。無處投生。③十二姓傜人子孫無計奈何。交過洪武開枝。人民退朝。七月十五中隔日。流船過海。流路過街。流郷過界。④七朝七夜船行不到岸。馬行不到郷。船路不通。水路不通。當時被風吹落海底龍門。傜人子孫無計奈何。⑤就来船中内里叩望大聖了。⑥未經三朝三夜。船路也通。水路也通。船行到岸。馬行到郷。⑦正来剳在廣東道韶州府樂昌縣。停居安宅。⑧老日翁太大齋。⑨分散来。……

同様の文章であるが、後段の文章の方が、②旱魃時の描写が(4)同様に詳しい。また、後段の文章には〈交過洪武開枝人民退朝〉「洪武帝の治世が始まって人々が国から逃げた」という他のテクストでは旱魃前に入っているストーリーが混入している。③の〈十二姓猺人子孫無計奈何〉は「十二姓傜人はどうしようもなく」の意味である。このテクストだけでなく、⑹にも見られる。⑧謝恩願ほどきの段は、「かつて祖先たちは大齋を執り行った」〈〈太公〉〈翁太〉ともに「祖先」の意味である〉と極めて簡略に述べている。

⑹パヤオ県ドークカムタイ郡CS村在住のミエン所蔵の「親家礼書」（二〇一六年一二月その本のコピーをPY村で収録）。この「親家礼書」にもほぼ同文の飄遙過海が二回述べられている。

……①原日元在南京十保山南山八万里。刀耕火種。②寅卯二年。天地大旱。三年三歳。官倉無米。深塘無魚。枯木出火。樵木出烟。③十二姓猺人無計奈何。七月十五日陽正来。流船過海。流路過街。④七朝七夜。船路不通。水路不通。又怕大風吹落海底龍門。⑤無計船中叩聖以了。⑥未經三朝三夜。船行到岸。馬行到鄉。⑦正到廣東道韶州府樂昌縣。⑧安剳原日太公大齋。⑨正分散。你公流去廣。我公去廣西。……

……①原日元在南京十保山南山八万里。刀耕火種。②寅卯二年。天地大旱。三年三歳。官倉無米。深塘無魚。枯木出火。蕉木出烟。③十二姓猺人無計奈何。七月十五流船过海。流路过街。④七朝七夜。船路不通。水路不通。又怕大風吹落海底龍門。⑤無計船中叩聖以了。⑥未經三朝三夜。船行到岸。馬行到鄉。⑦正到廣東道韶州府洛樂昌縣。⑧安剳老日太公太齋。⑨正分散。你公流去廣東。我公流去廣西。……

⑸と同様の文言が多く、写本の系統が近いと察せられる。〈七月十五日〉に航海を始めたという記述は⑷〜⑸に共通しているが、⑴〜⑶には見られない。

4　個人的書き付け

個人が書き付けた文言にも、〈飄遙過海〉が書かれることがある。以下の例は、問に対するメモ書きと、手帳に書き付けた文言である。

(7)ナーン県ムアン郡NG村馮WZ氏の書き付け（一九八七年、筆者の質問に対し、その場で書き下ろしたもの。馮WZ氏は一九三〇年生まれの祭司）

①南京海岸八万十保山頭。②寅卯二年。天大旱三年三歳。無粮所養。餓死人民太多。望見朝州府羅昌県大下雨。③謫量造船過海。共有十二船。船浸七部船。存有五船。④當時聴听到海龍門声鳴響。覚得驚怕。⑤只得許上祖宗。行司。三清大道。廟主。五旗兵馬。⑥許後三日三夜船到岸。⑦來到朝州府樂昌県。⑧就到還願之時。未有猪應用。打算安縄捉捕野猪山鶏用設鬼。Ⓐ在此之後。病痛多痳。那就三清大道打開大羅明鏡看下界凡人。被神赫害。被鬼謀摸。三清大道就分派老君天師。降凡傳法掛燈給人民。

この書き付けは、筆者の「〈飄遙過海〉とはどのようなことか」という質問に対して、その場で紙に書き付けた文言である。〈飄遙過海〉という話題は広くミエンの人口に膾炙しているため、このように求めに応じて即座に書き留めることが可能な人もいる。この書き付けは、先に挙げた「親家礼書」の粗筋の要所を含んでいるが、⑨のその後の分散移動については語られていない。その代わり、後日譚として、Ⓐ「病気が多発した。三清が大羅明鏡を通して見ると、下界の人々が鬼神の障りにあっているのが見えた。三清は老君を派遣して、祭祀の法や掛燈を人々に伝えさせた。」（三清：道教の主神たる元始天尊・霊宝天尊・道徳天尊の三神。老君：老子を神格化した神。ミエンにおいては道徳天尊とは別の神と見做されている。掛燈：ミエン男子にとっての成人儀礼）という、ミエンが現在奉じている道教・法教的儀礼が老君によってもたらされたというストーリーを付加している。但し、この付加されたストーリーは〈飄遙過海〉そのものではない。いずれにしても、観念の中に〈飄遙過海〉が対象化されていなければ、このような即興の書き付けは作成できない。〈飄遙過海〉のストーリーは多くのミエンが多かれ少なかれ知っているものなのである。

(8)チエンラーイ県メーファールアン郡ＬＳ村の祭司李ＥＳ氏のノートに書き付けられていた〈飄遥過海〉
（一九九七年ＬＳ村で採集）

……當初以来。原在南京海岸里头。少無簿書歌堂良願。交過景定元年。洪水發下。淹死天下人民。重有伏羲姉妹二人。正來置得人民十二姓傜祐子孫。①在落南京海岸十保山頭。随山耕種。随水全遊。又來交過洪武年間。又逢明朝皇出世。返敗天下万民百姓人民。②又来交過寅卯二年。天地大焊三年三歳。官槍無米。官庫無粮。蕉木出火。格木出烟。人民流乱。飢餓難求。君是吃君。民是吃民。③十二姓傜祐子孫。飛天無路。叩地無門。正来開口急儀讁量合起大位龍船。一面受来飄遊過海一千路途。④過了三月。七朝七夜原在船中里内。船路不通。听嶺風吹扇落五海龍門。當時得見風吹過海。又怕風吹随水湯流。當時彼風吹扇落海底龍門。十二姓傜人愁憶在心。飛天無路。叩地無門。投山山高。投水水深。思量着門路無人。為大当初以来盤皇手下大位五旗兵馬。能幹之人本祖家先。為大前来殺死。後来救生救得。⑤十二姓傜祐子孫。凡吹不動浪打不行。剳在船中里内焼起名香。関帝米粮。玉女仙茶。煩五旗兵馬男位本祖家先回頭轉面。許上簿書在案。担保人丁一度。⑥風情未経三朝一七夜。船路也通。水路也開。風來送船到岸。送馬到街。⑦流落廣東道韶州府樂昌縣。立居屋宅。⑧拿捉山珍財。江還恩答謝大神父母万代霊神。……

これは祭司の手帳に書き付けられていた〈飄遥過海〉である。文面から推察すると、「親家礼書」としての書き付けの可能性もあるが、調査当時はまだそのような判断ができなかったので、個人的なノートとして採集した。

四　歌に見られる〈飄遥過海〉

〈飄遥過海〉の内容を含んだ歌も多数伝承されている。パヤオ県ＰＹ村の祭司が歌を筆記した「塘王歌」にも〈飄遙過海〉のモチーフを持つ部分が入っている。この歌では、ミエンの祖先たち一二姓傜人は、蒙古が攻めてきたので、移住を開始したことになっている。

(9)「塘王歌」（パヤオ県チエンカム郡PY村の祭司趙CS氏所蔵）

……[1]男女被皇来争國　想煩難剳退街前　[2]退下街前各自去　花男花女各行遊　[3]一街化過二街去　大朝化到小朝州　[4]化到北京合界國　③政作飄遙過海小朝州　[5]男花逃在小朝國　飄遙過海小朝州　[6]拾二姓猺人分散水　逃難過秋不管街　[7]紅花走出東京國　轉結不知那國遊　[8]花孫走出西京國　男孫女娘各行遊　[9]③合得銀銭拾二月　請船過海憶愁憂　[10]立眼細看猺人衆　團圓過海供船遊　[11]空見條系引出去　引代衆人過海遊　[12]拾二姓猺人見條攬　引代万民過海浮　[13]引代万民過海去　引出小朝県里街　[14]③引代猺人拾二姓　七朝七夜海中遊　[15]寅卯二時斉吃飯　含渡也難吃飯食　[16]家神自知報也曉家物團圓落海中　[17]不曉家神報那路　家神報曉噫愁憂　[18]拾二姓猺人多愁憶　撑船過海政全知　[19]寅時過了午時到　听作船浮海面遊　[20]正知家神報正路　花男花女涙双流　[21]④午時過了未時到　听作海門影半天　[22]一人又怕雷公响　二人又怕海門声　[23]三人又怕門言話　衆人斉听涙双流　[24]听真龍門悃乱肚　十二姓猺人愁憶憂　[25]一来思作無爺姐　唐皇轉結無投為　[26]空見万萬人多衆　不有那個是唐王　[27]④一時落了龍門外　遊人引出也愁憂　[28]思良叩天天高遠　撑船過海無橋遊　[29]想作幾多無投叩　叩條糸綿當爺娘　[30]又怕引出去橋外　都是歓油海面浮　[31]④一時向起龍門去　一便多愁乱了心　[32]正来想作無投叩　⑤叩神叩聖引橋遊　[33]⑤原在船中許神聖　原領倍書良愿修　[34]⑧引出猺人十二姓　引出海辺優謝恩　[35]⑤都算許神也作意　引出猺人海岸浮　[36]去到小朝山林在　⑧剳斉兵馬謝神恩　[37]大聖霊斉保右　山林脚底点生頭　[38]點得生頭十二個　一対白鶏也得斉　[39]生頭也得斉全了　又点師人不得斉　[40]

正請三清做一個　十殿霊王斉領修　[41]師人也得斉全了　十二姓猺人歓喜肌　[42]正来想作安肌主　政斬山
源立屋修　[43]一年吃了過二歩　一春過了二春来　[44]一年修得開陽了　二年六草暗蒙蒙　[45]思想千辺愁
煩尽　十二姓猺人逃難修　[46]猺人秀春逍愁憶　秀春耕種不開陽　[47]去到山林逍愁憶　⑨十二姓猺人拆散
遊　[48]各自山頭吃山水　拾二姓猺人分散遊　[49]供在山原吃敗了　江水吃窮無處遊　[50]⑦五姓猺人各自
去　行出韶州府上遊　[51]一時去到韶州府　立春莧屋也愁憂　[52]想作猺人拆散了　五姓猺人各自遊　[53]
⑦七姓猺人各自去　行出樂昌縣里街　[54]分家拆火樂昌府　立春莧屋也愁憂　[55]想作當初人多衆　今世分
開愁噫憂　[56]⑤過海深深供船去　猺人供準許神恩　[57]許起神司有霊聖　引出海辺答謝恩　[58]⑥叩得霊
神引出路　引出猺人海外遊　[59]⑧生出海辺謝神聖　神司六路也還清　[60]正来想作人多衆　無山立屋各莧
修　[61]山頭未廣人多衆　無山耕種正分開　[62]⑨分散猺人拾二姓　拆散州廷各自遊　[63]各自山頭各山水
離朝隔海幾曾州　[64]想作當初深情路　供船逃難悃愁憂　[65]在落海中落了難　家物幾存落海中　[66]銀銭
銀刃落下海　千衍百様落團圓　[67]段衣幾存也落了　身衣無穿也愁憂　[68]鍋椀幾存也拋了　行出海辺無様
修　[69]無飯点飢也愁憶　無鍋煮飯養花男　[70]花男花女浮々哭　無鍋脚底餓休休　[71]拾二姓猺人無記内
竹筒煮飯養花男　[72]正来逃出花男女　長生世上化街遊……〔吉野　二〇一九：一〇九―一一七〕

（原文で「十牲」「拾牲」となっている箇所があったが、いずれも「牲」は「姓」の誤字、「十」「拾」は実際に唱うときには「十二」「拾二」と読むので、「十二姓」「拾二姓」に改めた。）

渡海、願掛け、神の救護、願ほどき、上陸後の分散移住について詳しく唱われている。この歌では、蒙古（猛古）王が攻めてきたという筋書きであり、①②に関しては述べられていないが、③〜⑨のモチーフについては、歌謡ゆえに順序を変えて繰り返し出てくる。渡海、願掛け、神の救護、願ほどき、上陸後の分散移住について詳しく唱われている。但し、儀礼文書とは異なり、歌謡語で書かれており、さらにミエン口語も入っていて、それに宛字されている。それゆえ、まともな漢文としては読めない箇所がある。

［意訳］蒙古王が攻めてきたので、ミエンたちは逃げ、〈飄遙過海〉に乗り出した（1〜10）。途中、航路が分からなくなったが、祖先に航路を教えてもらった（11〜20）。海底の龍門が響き、それに呑まれるのではないかと不安になる（21〜31）。神々に願掛けして祈り（32〜34）、祈りが通じ何とか海岸についた（35）。願ほどきをするために山林の中で供物となる獣や鶏を狩猟し（36〜38）、祭司が足りないので、神々に祭司になってもらい（39〜40）、無事願ほどきの謝恩儀礼を済ませた（41）。その後居を構えたが、暮らし向きは良くない（42〜46）。そのため、ミエンは分散移動して行く（47〜55）。元の〈飄遙過海〉の粗筋では、広東道韶州府楽昌県（現在の乳源瑶族自治県の辺り）へたどり着くことになっているが、この歌では韶州府と楽昌県を別の地名としており、十二姓の五姓と七姓に分かれてそれぞれの地に行くことになっている。56〜59は〈飄遙過海〉時に神々に願掛けして祈り、後に願ほどきしたときの回想である。60〜62は、人が多いと耕作しても食べるに十分できないので分散して行く事情が述べられている。64〜72は〈飄遙過海〉時に全ての物を海中に落としてしまい、岸にたどり着いた時に食事に苦労したことの回想である［cf.吉野　二〇一九：一二六］。

こうした〈飄遙過海〉のモチーフをもつ歌は、この歌に限らない。歌は儀礼文書と異なり、次々と新たな創作が行われる。その中に、こうして書き留められるものがある。〈飄遙過海〉を題材とした歌は即興でも唱われる。それを録音した音声機器はミエンの村に浸透している。

⑽「過山榜圖」（パヤオ県チエンカム郡ＰＹ村趙ＣＳ氏所蔵）

世間洲廷奏返乱　萬民為世也慌愁……

不思不想不煩計　　國上衆人自走慌……

飄遙过海置有古……〔吉野　二〇一八：七四、七七〕

ここでは国の中が混乱状態となり、人々が国を逃げ出し、ミエンもまた逃げ出して移動したことが述べられている。その文脈で、「大昔に〈飄遙過海〉があった」と言っている。

……洪武開枝奏反乱　君是吃君民吃民　①猺人在落南海殿　②大旱三年難剳朝　③就是猺人供過海　⑦剳落廣東府内修……〔吉野　二〇一八：八〇〕

「……洪武帝の世となり、反乱が起きた。君主が君主を食い、民が民を食う混乱事態になった。ミエンは南海殿にいた。旱魃が三年続き、国には居られなくなった。そのため、ミエンは海を渡った。広東府に到りそこで暮らした。……」

先の引用箇所よりかなり下った箇所にある歌詞である。〈飄遙過海〉の移動の粗筋が述べられている。このように、〈飄遙過海〉のエピソードは、歌の中にも、既知の題材として屡々取り上げられる。〈飄遙過海〉のモチーフを唱う歌がつぎつぎと創作されることにより、歴史資源としての〈飄遙過海〉は更に強化されてゆくことになる。

五　神像

二一世紀に入ってから、ミエン村落において〈廟〉（*miu*）を建てて〈盤王〉像を祀る動きが出てきた。⑾チエンラーイ県ドーイルアン郡のＨＣＬ村において、二〇〇〇年に〈盤王〉像を祀る〈廟〉が建てられ、二〇〇一年から二〇〇三年にかけて〈盤王〉像の開眼供養が行われた。⑿これに続き、チエンラーイ県ムアン郡のＨＣＰ村においても、二〇〇四年に「ユーミエン文化センター」が建設された。これは実質的な〈廟〉であったが、〈盤王〉像はまだ設置されていなかった。最初の降神があったのは二〇〇九年であり、二〇一〇年に〈盤王〉像が設置され、その他の神々の像も設置された。二〇一二年に隣にあった集会所を廟として改造し、〈盤王〉像を新しく造った。二〇一五年には旧廟（ユーミエン文化センター）跡地に新しい廟が建った。ＨＣＬ村の廟でも、〈盤王〉像建立の後に、〈盤王〉とともにミエンを救った〈唐王〉（*toŋ huŋ*）の像を建立した。ＨＣＬ村とＨＣＰ村の双方における〈盤王〉祭祀の特徴は、固定的祭祀施設たる〈廟〉を建設したことである。また、これらの〈廟〉においては、女性が〈盤王〉などの神々を降神してシャマンとして儀礼執行に参入している。これも新しい現象である［吉野 二〇一三、二〇一六］。

焼畑耕作に伴う移動を繰り返してタイへ到ったミエンは従来〈廟〉を作ってこなかった。逆に言えば、〈廟〉を建てるようになったのは、定住化が進んだからであると言えよう。これは上記二ヶ村だけではなく、タイ北部の広域の数ヶ村に見られる現象である（女性シャマンが伴っていない〈廟〉もある）。上記の二村では、固定的祭祀施設の建設と相伴って〈盤王〉などの神像が作られた。ＨＣＬ村とＨＣＰ村の〈廟〉では、〈盤王〉（盤皇）と〈唐王〉の像が安置され、信仰の対象となっている。この〈盤王〉と〈唐王〉は、〈飄遙過海〉神話においてミエンの祖先たちを救護した神として考えられている。神像は観念的に対象化された〈盤王〉〈唐王〉を物質的に対象化し、客体として示したものである。

これはある意味で画期的なことであった。というのは、道教・法教的祭祀の対象となる神々は、〈大堂画〉という、掛け軸状の神画があり、一枚づつ〈元始天尊〉〈霊宝天尊〉〈道徳天尊〉〈玉皇〉〈聖主〉〈大尉〉〈海旛〉〈小海旛〉などの神々が描かれている。これらを壁に掛ければそこが儀礼の場となる仕組みであった。しかし、従来の〈盤王〉祭祀の場合は、肖像的な画像は一切無かった。従来の〈盤王〉を祀る〈歌堂〉儀礼においては、祭壇上には切り紙を掛けるのみであり（写真1）、人型の像は、画像であれ立体像であれ、無かった。したがって、〈盤王〉の姿は誰も見たことがなかったのである。これに対し、〈廟〉における新たな〈盤王〉祭祀においては、肖像の立体像が祀られており、誰もが〈盤王〉たちの姿を見ることができる。この点で画期的であったわけである。

これは、前例が中国にあった。中国のミエンが住むいくつかの地域では、肖像の〈盤王〉像が祀られており、それを模倣したのである。実際、最初に〈盤王〉像を設置したＨＣＬ村では、村人が中国へ行き撮ってきた〈盤王〉像の写真を手本として、当地の〈盤王〉像を造ったのであった [Mongkhol 2006: 263]。

(11) ＨＣＬ村の〈廟〉では、もともとシャマンの託宣では唐王を祀れということであったが、先に〈盤王〉像を造った。後に唐王像も造り、二体が中央に並んでいる（写真2）。他に〈十二姓傜人〉の祖先像（板にレリーフ）と〈七

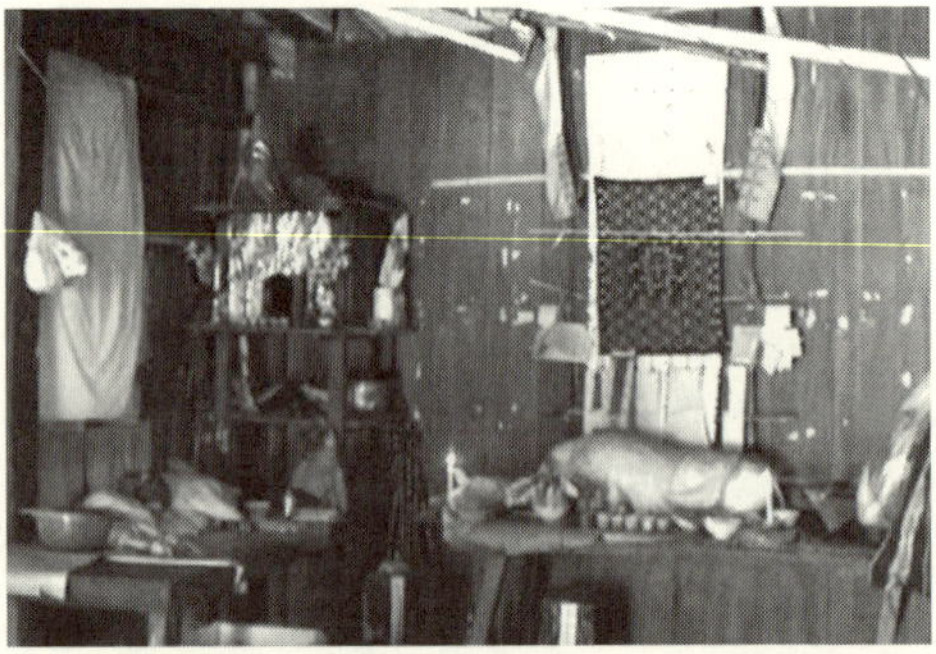

写真 1　〈歌堂〉の祭壇（正面に切り紙を掛け、中段では刺繍した布を切り紙の上に被せている。向かって左は祖先を祀る祭壇。2002 年 11 月、著者撮影）

写真 2　HCL 村の廟の〈盤王〉像と〈唐王〉像　（向かって右が盤王像、左が唐王像。2013 年 9 月、著者撮影）

写真 3　HCP 村の廟の神像（中央の最も背の高い像が〈盤王〉像。その向かって左側に〈唐王〉像がある。2015 年 8 月、著者撮影）

姐〉という神々も左右に祀られている。

⑿ＨＣＰ村の廟も、このＨＣＬ村の廟の影響を受けている。ＨＣＰ村の廟で活動している女性シャマンの古株の者の中には、ＨＣＬ村の廟で初めて降神した者が含まれている。即ち、降神術の系譜として、ＨＣＬ村の廟からＨＣＰ村の廟へ伝わったことになる。ＨＣＰ村では、〈盤王〉〈唐王〉〈七姐〉のほか、〈郎郎〉〈太上老君〉〈伏羲姊妹〉〈観音父母〉といった神々が祀られている（写真3）。

⒀こうした先行事例に影響を受け、チエンラーイ県から遠く離れたナーン県ムアン郡のＮＧ村でも、〈盤王〉を祀った〈盤王〉廟が建てられた（二〇〇八年）。ここの〈盤王〉像は立体像ではなく、画像である（写真4）。

写真4　NG村の廟に祀られた〈盤王〉画像（2018年6月、著者撮影）

これらの〈盤王〉らの神像は、〈飄遙過海〉を背景とした歴史認識を物質的に対象化し祭祀対象としている点で、新たな展開である。祭司以外の者にとっては、〈歌堂〉儀礼の時にしか接しえない〈盤王〉に、より頻繁に接する機会を提供したことも新たな現象である。〈飄遙過海〉という歴史資源にもとづいて、〈盤王〉等を客体化し、祖先の歴史を表象させる更なる資源をつくりだしたのである。

六　おわりに

以上、〈飄遙過海〉という定形句に対象化された歴史認識が、経文、儀礼、「親家礼書」、歌、書き付け、神像といった多様な形で表現され、歴史資源化されていることを見てきた。渡海し、〈盤王〉たちに救護され、広東に上陸して謝恩儀礼を行い、その後分散移動したという「歴史」は、〈盤王〉への謝恩儀礼である〈歌堂〉の経文に如実に述べられている（1）、（2）。〈飄遙過海〉というミエンにとっての歴史的出来事は、〈歌堂〉儀礼（を基として、日常的には口承伝承、「親家礼書」（3）〜（6）、歌（9）〜（10）、個人の書き付け（7）〜（8）といった多様なメディアにより、複合的に伝承され、更には、神像（11）〜（13）という物質的に対象化されたメディアも、こうした伝承の一翼を担うようになった。こうした〈飄遙過海〉という観念を前提として展開された様々なメディアによってミエンの人々は祖先の「歴史」的事象を再認し、みずからのよって来たる所以を確認し、民族アイデンティティの確認に活用することができる。すなわち、祖先の来歴を語る歴史認識を〈飄遙過海〉という定形句の形で観念的に対象化して資源化した上に、多様な形で更に対象化を行い、歴史資源化しているのである。

注

（1）本稿では、ミエン語の表記はＩＰＡを用いる。声調は省略した。ＩＰＡでは /j/ は硬口蓋接近音である（ヤ行の子音）。ミエンが用いている漢字表記は、単語として示すときには山括弧〈 〉で括り、文書名として示すときには鉤括弧「 」で括る。歌詞などの文書における難読字については、フォントにない文字は部分の構成を示して角括弧［ ］で括った。一般には読みにくい字あるいは誤字と思われる字はその直後に丸括弧（ ）で正字あるいは正字と推測される文字を入れた。

（2）Purnell の辞典は、ミエン語の標準ローマ字表記を用いているが、一般読者には読みにくいものであるので、ＩＰＡ表記を補った。

（3）千家峒の神話は別の移住神話である。千家峒という故地からミエンが分散移動したと伝えられる［宮 二〇〇一：一八六］。

参考文献

宮哲兵

二〇〇一 『千家峒運動与瑶族発祥地』武漢出版社。

廣田律子

二〇一三 「湖南省藍山県過山系ヤオ族の祭祀儀礼と盤王伝承」『東方宗教』一二一：一―二三。

二〇一五 「儀礼における歌書の読誦――湖南省藍山県ヤオ族還家願儀礼に行なわれる歌問答」『國學院雑誌』一一六（一）：

二二五―二五四。

Lemoine, J.

1972 “Un curieux point de l'histoire: l'aventure maritime des Miens.” In Jacqueline, M.C. et al. (eds.) *Langues et techiques nature et société*, II: approché ethnologique approché naturaliste, Paris: Edition Klincksieck, pp. 53-62.

1982 *Yao Ceremonial Paintings*, Bangkok: White Lotus.

Mongkhol Chantrabumroung

2006 “Reproduction of Yao culture: a case study of Pien Hung shrine at Ban Huey Chang Lod in northern Thailand.” 塚田誠之編『中国・東南アジア大陸部の国境地域における諸民族文化の動態』（国立民族学博物館調査報告六三）国立民族学博物館：二四九―二六六。

Purnell, H. C. (compl. & ed.)

2012 *An Iu-Mienh - English Dictionary with Cultural Notes*. Chiang Mai: Silkworm Books.

瀬川昌久

二〇〇三「中国南部のヤオ族と『盤王節』にみるその民族文化表象について」瀬川昌久（編）『文化のディスプレイ――東北アジア諸社会における博物館、観光、そして民族文化の再編』東北大学東北アジア研究センター：一七五―二一四。

吉野晃

二〇一三「廟と女性シャマン――タイ北部、ユーミエン（ヤオ）の新たな宗教現象に関する調査の中間報告」『東京学芸大学紀要　人文社会科学系Ⅱ』六四：一一五―一二三。

二〇一四「タイ北部、ユーミエンにおける儀礼文献の資源としての利用と操作」武内房司・塚田誠之（編）『中国の民族文化資源――南部地域の分析から』風響社：六三―九〇。

二〇一六「〈歌〉の詠唱法と儀礼への応用――タイ北部、ユーミエン（ヤオ）の新たな宗教現象に関する調査の中間報告二」『東京学芸大学紀要　人文社会科学系Ⅱ』六七：一〇五―一一二。

二〇一八「タイ北部のミエンにおける歌と歌謡語（3）――「過山榜圖」発音と注釈」『東京学芸大学紀要　人文社会科学系Ⅱ』六九：七三―八四。

二〇一九「タイ北部のミエンにおける歌と歌謡語（4）――「唐王歌」発音と注釈」『東京学芸大学紀要　人文社会科学系Ⅱ』七〇：一〇五―一一九。

イ族にみる「歴史」の構築とその素材

野本　敬

一　はじめに――イ族の「歴史」

彝族（以下、イ族）は中国西南地域（雲南省・四川省・貴州省・広西チワン族自治区）及び東南アジア大陸部（ラオス、ベトナム）に跨り居住しており、中国国内の人口は約八七〇万人と、中国で認定される五六の民族のうち人口第七位をしめる「少数民族」である。(1)

言語はシナ＝チベット系チベット＝ビルマ語族イ語支に分類され、語順は日本語に似て主語＋目的語＋動詞となる。ただ、図1で示す通り、イ語は六つの大方言――東部方言・東南部方言・南部方言・北部方言・中部方言・西部方言――の下に更に一六の下位方言、そして三三の土語に分類され、これらの方言群は文法構造や語彙の分析から同系統とされるものの、語彙・発音に大きな差異があるため、異なる方言の間ばかりか、下位方言以下の土語の間ですら、しばしば意志疎通が成立しない。

そのうち東部方言区、すなわち貴州省西北部地域及び雲南省東北部と隣接する四川省南部の主に「ノス」・「ナス」・「ニス」などと自称するイ族集団においては、漢字と異なる独自の民族文字・イ文字が比較的良く保存されており、ピモと呼ばれる宗教職能者により祖先祭祀や宗教儀礼に用いられる経典や、イ族にとっての「歴史」と呼べる〝叙事詩〟文書が書き記されてきた。

この地域のイ族有力氏族には「六祖神話」と呼ばれる始祖伝説が共有されてきた。イ文叙事詩にみられるそれは太古の昔に大洪水が起こり、唯一の生き残りとなったイ族の始祖「篤慕《ドム》」が三人の天女と結婚し、六人の息子をもうける。この六人の息子が雲南、四川、貴州の各地へと移り住み、各地のイ族小国家群を形成する有力氏族の祖先、すなわち「六祖」となったというものである。この「六祖」から武・乍・糯・恒・布・默の集団が分かれ、「恒」集団の系譜に連なる烏蒙氏族や扯勒氏族は雲南省昭通および四川省叙永を本拠とし、「布」集団から分かれた烏撒氏族は貴州省威寧に拠り、「默」集団の系譜に連なる妥阿哲氏族や芒部氏族はそれぞれ貴州省畢節および雲南省鎮雄を本拠地として、雲南・四川・貴州の交界地域に小国家群を樹立して相互に系譜を共有し、時に姻戚関係を結ぶ同族意識を共有しつつ、これらの地域に実質的な支配を敷いてきたのである(2)。

イ族支配者層は、自らの源流をものがたる神話・英雄譚・氏族の源流・移住・祭祀など多様な〝叙事詩〟を祖先祭祀の場など儀礼において朗誦することで集団的アイデンティティの拠り所とし、それらはやがて口誦から「ピモ」と呼ばれる司祭によりイ族独自の文字によって次第にテキスト化され、中国王朝からも古くから「爨文」・「韙書」・「夷書」・「蝌蚪文」・「儸儸文」などの名称で知られるようになったと考えられる。貴州の余家に伝わる『通雍余氏宗譜』によれば、かつては全ての有力氏族で父系・母系それぞれの系譜を記したイ文文書が司祭である「慕施」により編纂され、儀式や宴会の際に朗誦されていたという［学習院大学東洋文化研究所　一九九九b：二］。イ族の伝統では系譜とルーツを確認する祖先崇拝が重視され、神話・英雄譚・氏族の源流・移住などが混在したイ文〝叙事詩〟がすなわち「歴史」であった(3)。

ところがその後にみられるイ族が自らの「歴史」をものがたる「語り」はその内容や形式、素材において実に

図1　彝族方言区の分布概略

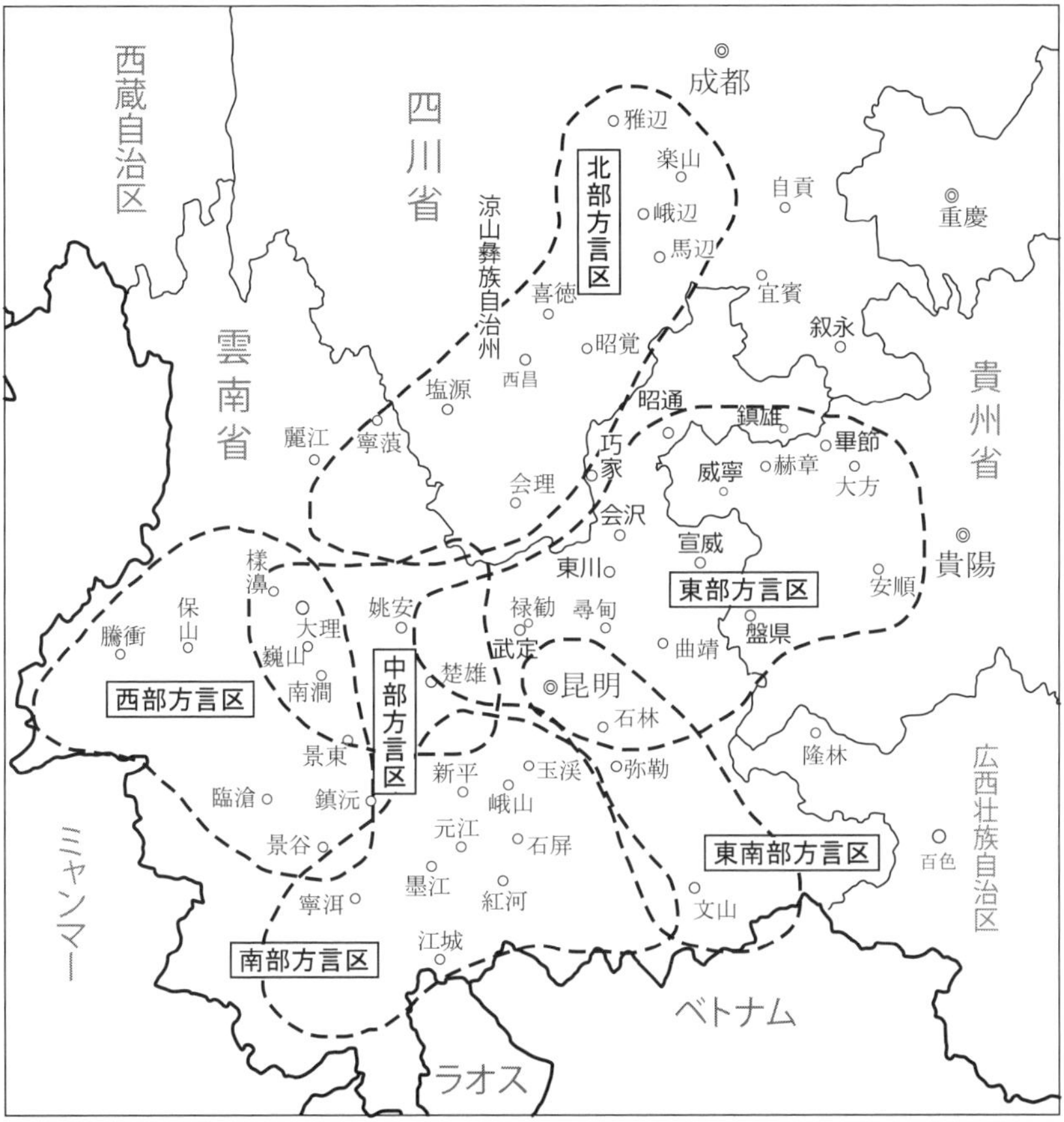

出典：[西田 1980: 182図]をもとに[陳ほか 1984: 172-211]・[方 1984: 7-12]を参照し筆者作成

多様な様相をみせることになる。本稿ではその事例のいくつかを取り上げ、「自らをものがたる」営為が何に基づき、何処を目指そうとするのか、「資源」としての「歴史」利用にまつわる営為について検討を加えたい。

二　イ文字記録の活用と「歴史」

イ族の文字は一般的にピモと称される司祭が担い、儀礼で詠み上げられる経典や系譜文書に主に使用されるもので、有力氏族の家系を除いては歴史的に一般の人々には普及しなかったとされてきた。事実今日みられる「イ文文献」はほとんど全てがピモおよびその子孫により扱われており、現代の規範イ文が政策的に推進されていることを除けば、伝統イ文が一般民衆にまで広く利用されるに至る必然性はほぼ無かったと考える方が自然である。

ところが東部方言区、雲南・四川・貴州交界地区のイ族の場合、他地域に比べ顕著な特徴がみられる。他の方言区、例えば今日最もイ文が「生きて」いる四川省涼山地区（北部方言区）においてはイ文文献の大半は宗教経典であり、系譜はむしろ口頭で朗誦され、〝叙事詩〟テキストの数量は決して豊富ではない。これは東部方言区と同様にイ文が比較的よく保存されている東南部および南部方言区でも同様であり、一般民衆に「提示」されるような使用法は稀であったと考えられる。一方、貴州を中心とした東部方言区では〝叙事詩〟文献が多いだけでなく、「人々の目にふれるイ文」、すなわちイ文を刻んだ石碑が大量に存在することが目を引く。貴州省畢節地区民族宗教事務委員会の調査で収集された資料点数は四〇〇点以上に上り、未収集含めた総数は少なくとも二〇〇〇点以上はあるのではないか、と見積もられている。(4) 同じく東部方言区に属する雲南省でも明らかとなった石刻の一部三八点が既に調査・出版されており［朱　一九九八］、他の方言区でイ文字による石碑はごく限られた数であるのとは対照的である。碑文の内容は墓碑が多く、その他道路・橋梁修築や、紀功、鐘銘文など様々であるが、

図2　四川南部・雲南東北部・貴州西北部交界地域

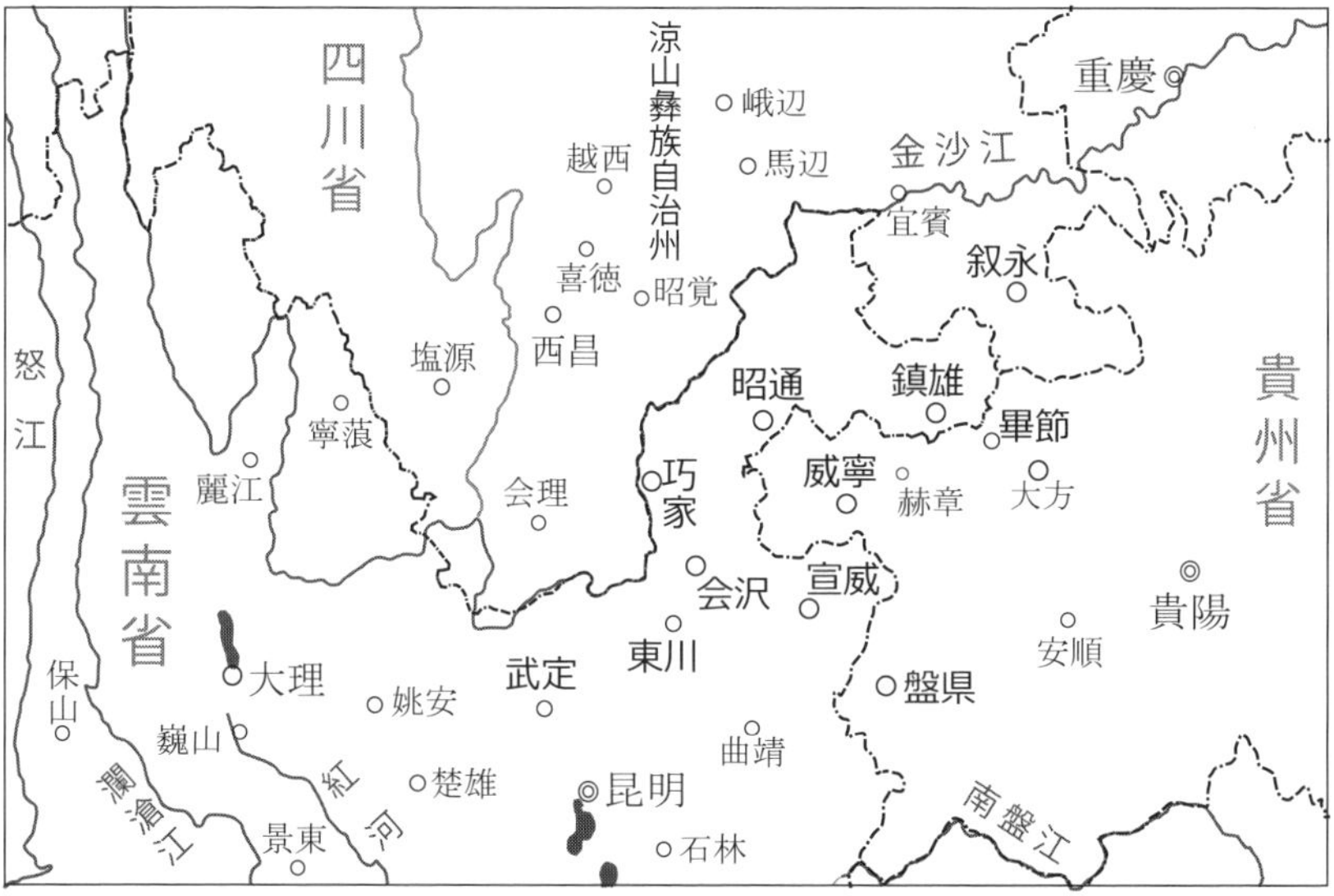

それらは必ずしもイ文のみではなく、相当数がイ漢併記・合璧の碑文として、中華的紀年法との折衷形式で建てられており、従来イ族の伝統には希薄だった「文字を石碑に彫って残す」中国／漢文化との習合がイ文・漢文併記の石碑というかたちで多数残されたものと解釈できるであろう。なぜならばイ族の場合、これら石碑や金石銘文は王朝との接触の多い東部方言区の有力氏族小王国の支配領域に集中する一方、それ以外の地域では稀であり、イ族の伝統には元来こうした文書契約や石碑を立てる観念が希薄であったことが推測できるからである。

歴史を振り返れば、この神話を共有するイ族有力氏族による四川南部・雲南東北部・貴州西北部に跨る地域（図2）、すなわち東部方言区の小国家群は、統一政権こそつくらなかったものの時に連繋をみせ、時の王朝と対峙する現地の実質的な支配者であった。元王朝の残存勢力を一掃するため雲南省を本格的に版図に取り込んだ明朝も、容易に帰順しようとせず激しい抵抗を示すこれらイ族小国家群の対策が喫緊の課題であった。明朝側では実質的に帰順した首領に「土知府」「宣慰司」などの官職を与え「土司」或いは「土官」に任命し現地の統治と世襲を認可することで、当該地域を間接的に王朝の統治体制へ組み込むこととした。

各地のイ族支配層はこれにより政治的権威としての官職のほか、中国式の姓が与えられ、対外的には「安」「鳳」「禄」「隴」などの漢姓を名乗ることとなった。「土司」が交代する際は、王朝側は跡目争いを避けるため官職を受け継ぐ者に対し先祖代々の血統を記した系譜文書を提出させ、書類審査を行った。

清代に雲南東北部武定県のイ族支配者、那氏一族の提出した文書をみると、興味深い点が確認できる。那氏が官に一八二〇（道光元）年に提出した系譜文書「歴代宗譜事」によれば、那氏の始祖は「宋代淳熙丁未年」に羅婺部の長となった「阿而」で、元朝フビライの雲南遠征に際し「矣格」はいち早く帰順し、羅婺万戸侯の肩書を授かり、在地の統治を担った。明朝の雲南戦役に際しては「洪武一六年」、当時の女性首長である「商勝」が帰順し、武定軍民府土官知府すなわち土司の職位に就き、引き続き地域を統括した。弘治三（一四九〇）年には「阿英」が雲南布政司左参政兼土知府を継承、さらに明朝から「鳳」姓を下賜された。しかし隆慶元（一五六七）年、「鳳継祖」が明朝と争ったことで直轄地化された。その子「鳳抜」は改めて和曲州土舎に任ぜられ、後を継いだ「鳳者峨」の子より「那」と改姓、那備と名乗り、これが那氏の初代となる……云々とあり［野本　二〇一二］、つまり情報源はことごとく王朝側で編纂された漢文史料を素材として記載されている。官職の後継者が最も意を注いだのは大過なく継承の認可が下りることであり、王朝側の判断基準に極力沿ったかたちで文書を作成、提出することが最も合理的であったがゆえの選択といえよう。なぜなら雲南東北部・武定ではイ族の伝統は依然として在地社会に健在で、民間の行政文書で漢文だけでなくイ文でも墓碑や契約文書などがつくられており［張　二〇〇七：一八一―二二八］、自らのルーツを喪失していたわけではなかったからである。むしろ那氏はイ文で自らの系譜を記す際には漢文史料に依拠した姿とは全く異なり、「先祖は〝朶吐姆谷〟――六祖の五番目、〝徳布〟氏族の発祥地：現在の雲南省東北部巧家県付近に比定――を発祥とし、我々は〝慕雅克〟――イ族の神話で〝徳布〟

氏族の開祖――の子孫である」〔朱　一九九八：四二―四三〕と、「六祖神話」に基づくイ族の神話的叙事詩の世界観をなお強固に保っていた。とはいえ、官職継承の際、王朝側の認可が必要であるという事実は陰に陽に王朝側からの干渉を招く要素であり、行政事務の主体が漢文による文書の往来である以上、早くから中国王朝と関係を取り結んだイ族支配層ほど漢字・漢文化の影響を受けるか或いは戦略的に取り入れる選択をとった結果、父系親族観念が徐々に受容され、貴州のイ族土司の家系では、同じ代の兄弟で共通の漢字を用いる「輩字」も現れるようになり、本格的に漢族式の姓―名のシステムをはじめ、漢族式の文化装置受容が加速することとなった(5)。

こうして東部方言区を中心に小国家を樹立し「土司政権」化したイ族有力氏族は、王朝側と長期に関わる中で自身の「歴史」を証明する文書を幾度も提出する経験を重ねたところに、彼岸の宗教的世界観に限定されない「歴史」すなわち『西南彝志』や『彝族源流』といった長編叙事詩を発展させる契機があったのかもしれない。換言すれば、東部方言区では王朝側との接触により、従来の自身の伝統にない「文書」や「来歴」を意識させられることで、イ文の「活用」が儀礼中心の用途から実践的用途に用いられるようになり、自らの来歴をものがたる際のコンテクストに最も適した素材を使用した結果、漢文化との習合であるイ漢合璧の石碑や墓碑といったものが生まれてきたのではないだろうか。

三　中華的伝統との習合

明末以降、清代の雍正年間（一七二三―一七三五）に至り、中国王朝による直接統治への転換「改土帰流」が大規模な軍事行動を伴って進められた結果、多くのイ族小国家＝「土司政権」は解体された。その結果、特に雲南東北部でイ族は大幅に勢力を失い、僅かに前述の雲南東北部武定那氏のような小規模の首長がいち早く清朝に帰順・協力し、地域統治の認可をうけることでその地位を保った。それゆえ、この時期のイ族首長には清朝の文官として地域統治を担うことを請願するなど、しばしば積極的な「漢化」傾向が窺える［神戸　二〇〇二］。

清王朝の統治下においては、儒教的論理の貫徹する社会制度にイ族上層階層も適応を強いられ、漢文化の導入に伴いイ族独自の伝統は危機にさらされていた。こうした状況下で登場してくるのがイ族支配層による漢族風族譜の編纂・刊行である。今日貴州余氏に伝わる族譜二点のうち、『通雍余氏宗譜』によれば、中国王朝の統治下に入って後、イ文文書は途絶え、系譜も記されなくなったため、イ文で書かれた系譜資料に自民族に伝わる伝承資料に漢文文献史料による考証を加え家譜の再編纂が行われた、という［学習院東洋文化研究所　一九九九ｂ：四〇―四二］。またもう一点の『且蘭考』は神話時代より清朝雍正年間に至るまでの一族の歴史をイ文資料を主として漢文史料による校訂を加え、編年体で記したものである。かつては四川「永寧宣慰司」として栄えた一族の来歴と変遷を伝統的な中国史の体系と整合して述べるものといえる。さきの『通雍余氏宗譜』はその続編というべき明末以降の一族の歴史を、漢族族譜の形式に倣って記載している。従来「父系」と「母系」それぞれ系譜が作成されていたところが父系を中心とする形式となった点は、漢族式の宗法主義［井上　二〇〇〇］に接近したといえるが、同じ余一族の系譜の中に「楊」や「張」など複数の漢姓が記載され［学習院東洋文化研究所　一九九九ｂ：一一―一二］、またイ族姓を同じくするがゆえに通婚を避けるべき「同宗」の一族に李・楊・張・隴・陸などの漢姓が挙げられる点［同：三三―三三］や、漢名とイ族名の併記など、（イ族姓が弁別できていれば漢姓については比較的自由であったことを示す）イ族的伝統に基づく記載が多く混在している。これは族譜編纂の資料がまだ豊富に残されていたイ文資料や伝承資料、一族の所有する契約文書などを主としていることによるものであり、一族の歴史に対する正確な知識を伝えようとする目的のもと、社会的には主流となりつつある漢文文献の知識と習合させつつ、当時の社会的コンテクストに最も適合的な族譜式のフォーマットに「歴史」を移し替えるかたちで再構築したものと理解できよう。(6)

ただし当時の社会的趨勢はイ族的伝統に対してはむしろ逆風であり、多くのイ族有力氏族で漢族式への習俗改変、漢文に通暁する方向で社会適応が図られた結果、従前のイ族独自の文化要素は退潮し、自民族の伝統はむしろ漢文化を含む構成要素として変容していったと思われる[7]。

四　歴史の「回復」

中華人民共和国成立後、イ族は少数民族の一つとして中華民族の一員として位置付けられ、（多数の歴史的に異なる歴程を経た）各支系に民族としての一体感を与えるために、民族の源流と現代に至る過程を説明する「歴史」の研究が推進された。漢籍史料に依拠する中国史的文脈に基づく方法が主流ではあるが、一方で伝統的イ文文献の記載を「史実そのもの」とみなし、イ文原文からの散文体漢語訳の再構築により「イ族＝夜郎国」史を描こうとする『夜郎史籍訳稿』や、貴州の神話的世界観、雲南のイ文化称揚路線を踏襲し、その間を継合せるような叙述として完成した『中国彝族通史』なども現れた。これらはイ族の「歴史／伝統」を称揚する一方で、現行の「中華民族」の範囲内に収まるかたちにうまく記述が収斂している。但しそこにはイ族内部の小集団ではなく、現行「民族」の枠組みに沿って、現代に適合するかたちの「歴史」と民族アイデンティティの構築に資するための志向性を有するものといえる［野本　二〇一六］。

以上述べてきた事柄は全て「イ族的」伝統が濃厚であるイ族の上層階層に関してであったが、それでは必ずしもイ族的伝統を強く意識するとは限らない一般民衆レベルでは自身の「歴史」はどのように描かれるのであろうか。この点、雲南省東北部、昭通地区のイ族・楊氏一族により、二〇一六年に編纂された『滇東北楊氏彝族族譜』に興味深い事例をみることができる。

まず「序言」で楊氏は雲南省昭通地区の会澤・宣威・昭通市朝陽区・巧家及び貴州の威寧・盤県にわたって居住する一族であるが、様々な歴史的要因で一族の知識伝承は不明確となり、二〇〇年余りにわたって疎遠になっていた。それが今回の族譜再編纂によって統一的に一族の団結が成ったことは一大慶事である、と謳う。族譜の編纂により、離散していた一族同士は再度自身の源流を再確認する契機となり、一族全体の紐帯と団結が深まり、さらに混乱をきたしていた輩行も以後は統一が図れ、今後の一族の発展に裨益すること大である、と述べる。

次に「偉人学者と国家法規における家譜論」で過去の偉人、政治家や学者の族譜に関わる格言や規定などが掲載され、続いて編纂作業の実働人員名簿「滇東北楊氏彝族家譜編纂グループ名簿」及び人物伝掲載基準などの「楊氏家譜伝記掲載と出版に関する規定」が続き、更にまず「第一章　姓氏文化」・「第二章　楊姓の起源と発展ネットワーク」では中国史上に登場する著名な楊姓の人物についての事績が述べられる[8]。

ようやく自らの一族に言及されるのは「第三章　我が楊姓彝族について」からであるが、楊氏一族は「序言」でもある通り、既になぜ自らが今イ族であり、姓が楊氏であるのかについて明確な伝承を失っていた。そのため、なぜ自らがイ族であるのかについて、二種の可能性について併記する。一つは乾隆『東川府志』をはじめ中国の漢文史料に基づく地域史と現在の彝族研究の定説を記し、仮に楊氏がこの系統の一支であった場合は、雲南土着の民族として悠久の歴史を有する、とする。もう一つは中原より移住した漢族が現地化してイ族となるも、姓は楊氏を保ったとする説である。そして楊氏としては後者の、漢族がイ族化した可能性が有力と結論づける。その根拠としては、本籍の言い伝えに「南京籍、応天府・高石砍・竹子巷」とあること、また宣威の楊氏が独自に編んだ族譜では、楊維森『弘農楊氏族史』に基づき明朝洪武年間の雲南遠征軍として雲南入りした人物に楊姓の人物が居たことを挙げる[9]。一方で離散した同宗の一族に関する考察は説得的で、自身の会沢楊氏と、宣威熱水吉科・小竹箐の楊氏が同宗であるかについて、『会沢県志』などの利用による移住先地名の考察や、細部まで合致する昔話の検討、イ語の名残の祖地景観の格言「餟乙」の内容が同じことから同宗の一族であることを確認し、各支派の輩字の相違に対し、整合的な説明が図られる。

その後の「第四章　楊氏族系」では楊氏一族全体の総系、そして各分支族の系図が収録される。「第五章　楊氏彝族字譜」では各分支族の輩字譜を収録、それぞれの輩行を整理し、新たに今後の輩字を定め、今後一族で輩字を統一的に運用していくことが提唱される。更に「第六章　楊氏家訓」、「第七章　家族の歴史伝説と人物」伝記が収録され、「第八章　家族立碑と祠堂建設」が記される。ここでは会澤の遷徙祖「沙第羅」墓碑建立の経緯と、一族の祠堂建設の経過が記される。そして「第九章　捐資と支出状況」で寄付金名簿と会計報告が為され、「第一届族委会人員名簿」の掲載、「後記」と締めくくられる。

一見して明らかな点は、楊一族にはこれまで述べてきたような「イ族的」な伝統がほとんど継承されてこなかったため、自らがなぜ「楊」姓でなぜ「イ族」であるかについては事実上確かめる術を持たず、むしろ姓が「楊」であることを出発点として中国の伝統的な姓「楊」に自身のルーツを仮託し、参照可能な範囲での漢語地方文献の記載を手がかりとして[10]、一族の来歴を移住漢族が「イ族化」したものと位置付けた、言うなれば漢語文献の記載を素材として、自身の来歴を再構成していることである。むしろ彼らにとっては族譜編纂を契機に断片的伝承と隣接地域同姓村への調査を実施して、疎遠となっていた同族との系譜を回復し、一族の団結を再確認して祠堂建設に至ったことこそが祝うべき成果であり、「イ族」であることは背景に遠ざかり、むしろ漢族的な宗族の再興に近いということができよう。

もっともイ語による祖地景観表現の存在や、祠堂を持たず急峻な岩山の洞窟に位牌を安置していたと推測される点など、考証の方法次第ではイ族的伝統の名残りも相応に確認できた可能性はあるが、楊氏一族はむしろ「姚二〇〇六」などに示される、現代族譜編纂の趨勢に沿って、漢語の地方文献や中国式知識資源を素材に、一族の伝統の回復を図って族譜を完成させることを選んだ。

かくして楊氏一族の「歴史」は、祖先・系譜と移住の記憶を根幹としつつも、漢文地方文献の記載に基づき再構成していったものでイ族的「歴史」とは大きく離れたものとなったかに見えるが、見方を変えるとイ族の「歴史」は階層を問わず中国化や近代化といった周囲のコンテクストに則り、その都度利用できる「素材」を組み入れつつ、自らの「歴史意識」の自己再生を繰り返し「歴史」を構築してきた営みという点では普遍的側面を見出せるものと言える。(11)

五　おわりに――「歴史」が資源として利用されるとき

これまで検討してきた点を再確認すると以下の通りとなる。

中国西南に居住するイ族のうち、雲南省・四川省・貴州省の交界地域を地盤とする東部方言群の集団のイ族上層階層は、「六祖神話」をはじめとする神話・英雄譚・氏族の系譜と源流・移住などが混在した長編〝叙事詩〟を自らの「歴史」としてアイデンティティを共有し、幾つもの小国家群に分立して地域の実効支配を行ってきた。

ところがイ族の自らの「歴史」をものがたる「語り」の内容や形式、素材は多様に変化する。イ族東部方言区における明代土司支配地域では、中国王朝との接触のなかでイ文化は漢文化と習合し、イ漢合璧の石碑という新たな形式が現れる。また清代の雲南東北部・武定の那氏一族の事例でみたとおり、王朝が要求する土司官職継承の証明は、しばしばイ族の伝統そのものからではなく、中国王朝のコンテクストに沿って漢籍より借用した中国的プロットにより記され、自らの「歴史」を外部に向け表出する際に利用される知的資源は戦略的に選択されていた。中国王朝による直轄地化で中華的社会秩序が優勢となり、清朝中期以降、イ族伝統が危機に瀕すると、貴州余氏一族を代表としてイ族伝統と当時の漢文化の支配的言説と形式を習合させ、漢族家譜の形式を借用することで、系譜と源流つまり「歴史」の継承が図られる。たとえ漢族的な文化要素が大幅に導入され、習俗は変化し、記録手段が漢字になろうと、イ族自身の「根源」への意識は、構成要素が大幅に入れ替わろうと強固に保持されてきていた。

それでは自身の伝統が曖昧である場合、「自らをものがたる」営為は一体いかなるものとなるのか。既にみたとおり、雲南昭通の楊氏一族は自らの系譜や源流が曖昧な中、祖先・系譜と移住の記憶を根幹としつつも、地方文献はじめ自身に関わるあらゆる入手可能な知識資源を動員し、現時点で最も妥当である現代族譜編纂を通じて「宗族」を「復元」、疎遠になっている同宗集団を再度結合し今後の発展を期する「歴史ものがたり」として結実させた。結果的に現代のレッテル化した「イ族」からは些か離れたところに着地したが、自文化のどの要素を強調するかはその時のコンテクストに依拠することを考慮すれば、そのこと自体は大きな問題ではない。

着目すべきはその時代の要請に合わせ、自らにとって「実用的な過去」のプロット［ホワイト　二〇一八］を再構成するために、その時代の公定的枠組に合わせ利用可能な知的資源――この場合は漢文地方文献――に基づき再構成しようとする営みが、イ族が歴史上連綿と繰り返してきた営みと類似した構図を有する点である。

しばしば「資源」という語は、国家などによる意味づけと動員のコンテクストにおいて使用されてきたこともあって、国家主導の支配的あるいは抑圧的なニュアンスを帯びてきた面は否定しがたい［佐藤　二〇一八：七〇］。実際イ族の「歴史」においても、現代国家による現行「中華民族」枠内に沿う点では同根の、但し異なるベクトルの二つの潮流――「公定史」とイ族中心主義的歴史――を生み出し、「歴史」が「資源」として活用されていることについては既に述べた。

一方で、イ族がこれまで紡いできた様々な「歴史」は、各時代の公定的枠組より大幅に材料を借用し、一面でその時代の主流に適合するよう表出され、また一面では自身を支える「ものがたり」としての伝統を柔軟に継承するために活用され生み出されてきたものであった。そこには「活用可能」なあまたの資料を「必要に応じて」組合せ、借用・翻案しつつ新たに混淆的な「歴史」を紡ぎだすという、すなわち「外部からもたらされた思想、物、または習慣が、ある文化によって吸収または「秩序化」されるが、その過程で（ある決定的な段階を通過すれば）その文化は「再秩序化」され、古い要素が新たな配列へと組み替えられる「結晶化」「再配置」の営為［バーク 二〇一二：一二四］があり、しかもそれは必ずしも「上からの」支配的な権力関係を前提とした「均質性」へと収斂するとは限らない、ささやかな「リユニオン」をもとめ未来へ繋ぐ「歴史」を求める方向性をも見出せるように思われる。

こうして様々な主体によりコンテクストの異なる「歴史」的記載や資料も、時に自らを支えるストーリーを構築するための「利用可能な」資源として、「複数」の「歴史」のために「利用」される性質を持つと言うことができるが、「そのプロセスは……どの程度無意識的で集団的なのか、またどの程度創造的な個人の業なのか」［バーク 二〇一二：一二四］、そして著しい文化創造・変容を経てなおアイデンティティは担保しうるのか、可能であるとすればその枢要は奈辺にあるのか、ということが課題となろう。その場合、しばしば「歴史」の関鍵となってきた「記憶」と、周辺をとりまく知的資源・言説との間のコンテクストについて改めて考察する必要があろう。

注

（1）中華人民共和国国家統計局・国家数据 http://data.stats.gov.cn の二〇一〇年中国人口普査資料に基づく。また ベトナム社会主義共和国英国大使館サイト http://www.vietnamembassy.org.uk/population.html の二〇〇七年統計及び［新谷・ダニエルス・園江 二〇〇九：三四―三五］参照。

（2）［黄 二〇一〇］は多数のイ族史詩文献の版本による記載の異同について整理を行った労作である。ここでは［陳二〇〇四］の記載も参考にしつつ、主要な共通点についてのみ触れる。

（3）それゆえ大半のイ文文献は紀年法を欠き、手抄本として伝承されてきたことで成書年代の特定も困難であり、史料としての利用には注意が必要であることはしばしば指摘される（［温　二〇〇八：二五］など）。そこでこれまでの歴史研究では年代が確定できる漢籍中の、当時のイ・漢両文化に通暁した人物によるイ文文書の（古典）漢文翻訳の記載――たとえば貴州の道光『大定府志』など――の利用が先行した。

（4）うち精選された九五点が『彝文金石図録』第一～三輯として出版されている［貴州省畢節地区民委・六盤水民委・大方県民委編　一九八九・一九九四、貴州省畢節地区民委・貴州省畢節地区彝文翻訳組・貴州省赫章県民族宗教事務局古籍弁・貴州省畢節地区彝学研究会編　二〇〇五］前文参照。

（5）明代では、王朝側の推進したい漢族式の宗法に基づく長子相続の原則は必ずしも貫徹せず、イ族政権の慣習に基づき、官位の継承は時に女性や直系ではない親族に受け継がれることがあった（［武内　二〇一五］参照）。

（6）同様のものにイ文の記載を含む『水西安氏族譜』がある。

（7）イ族上層階層に漢文化が深く浸透した事例としては、イ族的伝統をむしろ払拭し漢族化を図ろうとした貴州普底黄氏の事例がある［温　二〇〇八：二八六―三〇九］。また清代以降、貴州余氏をはじめイ族上層階層はしばしば詩文集を残しており、現代でも［芒部府隴氏後裔（編）　一九九七］のように漢文文集のかたちで「歴史」資料の出版などがみられる。

（8）なおその内容は［楊布生・彭定国・楊特英　二〇〇〇］からの抜粋であり、中国史上に登場する楊姓の人物と自らの楊姓との関わりについては言及されていない。

（9）但し宣威楊氏は民族区分についてイ族か否か言及していない点、また姓が楊氏であるのみで歴史上の人物と自身の家系を結び付けうるかについては疑問が残るといえよう。

（10）この点は現代族譜編纂ハンドブックともいうべき［姚　二〇〇六］の方法論が参照されている可能性が高い。

（11）現在楊一族がイ族であるメリットが特に無いため「イ族性」は殊更には強調されないが、社会的文脈が変わりイ族であることがメリットになった場合、趨勢が一気に変わることは想像に難くない。

参考文献

〈日本語文献〉

井上徹

二〇〇〇　『中国の宗族と国家の礼制』研文出版。
神戸輝夫
二〇〇二　「清代雲南武定県彝族那氏土司の活動について」『大分大学教育福祉科学部研究紀要』二四、二。
佐藤健二
二〇一八　『文化資源学講義』東京大学出版会。
新谷忠彦・C・ダニエルス・園江満（編）
二〇〇九　『タイ文化圏の中のラオス――物質文化・言語・民族』慶友社。
武内房司
二〇一五　「彝族「女土官」考」『アジア遊学』一九一。
西田龍雄
一九八〇　『倮儸譯語の研究』松香堂。
野本敬
二〇一二　「清代雲南武定彝族土目那氏の動態にみる官―彝関係」『国立民族学博物館調査報告』一〇四。
二〇一六　「イ族史叙述にみる「歴史」とその資源化」塚田誠之編『民族文化資源とポリティクス』風響社、四三一―四五八。
バーク、ピーター
二〇一二　『文化のハイブリディティ』法政大学出版局。
ホワイト、ヘイドン
二〇一七　『実用的な過去』岩波書店。

〈中国語文献〉
北京図書館蔵家譜叢刊・民族巻四十八
二〇〇三　『水西安氏族譜（彝族）』北京図書館出版社。
陳士林・辺仕明・李秀清
一九八五　『彝語簡志』民族出版社。
陳世鵬

二〇〇四　『黔彝古籍挙要』貴州民族出版社。
方国瑜
一九八四　『彝族史稿』四川民族出版社。
学習院大学東洋文化研究所
一九九九a　『彝族族譜資料（Ⅰ）　且蘭考』学習院大学東洋文化研究所調査研究報告四七。
一九九九b　『彝族族譜資料（Ⅱ）　雄書安氏家譜　通雍余氏宗譜』学習院大学東洋文化研究所調査研究報告四八。
貴州省畢節地区民委・六盤水民委・大方県民委編
一九八九　『彝文金石図録』第一輯、四川民族出版社。
一九九四　『彝文金石図録』第二輯、四川民族出版社。
貴州省畢節地区民委・貴州省畢節地区彝文翻訳組・貴州省赫章県民族宗教事務局古籍弁・貴州省畢節地区彝学研究会編
二〇〇五　『彝文金石図録』第三輯、四川民族出版社。
黄季平
二〇一〇　『彝族的源流史詩』国立政治大学民族学系博士論文。
会沢県史編纂委員会
一九九三　『会沢県史』雲南人民出版社。
芒部府隴氏後裔（編）
一九九七　『芒部府隴氏詩文集』（自費出版）。
温春来
二〇〇八　『従〝異域〟到〝旧疆〟　宋至清貴州西北部地区的制度・開発与認同』北京：生活・読書・新知三聯書店。
楊安朝
二〇一六　『滇東北楊氏彝族族譜』（自費出版）。
楊布生・彭定国・楊特英
二〇〇〇　『中華姓氏通史・楊姓』東方出版社。
姚建康（編著）
二〇〇六　『家譜編修指南』雲南人民出版社。
朱琚元編

一九九八　『彝文石刻訳選』雲南民族出版社。
張純徳・李崑
二〇〇七　『彝学探微』雲南大学出版社。

自民族の歴史を書く
――『トン族簡史』から『トン族通史』へ

兼重　努

一　はじめに

本稿では文字媒体による歴史に注目し、自民族の歴史の記述という営為に焦点をあてることにより、歴史の資源化について考える。とりあげるのは、西南中国の少数民族トン族（侗族）の事例である。トン族知識人のうちの誰が、どういった目的で、いかなる歴史を、どのように記述しようとしているのか。

1　中国社会における歴史

歴史学者岡田英弘は「歴史というのは文化だ。それぞれの文明にとって、歴史という文化はそれぞれ違った役割を持っているし、違った構造を持っている」と指摘している［岡田 二〇〇一：一三七］。

中国社会の場合、歴史は文字媒体によって、歴史書や碑文という形態で記録・伝達されてきたことが多い。文字で記録することは社会的に意味をもつ営為として重視され、これまで膨大な歴史書や碑文が作成されてきた。中国社会において歴史とは「政権・イデオロギーの利害得失を代辯、説明、主張するものであっ」た［岡本二〇一六：二〇九]。その伝統は現在でも受け継がれ、為政者は政治的な目的のために歴史書の編纂、石碑の建立を行ったり、歴史の記述を政治的目的に応じて参照・引用したりしている［Unger 1993］。

碑文と比べると歴史書は中国社会内外に広く流布・参照されやすい。そこで本論では、歴史書に注目する。ここでは、ある目的のために歴史を書くことを「歴史の資源化」と捉え、歴史書の編纂における編・著者たちの政治的な目的に注目する。

政治的な目的を以て歴史書が書かれる場合、事実の記述が尊重されるとは限らない。事実の改竄や捏造を伴う場合もありうる。このことを念頭におきつつ、歴史書の記述の虚の部分と実の部分を注意深く弁別することが必要となる。

虚と実の弁別は、揚げ足取りのために行うわけではない。数ある実（＝史実）の中から何を選んで記述するのか、なぜ虚（とわかっていながらそれ）を記述しようとするのか。そこのところの事情を明らかにしてこそ、執筆者の意図、願望そして政治的な目的の機微について理解を深めることができる。虚と実の弁別はそのために不可欠な基礎作業なのである。

２　中国の歴史書と非漢族

中国の歴史書には非漢族（少数民族）に関する記述も含まれている。その執筆者の多くは漢族の儒教知識人であり、記述言語は漢文であった。非漢族のうち、独自の文字をもっていたモンゴル人、チベット人などを除き、文字をもたない民族——本稿で対象とするトン族もこれに含まれる——は漢族側から記述される対象であった。

そうした状況に変化が生じたのは中国共産党政権下、一九五〇年代になってからだ。五〇年代後半にはすべての少数民族を対象に、民族ごとの歴史書（『民族簡史叢書』）の編纂が国家プロジェクトとして始まった。執筆者には当該民族の知識人が取り込まれ、少数民族知識人たちは自民族の歴史を漢語で記述する機会を得るようになった。多くの少数民族において、『民族簡史叢書』の編纂を機に自民族を対象とした、体系だった歴史がはじめて構築された。それはトン族の場合も同様である。

二　『民族簡史叢書』から『ポスト簡史』へ

『民族簡史叢書』は、国家による公式・正統な各民族の歴史記述の創出、すなわち、国家主導の歴史の資源化の代表的事例として捉えることができる。

一九五〇年代、民族識別工作を行うことにより、国家はまず少数民族という政治的かつ人工的な枠組みを誕生させ、つづけて各民族の歴史書の編纂に着手した。アメリカの人類学者リジンガーは、『民族簡史叢書』の編纂による少数民族の歴史の構築がどのような政治的目的をもつのかを問い、多民族国家中華人民共和国という「想像の共同体」へ各民族を取り込もうとする国家側の政治的思惑について指摘した［Litzinger 1995: 117］。

二〇〇〇年代に入ると『民族簡史叢書』の改訂版（修訂本）が一斉に編纂・出版された。『民族簡史叢書』のあとにも、少数民族を対象とした歴史書の刊行は散発的ではあるが続いている。一九九〇年代以降、いくつかの民族を対象に、『××族史』や『××族通史』と銘打った、新しい歴史書群――ここでは一括して『ポスト簡史』と呼ぶこととしたい――が編纂・公刊されている。執筆者は当該民族の知識人である場合が多い。

1　『ポスト簡史』と『民族簡史叢書』の違い

『ポスト簡史』は、『民族簡史叢書』と性格を異にする。三点あげておこう。

第一に、『ポスト簡史』は国家プロジェクトによるものではない。そのため記述内容や章だては統一されていない。いっぽう、『民族簡史叢書』は国家の統一編纂プロジェクトであったため、編纂方針や書式には統一規格があてはめられた。

中国の歴史書は正史と野史に区分されている。正史とは国家によって編纂された公式の歴史書を指すのに対し、野史とは官命によらず在野の人が編纂した歴史書を指す。『民族簡史叢書』は正史に、『ポスト簡史』は野史に相当する。先に、『民族簡史叢書』は国家による歴史の資源化と述べたが、『ポスト簡史』は民間による歴史の資源化と位置づけることができる。

第二に、『ポスト簡史』は『簡史』と比べて編纂・刊行時期が一〇～三〇年遅い。一九五〇年代に編纂が始まり、改革開放政策実施後間もない一九七〇年代末から一九九〇年代にかけて刊行された『民族簡史叢書』はマルクス主義史観にもとづいている。いっぽう、『ポスト簡史』の多くは、市場経済化が大きく進展し、学術においてもマルクス主義の影響がかなり後退した二〇〇〇年代以降に編纂・公刊されている。

第三に、『ポスト簡史』は野史であるため、正史である『簡史』に比べると、記述の国家統制はいくぶん弱いと推定される。現政権下の中国では、野史であっても、公開出版には国家による検閲が不可避なため、完全に自由な記述は不可能である。しかし正史に比べると多少の自由度はあり、『簡史』では書けなかった事項を書き込む若干の余地が生じているとみてよいだろう。

２　『簡史』と『ポスト簡史』比較の意義

そこで本稿では、同一民族を対象に『簡史』と『ポスト簡史』の記述を比較し、後者において何がどう加筆・改変されたのかを分析することにより、少数民族知識人たちが自民族の歴史の新たな記述に託した意図、願望そして政治的な目的の一端を明らかにしていきたい。

各民族のかかえる事情や歴史的背景はそれぞれ異なる。したがって、歴史を書くことに託した意図、願望や政治的な目的には多様性があろうかと想定される。実際に『ポスト簡史』をひも解いてみると、強調事項は民族によって異なっていることがわかる。たとえば『中国彝《イ》族通史』（二〇一二年刊）においては、イ族は紀元前四五〇〇年以来の長い歴史をもつ民族であることが強調されている［王 二〇一二：一二］。『拉祜《ラフ》族史』（二〇〇三年刊）においては、ラフ族の故地を青海省と同定し、現在の居住地雲南省への詳細な移動経路の復元が強調されている［梁主編、政協瀾滄拉祜族自治県委員会編 二〇〇三］。

3 『民族簡史叢書』に関する先行研究

『民族簡史叢書』に関する民族別の事例研究としては、『彝族簡史』、『瑤《ヤオ》族簡史』に関するもの［Harrell 1995, Litzinger 1995, 2000］があり、いくつかの指摘がなされている。ここでは重要な三点に絞って紹介しておこう。これらの指摘は、中国の少数民族に広くあてはまると想定されるものであり、注目に値する。

1 歴史記述と民族アイデンティティ

イ族の場合、民族識別工作以前からその歴史はさまざまな立場の人々によって書かれてきた。ハレルは民族識別工作より前の時期と後の時期に書かれた複数のイ族の歴史を分析し、（イ族の）出自を証明するためには、まず歴史を書かなければならなかった、と指摘している。たとえ、その歴史が外部の人々によって書かれたものであっても、歴史を持つことによって、少なくともイ族の学者たちは、イ族としてのアイデンティティを獲得したのだ、と指摘している［Harrell 1995: 66］。

『イ族簡史』が、イ族に関するその他の歴史書群と決定的に異なるのは、それが国家プロジェクトによる公式の歴史書「正史」であることだ。

これをふまえ、ハレルの論を以下のように敷衍することができるであろう。『イ族簡史』の編纂は、イ族という民族カテゴリーが正統的なものであることを国家が公式に示すものであり、『イ族簡史』のおかげで、少なくともイ族の学者たちは、中国国家公定の少数民族イ族という民族アイデンティティを獲得することができた。正史としての『イ族簡史』は、民間人の立場によって書かれてきた数多くの野史を凌駕する、最も強力なお墨付きを与えるものとなったと言えよう。

２　少数民族知識人の描きたい歴史と国家が描きたい歴史の齟齬

『ヤオ族簡史』の記述について詳しく検討したリジンガーは、中華人民共和国のエスニックな歴史を書くプロジェクトにおける最も重要な戦略的な動きの一つは、調査と記述の過程に少数民族の臣民を参加させることであったと指摘している［Litzinger 1995: 122］。リジンガーは、ヤオ族エリートが『簡史』の執筆に加わった体験とその後の影響について、聞き取り調査をもとに以下のように言及している。

『ヤオ族簡史』においてヤオ族エリートは、以前ドミナントだった儒教知識人の歴史記述の伝統において、沈黙させられた（ヤオ族の）過去を再発見したり、それを記述したりした。さらに、境界をもった民族コミュニティとして、ヤオ族を他（の民族）と区別する、公式の表象となりうるヤオ族の歴史、社会そして文化という概念を構築した。これらの歴史は多くのヤオ族の学者、地方の教師、共産党員の口にのぼっており、自分をヤオ族とする感覚の重要な一部分となっている［Litzinger 1995: 136］。

しかし、ヤオ族エリートは自分たちの意のままに書けたわけではなかった。『民族簡史叢書』はマルクス主義イデオロギーの縛りで統制されていたからである。

ハレルは『イ族簡史』における歴史記述に以下のような制約がつけられていたことを指摘している。民族識別工作の完成により、厳粛な歴史的題材はすべて、「歴史は、（ある一つの民族）カテゴリー全体に共通している」ことを証明するのに資するものでなければならなくなった。そして歴史とは、それらの（民族）カテゴリーあるいは支系が、五つの普遍的な段階をいかに経過してきたのかを示すものでなければならなかった［Harrell 1995: 84］。

このハレルの指摘は、『民族簡史叢書』全体に共通してあてはまる基本方針なのである。

社会の五つの普遍的な発展段階として、マルクスは、①原始社会→②奴隷社会→③封建社会→④資本主義社会→⑤社会主義社会をあげている。

『ヤオ族簡史』に戻ろう。国家が描きたいヤオ族の歴史について、リジンガーは以下のように指摘している。

ヤオ民族の歴史はマルクス主義者によって、進化論的歴史記述により構築された。『ヤオ族簡史』では、ヤオ民族の社会発展における連続する諸段階が描きだされ、ひとつの段階から次の段階への移り変わりの要因となる社会的な力が特定された。ヤオ族は、歴代の「封建的」王朝による抑圧に遭遇した、重要な歴史上のエージェントとして表象された。ヤオ族は社会的経済的に後進的であったがゆえ、中国のいわゆる過去の「封建」時代という要因のもと、革命的な精神をもつにいたった、と描かれている［Litzinger 1995: 128］。

ヤオ族にとって、道教とは自分たちのアイデンティティの中核をなす文化要素であった。しかし、『ヤオ族簡史』では、道教はヤオ族の社会進化における原始性と封建性の残存物として否定的に描かれた［Litzinger 1995: 137］。また、ヤオ族は多くのサブグループを有するが、『ヤオ族簡史』では、サブグループの歴史や文化の多様性は描かれることなく、均質的なヤオ族像が結ばれている［Litzinger 1995: 122］。

当該民族の知識人が自民族のアイデンティティの中心とみなしている文化要素が、国家の見解を基準に否定的に記述されたり、民族内部のサブグループ間の差異があたかも存在しないかの如く扱われることも、『民族簡史叢書』全体に広くあてはまる傾向と想定される。

３　少数民族エリートと一般人の間の懸隔

歴史の記述が当該民族に与える影響については、学者や役人などのエリートと一般人を分けて考えなければならない、という主旨の指摘はイ族［Harrell 1995: 66］のほか、ヤオ族においてもなされている。リジンガーは（歴史を）書くことと（書かれた歴史が）普及することとは区別せねばならない、として以下のように指摘している。

多くのヤオ族の農民にとっては、これらの公式な歴史（筆者注：『ヤオ族簡史』をさす）はすぐさま意味をもつわけではない。彼等はほとんどそれを読まないし、それは大多数のヤオ族の村に広く伝わっている口承の歴史的伝統にまだとってかわってはいない。むしろ、学者や地方行政官や教師など、国家機関に関係する人々にとってそれは意義深いのである［Litzinger 1995: 138］。

4　『ポスト通史』に関する先行研究――問題点と課題

最後に『ポスト通史』に関する先行研究についてみておこう。『ラフ族史』編纂の際、ラフ族エリートは神話とラフ語を用いることによって、史書の記述の空白を補い、ラフ族の歴史を再構成した。そのため『ラフ族史』は、普通のラフの人々が了解している歴史とは異なる歴史を創り出してしまったことが指摘されている［馬二〇一三］。ほかに、楊海英による『蒙古族通史』の記述の紹介［楊　二〇〇二：四八〇―四八四］、野本による『中国イ族通史』に関する論評［野本　二〇一六：四四四―四四八］も出ている。

『簡史』と『ポスト簡史』の比較を試みた研究はきわめて少ない。管見の限りでは、Chen による『ヤオ族簡史』と『ヤオ族通史』の記述の異同を検討した研究［Chen 2011］が出ているのみである。

先行研究においては、『民族簡史叢書』の記述の特徴や執筆者に関する基本的な指摘はされているが、『ポスト簡史』に関してはほとんど手つかずの状態である。また、先に紹介した Chen による研究［2011］においてはテキストの文言の分析は大ざっぱな段階にとどまっている。文言の細部に重要な論点が潜んでいる可能性も想定されるため、今後緻密に掘り下げていく作業が必要不可欠である。

三　『トン族簡史』から『トン族通史』へ

本節ではこれまで事例研究として言及されることがなかったトン族知識人による自民族の歴史の記述の事例をとりあげ、『侗族簡史』（その改訂版も対象とする）と『侗族通史』の記述を比較し、何がどう加筆・改変されたのかを分析していく。

ここでトン族の概況について紹介しておこう。トン族（侗族Dong zu）とは漢語による他称であり、自称はカム（gaeml）あるいはチャム（jaeml）という。言語の系統からみるとタイ系民族に属する。

人口は約二九六万人（二〇〇〇年）であり、五五少数民族のうち第一一位である。主に貴州省（約一六三万）、湖南省（約八四万）、広西チワン族自治区（約三〇万）の三つの省・自治区にまたがって分布している。少し離れた湖北省にも約七万人が居住する。人口の半分以上が生活を営む貴州省がトン族の中心地とみなされることが多い。

つぎに、『民族簡史叢書』から『ポスト簡史』に至る流れを押さえ、さらに『トン族簡史』、『トン族簡史』（修訂本＝改訂版）、『トン族通史』の概要について述べることにより、『トン族簡史』から『トン族通史』への道のりを示してみたい（以下それぞれ『簡史』、『修訂本』、『通史』と適宜略記し、それらの記述を引用・参照する際には原則として頁数のみの表記とする）。

1　『民族簡史叢書』の編纂方針と改訂

『民族簡史叢書』は一九五〇年代中盤以降に出版が計画され、資料収集と編纂作業が始まった。まず一九六三年に『××族簡史簡志合編（初稿）』として一斉に非公開で出版された。しかし編纂作業は文化大革命などで頓挫し、改革開放政策実施以降に再開された。再開後は補充改訂作業が行われ、ようやく一九七八年から一九九一年にかけて順次公開出版されるに至った。

再開後の『民族簡史叢書』の編纂方針は以下のようなものだった。各民族の族源、族称、発展変遷、社会経済形態、（狭い意味での歴史にとどまらない）文化芸術、宗教信仰、風俗習慣、祖国統一への各時期における貢献などを記述する。そのうち族源、社会性質、歴史分期、歴史人物と歴史事件の評価などについては広く専門家の意見を求める。記載事項の下限は一九四九年までとし、解放後の発展情況は主に『中国少数民族自治地方概況叢書』の方に記載する［無記名　一九八二a：七一―七二］。

各民族の族源、族称に関しては、中国の歴史文献の中に記載されている非漢族の名称と現在の少数民族を対応させようとする志向性が見られる。実際、『民族簡史叢書』では、各民族が国家によって民族識別工作を経て新たに作られた範疇であることが表明されておらず、あたかもそれが太古の昔から存在したものであるかの如き印象を読者に与えるものとなっている［McKhann 1995: 46-47］。なお発展変遷、社会経済形態の記述はマルクス主義史観に基づいている。

国家民族事務委員会は、二〇〇五年から民族問題五種叢書の改訂再版を始める、と決定した。その際の総体原則は「基本的にもともとの姿を保持し、体裁と版本を統一し、新しい内容を加える」、「明らかに間違っている内容、観点、記述に対して訂正は加えるものの、改めても改めなくてもよいものは改めない。また、論争が大きいものは動かさず、注釈を以て説明を加える。必要とされる新たな内容は適量増やす。新中国成立以来、特に改革開放以来の各少数民族の発展の史実については補充する」［本刊記者　二〇一〇：五四］というものであった。

2　『ポスト簡史』の編纂

『ポスト簡史』を公刊している民族は現時点ではそれほど多くない。筆者が確認できた範囲では、一七民族にとどまっている（表1）。内訳をみると『××族史』は一〇民族、『××族通史』は一二民族、両方が出版されているのは五民族である。[1] なかには同じ民族内で、編者が異なる『通史』が複数公刊されている場合もある。多大な労力と資金を使って独自に歴史書を編纂している背景には、それ相応の目的や意図があるはずだ。

3　『トン族簡史』の編纂

『トン族簡史』は一九八五年に公開出版された。それから二三年後の二〇〇八年に、その修訂本が出版された。

表1　『ポスト簡史』の出版状況一覧

『×× 族史』編・著者，出版年，出版社	『×× 族通史』編・著者，出版年，出版社
『苗族史』伍新福・龍伯亜，1992，四川民族	『中国苗族通史』伍新福，1999，貴州民族 『苗族通史』呉栄臻，2007，民族（全5冊）
『瑶族史』呉永章，1993，四川民族	『瑶族通史』奉恒高主編，2007，民族（全3冊）
『壮族史』張声震主編；覃彩鑾編著，2002，広東人民	『壮族通史』黄現璠・黄増慶・張一民，1988，広西民族 『壮族通史』張声震，1997，民族（全3冊）
『納西族史』郭大烈・和志武，1994，四川民族 『納西族史』郭大烈・和志武，2014，雲南大学	『納西族通史』木麗春，2006，雲南人民
『彝族史要』易謀遠，2007，社会科学文献	『中国彝族通史綱要』《中国彝族通史綱要》編委会編；隴賢君，1993，雲南民族 『中国彝族通史』王天璽・張鑫昌主編，2012，雲南人民（全4冊）
『拉祜族史』梁克生主編；政協瀾滄拉祜族自治県委員会編，2003，雲南民族 『布依族史』黄義仁；貴州省布依学会・黔南布依族苗族自治州民族事務局編，1999，貴州民族 『黎族史』呉永章，1997，広東人民 『撒拉族史』芈一之，2004，四川民族 『錫伯族史』賀霊・佟克力，1993，新疆人民	『羌族通史』耿少将，2010，上海人民 『仫佬族通史』潘琦，2011，民族 『侗族通史』《侗族通史》編委会，2013，貴州人民（全2冊） 『蒙古族通史』内蒙古社科院歴史所《蒙古族通史》編写組，1991，民族（全3冊） 『蒙古族通史[修訂版]』内蒙古社科院歴史所《蒙古族通史》編写組，2001，民族（全3冊） 『蒙古族通史』泰亦赤兀惕・満昌主編，2004，遼寧民族（全4冊） 『裕固族通史』高自厚，2003，甘粛人民 『中国朝鮮族通史』金春善主編；金哲洙副編，2013 延辺人民（全2冊） 『満族通史』李燕光・関捷主編，1991，遼寧民族 『満族通史［修訂版］』李燕光・関捷主編，2003，遼寧民族

さらに五年後の二〇一三年になって、トン族知識人たちは独自に『トン族通史』を公開出版した。

まずは『トン族簡史』の編纂過程からみてみよう（表2）。

『トン族簡史』の編纂は、貴州省民族研究所が中心となり、『トン族簡史簡志合編（初稿）』（一九六三年）をもとに、その補充改訂を行うという形で行われた。作業にあたったのは六名で、そのうち四名は貴州省民族研究所のスタッフ、残りの二名のうち石若屏は広西三江県出身、楊権は湖南省通道県出身のトン族知識人である（表3）。

貴州省民族研究所の前身は『トン族簡史簡志合編（初稿）』の編纂を担当した中国科学院貴州分院民族研究所（一九六〇年一月に成立）である。貴州省民族研究所は文化大革命期に閉鎖され

表 2 『トン族簡史』の編纂過程

年月	事項
1979 年	貴州省民族研究所が計画を立て、副所長の向零が担当し、『トン族簡史』編写小組を組織
1979 年 12 月	貴州省民族研究所が貴州少数民族歴史学術討論会を開催。ミャオ族、プイ族、トン族、スイ族、コーラオ族の各『簡史』の改訂大綱について討論を行う
1981 年秋	『トン族簡史』（徴求意見稿）完成
1981 年 12 月	全国『トン族簡史』討論会の開催
1983 年か？	『トン族簡史』（送審稿）が完成
1983 年 10-11 月	貴州省民族問題五種叢書編輯委員拡大会議：送審稿に対する審査を行い、修正意見を出す
1984 年 8 月	貴州省民族問題五種叢書編輯委員会が改訂討論
1985 年 10 月	貴州民族出版社より『トン族簡史』公開出版

出典：［《侗族簡史》編写組 1985：179、本刊通訊 1980：62、無記名　1982b：125］

表 3 『トン族簡史』の執筆者（改訂脱稿者）

氏名	生没年，性別，民族，出身地	略歴，所属など
張　民	1927-2009，男，トン族，貴州省榕江県	トン族歴史研究，元貴州省民族研究所原副所長・副研究員，貴州トン学研究会顧問
寥耀南	1910-1987，男，漢族？，貴州省黎平県	本名は廖紹熹，貴州民族研究所職員，トン族歴史研究 *
呉永清	1934-，男，トン族，湖南省通道県	原名は呉華清，1961 年中央民族学院歴史系卒業，元貴州省民族研究所副所長
黄才貴	1945-，男，トン族，貴州省天柱県	貴州省民族研究所副所長，研究員，中国社会学会民族社会学専業委員会理事，貴州省文史研究館特聘研究員 **
石若屏	1925-1991，男，トン族，広西壮族自治区三江県	1961 年中央民族学院歴史系卒業，中南民族学院などの教師を経て，三江県党校高級講師
楊　権	1934-2002，男，トン族，湖南省通道県	元中央民族大学民語三系副主任・教授

出典（書籍）：［本刊通訊 1980：62、《侗族簡史》編写組 1985：179、欧 2003：65,105,169,232、無記名 1982b：125、冼　1995：390-391］
出典（インターネット）：
* 龍迅「貴州黎平廖耀南列伝」http://blog.sina.com.cn/s/blog_5e96090f0100w9l8.html（2018 年 10 月 1 日取得）
** 貴州省文史研究館ホームページ http://www.gzwsg.cn/list.aspx?iid=1686&mid=26&show=info（2018 年 5 月 15 日取得）

たが、一九七八年に貴州省民族事務委員会主管のもとで再開し、現在に至っている〔貴州省民族研究所編、陳国安主編　二〇一五：三〕。

１　『トン族簡史』（徴求意見稿）に対する議論

一九八一年秋に『トン族簡史』の徴求意見稿（広く意見を求めるための草稿）が完成し、同年一二月に討論会が開催された。その時に議論となったのは、以下の四項目であった。①族源：現在のトン族は歴史文献に記載のある民族名のどれと対応するのか。トン族は土着の民族なのか、外来の民族なのか、②トン族社会は奴隷制、反封建半植民地段階を経たのか否か、③歴史人物と歴史事件の評価：清代咸同年間の姜応芳による反乱の性質はいかなるものなのか、④トン族の文化芸術と生活習俗：歴史唯物主義の観点から科学的な分析を行うべき〔無記名　一九八二b：一二五―一二七〕。

２　『トン族簡史』の改訂作業

つぎに『トン族簡史』（修訂本）についてみておこう。

二〇〇〇年代中期に『民族簡史叢書』の改訂作業が国家プロジェクトとして行われた。『トン族簡史』の場合、改訂作業は貴州省民族研究所の手を離れることとなった。二〇〇六年、国家民族事務委員会は『トン族簡史』改訂の任務を西南民族大学に委託した。

責任者は『西南民族大学学報』編輯部副デスクの呉定勇（トン族）。そのほかのメンバーは石開忠（トン族、貴州民族学院（現貴州民族大学）教授、貴州省トン学研究会副会長）、呉大旬（トン族、貴州民族学院副教授）、楊銘（西南民族大学博物館研究員）であった。このうち、石開忠と呉大旬は後に『トン族通史』の編纂・執筆に参加しており、とくに

表4 『簡史』と『修訂本』の章だて対照表

『トン族簡史』1985年10月刊			『トン族簡史』(修訂本) 2008年7月刊			改訂者
	概況	1-8頁	第1章	概況	1-12頁	呉定勇・石開忠
第1章	族称族源	9-13頁	第2章	族称族源	13-17頁	呉定勇
第2章	原始社会遺跡	14-22頁	第3章	原始社会遺跡	18-25頁	呉定勇
第3章	封建社会初期	23-38頁	第4章	封建社会初期(明初到鴉片戦争前)	26-41頁	呉大旬
第4章	封建社会中期(明初到鴉片戦争前)	39-58頁	第5章	封建社会中期	42-61頁	呉大旬
第5章	半植民地半封建社会的形成和侗族農民大起義	59-80頁	第6章	半植民地半封建社会的形成和侗族農民大起義	62-84頁	呉大旬
第6章	半植民地半封建社会矛盾的加深和民主革命的高漲	81-99頁	第7章	半植民地半封建社会矛盾的加深和民主革命的高漲	85-102頁	呉大旬
第7章	新民主主義革命的勝利和侗族人民的解放	100-121頁	第8章	新民主主義革命的勝利和侗族人民的解放	103-122頁	呉大旬
			第9章	新中国成立初期到“文化大革命”前的政治、経済変化	123-168頁	石開忠
			第10章	改革開放後各項事業的発展	169-211頁	石開忠
第8章	文学和芸術	122-142頁	第11章	文学和芸術	212-235頁	呉定勇
第9章	生活習俗	143-162頁	第12章	生活習俗	236-255頁	呉定勇

改訂者名の出典:[《侗族簡史》編写組・《侗族簡史》修訂本編写組 2008:270]

石開忠はその主編を務めていることに留意しておきたい。

「適当修訂、適量続修」の原則に基づき、『トン族簡史』ですでに記述済みの内容に関しては小さな加筆修正にとどまっている。大きく変わったのは、『簡史』に盛り込まれなかった中華人民共和国成立後、とくに改革開放後のトン族地区の新面貌、新事物、新発展に関する記述が増補された点である(表4)。そのなかでとくに際立たせた内容は以下の二つである。

①鼓楼、風雨橋とトン族大歌というトン族文化の三つの瑰宝。

②平和を好み、団結を重視し、公益に熱心で、客好きというトン族の民族的性格と習俗風尚〔《侗族簡史》編写組・《侗族簡史》修訂本編写組 二〇〇八:二七二〕。

『修訂本』では、①に関しては鼓楼・風雨橋の国家重点保護単位への指定、トン族大歌の非物質文化遺産への登録が記述された（二二四、二三〇頁）。②に関しては第一章概況（一〇頁）を中心に新たに記述が加えられている。

『修訂本』では、改革開放後の新たな動向が書き加えられた以外には、基本的に従来の記述内容の大幅な「変更」は行われなかった。

4　『トン族通史』の編纂

『トン族通史』（二〇一三年　貴州人民出版社刊）の編纂にあたったのは、トン族の民間学術団体のメンバーたちである。二〇〇三年一〇月八日，貴州省トン学研究会と貴州民族学院トン学研究中心（以下トン学研究中心と略記）が貴州民族学院において「在貴陽トン族幹部座談会」を開催した。その席において、トン学研究中心が『トン族通史』の編纂を発議した。二〇〇四年四月二八日、貴州省トン学研究会がリーダーとなり、トン学研究中心が具体的な編纂作業を行うことが決定され、[2] 二〇〇五年より編纂が開始された。

トン学研究会とトン学研究中心はともに、トン族の知識人が組織している民間学術団体である。

1　トン族の民間学術団体

トン学研究会について知るには、それに先行する中国トン族文学学会から見ておく必要がある。中国トン族文学学会は一九八七年に設立された、省境を超えた非営利の学術団体である。正式名称は「中国少数民族文学学会トン族文学分会」、主要な活動はトン族文学に関する学術研究討論と交流活動である［無記名　二〇〇二：三三〇―三三二］。メンバーは地方政府関係者、作家や研究者など、地方政府機関や共産党組織にアクセスが可能なトン族エリートが主体であることに特徴がある。

会長の呉宗源（一九四五年生）は湖南省新晃県出身のトン族。彼は中国共産党員であり、湖南省の地方官僚の経歴をもつ。湖南省審計庁の庁長、中国共産党懐化地区委員会副書記、懐化市長を歴任。さらに第九届全国人大代表（日本の国会議員に相当）も務めている。彼はトン族に関する学術研究も行い、湖南省トン学研究会の会長も兼務している。

いっぽう、トン学研究会は省以下の地方行政区画を単位とする組織である。まず貴州省トン学研究会が一九八九年に成立した。この研究会は「トン学研究に志を持つ理論関係者と実践関係者の間で自主的に組織した民間人による学術団体」であり、貴州民族学院（現貴州民族大学）の付属機関という位置づけであった［無記名一九九〇：三九、四一］。二〇〇七年には広西トン学研究会と湖南省トン学研究会がそれぞれ成立した。トン族が多く居住する地区・自治州、県・自治県などでも、トン学研究会が次々に設立されている。

中国トン族文学学会と三つの省のトン学研究会ではメンバーの一部が重複しており、相互協力と連帯も行っている。三つの省のトン学研究会の間でも相互に協力・連帯関係がみられる。

二〇一八年一〇月一日現在、貴州民族大学の公式ホームページ[3]には、貴州民族大学の付属機関という位置づけで貴州省トン学研究会は掲載されている。いっぽう、「トン学研究中心」は掲載されていなかった。すでに廃止された可能性も考えられる。

2 『トン族通史』の執筆者

『トン族通史』の執筆者は一一人である（表5）。『トン族簡史』の改訂作業にも関与した石開忠が主編を務め、全体の原稿を統括している［《侗族通史》編委会 二〇一三：六四一］。

表５『トン族通史』の執筆者

氏名	生没年，性別，民族，出身地	生没年・性別・民族・出身地・略歴・所属など
呉万源	1932-，男，トン族，湖南省通道県	元湖南省民族事務委員会職員，中国少数民族文学学会トン族分会会員
石開忠	1958-，男，トン族，貴州省黎平県	博士，貴州民族大学民族学与社会学学院院長，教授，博士研究生指導教員 *，貴州トン学研究会副会長
潘永栄	1968-，男，トン族，貴州省従江県	貴州民族学院少数民族語言文化系トン語専業卒業，貴州省民族研究所学術秘書・語言研究室副主任
呉大旬	1962-，男，トン族，湖南省新晃県	法学博士，中央民族大学卒業，西北大学修士課程・中央民族大学博士課程修了，貴州民族大学民族文化学院教授 **
覃紹英	1949-，女，トン族，広西壮族自治区三江県	第五届全国人大代表，全国人大民族委員会委員，広西壮族自治区党委候補委員，貴州省民族事務委員会副巡視員，中国少数民族文学学会トン族文学分会副会長
楊序順	1944-，男，トン族，貴州省天柱県	元貴州省人大常委会副主任，1997 年中共十五大代表，貴州省トン学研究会顧問
石　慧	1986-，女，トン族，貴州省貴陽市	修士（人口学），貴州民族大学民族与社会学院講師，専門：社会工作，人口学 ***
陸景川	1955-，男，トン族，貴州省錦屏県	黔東南州政協文史与学習委員会主任，政協黔東南州第十届委員会委員・常委 ****，中国少数民族文学学会トン族分会副会長
呉躍軍	1967-，男，トン族，湖南省新晃県	貴州省トン学研究会会員，中国少数民族文学学会トン族分会理事
石庭章	1931-，男，トン族，貴州省従江県	元従江県人大常務委員会副主任，貴州省トン学研究会理事
石佳能	1964-，男，トン族，湖南省通道県	中南民族学院政治法律系卒業，中共懐化市委民族委員会副主任，中国少数民族文学学会侗族文学分会常務副会長，湖南省トン学研究会副会長兼秘書長 *****

出典（書籍）：[《侗族通史》編委会 2013：641、欧 2003：11, 17, 70, 71, 128, 192, 255, 265]
出典（インターネット）：
* 貴州民族大学ホームページ http://mzshxy.gzmu.edu.cn/info/1008/1308.htm（2018 年 5 月 15 日取得）
** 呉躍軍【侗族通覧】「貴州民族大学民族文化学院教授、法学博士呉大旬」http://blog.sina.com.cn/s/blog_3e5b17040102e2bj.html（2018 年 5 月 28 日取得）、呉躍軍「貴州民族大学民族学与社会学学院副院長呉大旬法学博士、教授」http://blog.sina.com.cn/s/blog_3e5b17040102x8ed.html（2018 年 5 月 28 日取得）
*** 貴州民族大学ホームページ http://mzshxy.gzmu.edu.cn/info/1009/1280.htm（2018 年 4 月 28 日取得）
**** 栄昭「全国知名民間文芸家、民俗学家和侗族作家陸景川」http://blog.sina.com.cn/s/blog_5ead61430100g4gl.html（2018 年 5 月 5 日取得）
***** 呉躍軍「一個侗族学者、民間文芸家石佳能的二〇一四年」http://blog.sina.com.cn/s/blog_3e5b17040102vbuh.html（2018 年 10 月 5 日取得）、
「石佳能――侗族学者」http://www.ssp1337.com/index.php?m=content&c=index&a=show&catid=19&id=2714（2018 年 5 月 5 日取得）

表 6 『トン族通史』の章だてと執筆者

『トン族通史』 2013 年 11 月　貴州人民出版社	
目次	執筆者
導言　1-40 頁	
1　侗族歴史概述	呉万源・石開忠
2　語言系属	潘永栄
3　侗族分布 4　侗族地区的地理環境 5　文化特徴 6　宗教信仰 7　社会結構	石開忠
第 1 編　従遠古到明朝的侗族　41-158 頁	
第 1 章　原始社会	呉万源
第 2 章　渓峒及羈縻州県 第 3 章　侗款制度 第 4 章　土司制度 第 5 章　改土帰流	石開忠
第 2 編　清朝時期的侗族　159-310 頁	
第 1 章　流官統治地区 第 2 章　土司制度沿襲的地区	石開忠
第 3 章　政区調整与設官建制 第 4 章　交通与経済開発 第 5 章　清朝後期的統治政策	呉大旬
第 6 章　改土帰流的実施 第 7 章　反抗闘争 第 8 章　婚俗改革 第 9 章　文化教育 第 10 章　文学芸術	石開忠
第 3 編　民国時期的侗族　311-396 頁	
第 1 章　五族共和及侗族研究 第 2 章　辛亥革命与北伐時期 第 3 章　紅軍対侗族地区的影響 第 4 章　抗日戦争時期 第 5 章　文化教育 第 6 章　文学与芸術	石開忠
第 4 編　中華人民共和国建立後的侗族　397-529 頁	
第 1 章　侗族地区的解放、人民政権的建立 第 2 章　侗族名称認定与《民族問題五種叢書》及地方志書的編撰	石開忠
第 3 章　民族区域自治	覃紹英・楊序順・石開忠
第 4 章　侗族地区人口、経済与社会発展	石慧・石開忠・楊序順
第 5 章　語言調査、教育、医療衛生事業、侗学及錦屏文書研究	石開忠・潘永栄・楊序順・陸景川
第 6 章　文学芸術	陸景川・石開忠
第 7 章　改革開放後侗族社会的発展	石開忠・楊序順
第 5 編　人物編　530-623 頁	
第 1 章　清及以前 第 2 章　民国時期人物 第 3 章　当代人物	呉万源・陸景川・呉躍軍・石開忠・石庭章・石佳能・楊序順

表７『修訂本』と『通史』の章だて対照表

『トン族簡史』（修訂本）2008 年 7 月		『トン族通史』 2013 年 11 月
第 1 章	概況	導言
第 2 章	族称族源	第 1 編　従遠古到明朝的侗族
第 3 章	原始社会遺跡	
第 4 章	封建社会初期（明初到鴉片戦争前）	
第 5 章	封建社会中期	第 2 編　清朝時期的侗族
第 6 章	半植民地半封建社会的形成和侗族農民大起義	
第 7 章	半植民地半封建社会矛盾的加深和民主革命的高漲	第 3 編　民国時期的侗族
第 8 章	新民主主義革命的勝利和侗族人民的解放	
第 9 章	新中国成立初期到“文化大革命”前的政治、経済変化	第 4 編　中華人民共和国建立後的侗族
第 10 章	改革開放後各項事業的発展	
第 11 章	文学和芸術	第 5 編　人物
第 12 章	生活習俗	

３　『トン族通史』の新機軸

『通史』では記述量が大幅に増加した。『簡史』は一八〇頁、一三万七〇〇〇字（『修訂本』では二七一頁、二四万字）であったが、『通史』は上下冊あわせて六四一頁、一〇〇万字となった。そのため『通史』では記述内容が格段に詳細になっている。

『通史』には編纂・記述の目的・方針や意図など肝心な事項について概括的な説明が付されていない。そこで我々は『簡史』・『修訂本』と対比させながらテキストを熟読することにより、それらを読みとっていくしかない。

『通史』の記述内容の新機軸はどこにあるのであろうか。『通史』と『簡史』（『修訂本』）の記述を丹念に比較検討する作業を行ったところ、三つの相違点が浮かび上がってきた。

①発展段階から王朝別の時代区分へ

『簡史』（『修訂本』）と『通史』では時代区分が大きく変化している。『通史』はマルクス主義の社会歴史観と民族学の原理について言及している（四一、四三頁）ものの、実際に採用している時代区分は、羈縻政策、土司制度、改土帰流など、歴代王朝がトン族居住地域を対象に繰り出した非漢族統治政策にもとづくものである（表６、表７）。なお、

表8　スターリンの民族定義との比較

トン族形成の歴史の過程の明確な特徴	スターリンの民族の4定義
⑴統一的な民族名称をもつ	⑴共同の言語
⑵共同の分布地域をもつ	⑵共同の地域
⑶自民族の言語をもつ	⑶共同の経済生活
⑷共同の心理的下地をもつ	⑷共同の文化にもとづく共同の心理
⑸自民族の宗教信仰をもつ	

「溪峒及羈縻州県時期」や「原始社会及溪峒時期」という、独自の時期区分が導入されていることも注目に値する（後述）。

②「単一民族形成」についての記述の追加

『通史』の執筆の目的や意図を読み解くカギは「導言」（序文）の部分にある。「一、トン族歴史概述（二）形成」には「単一民族形成」という、『簡史』では見られなかった項目が立てられている。そこでは、トン族形成の歴史過程の明確な特徴として、⑴統一的な民族名称をもつ、⑵共同の分布地域をもつ、⑶自民族の言語をもつ、⑷共同の心理的素地をもつ、⑸自民族の宗教信仰をもつ、の五つを挙げている（五―七頁）。

これは、スターリンの民族定義を少しずらしたものである（表8）。『通史』では、スターリンの民族の四定義のうち、共同の経済生活を落としている。[4] さらに、「共同の文化にもとづく共同の心理」については、「共同の文化」と「共同の心理」を切り離したうえで、「共同の文化」に代わるものとして、⑴統一的な民族名称をもつ、⑵自民族の宗教信仰をもつ、の二つが入れられている。

『通史』では、⑷共同の心理的素地に深く関わるものとして鼓楼、⑸自民族の宗教信仰として「薩《サー》」信仰、そして⑴～⑷のもとになったものとして款組織がとくに強調されている。

また、『簡史』になかった「人物編」が『通史』では設けられた。注目したいのは、実在した歴史人物だけでなく「伝説上の人物」の項目が設けられ、その筆頭にトン族のサーが記載されていることである。サーはトン語で父方の祖母という意味である。薩《サー》の後ろに歳《スイ》や媽《マ》という語をつけて「薩歳《サースィ》」や「薩媽《サーマ》」と呼ばれることも多い。本稿ではサー、サースィ、サーマを祖母神という訳語で総括することとする。

四　記述の比較検討

1　款組織の記述の変化

以下、款組織、鼓楼、祖母神（サー、サースィ、サーマ）信仰の三項目に着目し、記述の変化について『簡史』→『修訂本』→『通史』の順に仔細に検討していく。祖母神信仰に関しては、『通史』の人物編の記述にも注目し、祖母神が伝説上の人物としてどのように記述されているかについても検討する。

1　『簡史』における款組織の記述

『簡史』における款組織の記述の確認から始めよう。『簡史』「第二章　原始社会遺跡　第二節　社会組織梗概」において、トン語の「款」（kuant）は「地域を紐帯とする村と村の間の連盟組織」（二〇頁）であり、「軍事防御と共同利益を武装して守ることを目的とした部落連盟は、中華民国初年まで踏襲され、社会秩序の維持、外敵からの防御に対して重要な作用をはたした」（二一頁）と述べられている。注目すべきは、款組織が原始社会末の氏族農村公社の残余と位置づけられている（二五頁）ことである。

款には社会組織としての一面（合款）と、それを支えるための規約としての一面（款規）がある。後者は口承伝承という形をとり、月也《ウエイエ》という娯楽活動の際に朗唱されていた。そのため『簡史』の「第八章 文学和芸術」（二二四頁）、「第九章　生活習俗 第四節　節日與娯楽」の〝月也〟の項目（一五九頁）にも款規に関する記載がある。

2 『修訂本』における款組織の記述

『修訂本』「第一章 概況」において、合款組織と款規に関して新たな記述が追加されている。そこでは、トン民族のもつ強い凝集力は款組織と関連し、トン族の強力な「自己管理能力」は款規と関連していることが強調されている（一〇頁）。原文の記述の変更は最小限に、という修訂方針に照らすと例外的な加筆だといえよう。

また、この加筆部分は、『通史』の記述につながる橋渡し的な記述として位置づけることができる。なぜならば『通史』には款組織をトン族の民族性と結びつけようとする強い主張が表明されているからだ。

3 『通史』における款組織の記述

『通史』を一読して気づくのは、款組織に関する記述量の増大のみならず記述内容の刷新である。款組織の位置づけに関して、『簡史』・『修訂本』には見られなかった、以下のような三つの主張が盛り込まれている。

第一に、款組織はトン族特有の社会組織である（三〇、九一頁）という主張である。

第二に、単一民族としてのトン族の形成が促進された根本的要因は款組織にある、という旨の主張（三一―五頁）である。

『通史』「導言 一、侗族歴史概述（二）形成」では、封建王朝の支配が及ぶ前からトン族社会には款組織が存在していた（五頁）と述べ、以下に引用するような推定の上に推定を重ねた論法が展開されている。

款組織の基本的な特徴は、誓約の方式で以て款約を締結し、トン族社会全体の調節、控制と管理を実現するところにある。このため、款約には束縛性、款組織には共同防御性がある。したがって民族感情を凝集することが可能となり、あわせて、こうした基礎をもとに次第に共同の地域が形成される。共同地域の内部における交流と連携を便利にするために、方言、現地語を基礎として統一的な民族言語が次第に形成される。言語を通しての思想の交流を通じて、次第に共同文化をもとにした心理的素地が形成される（五頁）。

第三に、款組織の起源は渓峒時期・渓峒社会にある、という主張である。『通史』では、トン族の款制度および款組織はトン族の早期の渓峒社会に源を発し、封建王朝の直接統治を受ける前の羈縻州県と土司統治時代に発展し、封建王朝の統治を受けることによって消長し、中華民国期に保甲制度により消滅した（三〇、六五、九一頁）と述べている。注目すべきは、新たに「渓峒社会」という用語を使い、款制度との関連性を強調していることである。

『簡史』において渓峒という言葉の用例は、僅かに「渓峒酋長……」（二七頁）という一例があるのみで、「渓峒社会」というタームは使われていない。『簡史』では、原始社会において、血縁関係による氏族社会から地縁関係による農村公社へと発展し、農村公社の時期に款組織が発生したと記述している（一九―二一頁）。いっぽう、『通史』では、原始社会の農村公社時期を「渓峒時期」という言葉に置き換えたうえで（四八頁）、トン族の款制度およびその組織は「渓峒時期」に源を発すると記述している（六五頁）。

そして、『通史』において「原始社会及渓峒時期」や「渓峒及羈縻州県時期」という独自の時期区分を導入しているのは、渓峒時期を原始社会時期に入れたくないとする執筆者のこだわりの現われと見ることができよう。

4　渓峒社会

渓峒とは何なのであろうか。

渓峒とは、もともと河谷平原や山間盆地をさす地理的概念である。『通史』ではそれを社会的概念としても用い、封建勢力の影響を受ける前、トン族が渓峒に築いた社会を指して渓峒社会とよんでいる（四七頁）。さらに、トン族の自称民族名チャム（jaeml）は「山地の渓峒（渓洞）に住む人」という意味である、とも記されている（七頁）。『通史』において渓峒社会という言葉を原始社会と区別して使用しているのはなぜなのであろうか。原始社会という用語に付随するネガティブなイメージを避けるとともに、トン族が住む地理的・社会的空間の独自性を強調・印象づけようとする執筆者の思惑が考えられよう。

5　南北方言区の間の地域差

『通史』ではトン族の民族形成にとって款組織が重要であることを説くいっぽう、款組織がトン族内部で均一でないことも記述している（一三七頁）。

トン族居住地域は方言の違いによって、南部方言区と北部方言区という二つの方言区に区分されている。両方言の間では、文法はあまり差がないが、音韻は少し異なる。また語彙の約七割が同源語である。人口比からみると、南部方言区に属するのはトン族全人口の約四割、北部方言区は約六割と推定できる［兼重　二〇〇五：三三八］。重要なのは、両区の間で文化の差異が大きいことである。北部は漢族の影響が大きいため、トン族らしさが薄くなってしまったとされるのに対し、南部はトン族らしさを多く残しているとされている。たとえば前述の鼓楼や祖母神に対する信仰は南部方言区に偏在し、北部方言区のトン族の集落にはそれらがほとんど存在しないのである［鄧　一九八六、楊・石　一九九〇、その他多数］。

『通史』においても、南北方言区の間で款組織の発展度合いが不均衡であることについて言及し、その理由を両方言区の間における中原の漢族文化の影響の違いに求めている。北部方言区においては、中原文化の影響を受けた時期が早かったので、款組織は十分に発展する機会がなかった。いっぽう、南部方言区においては、その影響を受けた時期が晩かったので、「聯款」という社会組織の形式を長い間ずっと保持できた、という主旨の記述がなされている（一三七頁）。すなわち、『通史』は、中原文化の影響を受ける前の時点において、南部方言区と北部方言区の間には、文化的な違いは存在していなかったという前提に立っている。こうした前提は『通史』編纂以前から、トン族知識人やトン族研究者の間で広く共有されている［鄧　一九八六、楊・石　一九九〇、秦　一九九一、楊　二〇一〇、龍・郎　二〇一一など］のである。

ハレルによると、イ族の歴史を書いた中国人研究者たちは、イ族内部の諸集団間の文化的差異は、より高度で先進的な漢族文化との接触度合の違いによって生じる、という捉え方をしている［Harrell 1995: 81］という。中国の歴史学界では、このような捉え方はイ族以外の民族に対してもおそらく広く共有されていると想定される。

なお、『簡史』、『通史』ともに、南部方言区の間の文化的差異について指摘するもの[5]の、それがトン族という民族の民族意識や民族統合とどのように関連しているのかについては踏み込んだ記述はなされていない。

６　款組織についての記述の問題点

款組織に関する『通史』の記述を読むと、そのほかにもいくつか気にかかる点が見つかる。

第一に、款組織をトン族特有のものと断言（三〇、九一頁）していることに対する違和感である。湖南・貴州・広西の三つの省の省境地域のトン族、ミャオ族、そしてプイ族には広く、款と呼ばれる盟約組織が存在したことが指摘されている［武内　一九八七、楊・張　二〇一一、孫・張　二〇一四、その他多数］。また、武内は「款」という言葉自体が漢語に由来することを指摘している［武内　一九八七］。『通史』でも、トン族の款の含意と漢語の款の含意は基本的に同じと記述されている（五〇頁）。すなわち、漢語に由来する款という語彙、および款組織は、現在のプイ族、ミャオ族、トン族などの少数民族に広く共有されていたのである。さらに、同じ款組織の中に複数の民族の村々が含まれている場合も少なくないことも指摘されている［孫・張 二〇一四］。

中国共産党政権下において、民族の記述には――歴史叙述を含めて――民族団結の原則を崩してはいけないという制限がある。そのため、民族間の軋轢に関する記述は避け、民族間の協力、団結に関しては積極的に記述される傾向がある。お上の意向に忖度するならば、いくつかの民族が共同して款を行ったことを強調する記述を選択する方が無難であろう。しかし、『通史』ではあえて款をトン族独自の制度として主張しようとしているのである。

第二に、実証性に欠ける記述が目につく点である。とりわけ『通史』では、款組織は単一民族としてのトン族の形成を促したと主張しているのにかかわらず、その根拠となる史実の呈示がない。先に引用した推定の上に推定を重ねた論法に、読者は違和感を覚えるはずである。

写真１　トン族集落の鼓楼　1995 年 7 月、筆者撮影

2　鼓楼の記述の変化

つぎに鼓楼（写真1参照）に関する記述の変化についてみることにしよう。鼓楼という名称は太鼓を備えた楼閣建築に由来し、トン族の集落で集会所として利用されている。

1　『簡史』における鼓楼の記述

『簡史』において、鼓楼は「ひとつの村あるいは一族の標識であり、またひとつの村あるいは一族の政治・文化活動の中心でもある」（一四三頁）と記述されている。それに加え、鼓楼は原始社会のうち、男性を中心とする父系氏族社会の残余と位置づけられている（一九頁）。さらに鼓楼は、風雨橋とならんで、トン民族建築芸術の結晶そして文化財であるとも記述されている（一三八―一三九頁）。

２　『修訂本』における鼓楼の記述

『修訂本』においては、鼓楼に関して以下のような小さな書き換えと加筆が行われた。『簡史』における「構造が複雑、規模が大きく、立派で壮観な鼓楼と風雨橋はトン族建築芸術の結晶である」という記述（六頁）の、「結晶」という文言が、『修訂本』では「瑰宝」（至宝の意）へと書きかえられた（九頁）。

『簡史』出版以降、中国社会で進展した改革開放政策によって顕著となった、以下のような変化も加筆された。すなわち、⑴トン族地区の民俗活動の復興と観光事業の発展に伴う、村の門、鼓楼、風雨橋の建設、⑵無形文化遺産ブームを背景とする、鼓楼の観光資源化と文化遺産としての価値づけ、そして、⑶鼓楼と風雨橋に新たにトン族大歌（アカペラ音楽）を加えた三つが、トン族文化の「三宝」と称されるようになったこと（九、一二八頁）である。

３　『通史』における鼓楼の記述

①民族意識や感情と結びつける記述

『簡史』においては、鼓楼は村や一族の標識や活動の中心として記述されていた（一四三頁）が、『通史』においては、鼓楼は「自民族の帰属意識を強めるもの」などといった、民族意識・感情やアイデンティティとの結びつきを強調する記述が新たに盛り込まれた。関連部分を引用しておこう（傍線は筆者による）。

鼓楼は一連の事象に関連する民俗事象であり、トン族の集団意識と民族意識の顕著な指標である。……（中略）……人々は鼓楼で各種の活動に従事する際、深層にある民族意識に始終支配されている。トン族人民の集団の知恵を凝集し、その建築芸術の最高の成果の代表である鼓楼は、彼らの最も創造性と芸術性に富む思想感情を鋳造し、彼らの自民族への帰属感とアイデンティティをさらに増強させ、民族の誇りの感情を激発させ、本民族の自我意識をめいっぱい豊かにし、強化する（七頁）。

トン族は鼓楼に対して特殊な感情を持っている。鼓楼の建設には異常に熱心であり、工程の大小、費用の多寡に関わらず、すべてを寄付で解決する。木材がある人は木材を寄付し、金がある人は金を寄付し、労働力のある人は労働力を寄付する。近隣の村々も寄付して助けあう。鼓楼が出来上がった後は、全村で公益事業に熱心な壮年を選び、鼓楼を管理してもらう。その人のことをトン語で「公遜」と呼ぶ（一五八頁）。

上記の傍線部の記述は執筆者自身がもつ民族意識と感情を吐露したものなのであろう。たとえそうであったにせよ、鼓楼に対するそうした意識と感情が昔から歴史的に存在していたかどうかは別の話である。問題点は、そのことを実証しうる史実や根拠が全く示されていないことにある。

鼓楼に対する意識や感情が現在のトン民族のなかで広く共有されているのかどうかについても疑問が残る。ひとつには知識人と一般人の間での差異が想定されるからだ。もうひとつは、南北方言区の間での地域差の存在だ。鼓楼をもたない北部方言区のトン族の人々にとって、鼓楼は民族意識や感情の拠り所となりえないとみるべきであろう。

『通史』で、ここまで鼓楼に対する民族意識・感情を強調して記述しているのはなぜなのであろうか。それはトン族の民族意識や感情の拠り所となりうる何かを創成する必要性を『通史』の執筆者たちが強く意識していたからに違いない。『通史』「導言」において、トン族の「共同の心理的素地」について言及した以上、その拠り所となる具体的な何かを呈示しなければならない。そこで選ばれたのが鼓楼なのであろう。しかし、鼓楼に対する民族意識・感情を史実のレベルで実証するのは極めて困難なのである。

②鼓楼文化論

ではなぜ鼓楼なのか。

その下地にあるのは、『簡史』が刊行されたのと同じ一九八五年に立ちあげられた「鼓楼文化論」であろうと考えられる。従来、トン族という民族の文化的象徴は存在していなかった。当時貴州省文化庁のトップだった呉正光氏（ミャオ族）が「鼓楼文化」という言葉を作り、宣伝したことにより、鼓楼をトン民族の象徴（エスニック・シンボル）とする言説が中国の民族学者の間で流通するようになった［兼重　一九九八：一四〇―一四三］。

しかし、鼓楼はあくまで外づけされたエスニック・シンボル［兼重　一九九八：一三四］であって、トン族の人々が、鼓楼を自文化の象徴と捉えているかどうかは別問題なのである。

また、鼓楼文化論の論調は鼓楼をことさらトン族自身の民族意識や感情と結びつけようとするものではない［たとえば呉　一九八五］。しかるに、『通史』では、鼓楼に対する民族意識・感情を執筆者（＝トン族知識人）自らが強調しているのである。

それはなぜなのであろうか。

ここで想起されるのは、国民的歴史はたんなる好奇心、認識、省察の対象であるだけでなく、とりわけ感情や同一視にかかわる事柄である、というアスマンの指摘である［アスマン　二〇一一：三八］。ここで国民的歴史を民族的歴史に置き換えても、この指摘は有効であろう。

表 9　『簡史』と『修訂本』における、祖母神信仰、鼓楼、款組織の時期区分

原始社会		
血縁関係からなる氏族社会		地縁関係からなる農村公社
母系（母権）	父系	
祖母神信仰	鼓楼	款組織

表 10　『通史』における、祖母神信仰、鼓楼、款組織の時期区分

原始社会及び渓峒時期			羈縻州県時期
血縁関係からなる氏族社会		地縁関係からなる農村公社	隋・唐
母系（母権）	父系	渓峒時期	
		款組織	祖母神信仰

『簡史』と『修訂本』にはトン民族の意識・感情の拠り所となる歴史的事物について記述されていなかった。そこで、トン族知識人たちは『通史』の編纂を機にそれを創り出そうとし、鼓楼をトン族の民族意識・感情の拠り所として新たに位置づけ、『通史』に書き込んだのではなかろうか。

③祖母神信仰——鼓楼——款組織の関連性

マルクスの社会発展論によると、原始社会においては、血縁関係からなる氏族社会は母系から父系へと発展していき、原始社会の末期になると、血縁関係からなる氏族社会は地縁関係からなる農村公社へ移っていく。『簡史』と『修訂本』においては、発展段階論の観点から、祖母神信仰は母系氏族社会の母権制の産物として、鼓楼は男性を中心とする父系氏族社会の残存として、地域を紐帯とする村と村の間の連盟である款組織（一八一—二二頁）は、氏族農村公社組織（二五頁）として、それぞれ位置づけられている。すなわち、発展段階論の観点からいうと、三つはともに原始社会の残余であり、祖母神信仰→鼓楼→款組織の順に発展してきたと順序づけられているのである（表9）。

いっぽう、『通史』においては、三者の時期区分は表10のように変わった。鼓楼が出現した時期については『通史』に明記されていないので表から外した。注目すべきは、祖母神信仰が隋・唐時代に入れられていることである（理由については後述する）。

それだけではなく、『通史』には、三者の密接な関連性を強調する記述が新たに登場している。長くなるが、引用しておこう（傍線は筆者による）。

一種の公共建築として、鼓楼はいくつかの社会的機能を有する：第一に政治活動の中心である。人々が集まって議事できるだけでなく、款約を述べて、款の規則を執行することができる。……（中略）……。第三に慶典を行う場所であり、一年に一度、「サー」（村落を保護してくれる神）を祀る。……（中略）……。鼓楼における活動を通して、峒款制度（筆者注：渓峒における款制度）の一側面をうかがい観ること、渓峒における人と人との関係と精神的な面貌を透視することができる。したがって、鼓楼はひとつの象徴となるのである[6]（二七頁）。

ここで気になるのは傍線部の、現在鼓楼で行われている活動から、渓峒時代の社会制度、人間関係そして人々の精神世界を知ることができる、すなわち、現在をもとに遠い昔を類推しようとする、実証的とはいい難い論法なのである。

4　鼓楼についての記述の問題点

トン族の民族意識・感情と鼓楼を結びつけようとする論調にとって都合が悪いのは、先に述べたように、南北方言区間の文化的差異の存在だ。しかし、『通史』では北部方言区のトン族の集落には鼓楼が存在しないことについて言及していないのである。

3　祖母神信仰の記述の変化

最後に祖母神信仰に関する記述の変化についてみてみよう。

1　『簡史』における祖母神信仰の記述

『簡史』において祖母神（サー、サースィ、サーマ）及びその信仰については以下のような記述がある。①サースィはトン族の至高無上の女神であり（一五三頁）、②彼女の事績は「サースィの歌」という口承で伝承されており（一二四頁）、③貴州省の弄堂海というところにサースィの聖地があり（六頁）、④トン族の人々は月也（weex yeek）の行事の際に村内でサースィを祀る（一五九頁）。

社会発展論の観点から注目すべきは、以下の記述である。⑤トン族が信じる神の中でトン語で呼ばれているものは大部分が女性であり（一九頁）、⑥それら神々は「サー××」という名称をもち（一五三頁）、⑦祖母神信仰は原始社会の母系氏族社会母権制の産物である（一九頁）。

2　『修訂本』における祖母神信仰の記述

『修訂本』では祖母神に関する記述の修正は若干の字句の差し替えと加筆にとどまっている。

①『簡史』では黎平、榕江、従江、龍勝、三江、通道などのトン族がサースィを信仰する（一五三頁）と記述されていたが、これらの地が南部方言区に属するという注記はついていなかった。『修訂本』では、南部方言区のトン族がサースィを信仰するという旨の記述が追加された（二四六頁）。

②サーあるいは女神という語の前に「至高無上的」という修飾語をつけた箇所が増加した。『簡史』では一箇

所（一五三頁）だけだったが、『修訂本』では新たに二箇所が追加され、あわせて三箇所（八、二一四、二四六頁）になった。

3　『通史』における祖母神信仰の記述

『通史』において祖母神とその信仰に関する記述は大きく変わった。以下、六つのポイントを指摘しておきたい。

①原始宗教からの脱却

第一に、「原始宗教」というネガティブなイメージからの脱却である。

さきにみたように、『簡史』「第二章　原始社会遺跡・第二節　社会組織梗概」では、祖母神信仰は母系氏族社会の母権制の産物と記述されていた（一九頁）。母系氏族社会は原始社会の、しかもその最初期に位置づけられている（再び表9を参照）。

また『簡史』「第九章　生活習俗　第三節　喪葬及宗教迷信」では、祖母神信仰の記述は「漢族の影響を受けていない宗教」（＝原始宗教）に分類されている。いっぽう、漢民族の民間宗教は「封建文化」と位置づけられ、漢族の影響をうけた結果、トン族のなかにも男性神が出現した（一五三頁）と記述されている。すなわち、トン族独自の神は女性神であるがゆえ、漢族の神（男性神）より原始的であるという論法なのである。

『簡史』では「原始宗教」というカテゴリーに入れられていた祖母神信仰。『通史』では「宗教信仰」の項目の筆頭に記述されているほか、「本土宗教」のうちの「自然崇拝」・「地」の項目に土地崇拝の一環としても記述されている（三五—三六頁）。『通史』の著者たちは、祖母神信仰に「原始」という言葉をあてるのを注意深く避けているように見える。

②「自民族の宗教信仰」の代表としての祖母神信仰

『通史』において祖母神信仰は、トン民族形成の歴史的過程の五つの特徴のうちのひとつである「自民族の宗教信仰」として位置づけられている（五、七頁）。いっぽう、『簡史』においては、「漢族の影響を受けていない信仰」と記述されるにとどまっていた。

③トン族の民族性の根源としての祖母神

また、『通史』「単一民族形成　(5)有本民族的宗教信仰」において、祖母神信仰はトン族の行為の規範、倫理道徳、良好な民族イメージをもたらしたと記されている。すなわち、祖母神信仰はトン族の民族気質の根本にあるというのである。やや長くなるが引用しておこう（傍線は筆者による）。

トン族の宗教信仰はおもに「サー」崇拝に表れている。「サー」は「サースィ」「サーマ」などとも呼ばれる。すなわち、始祖母である。彼女はトン族の宗教において至高無上の尊神である。彼女の主な作用は、対内的には生死禍福、消災除難を司ることであり、対外的には邪悪なものを駆除し、トン族の里と人民を守ることである。さらに人々は社会生活における言葉と行動のひとつひとつを「サー」と関連づけ、「サー」を神格化した。「サー」に対する尊敬と崇拝にもとづき、一連の行為規範、倫理道徳が発生し、人々が老人を尊び、幼いものを愛すること、勤労節約であること、誠実善良であることなどの品性が形成された。人との交際における客への熱心なもてなし、礼儀正しさ、皆の困難を救うために駆けつけ義侠心に富むこと、人助けの精神⑺などは、良好な民族イメージをもたらした（七頁）。

ここで注目したいのは、傍線部における、サーの「始祖母」への言い換えである。『簡史』と『修訂本』ではこの表現は使われていなかった。「始祖母」の訳語は長谷川〔一九八九〕による「始源の祖母」が適切であろう。「始祖母」とは、それがトン民族の根源に関わる存在であるという印象を読者に与える効果を持つ用語と言えよう。

④民族英雄としてのサースィ

『簡史』、『通史』ともに、民間文芸に関する項目で「サースィの歌」について言及している。この歌の内容は、トン族を敵から守るために奮闘・戦死した女性英雄が、サースィという女神となった、というものであるが、『簡史』ではこの歌の中身には踏み込んではいないばかりか、サースィの活躍についても一切触れていないし、民族英雄と結びつけるような記述もない。いっぽう、『通史』[8]では彼女を（トン族の）民族英雄と評している。関連する記述を抜粋しておこう（傍線は筆者による）。

「サースィの歌」は、婢奔《ペイベン》父娘を頭とするトン族人民が強暴を恐れず、封建統治者によるトン族の土地の略奪に反抗し、民族の尊厳を守り英雄的に献身した崇高な精神を褒め称えている。作品は現実主義と浪漫主義を結合させるという芸術的手法をとり、古代のトン族女性英雄の輝かしいイメージを作りあげるのに成功している……（中略）……。千百年来、サースィという、この輝かしい人物イメージは、ずっとトン族人民の心の奥に生きている。「サースィの歌」はトン族人民が最も愛好する英雄史詩なのである（一三九頁）。

サースィの歌とは口承歌謡という形式によるトン族の民族的歴史記憶であるというのが傍線部の主張である。ここで想起されるのは、歴史の第一の特徴として、歴史がアイデンティティの形成に関わるものであり、共通する歴史の基準点があることによって個人は、自分がある全体の一部であると経験することができる、というアスマンの指摘である［アスマン　二〇一一：三七］。

はたして「サースィの歌」が「共通する歴史の基準点」としてトン民族のアイデンティティを形成しうるのであろうか。この問いについては後ほど検討することとしたい。

「サースィの歌」をトン民族の英雄史詩とする主張は『通史』が初出ではない。早くも一九八四年の時点において、トン族知識人王勝先は、「サースィの歌」は「原始母系社会の遺影」であるとする『トン族簡史』「徴求意見稿」の記述に異をとなえ、「サースィの歌」は古代の英雄に対するトン族の崇拝なのである、と主張するとともに、歌の中で叙述されている事件には一定の歴史的根拠があるとも述べている［王　一九八四］。しかし王の意見は『トン族簡史』に採用されなかったのである。

⑤実在の人物（史実）としてのサースィ

『通史』(9)では「サースィの歌」を英雄史詩と位置づけるだけではなく、彼女とその死を歴史的事実であるとも主張している。

「サースィの歌」のような英雄史詩：これらの史詩は、本民族のある段階の具体的な歴史的事実を認識の総体と創作の背景とし、本民族のある具体的な歴史的人物を描写の対象あるいは創作の素材としている（一三八頁）。

いっぽう、『簡史』「第八章　文学和芸術　第一節　文学」において「サースィの歌」は以下のような記述にとどまっている。

「サースィの歌」は主にトン族が祀る女神「サースィ」の生涯の事績を叙述し、この老人の「健康長寿」、人畜繁栄の保護、万事が意のままになること、五穀豊穣を願うのである。かつ、サースィを祭る時には、トゥオイエ[10]の形式で歌い、祭祀と功績への賛辞という性質も有している（一二四頁）。

『簡史』においては、「サースィの歌」の詳しい内容やヒロインの名前、そして彼女が死後サースィになったことなどは一切記述されていない。ましてやサースィを歴史上の実在人物として記述しようとする志向性はみられない[11]。

『通史』でそれを歴史的事実と主張しているのは、いったいどのような根拠に基づくのであろうか？『通史』[12]ではサースィの事績は歴史書に記載がない、としながらも、『旧唐書・地理志』「李弘節開夷僚、置古州楽興郡」の記載をもとに、以下のような見解を提示している。

この神格化された歴史上の人物は、おおよそ隋・唐時代に生まれた。清代の曾廉の考証によると、唐之古州とは清代の古州、すなわち現在の榕江県である。楽興郡は今の貴州省従江県境、すなわち、サースィ（婢奔）が犠牲になった場所である。

「サースィの歌」創作の背景は、この歴史的事実に依拠し、芸術加工創作をへて成立した可能性が高い（一三八頁）。

しかし、提示されている『旧唐書・地理志』の記述はそれを証明するに足る十分な根拠とまでは言えない。『簡史』では原始社会のなかで最も初期段階とされる母系（母権）社会の段階に位置づけられた祖母神信仰。『通史』においてそれは、隋・唐時代に位置づけなおされたのである（再び表9と10を参照されたい）。

なお、以上のような主張は『通史』において突如出てきたものではない。トン族知識人の一部から一九八五年の時点ですでに提出されている［鄧・楊　一九八五］。

ここでひとつの疑問が生じる。先にみた、祖母神を「始祖母」（始源の祖母）と言い換える記述と、生前の祖母神は隋・唐時代の実在の人物であったとする記述の両者がどのように関係するのであろうか、という疑問である。

この疑問はこれから紹介する二人のサーの記述とも関連してくる。

⑥二人のサー——サースィとサーテンパ

先に述べたように『通史』においては第五編「人物編」が新設された。サーは「伝説人物」という項目の筆頭[13]に記述されている。そこにはサーに関する二つの異なる見解が併記されている。ひとつは天地創造の祖母神サーテンパ、もうひとつは外敵と闘い犠牲となった民族英雄としての婢奔が死後に祖母神となったサースィである。

前述の「始祖母」（始源の祖母）に相当しそうなのは、どうやらサーテンパのようである。

4　天地創造の祖母神サーテンパ

『簡史』においてはサーテンパに関する記述は皆無である。対照的に、『通史』「人物編」においては、トン族には天地創造の神「サーテンパ」の「開天闢地」（天地創造）の様子を歌った古い歌があるとし、その歌詞を長々と紹介している（五三〇—五三四頁）。冒頭部分だけを引用しておこう。

当初どのようにして天地が生まれたのか？／誰も詳しく言える人はいない／祖母（筆者注：原文では祖婆）サーテンパだけが知っている／彼女は天地の母なのである……（五三〇頁）（以下、サーテンパによる天地創造の様子の長い描写が五三四頁まで続く）

5　民族英雄としてのサースィ

いっぽう、民族英雄としてのサースィは『通史』「人物編」では以下のように記述されている。

昔むかし、仰香《ヤンシャン》とその娘婢奔《ベイベン》が朝廷の役人李点郎と闘って敗れ、弄塘凱で戦死した。婢奔は死後、神女となり、引き続きトン族人民を率いて敵と戦い、ついに李点郎を殺し、官兵を撃破し勝利を迎えた。この後婢奔はトン族の里を守護する女神となり、人々は彼女のことを敬ってサースィと呼んだ（五三四―五三五頁）。

これは先ほど紹介した、「サースィの歌」の内容（一三九頁）とほぼ同じである。だが、先にみたように、『通史』には「サースィの歌」の民族英雄婢奔を隋・唐時代の実在の人物としようとする記述があった（一三八頁）。隋・唐時代に討ち死に後、神格化されたサースィ（実在の人物と強調）と、創世神話において天地を創造したサーテンパという二人のサー。両者は互いに無関係なのであろうか。それとも何らかの関係があるのであろうか。読者としてはとても気になるところである。

両者の関係性について長谷川は以下のような解釈を提示している。シンニ（筆者注：『通史』の記述では婢奔）はトン族全体を守る守護神＝サースィとなるべく、〈救世主〉として、サーテンパのいる天界から地上世界に派遣されたのである〔長谷川　一九八九：一一七〕。

『通史』では二つの見解の単なる併記にとどまっているため、多くの読者は脈絡を欠く記述に戸惑いを覚えるはずである。

6　『通史』における祖母神の記述の問題点

『通史』における祖母神の記述にはいくつかの問題点がある。

①根拠薄弱で脈絡のない記述

先にみたとおり、サースィを実在人物とする主張は根拠薄弱であった。また、サースィ（実在の人物）とサーテンパ（天地の創造神）の両者は脈絡もなく併置されている。

②捏造疑惑

『通史』ではサーテンパによる「開天闢地」神話の出典が明示されていないことも気にかかる。[14] 実はその出典は『嘎茫莽道時嘉』〔楊保願　一九八六：五―一二〕なのである。『嘎茫莽道時嘉』とは、広西三江トン族自治県の林渓郷程陽の楊姓の一部に伝承されている神話を地元出身のトン族知識人楊保願が漢語に翻訳・整理して公開出版したとされる書物である。

ところが出版後、この神話の捏造を疑う論文が複数発表され〔たとえば張　一九九〇、呉　一九九一、楊一九九一〕、捏造疑惑はトン族研究者の間で広く知られるところとなった。こうした疑惑に対して、楊保願は捏造を認めている〔楊　一九九一：一〇四〕。

そうであるならば、『通史』のサースィとサーテンパ両者の記述の間に脈絡がないのは当然のことと、合点がいくのである。

『通史』の執筆者らがこの疑惑について知らないということはあり得ない。それにもかかわらず、この創世神話を、出典も明示せず、捏造疑惑に関する断りをいれることなく『通史』に掲載しているのはいったいなぜなのであろうか。

既に見たように、『通史』では祖母神をトン民族独自の神として強調していた（七頁）。しかし、ここでも不都合な事実にぶつかってしまう。鼓楼、款組織と同様、祖母神信仰も分布が南部方言区に偏ったものであり、北部方言区にはみられないことが先行研究で指摘されている［鄧　一九八六：六二、楊・石　一九九〇など］。『簡史』（一五三頁）ばかりか『通史』（三五頁）にも同様の指摘がある。

さらに、南部方言区内部においても祖母神の性格づけや伝承について大きな地域差があることも指摘されている。たとえば、貴州省都柳江一帯（特に従江県内）では祖母神には特定の姓名と居住地があり、杏妮《シンニ》という名前の女性がトン族の民を率いて、官兵と戦い犠牲となったという物語（「サースィの歌」）が流布しているのに対し、同じ南部方言区に属する、広西三江県独洞・八江・林渓一帯では、祖母神に特定の姓名と居住地の伝承がないばかりか、杏妮の物語（「サースィの歌」）も流布していない［楊　一九九〇：四〇］。すなわち、「サースィの歌」は南部方言区内部においてさえ「共通する歴史の基準点」たりえないのである。

祖母神信仰を「自民族の宗教信仰」として最大限にアピールしたい――そうした願望を『通史』の執筆者たちが抱いていたとすれば、彼らにとって「渡りに船」となるのはサーテンパによる天地創造神話ではあるまいか。なぜならば、生前のサースィを隋・唐時代の「実在人物」と主張する限り、祖母神（サースィ）に対するトン族の信仰の歴史は、隋・唐以前に遡らせることはできなくなる。いっぽう、天地創造した「始祖母」（始源の祖母）であるサーテンパの場合、祖母神に対するトン族の信仰の歴史を、特定できない過去まで遡らせることが――理屈のうえでは――可能になるからだ。

しかも、先に述べたように、中原文化の影響を受ける前の時点において南部方言区と北部方言区の間には、文化的な違いは存在していなかったという『通史』の前提に立つならば、現在サーテンパによる創世神話が伝わっていない地域に住むトン族も、もともとはそれを持っていた、すなわち太古の昔、サーテンパはすべてのトン族に共通の信仰対象であった、という理屈もなりたちうるのである。

捏造疑惑が蒸し返されない限り、サーテンパによる天地創造神話は、『通史』執筆者にとって利用価値がきわめて高いものなのである。

従来、トン族には「起源之歌」「天地開闢」「洪水滔天」など、人類の起源にかかわる神話的伝承が知られており、それらの神話の内容の一部は『簡史』（一二四頁）だけではなく、『通史』（二五―二七、四四、一二三、一三一―一三四、一三七頁）にも記述されている。それらには祖母神はまったく登場していないという共通点がある。

だが、祖母神が登場しないこれらの創世神話群を『通史』の執筆者たちはトン民族統合の象徴として使おうとはしていない[15]。

近年、中国では民族統合の象徴として神話的人物や神話をアピールしようとする動きが出ている。トン族の近隣には、民族の始祖とされる人物や創世神、それに付随する創世神話をもつ民族が多いが、ミャオ族の蚩尤、ヤオ族の密洛陀、チワン族の布洛陀などは、現在中国社会において一定の知名度を得るようになっている。

そうしたなか、トン族は民族の始祖という象徴的存在を欠いていた。こうした現状を打開するために、『通史』の執筆者たちはサーテンパの創世神話に利用価値を見出し、トン族の歴史の記述の中に取り込もうとしたのではないか。このように推定できるのである。

以上みてきたように、『通史』の執筆者たちは、祖母神信仰から原始的というイメージを取り除こうとするいっぽうで、捏造疑惑のかかる始祖母サーテンパの創世神話を長々と引用し、始源性を強調しようとしている。「原始」という言葉は強い負のイメージを帯びるが、「始祖母」という言葉はそれにはあたらない、というのが彼らの判断であるようだ。

五　おわりに

本稿で行ってきた『簡史』→『修訂本』→『通史』の記述の変遷を追う作業の結果をまとめてみよう。「国家による歴史の資源化」としての『トン族簡史』の記述は、トン族知識人が望む歴史の資源化と少なからぬ齟齬をきたすものであった。そこで彼らは「自民族による歴史の資源化」を『トン族通史』の編纂という形で実現することによって、齟齬の解消を目指そうとした考えられる。

トン族知識人たちが『通史』に込めた意図、願望そして政治的な目的は以下の三点にまとめることができよう。

第一に、自文化に対する負の評価づけを正の評価づけへ転換することである。

中国共産党政権成立後、社会発展論の観点から、各民族の文化要素の一部に対して負の言説が付与されてきた。正史である『民族簡史叢書』の記述は、それに加担するものであった。『トン族簡史』において、祖母神信仰、鼓楼、款組織はいずれも原始社会に産出したものの残余として記述され、負の印象を読者に与えることとなった。とりわけイメージ転換の必要性が求められたのは、原始的なイメージを強く帯びていた祖母神信仰であった。強い負のイメージがついたままの状態では、後に述べるトン族の民族アイデンティティの拠り所の創成という目的にも援用しにくいという事情もあったと考えられる。

『トン族通史』の記述は、祖母神に外づけされてきた原始的という言説を、民族英雄、トン族の民族性の根源、歴史上の実在人物、始源の祖母神といった諸言説へと転換させようとする強い志向性を帯びている。

第二に、『トン族簡史』では書かれなかった、トン民族形成過程の提示・強調に力点を置いて記述することであった。

『トン族通史』の執筆戦略は、①款組織は単一民族としてのトン族の形成を促す根本的要素であり、②鼓楼は「共同の心理的素地」（トン族の民族意識・感情の拠り所）であり、③祖母神信仰は「自民族の宗教信仰」である、という言説を創り出そうとすることであった、と考えられる。

第三に、トン族の民族アイデンティティの拠り所の創成である。

アスマンは、歴史には、①市場的要因としての歴史（好奇心としての歴史）、②アイデンティティの確認としての歴史、③倫理的な命令としての歴史（私達は何を想起すべきか）があることを示している［アスマン　二〇一一：四二］。『トン族通史』の編纂は、トン族の民族アイデンティティを確認できるような歴史を書くことを目的としていたと考えられる。トン族は民族アイデンティティの拠り所を欠いていた。それゆえ、『トン族通史』の編纂において、それを創成すること、すなわち、鼓楼、（サーテンパを含む）祖母神とそれにまつわる伝承や神話をトン族の民族アイデンティティの拠り所として位置づけ、それらを歴史の時空間の中に遡及的に書きこむこと、をめざしたのではなかろうか。

『トン族通史』では脈絡を欠く記述や史的根拠の乏しい論述が所々で目につく。そうなってしまったのは、そもそも、『トン族通史』の執筆者たちの最優先事項が、政治的な目的を叶えるような歴史を記述することであって、史実に忠実な歴史の記述は二の次の関心であったからだ。そう捉えることができよう。

最後に二点、気になる今後の動向について述べて稿を閉じることにしたい。

『トン族通史』においては、祖母神信仰と鼓楼をトン族全体の民族性やアイデンティティの象徴にしようとする志向性のもと、歴史の資源化が行われた。

だが、祖母神信仰と鼓楼はともに南部方言区に偏在する文化要素にしかすぎないという事実に照らすならば、ほんとうにそれらをトン族全体の民族性やアイデンティティの象徴にすることができるのであろうか、という疑問が残る。それらを強調すればするほど、それらを持たない北部方言区のトン族の人々はかえってトン族の統合の輪からはみ出てしまうことになりかねない。南北方言区の文化の違いを乗り越えた民族統合の象徴を創り出すことが、トン族知識人たちの今後の課題となるであろう。

第二に、（歴史を）書くことと（書かれた歴史が）普及することは区別せねばならないというリジンガーの指摘［Litzinger 1995: 139］を踏まえると、『トン族通史』の記述は中国内外そしてトン族内部にどのような影響を与えていくのであろうか、ということも気になるところである。

歴史書は中国社会において今でも重要性を失っていない。それがたとえ野史であろうとも、公開出版された書物である以上、中国社会内あるいは海外においても、ある程度流通していき、なんらかの影響をもたらすことが予想される。

『ラフ族史』（二〇〇二年刊）が及ぼした影響は大きいようだ。『ラフ族史』の執筆によって構築された「ラフ族は青海からやってきた猓虎民族」といった知識は、ラフ民族の歴史の常識、必需の知識製品として中国社会内外に広く影響を与えるようになったとともに、ラフ族の村人にも浸透している［馬　二〇一三：三―四、一七九―一八〇］という。

『トン族通史』の場合はどうであろうか。正史としての『簡史』が一九八五年以来中国内外に広めてきた言説。二〇一三年に出版されたばかりの後発の、しかも野史である『通史』はそれに対抗できるのであろうか。『通史』

は今後、どれだけ中国内外に広く影響を及ぼし、トン族内部の一般人の間にも浸透していけるのであろうか。今後の動向を注視していく必要がある。

注

(1)『彝族史稿』(方国瑜　一九八四　四川民族)、『羌族史』(冉光栄等　一九八五　四川民族)、『傣族史』(江応梁　一九八三　四川民族)も出ているが、これらは、『民族簡史叢書』とほぼ同時に出版されたものであるため除外した。また、漢族に関して『中国漢族通史』(徐傑舜編　二〇一二　寧夏人民)も刊行されているが、これも除外した。その他、ひとつの省の内部に限定して、ある民族の歴史を記述した書籍もいくつか出版されているが、これらについても除外した。

(2)「貴州省侗学研究会一〇年(二〇〇二—二〇一二)大事記」(2014-03-18) http://www.ssp1337.com/index.php?m=content&c=index&a=show&catid=55&id=556(二〇一八年四月二八日取得)

(3) 貴州民族大学ホームページ http://www.gzmu.edu.cn/kxyj.htm(二〇一八年一〇月一日取得)

(4) スターリンの民族定義の三番目の、共通の経済生活は、中国における多くの「民族」の特徴として当てはまらないことが明らかにされた［Harrell 1995: 82］ことが関係していると考えられる。

(5)『通史』には、トン族北部方言区は中原の漢族経済文化の影響を受けるのが早くて深かったので、階級分化と階級矛盾がさらにはっきりしていた……(一五四頁)という記述もある。

(6)『通史』にはほかにも「鼓楼を中心として石板道、涼亭、風雨橋、稲穂干しの施設および魚の池などが互いに引き立てあい…、かつ款を朗唱し、サーを祀り、踩歌堂(集団で歌や踊り)をし、大歌を歌うなどの民俗事象が緊密に連携し、動であり静でもある独特な文化パターンを形成している」(七頁)という記述がある。

(7) 引用部のうち「人との交際における客への熱心なもてなし、礼儀正しさ、皆の困難を救うために駆けつけ義侠心に富むこと、人助けの精神」の部分は、『修訂本』の改訂方針のひとつである「団結を重視し、公益に熱心で客を熱心にもてなすという民族の性格と習俗風尚を突出させる」という記述(二七一頁)を意識していると思われる。『修訂本』において、これに相当する記述は、款組織を説明する箇所(一〇頁)にみられるのであって、祖母神信仰と関連づけて述べられたものではない。

(8)「第一編　従遠古到明朝的侗族、八、文学芸術、(一)民間文学、2羈縻州県及土司統治時期」

(9)「第一編　従遠古到明朝的侗族、八、文学芸術、(一)民間文学、2羈縻州県及土司統治時期」

(10)『簡史』(一三六—一三七頁)によると、トゥオイエとは、毎年正月に、皆が盛装して鼓楼前広場かサーの塚の前に集まり、手をつないだり、肩に手を載せたりして、輪になって、揃ってリズムにあわせてステップし、歩きながら歌ったり、手を振ってたたいたりすることである。

(11)『簡史』「第四章　封建社会中期　第三節　トン族人民的反抗闘争」の項目（五一―五六頁）では封建勢力に対する人民の反抗闘争の史実として、呉勉、林寛、呉金銀などによる反抗が記述されている。しかし、サースィの物語は史実扱いされていない。

(12)「第一編　従遠古到明朝的侗族、八、文学芸術、(二）民間文学、２羈縻州県及土司統治時期」

(13)「第五編　人物、第一章、清及以前、一、伝説人物〝薩〟」

(14)『簡史』では史料の出典は逐一明示してあるのに対し、『通史』の場合、引用・参照文献の出典の明示は網羅的ではない。

(15)『簡史』では「第二章　原始社会遺跡　第二節　社会組織梗概」においてトン族の創世神話として、「人類起源歌」（一七―一八頁）を、また「第八章　文学和芸術　第一節　文学」において「開天闢地」（一二六頁）を、それぞれ紹介している。『通史』の「第五編　人物　第一章　清及以前　一、伝説人物〝薩〟」で紹介された「開天闢地」（天地創造）という古い歌（五三〇―五三四頁）はこれらとはまったく別物である。

参考文献

〈日本語文献〉

アスマン・アライダ（磯崎康太郎訳）
　二〇一一『記憶のなかの歴史――個人的経験から公的演出へ』松籟社。

岡田英弘
　二〇〇一『歴史とはなにか』文藝春秋。

岡本隆司
　二〇一六『中国の論理　歴史から解き明かす』中央公論社。

兼重努
　一九九八「エスニック・シンボルの創成――西南中国の少数民族トン族の事例から」〈特集〉東南アジア大陸部における民族間関係と「地域」の生成）『東南アジア研究』三五（四）：七三八―七五八頁。
　二〇〇五「トン――民族一体化の動きと民族内部の多様性」末成道男・曽士才編『世界の先住民族――ファースト・ピープ

ルズの現在01東アジア』明石書店：三三三―三五一頁。
武内房司
一九八七「苗族の款について――清代湘西苗族社会における結盟習俗」『老百姓の世界――中国民衆史ノート』第五号：五二―七〇頁。
野本敬
二〇一六「イ族史叙述にみる『歴史』とその資源化」塚田誠之編『民族文化資源とポリティクス――中国南部地域の分析から』風響社：四三一―四五八頁。
長谷川清
一九八九「始源の祖母――トン族の女神崇拝と社会的統合」君島久子編『東アジアの創世神話』弘文堂：一〇二―一二三頁。
楊海英
二〇〇二「十九世紀モンゴル史における『回民反乱』――歴史の書き方と『生き方の歴史』のあいだ」『国立民族学博物館研究報告』二六巻三号：四七三―五〇七頁。

〈中国語文献〉
本刊記者
二〇一〇「世界上絶無僅有的一部叢書：《民族問題五種叢書》修訂再版」『中国民族』第一期：五三―五四頁。
本刊通訊
一九八〇「瑶族、布依族歴史上幾個問題的討論」『民族研究』第三期：六二―六三頁。
鄧敏文
一九八六「略論侗族南北文化差異的歴史根源」『民族論壇』第三期：六二―六五頁。
鄧敏文・楊進銓
一九八五「古代女英雄的頌歌――《嘎薩歳》」『民族文化』第三期：二八―二九頁。
《侗族簡史》編写組
一九八五『侗族簡史』貴州民族出版社。
《侗族簡史》編写組・《侗族簡史》修訂本編写組。
二〇〇八『侗族簡史（修訂本）』民族出版社。

《侗族通史》編委会
　二〇一三『侗族通史』貴州人民出版社。
貴州省民族研究所編・陳国安主編
　二〇一五『貴州省民族研究所五〇年（一九六〇〜二〇一〇）』貴州民族出版社。
梁克生主編・政協瀾滄拉祜族自治県委員会編
　二〇〇三『拉祜族史』雲南民族出版社。
龍耀宏・郎雅娟
　二〇一一「明清時期漢文化影響下的侗族南北文化差異」『原生態民族文化学刊』第三巻第一期：三五―四〇頁。
馬健雄
　二〇一三『再造的祖先　西南辺疆的族群動員與拉祜族的歴史建構』香港中文大学出版社。
欧俊嬌主編
　二〇〇三『侗家人』華夏文化芸術出版社。
秦秀強
　一九九一「略談侗族南北地区伝統文化的差異及其成因」侗学研究会編『侗学研究』貴州民族出版社：一六五―一七一頁。
孫旭・張応強
　二〇一四「族群自覚与伝統新構――対貴州東南部一個款組織変遷的研究」『中南民族大学学報（人文社会科学版）』第三期：六八―七三頁。
王勝先
　一九八四「《嘎莎歳》是侗族英雄史詩」『黔東南社会科学』第一期：六九―七二頁。
王天璽
　二〇一二『彝韵千秋《中国彝族通史》編纂記』雲南人民出版社。
呉世華
　一九九一「侗族史詩《嘎茫莽道時嘉》是個人創作」『民族芸術』第二期：一〇八―一一二頁。
呉正光
　一九八五「〝鼓楼文化〞試探」貴州省文管会弁公室・貴州省文化出版庁文物処編『侗寨鼓楼研究』貴州省人民出版社：一―九頁。
無記名

一九八二a　「《中国少数民族簡史叢書》出版述略」『史学史研究』第二期：七一―七二頁。
一九八二b　「《侗族簡史》討論会在黎平挙行」『貴州民族研究』第一期：一二五―一二七頁。
一九九〇　「貴州省侗学研究会章程」『侗学研究通訊』第一期：三九―四一頁。
二〇〇二　「侗族文学学会」欧潮泉・姜大謙編『侗族文化辞典』華夏文化芸術出版社：三三〇―三三一頁。

洗光位主編
一九九五　『侗族通覧』広西人民出版社。

楊保願（翻訳整理）
一九八六　『嘎茫莽道時嘉（侗族遠祖歌）』中国民間文芸出版社。

楊経華
二〇一〇　「晩清南、北侗地区涵化差異管窺――以咸同年間侗民起義事件為分析中心」『西南民族大学学報（人文社会科学版）』第六期：三一―三五頁。

楊通山
一九九〇　「三郷薩神崇拝調査」『貴州民族研究』第二期：三八―四〇頁。
一九九一　「〝薩天巴〟属於当代人編造的古代神」『民族芸術』第二期：一〇二―一〇七頁。

楊秀斌・石宗慶
一九九〇　「試論侗語南北方言内文化的成因及其発展」『貴州民族研究』第一期：四二―四七頁。

楊志強・張可然
二〇一一　「跨〝民族〟視野下的地域社会与文化――由〝款〟組織所見的地域与民族社会的関係」『貴州大学学報（社会科学版）』第四期：一三〇―一三五頁。

張　民
一九九〇　「〝薩天巴〟質疑――兼説侗族的至高無上女神薩歳」『貴州民族研究』第二期：一〇―一七頁。

〈英語文献〉

Chen, Meiwen
2011　Constructed History: Ethnic Yao in Modern China. *Leidschrift*, 26.1: 93-108. (ASAA [Asian Studies Association of Australia] “C” tier journal)

Harrell, Stevan, ed.
1995 *Cultural Encounters on China's Ethnic Frontiers,* University of Washington Press.
Harrell, Stevan
1995 The History of the History of the Yi, in Harrell, Stevan, ed. 63-91.
Litzinger, Ralph A.
1995 Making Histories, in Harrell, Stevan, ed. 117-139.
2000 *Other Chinas: The Yao and the Politics of National Belonging,* Duke University Press
McKhann, Charles F.
1995 The Naxi and the Nationalities Question, in Harrell, Stevan, ed.
Unger, Jonathan,ed.
1993 *Using the Past to Serve the Present: Historiography and Politics in Contemporary China* (Contemporary China Papers) M.E. Sharpe.

聖なる時空の現出とその観光資源化

曽士才

一　はじめに

貴州省は全人口の三割を非漢民族が占める全国でも有数の少数民族地区である。同時に省内に、一九九〇年時点で一二八八の貧困郷を抱える有数の貧困地帯でもあった。一九八〇年代半ばになると、国や地方政府は、現地の人びとの暮らしや伝統文化そのものを資源とし、初期投資が比較的少なくてすむ民族観光によって少数民族地区の貧困脱却を図るようになった。筆者が一九九四年から長年調査している貴州省東南部の黔東南苗族侗族自治州は正に中国における民族観光が最も早く始まった地域の一つである。

特に雷山県郎徳鎮郎徳上寨は黔東南自治州のなかでも屈指の観光村で、国内外にその名を馳せており、二〇〇一年には村が国家級重点文物保護単位（国宝に相当する）に指定され、二〇〇六年には中国国家文物局によって中国世界文化遺産予備リストに登録されている。

郎徳上寨は清朝の咸同起義（一八五五年～七二年）のリーダーの一人である楊大六[1]の出身村であるが、楊大六の旧居や村の景観、そして息づく伝統文化（厳密にいうと復興された伝統文化）を資源に一九八六年に観光開発し、成功した村である。その成功は黔東南自治州全体の垂涎の的となったが〔曽　一九九八ａ〕、この村の観光開発の特徴は、①自治州政府の後押しはあるものの、村の主体性が保たれ、過度の開発が抑えられてきた点、②表舞台（観光客向けの演技が行われる）と裏舞台（村民の農作業や日常生活、ハレの日である年中行事）の両立が村民たちによって図られてきた点にある〔曽　二〇〇二〕。

しかし、二一世紀に入ると、強力なライバルが出現するようになった。二一世紀初頭には凱里市政府が市内の三棵樹鎮南花村を国内観光客向けに開発した（鎮は日本の郡部に点在する町に相当）。市中心部からのアクセスがよいこともあって、凱里市政府の接待用にも利用されるようになり、郎徳上寨としのぎを削るようになった。加えて、二〇〇七年から二〇〇九年まで、幹線道路を全面封鎖しての大規模拡幅工事のために、大型バスを利用した団体客が郎徳上寨から遠のいてしまった。

そして、二〇〇八年には第三回貴州省旅游産業開発大会が雷山県西江鎮で開催されるのに合わせて、凱里市から掛丁を経由して西江鎮に至る新道が完成した。西江鎮は雷山県政府傘下の西江千戸苗寨文化旅游発展有限公司によって国内客が好む賑やかなショーやアトラクションを見せるテーマパーク化が図られた。もともと西江は「千家苗寨」と称されるミャオ族の有名な集住地である。川沿いの二つの丘に民家が密集した景観はつとに有名であったが、交通の便がネックであった。従来は、凱里市中心部から西江に行くには、雷山県の県城・丹江鎮まで一旦南下し、迂回路を通って西江に行かねばならず、時間的ロスが大きく、団体旅行向けの観光スポットにはなりえなかった。それが上記のインフラ整備により客足を急速に伸ばし、今では、貴州パック旅行に組み込まれている。たとえば、黄果樹瀑布と西江をパックにした「一日游」や黄果樹瀑布、茘枝小七孔、西江、鎮遠をパックにした「四日游」では、団体客が西江に必ず宿泊するようになっている。

郎徳上寨は国宝村というブランド力に加え、貴州省黔東南自治州における北京オリンピック聖火リレーのスタート地点にもなっている村である。また、自然景観を損なうような作為的なものが少ない（商業化した土産物屋、飲食店など）ため、エコロジー志向の強いフランス人を中心に欧米の旅行客には根強い人気があり、国内客にも一定の人気を保持している。しかし、一九九〇年代のような飛ぶ鳥を落とす勢いはすでにない。

筆者はこれまで、郎徳上寨を事例に、自主開発型の民族観光による村おこしの様子［曽 一九九八a］や観光が村の伝統習俗や村民の意識に与える影響［曽 二〇〇二］を見てきた。村での観光客接待と伝統行事とがぶつかる場合、何とか工夫をして両立させてきた。また、若者たちが観光客の前で披露する踊りは、他の民族の所作も貪欲に取り入れたいわば「観光芸能」であるが、伝統行事ではそのような踊りは絶対に踊らないという。ましてや西江のようなテーマパーク化は望んでいないようだ。

しかし、強力なライバルの出現や国内団体客の減少は村人たちの意識を大きく変えた。村にとって最も重要な儀礼は鼓社節という式年祭祀である。一二年周期で行われ、午、未、申の三年間連続して、旧暦二月に行われる。祭りの期間、天地創造の「始原」が現出し、土地神さま（龍と同一視されている）のエネルギーを村の全世帯に注入することにより、村に繁栄と豊穣がもたらされると信じられている。村にいわば永遠回帰的な神話世界が現出するのである。直近では、二〇一四年から一六年にかけて行われた。

筆者は一五年と一六年の行事を調査したほか、一二年前の鼓社節も調査している。従来、あくまでも村内の行事であって、観光客を相手にはしてこなかったが、今回は会期拡大と観光客を意識したアトラクションを設けるなど、観光客を積極的に受け入れていた。本稿では、この「聖なる時空」が現出する式年祭祀を詳細に記録するとともに、村民にとって「裏舞台」であり、最後まで観光資源化することのなかった式年祭祀を観光資源化した地元住民の姿を追う。なお、郎徳上寨の戸数と人口は、二〇〇二年段階で一二八戸、五七二人、二〇一四年段階で一四五戸、五四六人であった。

二　調査地と鼓社節の概要

1　調査地の概況

郎徳上寨は望豊河の下流に位置している。望豊河はミャオ語でオウ・デー（デー川）というが、その下流にある村なので、村名がナン・デー（デー川の下手）と呼ばれている。郎徳という漢語名はミャオ語の当て字である。望豊河はこの郎徳から清水江の支流である巴拉河（丹江河）に注ぎ込み、さらに巴拉河は台江県施洞口で清水江本流に合流する。この地域は亜熱帯気候に属し、年間降水量一三〇〇ミリから一七〇〇ミリである（図1参照）。

郎徳は郎徳上寨と郎徳下寨の二つの集落に分かれている。両者は一キロほど離れている。行政上は、一九七四年までは同一行政村であったが、その後二つに分かれている。従来、郎徳上寨は雷山県丹江区報徳郷上郎徳村という呼称であったが、郎徳の名が全国的に有名になったことを受けて、一九九八年に郷が鎮に格上げされるのを機に、郎徳鎮上朗徳村と改名した。そして、鎮の役場は報徳村から下郎徳村に移った。

行政村としての上郎徳村は二つの集落から構成されている。一九九五年現在で、郎徳上寨集落 には生産小組一組～四組があり、一〇八戸五五〇人（一〇四戸陳姓、四戸呉姓）である。望豊河対岸の中腹にある包暫（包寨とも言う）集落には生産小組五、六組があり、四二戸二八九人（四二戸すべて呉姓）である。なお、行政村下郎徳には郎徳下寨、巴拉河対岸の岩寨、少し上流の也公の三つの集落が含まれている。本稿では単に上郎徳（村）と言えば郎徳上寨を、下郎徳（村）と言えば郎徳下寨を指し、行政村としての上郎徳、下郎徳の場合はそのことを明記する。

一九八六年に貴州省政府により上郎徳が民族保護村に指定され、翌八七年には「上郎徳民族村寨博物館」の名称を掲げて、観光開発に乗り出した。そして、観光立村により村が豊かになると、近郷近在の村々にとっては人

図1　巴拉河・望豊河流域図（貴州省測絵局『貴州省地図集』1985年より）

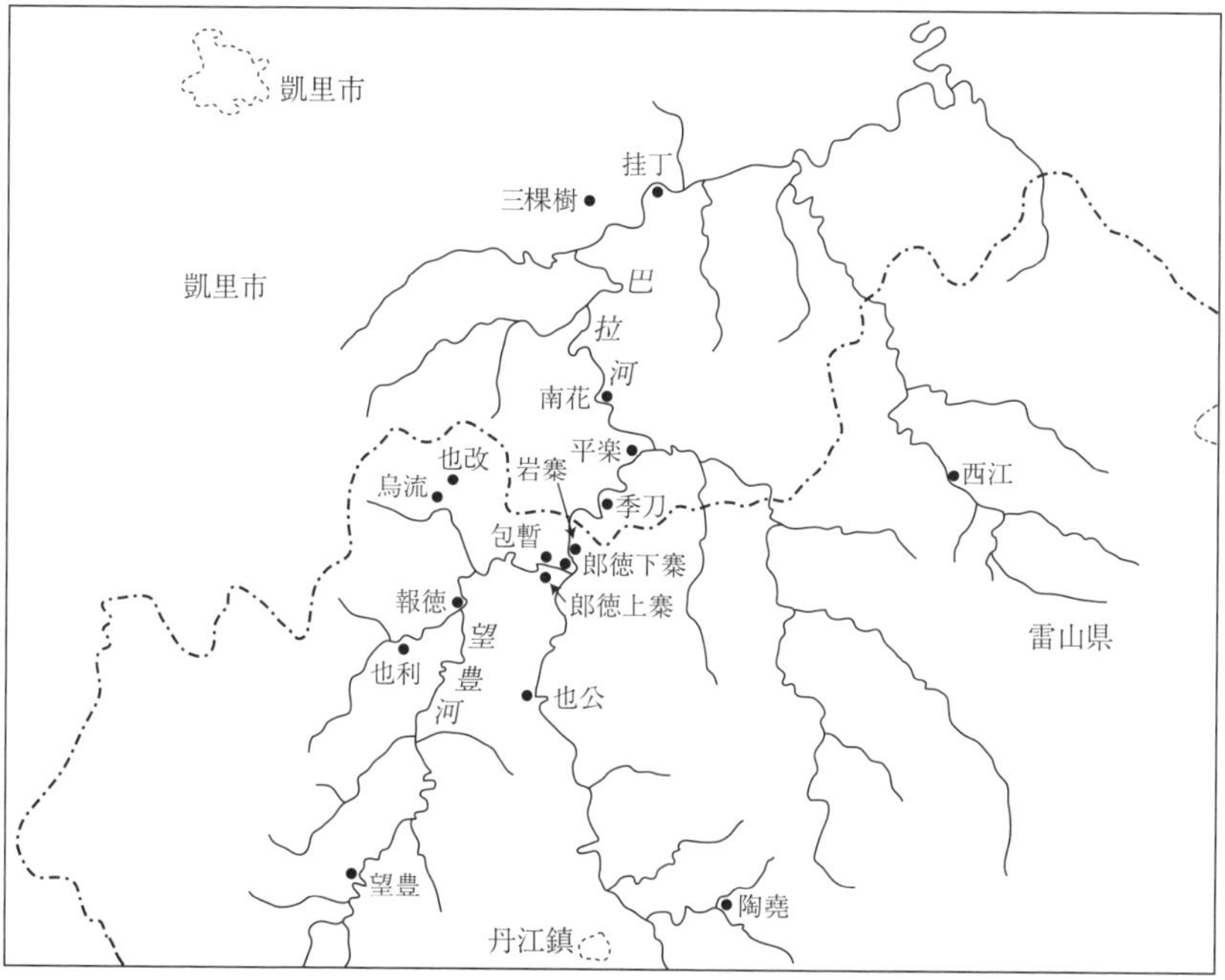

気の嫁入り先になった。従来の主な通婚圏は包暫、季刀、排楽（平楽）、報徳、烏流であったが、近年は西江や舟渓からも婚入者が出ているほか、数こそ多くないものの、出稼ぎ先で出会った他の服装を着用する地域のミャオ族、あるいは漢族の嫁もみられるようになった。

村の歴史は、長老によると今から六百数十年前、明代初期の洪武年間にまで遡ることができるらしい。しかし、『貴州省文物工作資料彙編（第十集）』一九八七年所収の「雷山県郎徳寨調査報告」によると、上郎徳の歴史は一八世紀後半、清の高宗帝（乾隆年間後期）から始まったようである。これによると、当時、郎徳大寨には六、七戸のミャオ族が住んでいた。このなかにゴウ・ジャンとゴウ・リという兄弟がおり、仲良く暮らしていたが、仲たがいをして、一緒に暮らしたくなくなった。ある日、ゴウ・リの飼っていた猟犬が濡れた体に浮草をつけて戻ってきた。浮草のあるところは良い場所という観念があったので、ゴウ・リは犬を連れてその場所を探した。それが上郎徳であったので、ここに住むことにした。それから間もなくして、ロウ・ションも下郎徳から移ってきた。ゴウ・リとロウ・ションはさらに東側の山、西側の山から二軒の人を招き入れ、この四軒の家が義兄弟関係を結び、その後漢族の姓を用いて、陳姓を名乗るようになった。それから百年余りのちに、凱里の舟渓から呉姓の二軒が移り住むようになった。この子孫たちが今日の上郎徳の陳姓と呉姓の住民となった。ゴウ・リの子孫はすでに一二代目になっている［中央民族学院民族学系八三級　一九八七：一―二］。現在、上郎徳の陳姓と呉姓はお互いに同族のように意識しており、通婚はできない。

2　鼓社節の概要

1　祭りの名称と機能

「鼓」（ミャオ語でニォ）とはミャオ族の親族組織を指しており、共通の祖先を擁し、一二年周期で祭祖活動を行う。昔は、オス牛を殺し、牛の腸、肝、肺などのすべての部位を煮て祖先に供えた。その後、農耕に必要な牛を保護するため、豚を殺すようになった地域もある。漢語では、水牯牛（雄の水牛）を供儀することから、かつては吃牯臓と呼ばれてきたが、現在では吃鼓蔵と言ったり、鼓社節と呼んでいる［郎徳苗寨博物館、呉正光　二〇〇七：六六］。本稿でもこの鼓社節を用いる。

地域によって祭りの名称や期日に差異がある。多くの地域では、旧暦一〇月に開かれることが多い。たとえば、望豊河流域では、也利、也利中寨、排狗、棉花の四か村は一二年周期の辰年のみで、旧暦一〇月辰日から一三日間過ごす。祭祀の名称はノン・ニォ・ホウ・ノウ（吃鼓喝富）で、富と豊穣の招来が主目的である。また、烏流村の四つの集落では一二年周期で、旧暦一〇月の一の寅日から過ごすが、子年七日間、丑年九日間、寅年一三日間の三年にわたって行われる。ところが、望豊河下流の上郎徳、下郎徳、包暫は旧暦二月に過ごしている。三つの集落はそれぞれ別個に過ごしているが、一二年周期で、午、未、申の三年間行うという点では一致している。

上郎徳では鼓社節のことをノン・ニォ・リャン・ダ（土地神の鼓を過ごす）と呼んでいるが、祖先の象徴でもある銅鼓（神話上の始祖である蝶々の化身・メイバンメイリュが宿っていると考えられている）がこの特別な時空間に到来することから、鼓社節そのもののことをダン・ニォ（太鼓を待つ）と呼んだり、初日に山から村に龍を招き入れる儀礼「上山招龍」があることから、ダン・グォン・オウ・ソウ・ビ（水龍、山龍を待つ）とも呼んでいる。村役場の壁に貼りだされた漢語の日程表には「招龍節活動日程表」とあった。

祖先の依代といえる鼓についてであるが、本来は木鼓であったが、上記の理由から牛を殺さずに、銅鼓に替えたといわれている。望豊河流域では上流の烏流では今でも黄牛の皮を貼った木鼓を用いているが、上郎徳や下郎徳では昔から銅鼓を用いてきたらしい（包暫の祭りには銅鼓はなく、蘆笙のみを使用して踊る）。

なお、儀礼のない時は太鼓を洞窟に保管することになっており、上郎徳にもかつて太鼓を保管する洞窟があった。下郎徳から上郎徳に登り始めてすぐのところの道端にあり、この洞窟はガ・ザイ・ニォ（太鼓の家）と呼ばれていた[2]。解放後、一九五四年には鼓社節を行ったが、一九五八年の大躍進時期には国家建設のために金属類の供出が求められ、銅鼓も供出された（黔東南自治州全体で三千面の銅鼓が供出されたという）。そして、五九年から六一年にかけての全国的な凶作と大飢饉などの影響が残るなか、一九六六年の鼓社節は実施されなかった。さらに、一九七三年、七四年ごろに道路の拡幅工事の際に、「太鼓の家」も壊されてしまった。このようにして洞窟も銅鼓も一旦消えてしまった。一九七八年に鼓社節が復活した時には、新たな銅鼓を購入し、鼓社節の頭である鼓蔵頭（ただし、村では俗字を用いて鼓仗頭と書いている）の穀物室で、モミのなかに隠すようにして保管するようになった。

この鼓社節は主に、①通婚関係にある親族間の関係確認と強化を図る社会的機能、②未婚の男女の出会いの場、求婚の場を提供する社交的機能、③村に龍（土地神でもある）を招来し、村や村人の豊穣と繁栄を保障する宗教的

写真1　申の日の午後、帰路につく客人（姻戚）たち。豚の肢を土産として持ち帰る（2016年3月、筆者撮影）

機能の三つの機能を有してきた。

①については、元来、ミャオ族は交叉イトコ婚が望ましいとされており、母方オジの息子が、彼の父方オバの娘と優先的に結婚していた。したがって、二つの鼓（氏族）の間では世代ごとに交互に女性の交換が行われてきた。そして、鼓社節は通婚関係にある鼓（氏族）どうしが関係を維持・強化する機能を果たしてきた。今日では、男女の交際範囲が広がり、交叉イトコ婚でないことが多くなっているが、姻戚関係の維持・強化を図る機能は生きている。ミャオ語で「嫁に行く」ことをモン・カー（客になる）と言うが、鼓社節において、村を訪れる「カー（客人）」というのは主に姻戚である。

一年目、二年目の鼓社節の期間中に訪れる客人は姻戚の比較的若い世代の人が多く、あまり儀式ばることはない。しかし、三年目の祭りの開始日（申日）の前日には、戸主の母や妻の実家の人、戸主の姉妹の嫁ぎ先の舅・姑らが贈答品を持って村に来る。贈答品の定番は天秤棒に吊るしたフナ、生きた鴨、コメまたは蒸したモチ米であるが、掛け布団、布団カバー、お酒、飲料、お菓子類、さらには、家電、家具を持参することもある。それに対し、主の家では、申日の早朝に、自宅で一年間飼ってきた丸々と太った去勢豚を殺し、豚の後ろ肢や前肢を客に持たせて帰らせる（写真1）。

②については、祭り後半で踊られる円形舞踊である「跳蘆笙・踩銅鼓」（蘆笙舞・銅鼓舞）が他村の異性との絶好の出会いの場になる。特に三年目の時は、求愛行動が許されている。踊りの輪に入る若者は村の男性に限られており、他村の男性は許されない。若者は踊りの輪のなかの気に入った他村の娘に近づき、蘆笙を吹きながら伴走して踊る。もし相手の女性が気に入れば、その介添え役の母親が広場に用意された毛布を購入し、若者の肩に

載せる。すると、このカップルと母親は広場の中心にある銅鼓のそばに行き、鼓蔵組織委員から祝い酒をふるまわれる。若者はその後、毛布代よりも高めのお金を娘に返し、結婚を前提とした正式の交際が始まる。銅鼓を吊るす天秤棒にシーツが掛けられているが、これは他村の娘たちが踊りの輪に入る前に、村への敬意を表すために掛けたものである。なお、銅鼓舞は上郎徳、下郎徳のみ行われている。包暫には銅鼓がなく、男が蘆笙を吹きながら踊り、それについて女性が踊る蘆笙舞のみが行われている（写真2、3）。

以上、①、②の機能のあらましを紹介したが、詳細は別稿で論じることとする。以下では③の機能に関係する「上山招龍」、「抬鼓串寨」に関係する事柄について述べていきたい。

写真2　鼓社節最終日の銅鼓舞（2016年3月、熊邦東撮影）

写真3　銅鼓舞で成立したカップルを祝い酒で祝福する鼓蔵組織委員（2016年3月、熊邦東撮影）

2　祭りの担い手

祭りは全世帯の投票によって選ばれた一二名が中心となって担う。この一二名を首席団と呼び、最多得票の二名を正と副の鼓蔵頭、他の一〇名を委員と呼ぶ。伝統的には正と副の鼓蔵頭をガ・ニォ（太鼓の主）、他の一〇名をガ・ロ・ビ・ニォ（太鼓の手足）と呼んでいる。この一二名と後述する九名の人たちからなる「鼓蔵組織委員会」が鼓社節の開催期間中、儀礼だけでなく村の秩序を維持・管理することになる。特に二名の鼓蔵頭は党支部書記や村長よりも権威を持つとされている[3]。

この「太鼓の主」と「太鼓の手足」と呼ばれる人たちは、祭りが始まる半月前、村役場（村民委員会弁公室）において全戸参加（二〇〇二年全戸数一二八戸つまり一二八票、二〇一四年一四五票）の投票によって上位一二名が選ばれる。選ばれる人は息子、娘がおり、配偶者も健在で、家族みな健康で、家内が平穏無事であることが望ましいとされている。両親も健在であればなお理想的である。身障者がいる家は選ばれない。

二〇〇二年に選ばれた一二名を以下に列挙する。みな上記条件（妻、息子、娘）を満たしているが、両親ともにいない場合は特記した。

〈太鼓の主〉（年齢は二〇〇二年当時）

陳金先（一九五五年生、四七歳）正鼓蔵頭

長男（二三歳）は既婚、長女（二一歳）と次男（一八歳）は未婚

陳正忠（一九五九年生、五三歳）副鼓蔵頭

長男（二四歳）と長女既婚、次男未婚

〈太鼓の手足〉

陳俊章（一九六七年生、四七歳）

長男（一八歳）、二男（一三歳）、長女（六歳）

祖父・陳牛松は大巫師。本人は二〇〇〇年頃から巫師を務めている。村には何人か巫師がいるが、大きな儀礼の祭司を務められるのは彼だけなので、必ず選ばれる。鼓社節の細工物の人形作りは主に彼が作る。

陳正洲（一九四九年生、五三歳）

陳正平（一九四九年生、五三歳）
外地に出稼ぎ中だったため、息子・現明（一九八七年生、一六歳）が代理で務める。
陳正興（一九三六年生、六六歳）　両親とも他界
陳正仁（一九四七年生、五五歳）
陳六毛（一九七一年生、三一歳）別名・陳往里
陳正生（一九四八年生、五四歳）
陳当条（一九七二年生、三〇歳）別表記・陳当跳
陳里衣（一九六六年生、三六歳）鼓社節の会計
陳正権（一九三六年生、六六歳）
両親とも他界。二男二女、内孫四人、外孫二人。一九七六年の鼓蔵頭。

二〇一四年に選ばれた一二名についても列挙する。

〈太鼓の主〉
陳国栄（一九六四年生）正鼓蔵頭
長男（一九九一年生）、長女（一九九二年生）、両親健在だったが、一四年一一月に母親が死去。上の世代の人が亡くなっても村への影響はあまりないとされているが、健康であった母親の急死は一四年の祭りの会期中に起こった事件と関連づけて語られている（後述）。
陳紹林（一九七〇年生）副鼓蔵頭
父健在、長男（一九九六年生）、長女（二〇〇〇年生）。巫師とともに切り紙ができる。

〈太鼓の手足〉
陳俊章（一九六七年生）巫師。両親健在
陳正平（一九四九年生）両親とも他界。前回も委員
陳雲（一九八二年生）母健在
陳当跳（一九七二年生）両親とも他界。前回も委員
陳世民（一九七三年生）父健在
陳光文（一九六七年生）両親とも他界
陳福金（一九七一年生）両親とも他界。前回の鼓社節では抬泥巴の役
陳光勝（一九七〇年生）母健在
陳正夫（一九五一／五二年生）両親とも他界
陳心和（一九五七／五八年生）両親とも他界

鼓蔵組織委員会には上記一二名以外にも、裏山・報吉山（養黒ともいう）に「上山招龍」するときに銅鼓を担ぐ人「抬鼓」二名、報吉山から土地神（龍でもある）の依代として掘った土を運び降ろす人「抬泥巴」一名、報吉山の頂上であるボ・リャン・ダ（土地神の丘）から土地神を村に案内する鴨をつなぐ紐を引く係「拉鴨子」一名、村の四方にある五つの山（巴養岡仗、養棟郎、養書、養岡、養当）から土を取って来る役目「要泥巴」の五名、合計九名も鼓仗組織委員会のメンバーである。

鼓社節が行われる三年間の会期中に、鼓蔵頭の家で、結婚や出産があると、村が一層栄えるので、めでたいこととして喜ばれる。たとえば、二〇〇二年から〇四年まで鼓蔵頭を務めた陳金先には、未婚の長女がいたが、北

京のＩＴ関係の会社に勤務する漢族男性が貴陽に出張で来た際、足を伸ばして観光客として村を訪れ、村の広場で演技する長女を見染め、二〇〇三年三月一九日に結婚している。長女夫婦はその後北京で生活しているが、村にとってはたいへんめでたいことだと考えられている。一方、妻や子が亡くなると不吉なこととされる。

村人にとってこの一二名に選ばれることはたいへん名誉なことである。特に「太鼓の主」の二名に選ばれることはおそらく一生に一度しかないことである。二〇一四年から一六年まで鼓蔵頭を務めた陳国栄は、「自分は長期間村を離れ、大工として外地で仕事をしてきた。踊りにも参加したことがないので、選ばれたときは驚いた。しかし、とても栄誉なことなので、やらないわけにはいかない。妻も選ばれたことを『みなに認められた』と感じている。娘はとても喜んでいる。銅鼓舞の先頭で踊れることは誇らしいことだ」と筆者に喜びを語った。[4]

しかし、一二名に選ばれたとしても、金銭的な報酬は一切ない。むしろ、鼓蔵頭の二名は、いろいろ経費がかかり、持ち出しになる。たとえば、上山招龍の儀礼のために甘酒を醸したり、銅鼓を担いで各家々に入って踊り、土地神様（龍でもある）を確実に各家々に届ける儀礼「抬鼓串寨」の開始前には、自宅に他の委員を招いて食事をふるまったりしている。また、他の委員にしても時間と労力を割かれ、無事に成し遂げられるかどうか精神的にも重圧を感じるという。「太鼓の手足」に選ばれた陳光文によると、「外地で出稼ぎしている人のなかには、選ばれてもなりたくない人がいる。しかし、それでも担当せざるを得ない。渋っていると、鼓蔵頭から『もし役目につかないなら、お前の家は鼓社節に参加する資格はない』と説得される。鼓社節は村に龍を招き、一二年間の安寧と平安を保障するためのものであるので、鼓社節に参加できないということはとても強い圧力になる」と語った。二〇〇三年に委員の一人であった陳正平は海南島の観光地で闘牛を見せるため、どうしても参加できなくなったが、帰郷の催促の電話を受け、窮余の一策として当時一六歳の長男・現明（一九八七年生）が代理で務めた。参加しないという選択肢はない。

表１　郎徳上寨の鼓社節の日程と行事内容（2002 年～ 04 年の例）

	2002 年（午年）	2003 年（未年）	2004 年（申年）	備考
1 日目（申）	殺猪、上山招龍	殺猪、上山招龍	殺猪、上山招龍 早朝、全戸で殺猪	申年、前日に客人たちが入村。
2 日目（酉）	休憩	休憩	休憩	
3 日目（戌）	抬鼓串寨	抬鼓串寨	抬鼓串寨	
4 日目（亥）	踩銅鼓	昼間籃球試合、夕方から踩銅鼓、歌舞晩会	籃球試合 （疲労困憊のため踩銅鼓中止）	
5 日目（子）	跳蘆笙・踩銅鼓	跳蘆笙・踩銅鼓	闘牛、籃球試合 短時間の踩銅鼓	
6 日目（丑）		跳蘆笙・踩銅鼓	闘牛、籃球試合、飛歌試合、文芸晩会（舞踊、歌唱など）	
7 日目（寅）		跳蘆笙・踩銅鼓	跳蘆笙・踩銅鼓，闘鳥	
8 日目（卯）			跳蘆笙・踩銅鼓	
9 日目（辰）			跳蘆笙・踩銅鼓	

猪：豚のこと、籃球：バスケットボール、飛歌：裏声で遠くまで響かせる歌唱法
闘鳥：オスの小鳥の入った鳥かごを近づけ、鳴き声の大きさを競わせる。相手から逃げ出すしぐさをすると負けとなる。

３　祭りの日程と儀礼内容

前項の1で述べたとおり、鼓社節とはミャオ族社会の基層を成す親族組織「鼓」において、一二年周期で行う祖先祭祀活動であり、同時に姻戚関係の確認と強化を図る機会になっている。具体的な儀礼内容は村によって少しずつ異なっている。表1は二〇〇二年から二〇〇四年までの三年間、郎徳上寨の鼓社節の日程と内容のあらましをまとめたものである。

いずれの年も旧暦二月一の申日から祭りが始まる。祭りの日数は午年（二〇〇二年）は五日間、未年（二〇〇三年）は七日間、申年（二〇〇四年）は一三日間行なわれた。祭りの中心儀礼は、「上山招龍」、「抬鼓串寨」「跳蘆笙・踩銅鼓」の三つの部分からなり、基本的には三年間同じ内容が繰り返される（表1参照）。

以下は準備段階を含め祭りの全過程を調査した二〇〇三年の詳細を述べたい[5]。

１　準備段階

五日前（三月七日）

正鼓蔵頭の家で甘酒を醸す。蒸した米に麹を加えて作る

図 2　上山招龍行程図。時間表記は 2003 年（カッコ内は 2015 年）の儀礼実施時刻

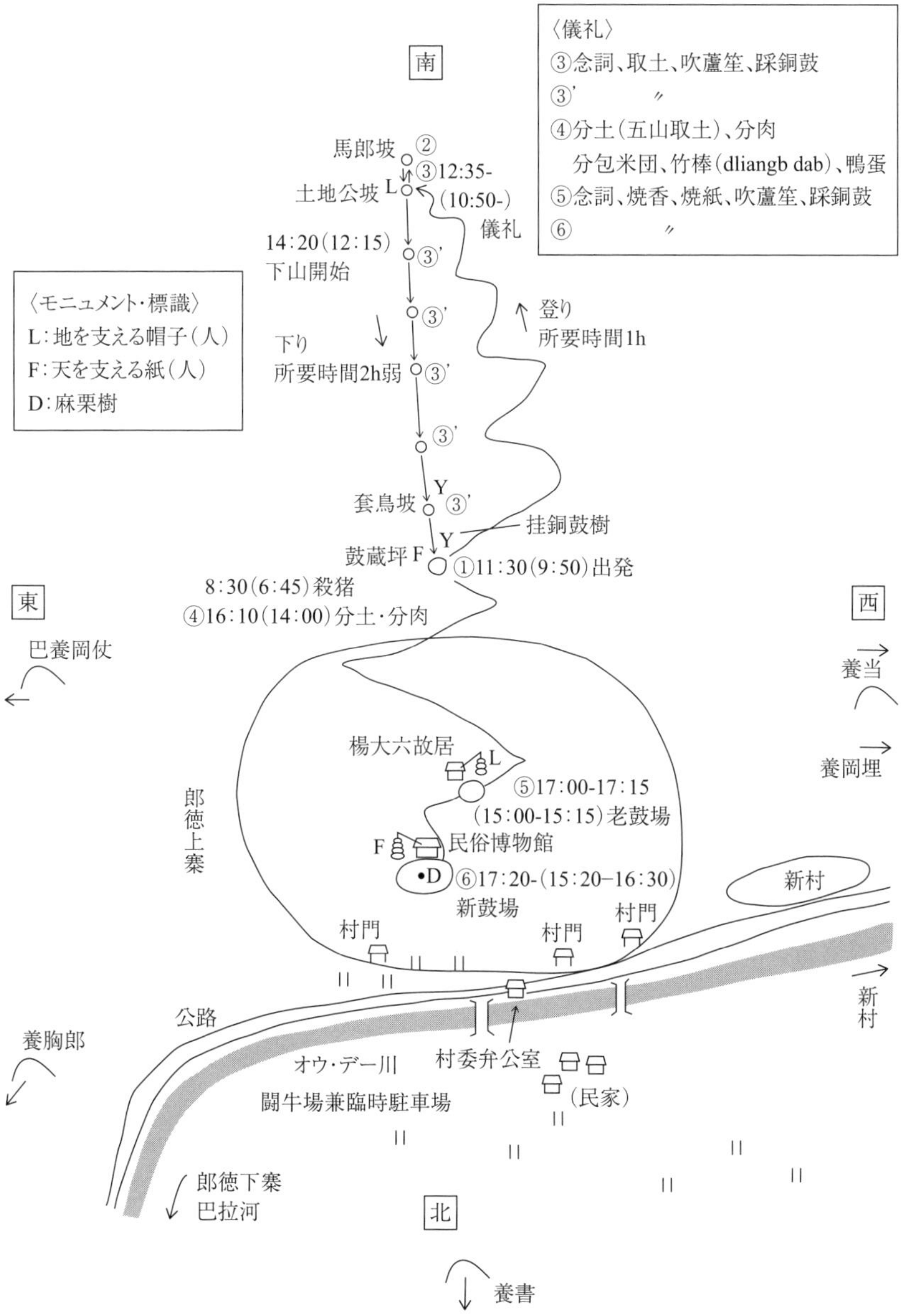

が、他人に見せてはならない。この甘酒は初日の鼓蔵坪で行う儀礼で用いられる。

二日〜三日前（三月九日、一〇日）

各世帯は、山から切り出してきた水竹、白粥に入れるために河原に下りてすくった水生昆虫、粥用のウルチ米、包米団（大おにぎり）用のモチ米、そして、闘牛大会の賞金にあてる一〇〇元を村民委員会弁公室（村委弁公室）に持ち寄る。[6]

各生産小組では、二戸（多くの場合、生産小組の組長）の家がウルチ米にモチ米を混ぜて蒸留酒を作る。どの家が作るかは巫師が指名する。指名された家は鼓社節の三年間、蒸留酒を作る。巫師がきき酒をし、できの良い酒だけが採用され、この酒は土地神の丘での儀礼や銅鼓舞を踊る際に一二名にふるまわれる。

一日〜二日前（三月一〇日、一一日）

村委弁公室の一階作業場で準備作業が始まる。日によって従事する人が変わるが、主に接待組組長、それに鼓蔵組織委員会のメンバーや生産小組組長らである。祭りにおいて各戸ごとに包米団一個、短い竹棒二本、長い竹棒二本が行きわたるように用意する。この両日、毎日二〇名近くの人が作業に加わり、夜遅くまで続く。申日までに用意するのは以下のものである。

①竹棒と切紙――午前中、山に入って漢語で水竹、ミャオ語でドウ・ギ（蘆笙の木の意）と呼ばれる細い竹を切り出し、次のものを制作する。この水竹は蘆笙を制作するのに用いる竹で、細いからといっても他の種類の竹は祭りに用いてはいけないという。

(1)短い竹棒（三六センチ）……一二八戸×二本＝二五六本を用意する。

各戸の中心柱ないしは祖先棚に二本供えるためのもの。

(2)長い竹棒（九五センチ）……一二八戸×二本＝二五六本を用意する。

各戸の門口の両脇に一本ずつ立てるためのもの。

(3)長い竹棒（一三〇センチ）……大量に用意する。

「上山招龍」において、土地神（龍）を村まで降ろしてくる過程で、通り道の両脇に挿す。主に子供たちが挿している。一二八〇本作ると答えた人がおり、それだと一戸あたり一〇本分挿せる計算になる。(1)〜(3)の竹棒をリヤンタ（土地神）と呼んでいるが、子どもらを守る神様と考えられている。

(4)人型の切紙……白い和紙を人型に切ったもの。

上記(1)、(2)の竹棒の先端部分に切れ目を入れ、この人型の切紙二枚を挟む。この竹棒と太線香二本を紙銭（冥界で使用する紙幣）二枚で巻き、棕櫚の繊維の紐でくくる。この紙をドゥ・リャン・ダ（土地神の紙）といい、この紙または竹棒が土地神の依り代と考えられている。

(5)天地を支える紙……始原の時を象徴するもの。

これを切るのは主に巫師・陳俊章の役目になっている。長いものは白い和紙が四段になるようにハサミを入れ、それをいくつも束ね、短いものは三段になるようにハサミで切って束ねる。長いものはファ・ドゥ・ニ・ヴァ（天を支える一束の紙）、短いものはライ・モ・ニ・タ（大地を支える帽子）と呼ぶ。見た目には紙の束にしか見えないが、巫師によると、手、足のある人だそうだ。名称からして、神話に登場する天地開闢時に天地を支えた人物と思われる。

②ドゥ・イ――常緑樹のクヌギを用意する。

村の広場で銅鼓舞を踊る際、広場の中央にこの樹を立て、その枝に銅鼓をかけるのに用いる。一年目に切り出したクヌギの幹は三年間使い続ける。二年目、三年目には、切り出したばかりの枝葉のついたものを接ぎ木のように一年目に切り出した幹に結び付ける。

なお、今期つまり二〇一二年からの鼓社節では、村はずれの「銅鼓を掛ける樹」が枯れてしまっていたため、「上山招龍」の儀礼に際し、鼓蔵坪にこのドウ・イを持っていき、銅鼓を掛けるのにも用いた。

③包米団（大にぎり）――一個二斤（一キログラム）の重さがある。

モチ米二八〇斤（一四〇キロ）を水につけ、翌一一日に蒸し、丼茶碗に蒸したご飯を入れ、それを二つ合わせて、丸い大にぎりを作る。全戸に一個づつ配るように作る。

④川虫――白粥に入れる縁起もの。各家々から持ち寄られた水生昆虫などを塩ゆでし、天日干しにする。

一日前（三月一一日）

一六時ごろ、一晩水に漬けたモチ米を蒸し、包米団一二八個（一家に一個。一個は二斤）、ゆで卵（鶏卵）一二八個（一家に一個）を用意する。これらは細工物などと一緒に翌日鼓蔵坪に運び上げられる。

2　上山招龍

「上山招龍」は、裏山・報吉山の頂上にある土地神の丘（海抜九三六・五三メートル）から土地神（龍でもある）を村に招来する儀礼である。儀礼は主に村はずれの「鼓蔵坪」（海抜八〇〇・一三メートル）と呼ばれる少し平らになった場所で行われる。ミャオ語ではこの場所にある「銅鼓を掛ける樹」にちなんで、この場所をガ・ドウ・フィ・ニョと呼んでいる。この場所では早朝にオス豚を殺し、全戸数分均等に肉を分けておく。

儀礼終了後、全世帯の人が競ってこの土地神（龍でもある）の象徴である土を奪い合い、長い竹棒二本と短い竹棒二本（いずれも土地神であるリャンダと呼ばれる）、均等に分けられた肉（竹串に挿してある）、ゆで玉子一個、包米団（モチ米の大にぎり）一個と一緒に家に持ち帰り、祖先に供える。

夕方になると、村の広場である銅鼓場（海抜七二九・七六メートル）で米粥を食べる。粥のなかには川底に生息するトンボの幼虫やカワゲラなどの水生昆虫、小エビ、沢蟹の類を塩茹でし、天日干したものが入っている。そのなかでもガン・ソン（トンボの幼虫）と呼ばれる細長い川虫は、あごが龍の角に似ており、ムカデのような足が体の両側についていることから、水龍に見立てられている。この粥を食べることによって、健康で長寿になると信じられている。村人は競ってこの白粥を食べる。

申日に（特に一番盛大に行う三年目は申年の申日に）豚を供犠することについては、「村の長老によると、猿は聡明で、敏捷で、人間に近い存在。この日に祭りを行うと、健康を保ち、知識を増すのによい。また、猿は豊作、豊穣の象徴である。猿が食べられるだけの木の実が山に満ちていれば、生存と繁栄が約束されている」からだとされている［郎徳苗寨博物館、呉正光　二〇〇七：六八］。しかし、なぜ旧暦の一一月なのかはよくわからない。

一日目（三月一二日）〈申日〉

八時三〇分　鼓蔵坪で鼓蔵頭二名がオス豚を殺す。助手五人が手伝い、解体し、午後の鼓蔵坪での儀礼に備える供物や、全戸で分ける肉を秤で測り、均等に分ける作業が始まる。肉は各戸一本の竹串に挿す。

一一時一五分～一六時三〇分　一二名の主席団、「抬鼓」、「抬泥巴」、「拉鴨子」とともに村の老若男女が報吉山と呼ばれる裏山に上って「上山招龍」の儀礼を行う。その頃、村では各組で虫入り粥を作り始める。

一一時一五分　鼓蔵頭・陳金先の家のモミ貯蔵場所から銅鼓を取り出し、二名の鼓蔵頭が銅鼓を担いで鼓蔵坪まで運ぶ[7]。鼓蔵組織委員会の他のメンバーも付き従っている。

一一時三〇分　巫師や鼓蔵頭らとともに村の老若男女が鼓蔵坪を出発（図2の①）。

一二時三五分　山道を登って、報吉山の頂上にある土地公坡に着く。

一二時三五分～一二時四五分　さらに奥に進み、ボ・ゴン・マ（馬道の丘。漢語では馬郎坡という）で巫師が祭詞を唱え（次頁の〈祭詞1〉参照。位置は図2の②）、供物を供え、土をもらう。地名の由来は旧暦三月初午の日にここで馬競走が行われたことによる。(8)

一二時四五分　土地神の丘に戻り、ドウ・ティ・ドウ（紙片を掛ける木）の周りに供物（酒、オコワ、魚、鶏の卵）を供える。準備が整うと、巫師が片手で袋からコメを出して撒きながら祭詞を唱え（次頁の〈祭詞2〉参照。位置は図2の③）、供物を少しずつちぎって地面に撒き、酒も地面に垂らし、巫師と拉鴨子も共食共飲する。その後、男手が蘆笙を吹き、全員で銅鼓舞を踊る。子どもたちはオコワと卵をもらう。ドウ・ティ・ドウは先端部分に枝葉を残した竹竿で、ライ・モ・ニ・ダ（大地を支える帽子をかぶった人）が吊されている。

一四時二〇分　銅鼓を叩き、蘆笙を吹く。オスの鴨（首筋が輝くような緑色をした立派な鴨を買ってきた）を先頭にして、山を下り始める。拉鴨子、巫師、銅鼓、蘆笙吹きら六人、さらにその後ろに竹棒を持った子どもたちの順で下る。巫師はコメを撒きながら「一緒に行こう、一緒に行こう、行こう、行こう」と祭詞を唱え、村に向かってひたすら山を一直線に下る。

一四時二五分～一五時五〇分　小高い峰々でドウ・ティ・ドウとよばれる竹竿を地面に搗き挿し、銅鼓を叩き、蘆笙を吹き、鍬で一鋤分の土（土地神かつ龍の依り代）を採ってかごに入れる。馬郎坡も入れると合計七か所で土を取った（図2中の②、③、③'）。

下る道すがら、子どもたちが随所に竹棒を地面に挿していく。巫師の行進中に「龍よついて来なさい、一緒に行こう」という唱え事を繰り返す。

六番目の土を採る場所では、陳福金の唱え事に続いて巫師が「食べに来なさい、飲みに来なさい、食べに来なさい、……（土をもらった山々の名前を唱え）……山々の土地神さま、食べにきなさい、来なさい、飲みに来なさい」と唱える。

一五時五〇分　七番目のロン・ドウ・ジ（杉の木の丘）は別名ボ・ディエ・ノウ（鳥を括り付ける丘）とも呼ばれるが、生きた雀に紐を括り付け、巫師が祭詞をあげた。

一六時一〇分　一行が鼓蔵坪に戻ってくると、分土、分肉の儀礼が行われる（図2の④）。広場の南端、少し高くなったところに設けられた長卓をはさんで、巫師と主席団の一一人が相対峙する。巫師は赤い房の付いた帽子をかぶり、コメ入りの袋を持っている。一一人の足元にはシダが敷き詰められている。卓上には、オス豚の肋骨一本、鴨の卵、脂身肉、肝、フナ、オコワ、甘酒が一セットになるように一二人分並べられている。卓の下には紙銭を巻いた束、線香、人型の紙を挟んだ竹棒が置かれている。村の周囲の五山に土をもらい（五山取土）に行った人たちも到着し、巫師の前に敷き詰められたシダの上に撒き、巫師との間で応答があり、土を取りに行った人に甘酒がふるまわれる（写真4）。

巫師が祭詞を唱え（次頁の〈祭詞3〉参照）、村を代表して一二名の主席団が自分の手前に置かれた供物をちぎって、卓をはさんで足下にある裏山・報吉山の土と周囲五山の土とを混ぜた土に向かって落とし、自分も口に入れる。そして、儀礼が終わると、村人たちが我さきにと競ってこの土を奪い合う。そして、あらかじめ小組単位で用意された大にぎり、肉の刺さった竹串、土地神の依り代である長短の竹棒二本ずつをもらって自宅に戻る。

自宅では家長が祖先棚に短い竹棒を立て、棚の下に土を撒き、酒、魚（自分の田で捕ったフナ。塩ゆでしたもの）、肉を備え、紙銭を焼き、線香をあげ、祭詞を上げる（次頁の〈祭詞4〉参照）。入口の両脇に長い竹棒を立てかける。フナを煮て祖先に供えるのは主に小さい子どものいる家だと言われている。

写真４　鼓蔵坪で行われる分土、分肉の儀礼。土を取りに行った人が主席団に報告している（2016 年 3 月、筆者撮影）

一七時～一七時一五分　楊大六の旧居のそばにある旧銅鼓場で主席団の一二名が踊り、銅鼓を叩き、蘆笙舞を踊る（図２の⑤）。線香を焚き、紙銭を燃やし、酒を地面に撒き、土地神に捧げる。その後、村の広場である新銅鼓場で同じことを行った[9]（図２の⑥）。新銅鼓場の端には生産小組ごとに粥の入った大きな桶樽が用意され、村人が嬉々としてその前に並び、粥を入れてもらったお椀を持って、その場で食べている。

二日目（三月一三日）〈酉日〉

酉の日は、「腹を立てることが起こるので良くない」とされており、一日休息する。

３　抬鼓串寨

「抬鼓串寨」は銅鼓を担いで村中を巡る儀礼である。鼓蔵頭ら一二名が各家々を回り、堂屋（三間取りの真ん中の部屋）で鼓蔵頭が銅鼓を叩き、その周りを巫師が米を撒きながら祭詞を唱え、その後ろに他の九名が蘆笙を吹きながら踊る。このようにして龍を確実に各家々に届ける儀礼である。なお、この儀礼は郎徳下寨や包暫では行われていない。

三日目（三月一四日）〈戌日〉

九時～一八時一〇分　抬鼓串寨の儀礼をおこなう。一昨日から銅鼓を保管していた副鼓蔵頭・陳正忠宅から始める。巫師に先導された鼓蔵組織委員会のメンバー一二名が各家々をめぐる。各戸の居間である堂屋に入ると、鼓蔵頭の二人が部屋の真ん中で銅鼓を担いだまま、銅鼓を叩き、その周りを巫師が先頭に立って、袋から取り出したコメを撒きながら祭詞を唱え、他の者が付き従って踊る。何人かは蘆笙を吹いて踊っている。家人は銅鼓を吊るしている天秤棒や蘆笙に、さらには踊っている二一名の赤いたすきや腰に赤い布を括り付け[10]、一行が家を出入りする際に、酒を飲ませ、タバコ、肉、落花生、瓜子（カボチャの種）、菓子類など、思い思いに用意した食べ物や飲料でもてなす。最後は正鼓蔵頭・陳金先宅で踊って終了した（写真5）。

一八時二五分　鼓蔵組織委員会のメンバーが新銅鼓場でしばらく銅鼓舞を踊っていた。この締めの踊りでは、先頭に立って踊れるのは正副鼓蔵頭の夫人か未婚の娘（未婚の娘がいない場合はその従妹など）である。

四日目（三月一五日）〈亥日〉

写真5　抬鼓串寨の儀礼。2人の鼓蔵頭が銅鼓を担ぎながら叩き、赤い帽子の巫師が祭詞を唱える（2016年3月、筆者撮影）

一七時三〇分～　新銅鼓場で踩銅鼓。他の村の娘たちも来て踊る。旧報徳郷や近郷近在の村の娘たちが好んで来る。参加する人数はまだ小規模である。

4　跳蘆笙・踩銅鼓

「跳蘆笙・踩銅鼓」は蘆笙舞・銅鼓舞のこと。ミャオ族の祖先である女神（蝶々の化身メイ・バン・メイ・リュ）が宿っている銅鼓を叩いて、その周りを円形になって踊る儀礼。踊る前には必ず銅鼓にお酒をかける。村の広場で最初に踊るのは一日目の「上山招龍」の儀礼を終えた鼓蔵組織委員の一団が銅鼓場に戻って来た時である。この時には爆竹を鳴らし、巫師が祭詞を唱える。「抬鼓串寨」が終了した直後にも銅鼓場で鼓蔵組織委員が踊る。他の村の娘たちも来て、本格的に踊るのは行事の五日目からである。

五日目（三月一六日）〈子日〉

午後、新銅鼓場で跳蘆笙・踩銅鼓。他村の娘が晴着を来て、赤い布をまず銅鼓に結び、さらに若者の蘆笙に結ぶ姿を目撃。

六日目（三月一七日）〈丑日〉

一六時～一九時　新銅鼓場で踩銅鼓・跳蘆笙。

七日目（三月一八日）〈寅日〉

一五時～一八時　新銅鼓場で踩銅鼓・跳蘆笙。老若男女の区別なく外から来た客人すべてにピンク色のタオルを贈る。タオルは各戸がお金を出して購入したもの。他村から来て、踊りの輪に入る娘の数はちらほら。各家を訪れる客人も若い人が多い。たとえば、共産党支部の老書記・陳正涛宅では、長男の嫁・楊阿勇のイトコの息子四人とその友達二人がオス鶏、オコワ、酒、市販の菓子を持参し、食事を共にした。

4　祭詞からみる鼓社節の意味

ここでは上山招龍の諸儀礼において唱えられる祭詞から、郎徳上寨における鼓社節の意味を探りたい。調査時は、録音したものに基づき、ミャオ語から中国語、そして日本語に翻訳をする手順で記録したが、紙面の制約からここでは重要と思われる祭詞の日本語訳のみを掲載する。

〈祭詞1〉二〇〇三年馬郎坡での巫師の祭詞（行番号は筆者がつけたもの。以下同様）

1　今日は良き日、今日はめでたい日。

2　今日は、どこから来ようとも、どこから来ようとも、我らは我らの龍子を案内し、我らは我らが龍女を迎える。
3　我らは七万枚の田をもらい、七千本の苗をもらう。
4　我らは郎徳上寨の各家々にもたらし、今日我らはあなたたち龍を祀ります！
5　百二十八戸分の魚を贈り、百二十八戸分の龍を贈ります。家々はみな得て、家々はみなある。
6　九人の男子をもらい、九人〔筆者注：正しくは七人か〕の女子をもらう。
7　九人の男子は才気がみなぎり、七人の女子は見目麗しく、九人の男子は礼節を知り、七人の女子は刺繍にたけている。
8　今日、我らはあなたたち小龍、小龍女をお招きします！
9　幸い右手は右手にあり、左手は左手にある。
10　今日はあなたたち龍を祀り、酒で祀ります、お口で受けてください、龍公様、龍母様。
11　米で神通力を発しましょう、いいですね。鴨に（みなさんを）背負ってもらいましょう。

この祭詞は作物の豊穣、子孫の繁栄を言祝ぐ内容になっている。実際の儀礼では、この豊穣と繁栄をもたらす龍（土地神でもある）を村まで案内する一行は、山の頂上から鴨を先頭に村はずれの鼓蔵坪まで一気に下るが、巫師は絶えず米を撒きながら祭詞を唱えて降りて来る。11行目はそのことを述べたものと思われる。

〈祭詞2〉二〇〇三年土地神の丘での巫師の祭詞

1　我らのこの山で、誰が一番能力があり、誰が一番背が高いのか、

2　我らが望むのは、三千下流の水龍、八百上流の水龍。
3　これら完全で、これら聡明で、これら有能な（龍の）皆々、香炉山のように（盛り上がった）肉を食べに来て、
清水江のように（満々と湛えた）酒を飲みに来てください。
4　我らは龍公様に食べてもらい、龍母様に食べてもらう。
5　我らは十二碗の酒を飲み、十二碗の酒を飲み、我らが食べるのは白いおこわ、
6　祀るのは龍の土地神、祀るのは土地神、我らはあなたたち水龍、山龍に食べてもらう。
7　百二十八戸に魚［筆者注：父龍のことか］をもたらし、百二十八戸に母龍をもたらし、
8　家々はみな得ることができ、家々はみな与えられ、
9　何をしても順調に行き、富は自ずと有り、竹は自然に生い茂り、（筍は）十分に有り、自分で取りに行ける！

この祭詞から、龍を得ることによって、各家々が順調で、富と豊穣（豊かさ）に恵まれることがわかる。6行目からは龍と土地神が同一視されていることがわかる。また、ミャオ族にとり竹は生命力の象徴であり、9行目は子孫繁栄を意味しているものと思われる。

〈祭詞3〉鼓蔵坪での巫師の祭詞

1　あなたはどこから来たのですか、龍公さま。
2　わたしは下流の岩、奥照居［地名］から来ました、巫師よ！
3　わたしは行く時は手ぶらではない、［戻って］来る時も手ぶらではない。
4　わたしはあの龍孫［龍子と同義］をもらいに行った、

わたしは龍女をもらいに行った。
九万の田を得て、七千の苗を得て、
我らの土地、郎徳にすべて捧げます。
百二十八戸（分）の母魚、百二十八戸（分）の龍母を、
人びとはみな得て、人びとはみな得ることができた。
これらの老人たちは長寿となり、これらの若者たちは裕福になる、
裕福さは十二倉が満ちるほど、長寿は百二十歳。
男の子は自ずと才たけて、女の子は自ずと見目麗しく、
男の子は自ずと礼節を知り、女の子は自ずと刺繍ができる、
男の子は馬郎坡〔馬道の丘〕で馬に乗り、
女の子はカマドのそばで刺繍をする、
立てば〔身に着けた銀飾りが揺れて〕ちりんちりん、座ればかちんかちん、
我らは香炉山のようなお肉を食べ、清水江のようなお酒を飲みましょう。
我らは我らのバーツ〔盆地空間のこと〕で銅鼓舞を踊り、蘆笙を吹く、ブォーンブォーンと、
踊るのに輪になって、あれは誰の子ども、あれは誰の子ども、
あれはどの家の子ども、あれはあの家の子どもか！
身をひるがえして上流に向かって踊る、
身をひるがえして下流に向かって踊る、
各家々に行く、行くのは各家々、

24　ミャオの家に行く、ミャオの家に行く。
25　有能な彼、彼はきっと有能で、裕福な者、（彼は）きっと裕福になる、
26　有能な者は自ずと有能になり、
27　裕福な者は自ずと裕福になる。
28　我らは大きな豚を飼うことができ、我らは商売をすることができ、
29　豚を飼うと自ずと大きく育ち、商売をすれば自ずと上手くいく、
30　大きなお金で田を買い、小さなお金で嫁を娶る。
31　これら買うものは自ずと買うことができ、富は自ずと得ることができ、
32　村の下の水田を買うことができ、山の上の田を買うことができ、
33　水を引けば田は良くなり、水を引けば畑は良くなる。
34　稲穂は田の縁に垂れ下がり、上の田から下の田に垂れ下がり、
35　大粒（の米）は乳房のよう、大粒（の米）はたきぎのよう（に多い）、
36　赤い火のように実り、太陽のように鮮やか。
37　川辺のものは面倒見切れない、川辺のものは船で運ぼう、
38　山のものは手に負えない、山のものは馬で運ぼう、
39　馬で倉庫に運べば（倉は）全部いっぱいに、稲架に掛ければ（稲架は）全部いっぱいに、
40　三倉分を食べても、まだ三倉分余るので売る、
41　三倉分を飲んでも、まだ三倉分余るので貸す、
42　以上だよ、巫師よ！

これは山から鼓蔵坪に下りてきた鼓蔵頭ら一二名が主席団の並ぶなか、巫師が最初に唱えた祭詞である。

〈祭詞4〉二〇〇三年老支部書記宅における祭詞

銅鼓坪から帰宅すると、竹棒（土地神の依代）を祖先棚の両端に置き、土、玉子を祖先棚の下の床に供える。家長である老支部書記が以下の祭詞を唱える。唱え終わると、地面に酒を垂らし、供物の肉や魚、玉子をちぎって撒く。そして、線香を灯し、紙銭をもやす。

1　今日はお日柄がよく、今年は作柄もよい。今日我らは鼓社節を過ごす。今日我らは鼓社節を過ごす。
2　我らは十三年ごとに、十三年ごとに一度過ごす［十三年目にまた元に戻るのでこのような表現をする］。
3　我らはあなたたち水龍、山龍をお呼びしました。これらの土地神をお迎えしました。どうぞ我が家へ、どうぞ我が家に。
4　魚は池の白魚、？？魚（聞き取れない）があります。肉も酒もあります。食べてください。お食べくださいお飲みください。
5　あなたたちが食べてくだされば（我らを）お守りください、お守りください。
6　どうぞおいでください！我らは百二十歳まで生き、十二倉も蓄えるほど富む（ことができます）。
7　我らは畑を耕せば、自ずと収穫でき、我らが田を耕せば、自ずと豊作になる。
8　我らはいくら食べても食べ尽くすことなく、我らはいくら飲んでも飲み尽きることがない。
9　我らは今日、まずあなたたちに先に食べていただき、それから我らが食べ、飲みます。

この唱え事からは、村人の長寿と富、豊作を祈願する素朴な願いが伝わってくる。

以上、四つの祭詞から、上山招龍の儀礼では、豊穣と繁栄をもたらす龍を、そして土地神を村に招き入れ、滞りなく各家々に招き入れることが主眼になっていることがわかる。そして、この聖なる時空を統括するのが鼓蔵頭ら鼓蔵組織委員会の面々なのである。

三　鼓社節の観光資源化

1　村側の取り組み

この節では、今期の鼓社節と一二年前の鼓社節を比較することによって、観光資源化の度合いを見ていきたい。前節で見たように、鼓社節は天地開闢の時代に立ち返り、神話上の始祖が登場するなか、土地神の依り代を村の各家々に招来することによって、今後一二年間にわたる村の豊穣と繁栄を確保する重要な式年祭祀である。会期中、村には「聖なる時空」が現出することになる。郎徳上寨の人びとは観光開発以降、祭菩薩、吃新節、苗年、掃寨など村の伝統行事と折り合いをつけながら、村の大事な収入源である観光業を維持しようとしてきた[11]。前期の鼓社節でも村人のこうした意識を読み取ることができた。たとえカメラ愛好家や観光客がその場にいても、鼓蔵組織委員会の人たちは彼らに対して寛容にふるまっていた。しかし、今期の鼓社節では、むしろ積極的に観光客を受け入れる種々の方策が講じられるようになった。特に三年目においては、雷山県政府や郎徳鎮政府の関与もあり、大規模なイベントとして執り行われた。

表２は二〇一四年～一六年の鼓社節の日程と儀礼内容であるが、前期の鼓社節（表１）と比べると、上山招龍、抬鼓串寨、踩銅鼓など伝統的な行事内容や姻戚関係の「客」の来訪と贈答など、祭りの骨格部分はほとんど変

表2　郎徳上寨の鼓社節の日程と行事内容（2014年～16年の例）

	2014年（午年）	2015年（未年）	2016年（申年）	備考
1日目（申）	殺猪、上山招龍	殺猪、上山招龍	殺猪、上山招龍 ＊十二道攔門酒体験（前日も）	申年、前日に客人たちが入村。「攔門酒体験」は下寨、包暫も実施
2日目	抬鼓串寨	抬鼓串寨	抬鼓串寨	（下郎徳） 姑媽回娘家
3日目	抬鼓串寨	抬鼓串寨	抬鼓串寨	（下郎徳）篝火晩会、3日間の闘牛開始
4日目	下郎徳闘牛の見物	下郎徳闘牛の見物	下郎徳闘牛の見物	
5日目	下郎徳闘牛の見物	下郎徳闘牛の見物	下郎徳闘牛の見物	（下郎徳） 晩会
6日目	村主催の闘牛 籃球試合	村主催の闘牛	村主催の闘牛 籃球試合	上郎徳、下郎徳、包暫の3会場に分かれて籃球試合 （下郎徳）闘鳥大賽
7日目	村主催の闘牛 籃球試合	村主催の闘牛 籃球試合	村主催の闘牛 籃球試合	
8日目	跳蘆笙・踩銅鼓	籃球・蘆笙・飛歌・舞踏試合	村主催の闘牛 籃球試合	
9日目	跳蘆笙・踩銅鼓	籃球・蘆笙・飛歌・跳舞の試合、 午後から跳蘆笙・踩銅鼓	蘆笙舞踏大賽、 闘鶏大賽	（下郎徳） 2日間の苗歌大賽開始
10日目		午後から跳蘆笙・踩銅鼓	＊姑媽回娘家	（下郎徳）4日間の跳蘆笙・踩銅鼓開始、村対抗綱引き
11日目		午後から跳蘆笙・踩銅鼓	跳蘆笙・踩銅鼓 象棋大賽	（包暫）文芸晩会
12日目			跳蘆笙・踩銅鼓	
13日目（申）			跳蘆笙・踩銅鼓	

わってはいない。ただし、①戸数が一四五戸に増えたこと、②二〇〇二年段階ですでに一部の村人が移り始めていた新村も手狭になり、徒歩一〇分ほどかかる川の上流に新たな新村ができたことにより、抬鼓串寨の儀礼を二日かけて行うようになった（表2参照）。

ここからは、郎徳の鼓社節がイベント化し、観光客を誘致し、会期中に村を訪れる人たちに積極的に対応する様子を見てみたい。

1　会期拡大と観光客を意識したイベントの登場

「はじめに」で述べたように、郎徳上寨、郎徳下寨、包暫の鼓社節は、ともに旧暦二月に過ごし、午、未、申の三年間行ってきたが、今期は初年度から会期を拡大し、観光客誘致に努めている。特に最終年の二〇一六年には、事前に三つの村が郎徳鎮政府の役場で話し合い、共同でアトラクションを企画した。

二つの行政村に属する郎徳上寨、包暫、郎徳下寨、岩寨、也公の五か村の共同主催という形で、各村役場前に「郎徳二〇一六年〝招龍節〟海報」（掲示ポスター）が貼りだされた。

全部で一六項目の活動が紹介されているが、末日の客（姻戚者のこと）の村入り、招龍儀式、抬鼓串寨、跳蘆笙・踩銅鼓を除けば、他の一二項目はすべて祭りを盛り上げるためのイベントである。篝火大会（ミャオ族になじみのないもので、結果的に実施されず）、闘鶏大賽（軍鶏、地鶏の二部門）、抜河賽（村対抗の綱引き）、象棋大賽は前期の鼓社節にはなかったイベントである。籃球（バスケットボール）、闘牛、闘鳥、蘆笙舞踏、苗歌、文芸晩会は前期でも行われたが、賞金額が格段に高額になっており、近郷近在の村々や雷山県の人はもちろん、凱里市からも参加者がいた。また、アマチュアカメラマンや一般の観光客は中国各地からやってきていた。

伝統的に人気のある闘牛を例に挙げて、前期と今期の賞金額や参加規模を比較してみよう。闘牛は体格と角の幅によって重量級のA組から軽量級のF組までランク分けされている。そのうちA、C、F組の試合は上郎徳で、B、D、E組の試合は下郎徳で行われた。二〇〇四年の上郎徳主催の闘牛では、各ランクの一位の賞金額はそれぞれ一〇〇〇元、七〇〇元、四〇〇元で、三つのランク合わせて四〇頭が出場していた。それに対し二〇一六年には、各ランク一位の賞金額がそれぞれ一万六〇一三元、一万一三元、一万一三元と高額になり、出場頭数も合計一〇一頭となり、取り巻く観客からは幾度となく歓声が上がり、谷間にこだました。

2　ゲストカードの発行

会期中には、テレビ局の撮影クルーが二チーム、郷土史家や研究者、村人たちが「記者」と呼ぶ撮影愛好家が全国各地からやってきている。私同様に前期に来ていた人もいた。こうしたディープな客に対し、前期では特に何もしなかったが、今期は、一〇〇元を支払うと「嘉賓証」（ゲストカード）を発行し、首から掛けさせた。これを掛けていると、種々の儀礼やイベントで前のほうに陣取って撮影することが許された。「招龍節活動日程表」には、祭りの全期間を通して、上郎徳と下郎徳でフォト・コンテスト（撮影大賽）が実施されており、村役場の壁には次々と写真が貼りだされていた。採用された写真一枚につき一〇〇元の謝礼が出るほか、最終選考で一位（一名）は八〇〇元、二位（六名）は五〇〇元、三位（一二名）は三〇〇元の賞金が出る。前期ではこのようなイベントはなかった。

2 地元政府側の働きかけ

二〇一六年には、郎徳鎮人民政府が訪れた観光客向けに『探神秘招龍 游苗疆走廊――郎徳苗寨十三年・招龍節活動 服務指南』というパンフレットを印刷し、村を後押ししていた。パンフレットには、郎徳上寨を中心として郎徳鎮の概要紹介、イベントを中心に郎徳（上下寨）の招龍節活動の日程、上山招龍、十二道攔門酒、銅鼓舞、撮影大賽、姑媽回娘家（婚出女性の里帰り）、闘牛、籃球、苗族歌舞大賽など個別のイベントの紹介、郎徳上下寨の農家楽（民宿）や雷山県城の宿泊先リストが掲載され、観光客の便に供される内容となっている。このうち、十二道攔門酒と姑媽回娘家は、より多くの観光客を誘致するために雷山県政府の肝入りで行われたイベントである。

また、今期の鼓社節だけでなく、今後増加する都市部の観光客を見込んで、風雨橋（楊大六橋）の位置から下流の河原と新村脇の空き地の二か所の土地を雷山県傘下の西江千戸苗寨文化旅游発展有限公司が駐車場として借り上げていた。

二〇一六年の会期中、郎徳下寨脇から上寨へ通じる道は一般車両の通行を止めていたが、西江千戸苗寨文化旅

写真６　上郎徳に設置されたエア遊具（前方）と屋台（後方）（2016年３月、筆者撮影）

游発展有限公司は下寨と上寨との間に西江と同じような電気カートを走らせ、観光客をピストン輸送していた。さらに、上寨の道路沿いに屋台売店が立ち並び、上寨の第一門下の田畑にふわふわした大型のエア遊具が設置され、子連れの観光客が楽しんでいたが、これも西江千戸苗寨文化旅游発展有限公司が設置したものと思われる（写真６）。

１　十二道攔門酒体験

「十二道攔門酒」というのは、ミャオ族のしきたりで、客人が村に入る際、主人側が一二回お酒を飲ませて、最高の礼で迎えるもの。お酒や盃を置いた三つのテーブルを順にならべ、一つのテーブルで二人の女性が直接口元に猪口か牛角杯を近づけて、二杯づつ飲ませる。三つのテーブルで合計一二杯飲ませることになる。観光の現場でも観光客はこのしきたりを体験することになる。

今期の鼓社節では、最終年である二〇一六年の祭り前日の三月一四日の「客人進寨」と翌日、ともに午後二時半ごろに、車道から村の第一門に通じる石段で行われた。これは雷山県政府が手配したもので、総勢七〇名ほどの銀の頭飾りや胸飾りなど盛装をした女性たち（西江から派遣された）がひな壇のように村の入り口付近にならび、村にやってきた客人を出迎えた。固魯から派遣されてきた男性一〇名からなる蘆笙隊が蘆笙を吹く中、客人たちに酒がふるまわれた。様子を見ていると、各家々の姻戚の人たちは素通りしており、むしろ観光客に体験してもらおうとしているようだ。

2　姑媽回娘家

「姑媽回娘家」とは、その家の子どもから見て父方オバ（姑媽）、つまり戸主の姉妹が嫁ぎ先から里帰り（回娘家）することである。鼓社節やミャオ族の正月である苗年には、母の実家、妻の実家、姉妹や娘の嫁ぎ先から姻戚の者が客人として訪れるが、姉妹や娘自身も夫と一緒に実家（娘家）に戻ってくる。「姑媽回娘家」のイベントはこの習俗を元にしたものと思われる。

一〇数年前、雷山県では観光客を誘致するために、旧暦一〇月にあるミャオ族の正月「苗年」をイベント化し、蘆笙を吹き、民族衣装をまとったミャオ族の人たちが雷山県県城である丹江鎮の街中を練り歩く「苗年節」が始まった。のちに内容をより盛り上げるために大勢の「姑媽」が大挙してお土産を担いで里に帰る行列を「姑媽回娘家」と称して行進に加えた。今回、下郎徳と上郎徳でも鼓社節を盛り上げるために大規模な「姑媽回娘家」が実施された。たとえば、上郎徳では三月二四日に、八〇歳代から二〇歳代までの、村から嫁いだ女性一六九名が、下郎徳から隊列を整えて上郎徳まで行進した。

行列は、「二〇一六年郎徳上寨鼓蔵節姑媽回娘家」と書かれた横断幕と看板、赤いリボンのついた大きな扁額（表側はミャオ族女性の銀の胸飾りをモチーフにしたレリーフ、裏側は銀の首飾りをモチーフにしたレリーフ）、蘆笙吹き三名、豚を担ぐ男性たち、その後ろには年齢別に女性たちが整然と続く。それぞれの年代の先頭の人が年齢を示すプラカードを持っている。「六〇歳以上」と「五〇歳～六〇歳」のグループは魚や鴨を天秤棒で担ぎ、「四〇歳～五〇歳」のグループはモチ米や酒のカメを担ぎ、「三〇歳～四〇歳」のグループはバケツや椪柑、飲料を、「二〇歳～三〇歳」のグループは銀の頭飾りや胸飾りをした盛装をまとって行進している。行列の最後には、掌坳（丹江鎮から直線距離で三キロメートル南）から派遣された銅鼓隊がついている。

担いでいるこれらの物は「姑媽」たちからの贈り物で、交流会の後、村の風雨橋やバスケットボール場で、各世帯ごとに集まって食事をする際、その食材として使われる。また、各世帯にブリキのバケツ一二個が贈られる。これは「バケツで水を汲んで両親に飲んでもらう。このような機会はめったにない。いつまでも両親の娘であり続ける」という親孝行の気持ちを表しているという。こうした贈り物は一六九名の「姑媽」たちが三〇〇元ずつ出し合って用意した（写真７）。

一行が村境に来ると、爆竹が鳴り、村から各家の嫁や娘たちが出迎える。村の入り口では攔門酒が姑媽たちにふるまわれる。続いて村の広場（新銅鼓場）で歓迎交流会が開かれ、村を代表して、巫師、党支部書記、鼓蔵頭が挨拶すると、姑媽側も挨拶する。村側と姑媽側が交互に、歌や踊りを披露し、村側の女性たちが敬酒歌を歌い、何人かの姑媽にお酒を勧める。そして、姑媽全員に村からブレスレットとホイッスル付きのステンレス製ケトルが贈られ、記念撮影が行われた。最後に、掌坳の銅鼓隊によるショー化された蘆笙舞、そして姑媽たちと村人たちが一緒に銅鼓舞を踊った。この歓迎交流会にはたくさんの観光客や写真愛好家が詰めかけており、盛んにシャッターを切っていた。

写真７　上郎徳の銅鼓場で開催された姑媽たちの歓迎会（2016年3月、筆者撮影）

四　まとめ

「はじめに」で述べたように、観光村間の競争が激化し、特に西江鎮の観光事業の活況を目の当たりにして、上郎徳上寨は鼓社節において、積極的に観光客誘致に踏み切った。この鼓社節を観光資源化する動きには、主に上郎徳、下郎徳、雷山県政府の三つのアクターの存在がある。
以下は郎徳上寨での聞き取りだけに基づくという限界はあるものの、この三つのアクターの郎徳地区の観光資源化に対する思惑や動きを整理し、本論の結びとしたい。

1 雷山県政府

①上郎徳と下郎徳との合併話

雷山県には森林資源はあるものの、税収を高めるためには西江と郎徳の観光産業をこれまで以上に盛り上げる必要がある。今後一層効率よく観光開発を進めるために県政府は上郎徳と下郎徳の合併を決定した。しかし、県政府と末端とのズレがあったためか、上郎徳、下郎徳では、二〇一五年末に任期満了に伴う村民委員会役員の改選がすでに行われ、村長など新役員が選出されてしまっていた。このため、少なくとも今期はこのまま二つの行政村が存続することになった。しかし、県側からの合併圧力は弱まっていない。

②西江千戸苗寨文化旅游発展有限公司の関与

こうした県政府側の働きかけの一つとして、二〇一六年の郎徳地区の鼓社節に西江千戸苗寨文化旅游発展有限公司（以下、旅游発展有限公司と略す）が大きく関与していたことが挙げられる。旅游発展有限公司は雷山県政府傘下の旅行会社で、西江鎮の観光業を管理運営している。旅游発展有限公司は西江鎮を国内観光客向けに開発し、二〇〇八年に本格オープンした。西江観光の特徴を一言で表すとテーマパーク化である。以下は二〇一四年の現地での見聞に基づいている。

観光客は村の手前に設けられた北服務区で、車を駐車場に止め、入場券一〇〇元、観光バス代二〇元のチケットを購入し、観光バスに乗って鎮の入口まで行く。時間がうまく合えば、村入りの十二道攔門迎賓酒の歓待を受けることができる。鎮に入ると、中心部を河が流れ、その両側には一階が土産物屋や飲食店を兼ねた宿坊やホテルが立ち並んでいる。観光客は川沿いの西江古街で散策、買い物、食事を楽しんだり、博物館でミャオ族文化を学んだり、午後になると博物館前の広場で芦笙舞体験ができる。西江でのメインイベントは、対岸の丘の上にある観景台から「千戸苗寨」の景観を鑑賞することだが、丘までは電気カートが運んでくれる。銅鼓表演場での演技は無料で見られるため、パック旅行の団体客は必ずここに案内される。しかし、夜の演技は有料で、湖南省の会社が請け負い、プロのダンサーがミャオ族の踊りやパーフォーマンスを演じている。また、表演場では夜間空に向かって色とりどりのレーザービームが放たれている。

時間にゆとりがあるなら、山上に向かって村内散策できる。テーマ性のある工坊見学（醸酒坊、刺繍作坊、農民画家など）を通して、「体験型郷村観光」ができることを謳っているが、観光客はモノづくりを体験するのではなく、〝民家に入り、ミャオ族料理を味わい、ミャオ族の酒を飲み、農家のお茶を味わい、ミャオ族の村の景観を愛でる〟という意味である。このような民族風情を味わえるしかけはまだある。川に掛かる風雨橋では、毎朝老人たちが情歌を歌ったり、道端では刺繍をする婦人たちを見かけるが、彼らは公司に雇用され、「演じている」のである。また、西江の鼓藏頭は世襲であるが、彼の家には「鼓藏堂」があり、二〇一一年寅年にあった鼓藏節で供儀した水牛の角を有料で展示している。

公司側は郎徳に対しても、上下二つの村を一体化させ、西江のようなテーマパークにしたいという思惑がある。それまで、郎徳上寨、下寨、包暫はそれぞれ別々に祭りを行ってきたが、一六年については県政府の指導もあって、三つの村が共同で開催することになった。

公司は一六年の鼓社節の期間、観光客用の電気カートを郎徳下寨から上寨まで走らせたり、一五年の鼓社節終了後、郎徳上寨の二か所の河原を駐車場用に借り上げている。

2 下郎徳と上郎徳

郎徳地区のテーマパーク化に対し、下郎徳は前向きであるようだ。幹線道路に沿って郎徳下寨は広がっているが、二〇一五年、一六年に訪れると、幹線道路側に宿坊、飲食店、土産物店が建ちならぶ「一条街」を急ピッチで建造していた。幹線道路脇の駐車場は一六年にはすでに完成していた。また、一六年の祭りの二日目(三月一六日)には下寨のイベント・姑媽回娘家が行われたが、一条街では国内観光客が好む長卓宴(長机を一本線に並べて行う宴会。この時は六六卓並べていた)が設けられ、姑媽たちだけでなく、一般観光客にも席について食べてくれと呼び込みがあった。

一方、上寨では、たとえば正鼓蔵頭・陳国栄が「ここは山紫水明の地であり、この原生態を保存したい」と語ったように、村の中堅世代以上の人たちは、西江のようにはしたくないという思いが強い。上寨の姑媽回娘家では、下寨とは対照的に、昼間の会食は姑媽とその実家の家族が輪になって鍋を囲んでおり、長卓宴の形式は取られていなかった。実は、鼓社節に観光客を積極的に呼び込むことについても複雑な思いがあったようだ。陳国栄が鼓蔵頭に選出された時は健在であった母親が一四年一一月に急死したが、村ではあることが囁かれていた。一年目(一四年)の鼓社節の抬鼓串寨の始まりにおいて、銅鼓を国栄の家から出し、隣家の国栄の兄宅に移動させるとき、カメラ愛好家同士が撮影場所をめぐって喧嘩を始めた。鼓蔵組織委員会の説得にも応じず、最後は警察を呼び、喧嘩両成敗で両者が村に対し罰金二〇〇〇元を払うことになった。村内ではこの事件と国栄の母親の死とが結び付けて語られていた。そのためか、一五年の鼓社節の時、国栄は緊張してとても顔がこわばっており、前年に自宅を訪ねた時と表情が違っていた。

郎徳ブランドにあやかり、飲食店や旅館を整備し、積極的に観光地化を進めたい郎徳下寨と、過度に人工的な建造物を持ち込まないで、景観の保全も重要だと考える上寨との間にはズレが見て取れる。黔東南自治州でも一番早く観光化に成功した郎徳上寨は、観光客を接待する表舞台と村の日常生活が営まれる裏舞台との両立をうまく図ってきた。しかし、聖なる時空が現出する鼓社節までも観光の表舞台に載せた背景には、県政府や郎徳下寨からの働きかけを受け、折り合いをつけざるを得なかった可能性がある。県政府からの圧力は今後ますます増大するものと思われるが、村を担う次の世代のなかでも意見が分かれているようだ。村の景観そのものが変わってしまうのかどうか、今まさに瀬戸際に立たされていると言えよう。

注

（１）楊大六はミャオ語の「ヤン・ダァ・ル」（とても剽悍で獰猛な）の音訳であり、本名は陳業揚。

（２）村内に木鼓を保管する専用の建物を造ることもあり、この建物を「祖鼓房」という［呉　二〇〇五：一〇〇］。

（３）鼓社節の会期中、村内で起こった出来事はすべて鼓蔵組織委員会によって処理される。会期中は野良仕事をしてはならず、喧嘩やケガをさせる行為、窃盗や婦女をからかうこと、ぼや・失火、民家の藁や柴草を勝手に使用することなどが固く禁じられている。これらに違反した場合の罰則が明文化された「上郎徳鼓仗公約」という規約が村の役場に貼り出される。二〇〇三年の公約では、たとえば、婦女子をからかったりすると、村の顔をつぶすことになり、罰金だけでなく、米一二〇斤、肉一二〇斤、酒一二〇斤を出して村人に食べてもらい、村を「きれい」にしなければならない（第五条）。また、ぼや・失火が起こると、罰金だけでなく、豚一頭、酒を用意して、巫師と一二人に祭詞を上げてもらわなければならない（第八条）。こうした罰金を科したり、村の慣習による裁きは鼓蔵頭の裁可によって行われる。

（４）鼓社節の開催期間中、広場で円形舞踊の銅鼓舞が踊られる。円の中心に立てられたクヌギの木に吊るされた銅鼓を叩き、男女が円形状になって踊る。内側の円は蘆笙を吹きながら左廻りに踊る男たちで、その外側の円は盛装した女性たちが踊る。人数次第でその女性の円は二重の円になることもある。そして、男性の円、女性の円の先頭に立つのは、それぞれ「太鼓の主」、太鼓の主の妻と未婚の娘だけに許されている。

（５）鼓社節の調査は二〇〇三年、〇四年、一五年、一六年の計四回行った。祭りのなかで一番過酷な部分は「上山招龍」の儀礼において、海抜九三六メートルの土地神の丘から道なき道をほぼ一直線に村はずれの鼓蔵坪まで降りてくる過程である。その全過程を同行して調査したのは二〇〇三年なので、ここではこの年の準備段階から祭りの全過程について述べる。

(6) 各家が持ち寄る米の量は、二〇一四年の場合はうるち米五斤(粥用)、もち米四斤(巨大おにぎり用)、闘牛大会の賞金用二〇〇元であった。一二年前は一〇〇元であった。

(7) 銅鼓の保管場所については、祭祀が行われる三年間は鼓蔵頭の家、次期の祭祀年までは村役場や巫師の家だったりする。二〇〇二年からの祭祀期間では、一年目終了後は副鼓蔵頭・陳正忠宅、二年目は正鼓蔵頭・陳金先宅、三年目終了直後は陳正忠宅であった。

(8) 馬郎坡の南斜面を下っていくと、フー・ソン・マと呼ばれる長さ五〇〇メートル、幅二〇メートルほどの台地がある。巫師の陳俊章が上の世代の人から聞いた話によると、この台地で馬郎(未婚の若者)たちが馬競走をしていた。若者と娘たちが一緒に登り、歌を歌って恋人になっていった。二月午日(爬山節)、三月子日、午日の三回そういう機会があった。一九五八年の大躍進までは行われていたが、その後はすたれていった。

(9) 鼓社節や毎年の正月である苗年(旧暦一〇月)に銅鼓舞を踊るのは旧銅鼓場であったが、村の人口が増えたこと、観光客に見せる演技をするには広い場所が必要になり、一九八七年に現在の銅鼓場が完成した。しかし、儀礼において銅鼓舞を踊る際は最初に旧銅鼓場で踊ってから、新銅鼓場で踊るのが習わしになっている。

(10) 銅鼓を吊るす天秤棒に括り付けられた紅い布は三年目の儀礼が終わると、各家々に分配される。個人の体に括り付けられた紅い布や蘆笙に掛けられた紅い布は会期中つけて踊り、捨ててはならない。三年間の祭りが終わると、自分の服の縁などに使う。しかし、実用性が乏しいということで、二〇一四年からはタオルに変わった。

(11) 祭善薩は旧暦二月初寅日に村内の四つの土地神の祠で祭祀し、村内の安寧を願う儀礼。この日以降は山に入ることが許される。吃新節は旧暦七月二日の卯日に行われる稲の初穂儀礼、苗年は旧暦一〇月寅卯辰日に行われるミャオ族の新年。これらの日にも団体客の受け入れを行っている。一方、掃寨は旧暦一一月初辰日に全世帯の旧火を新火に取り替え、村内を清め、黄牛を殺して火災の原因となる「火星」を慰撫する儀礼であり、村境に道切りの細工物がしつらえられ、外部の人の出入りが固く禁じられていた。一九九九年の調査時には、道切りのしつらえ物があり、私も前日に村内に入るように言われた。しかし、当日も団体客を受け入れ、掃寨の儀礼時間をずらしてまで、広場で団体客相手に歌舞の演技をしていた。このように郎徳上寨は村の伝統と折り合いをつけながら村の大事な収入源である観光業を維持しようとしており、村人の主体的な意識を読み取ることができる[曽 二〇〇二:四六—五〇]。

参考文献

エリアーデ
　一九六三『永遠回帰の神話』未来社（原著一九四九年）。
曽士才
　一九九八a「民族観光による村おこし――中国貴州ミャオ族地区の事例研究」『旅の文化研究所研究報告』六。
　一九九八b「中国のエスニック・ツーリズム――少数民族の若者たちと民族文化」『中国二一』三（愛知大学現代中国学会）
　二〇〇一「中国における民族観光の創出――貴州省の事例から」『民族学研究』六六（二）。
　二〇〇二「中国における少数民族の〝観光出稼ぎ〟と村の変貌」鈴木正崇・吉原和男編『拡大する中国世界と文化創造』弘文堂。
呉正光
　二〇〇五『郎徳上寨的苗文化』貴州人民出版社。
佐藤健二
　二〇〇七「文化資源学の構想と課題」山下晋司編『資源人類学02　資源化する文化』弘文堂、二七―五九頁。
中央民族学院民族学系八三級
　一九八七「雷山県郎徳寨調査報告」『貴州省文物工作資料彙編（第一〇集）』貴州省文物管理委員会、貴州省文化出版庁。
郎徳苗寨博物館編著・呉正光主編
　二〇〇七『郎徳苗寨博物館』文物出版社。

ベトナム、マイチャウにおけるターイの移住開拓伝承の資源化

樫永真佐夫

一　はじめに

多民族がくらすベトナム社会主義共和国ではそれぞれの民族の文化や伝統を観光資源とする観光開発が各地で進んでいる。中でもハノイの南西約一〇〇キロに位置するマイチャウは、一九八〇年代末に始まった市場経済化以降、かなり早い時期から国内外の観光客を数多く集め発展してきた。そのため代表的なエスニック観光地として知られている。

マイチャウを訪れる観光客は、標高一〇〇〇メートルを超える高山の懐に抱かれた盆地に点在するターイ（Thái）の村に宿泊することができる。風光明媚な景観と豊かな民族文化を売りとするこの土地に、二〇一三年ターイの文化を展示する博物館が開館した。

この「マイチャウ博物館」を筆者が同年一二月に訪ねた際、ターイのマイチャウへの移住開拓伝承に関するハ・コン・ティン（Hà Công Tín）の語りを聞く機会を得た。彼はフランス植民地期までマイチャウ行政を統治してきたターイの首領家ハ・コン一族の末裔である。博物館活動として来館者に対するこうした歴史的伝承の語りは、

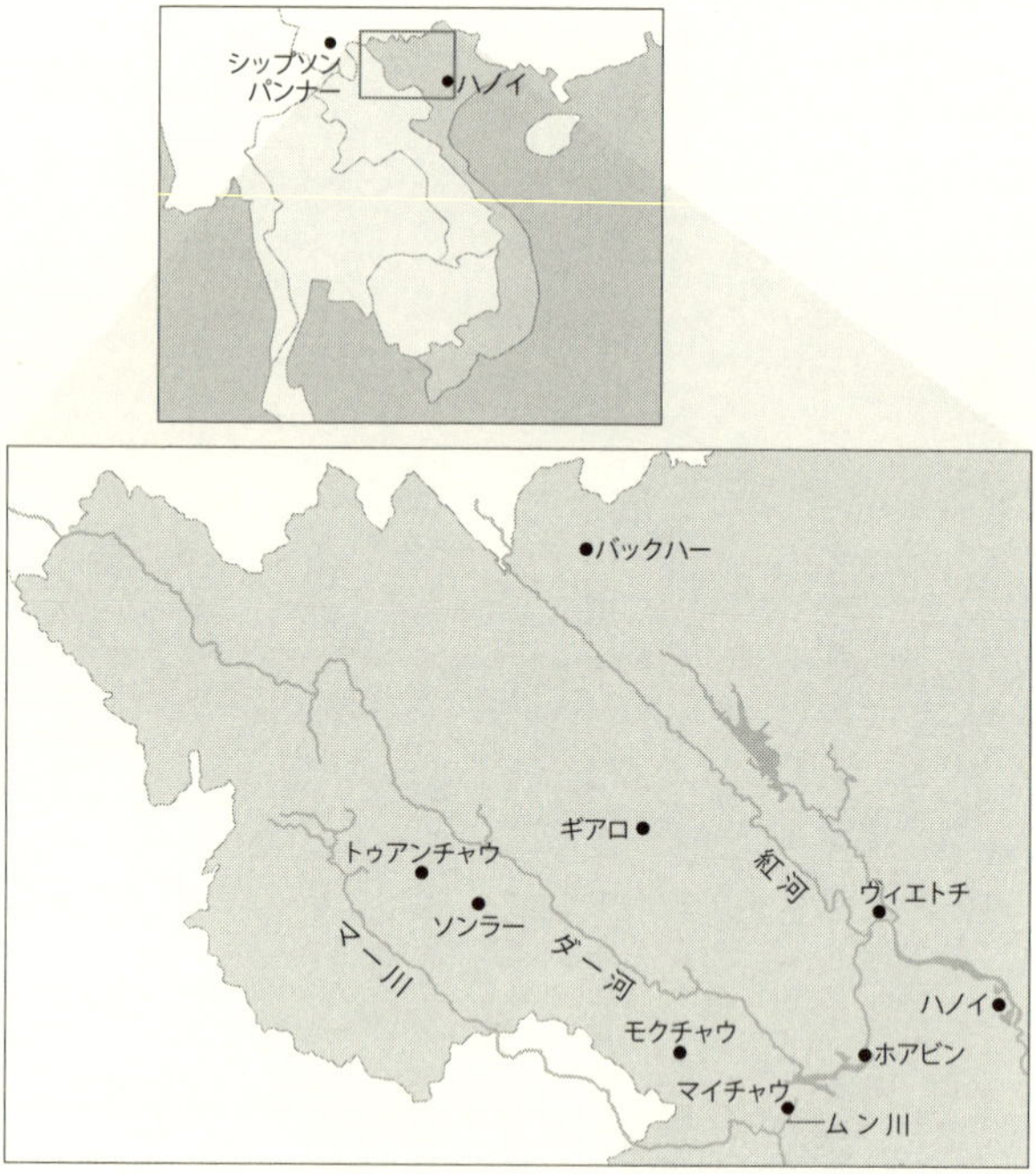

地図　マイチャウと周辺

これまでになかった新しい試みである。

ターイのマイチャウへの移住開拓伝承は、これまで何度も文字媒体で公開されてきた。遡れば一九七七年には、ハ・コン一族の来歴を記した文書がターイ語からベトナム語に翻訳されて出版され、その中で紹介されたのがおそらく最初である［Đặng Nghiêm Vạn (chủ biên) 1977］。次いで一九八八年のダン・ギエム・ヴァンによる編著書［Đặng Nghiêm Vạn 1988］の中で、さらには二〇〇二年のグエン・ヒュウ・トゥックによる報告記事［Nguyễn Hữu Thức 2002］でも紹介された。

この伝承の内容はもちろん史実そのままではない。とはいえ地域史を掘り下げるための資料は乏しい。そこでターイの民族史とマイチャウの地方史の研究で、この伝承はしばしば参照されてきた。いや、それどころかこの伝承抜きにマイチャウの地方史が語られることはない。そのためこの伝承の内容は、現地における歴史認識にも、地方アイデンティティの中にも深く組み込まれている。だがこれらは現地のターイ以外にはあまり知られていない。本稿では、博物館でこの伝承を観光客に広く語る新しい試みを、現地における歴史の資源化の例として捉えたい。そのうえで、このハ・コン・ティンによる語りの内容について、歴史の資源化との関わりから分析する。

語りの内容の分析にあたっては、ターイによるマイチャウの移住開拓伝承に関してベトナム語で一九七七年と一九八八年と二〇〇二年に出版された、上記三つの文献資料を比較の素材として取りあげる。これら各資料の比較を通して、現地のターイが国家や地域との関係の中においてどのように自己イメージしているのかが抽出できる。本論文で明らかになることであるが、この自己イメージゆえに、この歴史の資源化は国家に許されたとも言える。

本稿の構成は以下のとおりである。まずマイチャウ博物館設立の経緯を観光化との関連から位置づける。次に、マイチャウの移住開拓伝承がハ・コン一族の間でどのように継承されてきたのかを踏まえたうえで、この伝承の内容と構造を、上記三つの文献と一つの語りの比較から、さらにはソンラー省のターイが継承してきた移住開拓伝承との比較から考察する。そこから前近代のターイ首領の権力基盤と、その権威の特徴を明らかにする。最後に、首領による現地支配の正統性を根拠づけるこの歴史的伝承が、現在どのように再解釈されているのかを、歴史の資源化との関わりから示す。

なお、本稿におけるターイ語表記は、一九八一年にソンラー省、ライチャウ省、ホアンリエンソン（Hoàng Liên Sơn）省の各人民委員会文化局の合意で確立されたローマ字表記ターイ語を用いる（Hoàng Trần Nghịh và Tòng Kim Ân [biên soạn] 1990:14）。またその際、ベトナム語と区別するためにイタリック表記する。

二　ホアビン省マイチャウ県の概況と観光化

マイチャウの観光化の歴史は古く、市場経済化政策以前に遡る。そこでの観光化の進展に関しては拙稿［樫永二〇一六：二六六―二七四］に詳しいので深く立ち入らないが、本節ではマイチャウ博物館設立という出来事の、マイチャウにおけるエスニック観光とエコツーリズムの発展史における位置づけを述べておこう。

１　マイチャウの民族的概況

マイチャウ県はホアビン（Hòa Bình）省の西部に位置する。遡ると、一八九七年に成立したこの省は、フランス植民地政権下で一八八六年に成立したムオン省を前身としている［Bùi Văn Kín, Mai Văn Trí, Nguyễn Phụng 1972: 17-18］。ムオン省は、ベトナム阮朝（一八〇二―一九四五）下で山西《ソンタイ》、興化《フンホア》、寧平《ニンビン》といった諸省に分散して居住していたムオン（Mường）とターイの支配領域の一部を併せてつくられた省であった［宇野　一九九九：一四六］。ベトナムの主要民族キン（Kinh：京）族から見て異民族が暮らしているとはいえ、紅河《ホンがわ》デルタに隣接し、王朝の統制が土司（王朝に任じられた現地首長）による支配を通じて強く及んでいた地域がまとめられたのである。ターイ首領が土司をつとめていた領域の中で、ホアビン省（ムオン省）に編入されたのは枚州《マイチャウ》（Mai Châu）のみで、他の土司たちはムオンであった［cf. 福田二〇一八：一八八］。マイチャウのターイ語にはムオン語のみならず、ベトナム語の影響が基本語彙にまで入り込んでいる。この点にもマイチャウとベトナム王朝との政治・文化的距離の近さがあらわれている。

ここでマイチャウ県における民族の概況について説明しておこう。ベトナムでは言語、文化的特徴、民族アイデンティティといった指標から、五四の民族が公定されている。二〇〇九年人口調査に基づくと、総人口約八五八五万人中七三五九万人（八五・七％）を占めるのが、紅河デルタを中心に千年以上にわたって王朝を興亡させてきたキン族である。残り五三の少数民族のなかで二番目に多いのがターイで、人口一五五万人を数えている[今村 二〇一二：五五―五六]。タイ語系のターイは黒タイ（*Tây Đăm*, Thái Đen）、白タイ（*Tây Đón* または *Tây Khao*, Thái Trắng）をはじめとする地方集団に分かれる。両者は文化的に近似するが、盆地ごとにすみわけている。マイチャウのターイは白タイを自称してきた。(1)

少し統計は古いが、二〇〇一年の人口は四万八五七〇人で、その内訳はターイがもっとも多く六〇・二％を占め、キン族が一五・五六％、ムオン（Mường）が一五・〇七％、モン（Hmông）が六・九一％、ザオ（Dao）が二・〇六％である。つまり人口の八〇％以上が少数民族で[Võ Thị Thường 2002: 583]、この民族構成は現在まで大きく変わっていない。なお、県人民委員会が置かれているマイチャウの町（thị trấn：市鎮）は、ムン川（*nặm Mũn*）が流れる盆地の中心にある。ムン川は、ディエンビエン（Điện Biên）省に源を発しラオスのフアパン（Huaphan）県を貫きタインホア省の海に注ぐマー川の支流である。マイチャウ（枚州）とはキン族による漢越音地名であり、現地のターイのあいだではムオン・ムン（*Mường Mũn*）とよばれてきた。町がある盆地の田畑を占めてきたのは伝統的にターイであり、キン族は町に人口が集中し、商人や公務員が多い。

2 マイチャウの観光化

マイチャウでは、町に隣接するラック村（bản Lác）、クム村（bản Củm）、ポム・コン村（bản Pom Coọng）などターイの数か村が、観光村として観光客の宿泊を受け入れ、エコツアー、エスニック観光、保養、トレッキングなど観光の拠点となっている。民宿を経営するどの家族も水田耕作、家畜飼養といった従来の生計手段を維持している。本節で観光化の経緯を辿る。

マイチャウの観光開発は一九五〇年頃にまで遡る。インドシナ戦争（一九四六―一九五四）中にホアビン省を支配していたフランスが保養地とし、一九六〇年代になってベトナム民主共和国下で政治と経済の社会主義化と農業集団化が進む一方で、観光化が着手された。

マイチャウの町は、ハノイと西北地方を結ぶ交通の大動脈である国道六号線と、海岸部のタインホアから北西へとのびる国道一五号線の交差点に近い。一九六五年にはダー河の電源開発のためのホアビンダム建設工事がソ連の援助で始まったし、またラック村では魚の養殖の試験的導入とその商業化も始まった。これらを背景に道路事情が改善され、ソ連やポーランドなど共産主義諸国からの外国人旅行者が訪れるようになったのである。

観光地として大きく発展したのは、ベトナム社会主義共和国政府が市場経済を導入したドイモイ政策の開始以降（一九八六―）である。観光業を産業化と近代化のための国家的産業とするという方針が明確に打ち出されると、観光客誘致のために一九九三年にラック村で民宿登録が許可された。これが成功し、ターイの民家に宿泊して少数民族の生活を体験できる観光地として急速に発展していった。

マイチャウ観光は一九九七年に大きな転機を迎えた。ハノイなどにある旅行社が企画するツアーの増加に伴い、村人たちによる芸能歌舞団が組織され、宿泊客向けに民族歌舞の公演が始まった。また、村で販売される染織物が、次第に隣接するタインホア省、ソンラー省からも集められるようになると、ターイの染織物のみならず、モン、ザオ、ムオンなど他の民族の染織物まで扱われるようになった。

ちょうど一九九七年には宿泊客の五〇％が外国人であった。フランス、アメリカ、日本、その他世界各国から観光客が訪れている。一方でベトナム人観光客は、会社や役所の慰安旅行あるいは学生の団体旅行がほとんどで、個人の旅行者は少なかった。

二〇〇〇年代になると、グローバルな動きがさらに顕著になった。タインホア省ナーメオ（Nà Mèo）にあるラオスとの国境が開放されたし、各国道の道路拡張と再舗装が進んで中部からの流通と交通の事情が大幅に改善された。さらには中国と東南アジア大陸部各国を取り結ぶ「東西十字回廊」の整備もあったからである。交通と流通の質、量はともに大幅に向上した。それに伴い、中国やラオスで生産された染織物までもがラック村で販売されるようになり、また国道沿いにまで販売店が拡大した。さらに旅行者の増加を受けて、ラック村以外の村も観光村に認定され、新しく民宿登録する民家も増えた。

ベトナムの急速な経済発展を反映して国内旅行者の数が増えたのは、とくに二〇〇〇年代半ば以降である。ハノイから片道四時間で訪ねられる観光地とあって、ツーリングやキャンプファイアーなどを目的として少人数の個人旅行で訪れる学生や若者たちも多い。これに伴い、少数民族の民族衣装試着体験、レンタサイクルサービス、山上のモンの村への定期市ツアー、周辺村落や原生林へのトレッキングなど観光サービスがますます充実した［Tran Thi Hue 1998: 5-6; Achariya Note-Chei 2009: 10］。

写真1　マイチャウ博物館の入り口

3　マイチャウ博物館

今なお観光地として発展し続けているマイチャウに、二〇一三年春にターイの文化を展示する博物館が設立された（写真1）。創立者である館長キエウ・ヴァン・キエン（Kiều Văn Kiên）は一九七七年生まれのハノイ市タイック・タット（Thạch Thất）出身のキン族である。彼は、マイチャウ県サム・コエー社（xã Xăm Khỏe）のターイの女性カ・ティ・レ（Khà Thị Lê）と結婚してマイチャウを訪れるようになり、ターイの風俗習慣に興味を持った。ある日、妻の伯父の家で、たくさんの古い生活道具が家族に火棚の上にほぼ放置されていたことに衝撃を受けた。それらを大切な生活文化遺産とみなし、古物収集をはじめた。二〇一〇年にはホアビン省とマイチャウ県に申請してターイの文化を展示する博物館設立の許可を得た。収集した古物は一〇〇〇点以上におよび、そのほとんどはかつての生活道具であるが、二〇〇年前の家譜などのターイ古文書三冊、楽器類も収集品に含まれている。[2]

筆者はここまで「マイチャウ博物館」と呼んできた。これは通称で、正式名称ではない。入口に掲げられた看板には、ローマ字表記ベトナム語であるクオックグー（Quốc Ngữ：国語）とターイ文字の二文字によって、「マイチャウのターイ文化現物古物展示場」と記されている。[3] なお、ターイ文字は前近代から現地に存在し用いられてきた古クメール系の固有文字である。ターイ文字でも記されているのは、この文字がターイという民族ばかりでなくマイチャウ地域全体の歴史的文化的独自性を示すからである。のみならず、前近代からの高度な文明の存在を証明するシンボルとして、地域文化に対するアイデンティティや矜恃としばしば不可分だからである。

この博物館の特徴は次の点にある。党や行政からの指示によるのではなく、地域の文化事業への貢献を目的とした私設博物館であり、しかもそれを発案し実行したのが現地のターイではなく、ハノイ出身のキン族であったことである。

ふり返れば一九九〇年代にはターイの文化保存を目指す文化運動が、西北部を中心とする各地で展開していた。もちろんマイチャウにもあった。その主な担い手たちはターイの言語と文字文化の衰退を危惧する、高齢の現地文化人たちであった［cf. 樫永　二〇〇四］。しかしターイの若年層の人たちを惹きつけるのは難しかった。国内の経済格差が大きいベトナムで相対的に貧しかった多くのターイの人にとっては、自文化への造詣を深めることよりも、むしろ伝統のくびきから逃れ、ベトナム語での教育エリートを目指し都市的な生活を送ることの方が魅力的であったからである。

一方で、観光客はどのように考えていたのであろうか。マイチャウを訪れる観光客に対する一九九八年のアンケートがある。観光目的に関する質問に、外国人観光客の多くが「都会の喧噪を逃れるため」、「少数民族の伝統文化やトレッキングに興味があるから」と回答している。これに対して、ベトナム人観光客は「一泊程度で手近に行ける観光地だから」という回答が多かった［Tran Thi Hue 1998: 8］。たとえば、当時ハノイ外国語大学の学生だった筆者の友人が、学生旅行でマイチャウを訪ねたことがある。「ターイの村は肉も野菜も新鮮だし、おかずも主食のもち米も美味しい」という筆者の助言など、彼女たちは信じなかった。少数民族の村で出される食事など汚いうえ、まずいに決まっているという先入観から、「インスタント食品を持ち込み、村ではなにも口にしなかった」とあとで聞いた。

その頃はマスメディアなどが流布する少数民族に対するイメージが、マイナスのものばかりだったから無理もない。そのイメージとは、少数民族は自給自足的で大家族ゆえに貧困、教育のレベルは低く非科学的かつ迷信的、仕事は手作業で工業が未発達、奔放で自由な性格ゆえに性道徳の規範がゆるく性情は怠惰、自然な生活ゆえに焼き畑など自然破壊の元凶になっているなど、要するに「貧しい、汚い、怠惰」の三拍子が揃った差別的なものであった。しかも「伝統」より「近代・進歩」、「自然」より「工業・科学」という社会主義時代の進歩史観を、当時はまだ引きずっていたのである。

しかし二〇〇〇年を過ぎると状況が変わった。交通・流通事情が良くなり、また情報量も増えて、地方の物産などもハノイなどの都市に容易にもたらされるようになった。一方「豊かさ」の裏で、市場で買った空心菜を食べて過剰な農薬のために人が命を落としたとか、ハノイの麺屋でホルマリン漬けの麺を日常的に客に提供していたとか、中秋節に贈答される月餅の生産現場が不潔極まりない、などといった話題が次々と取り沙汰された。こうして「食の安全」意識が高まると、「自然」は復権した。それまでの「自然」対「科学」の関係は、「伝統・在地・安全」対「近代・外来・危険」の二項対立と結びついた。「自然」が善で「科学」を悪。とする価値の逆転現象も起こったのである［樫永　二〇一三：一〇七―一〇八］。

こうしたベトナム社会全体における自然志向と伝統志向の高まり、少数民族に対する偏見の払拭という価値観の変化のうえに、少数民族の失われつつある伝統も、キン族によって価値あるものとして再発見された。だからマイチャウのベトナム人観光客にも現地の文化や伝統に興味を持つ人が増えた。一方でキエウ・ヴァン・キエンのようにそれらを観光資源として活用し、地方文化の維持保存にも貢献する人があらわれた。彼がハノイ出身のキン族であった点は重要である。時代の要請を鋭くキャッチし、事業に先鞭を付けるのは、生まれも育ちも生粋の現地人には難しい。また資金や人脈の点もハノイの人でないとクリアしにくかったかもしれない。

三　マイチャウの年代記文書

二〇一三年一二月、筆者はある研修旅行の一環でマイチャウ博物館を訪れた。その際、館長のキエウ・ヴァン・キエンが企画して、ハ・コン一族の末裔である古老ハ・コン・ティンを招き、マイチャウのターイの移住開拓伝承の語りを聞かせてくれた。実は、この伝承は口頭での語りとして継承されてきたものではない。ハ・コン一族の各首領の系譜と事績を記した年代記の文書によって、現地の知識人のあいだで継承されてきたものである。そこで本節では、マイチャウの年代記文書の継承の状況について述べる。

1　マイチャウの年代記文書の所在

マイチャウのターイの移住開拓伝承がベトナムで公表されたのは、一九七七年にターイの年代記資料を校合、編集、翻訳して出版された『ターイ歴史社会資料』［Đặng Nghiêm Vạn (chủ biên) 1977］（以下『資料』）に「ハ・コン一族の来歴」が収録されたときが最初である。当時マイチャウでこの類の文書は一書しか収集されず、「ハ・コン一族の来歴」とは上記『資料』編者らによる命名である。

従来、タイ語系諸集団が継承してきた歴史ジャンルの文献は、十把一絡げに年代記と呼ばれてきた。階層区分が明確な彼らの社会では、統治者の出自を明確にしておくことが重要で、そのため年代記で王や首領の世系、つまり王統がその起源から物語られてきたのである［ダニエルス 二〇〇二：一八三―一八四、二〇〇四：五五］。「ハ・コン一族の来歴」もこうした年代記のジャンルに分類でき、ハ・コン一族による王統の起源の物語こそマイチャウのターイの移住開拓伝承なのである。

『資料』で紹介された「ハ・コン一族の来歴」は、一九六七年の夏にマイチャウ県チエンハ（Chiềng Hạ）社にて収集された写本である。実はそれより古い一九〇三年一月三〇日に収集されたマイチャウの年代記の写本が、フランス極東学院図書館に保管されている。[4] これには「クアム・トー・ムオン[5]（*Quăm Tổ Mướng*）」という題がついている（写真2）。

写真2　フランス極東学院所蔵『クアム・トー・ムオン：マイ・ハー』の最初の頁（分類番号：Mss Thai 143 G3:Hist）

クアム・トー・ムオンとは、黒タイのあいだで継承されてきた年代記文書の一群である。表紙に黒タイ文字で記されているところから判断すると、資料整理の担当者が黒タイであること、マイ・ハのクニの歴史（Histoire de muong Mai-Ha）とフランス語に訳されていることから、ここでのクアム・トー・ムオンが歴史文書の意味で用いられていることがわかる。

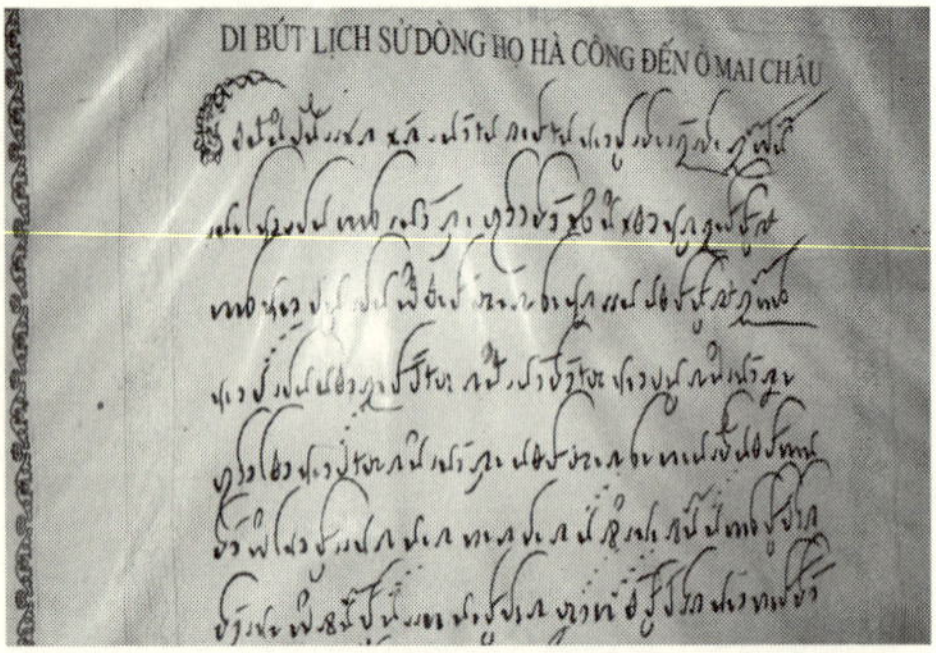

写真３　マイチャウ博物館の展示シート「マイチャウに来たハ・コン一族の歴史手写本」

かつて知られていたマイチャウのターイの年代記文書はこれら二冊であったが、二〇〇〇年代にキエウ・ヴァン・キエンがチエン・チャウ（Chiềng Châu）社を中心に、約二〇〇年前のものという三冊の写本を収集した。彼は、この文書をハ・コン一族の「家譜[6]（gia phả）」と呼んでいる。『資料』で紹介された写本の原本は現在の所蔵が不明なので、ベトナムで参照可能なのは現在ではおそらくキエウ・ヴァン・キエンが収集した三冊に限られる。

2　マイチャウ博物館の展示シート「ハ・コン一族の歴史」

博物館にはターイ文書の一葉が、ビニルシートに拡大印刷されて展示されている（写真3）。冒頭に「マイチャウに来たハ・コン一族の歴史手写本」というタイトルがベトナム語で印字されている。書写者は不明であるが書字体から判断すると二〇世紀の写本であろう。内容は以下のとおりである。

故地ムオン・カー・ルオン（*Mường Khà Luông*）の首領には息子が二人いた。ムオン・カー・ルオンの土地は弟のラン・バップ（*Lạng Bắp*）に分封され、長男ラン・ボン[7]（*Lạng Bun*）は妾の子だったのでムオン・カー・ノイ（*Mường Khà Nọi*）の土地を分封された。しかし、土地が狭すぎることを嘆き、ラン・ボンは新天地を求めて故地を去り、紅河（*nặm Tạo*）を下り合流点からダー河（*nặm Tè*）を遡り、ムオン・ムンすなわちマイチャウに至った。

このように、ここには開祖ラン・ボンの故地、開祖が故地を捨てた理由、故地からマイチャウまでの経路が大雑把に記されている。これに対して、ハ・コン・ティンによる語りはもっと詳細であった。その内容は、次に詳しく述べる。

四　マイチャウのターイの移住開拓伝承の構成

本節では伝承に関するハ・コン・ティンの語りの全体を日本語で紹介し、その内容と構成を示す。

なお、以下における分析に際しては、この語りとの比較材料として、すでに言及しているベトナム語で過去に出版された三つの文献を用いる。分析対象となるこれらの資料を、それぞれ以下のように呼ぶことにしよう。一九七七年刊行の『資料』[Đặng Nghiêm Vạn (chủ biên) 1977] 所収の「ハ・コン一族の来歴」の注に記された伝承が「資料1」、一九八八年刊行の『マイチャウのターイの伝統文化』所収の「ターイ、およびマイチャウのターイの来歴」[Đặng Nghiêm Vạn 1988] に記された伝承が「資料2」、二〇〇二年刊行の「マイチャウの地へターイ族が到った話」[Nguyễn Hữu Thức 2002] に記された伝承が「資料3」、また、筆者が博物館で二〇一三年にハ・コン・ティンから聞いた語りの全訳が「資料4」である。

1　ハ・コン・ティンによる語り「資料4」

ハ・コン・ティンが博物館で筆者らに語ったマイチャウの移住開拓伝承（「資料4」）は、以下の通りである。[8] なお、この日、ハノイ大学講師の福田康男がベトナム語通訳として同行していたし、他にキン族の聞き手も同席していたため、彼の語りはターイ語ではなくベトナム語であった。また「4―2」以下で分析する便宜のため、その訳文は以下のとおり①〜⑤に区切った。

①　中国シップソンパンナーよりマイチャウにターイが移住してきたのは一三世紀[9]。雲南省のムオン・カーに、哀牢山脈のムオン・ロー・ラン（*Mường Lò Lang*）を越えて紅河を通ってやってきた。始祖には妻が二人いて、第一夫人との間にあとで生まれた子の方がムオン・カー首領としてとどまった。

②　ムオン・カーは小さいムオンだった。第二夫人とのあいだに最初に生まれた子に分与された土地は狭かったので、他の土地への移住を決め、紅河を下った。フートー省のヴィエトチ（Việt Trì）まで下ったが、キン族が多くて土地がなく、ダー河を遡った。ホアビンまで来て、しばらくとどまったが、ムオンがくらしているので諦めてダー河をさらに遡りタ・チョー（Tạ Chợ）まで来た。そこがマイチャウに近い船着き場である。

③　ムクドリが鳴いたのを、水のある場所のお告げだと考え、団長ラン・ボンはムクドリについていった。峠を越えた。マイチャウにある小川の名には、「こちらに行ってはいけない」という名の川がある。荷物を持ち、杖をつき歩いてきた。マイチャウの盆地にさしかかると、驚嘆して「アーイ」と声を上げたので、アーイ峠（Đèo Ai）と呼ぶ。

アーイ峠から数百メートルのところに、ヴァーンの岸辺という土地があり、そこにしばらく逗留し、人々は杖をそこで放った。タウ（*tẩu*）という名の木を杖に使っていたので、それに因むタウ村（xóm Tẩu）という村がある。その後、チャー村（xóm Cha）への定住を決めた。そこにムン河が流れている。ムン川を下ると湧き水を現博物館があるチエン・チャウ社モー村（xóm Mỏ xã Chiềng Châu）で首領が見つけた。

首領が水に杖をついて探っていると、杖の先に付いていた銅が落ちたので、「銅の泉（*bỏk Tōng*）」と呼ぶ。さらにムン川を下ると、ヴァーン村（bản Vãng）に到った。そこにも湧き水を見つけ、水は良く渦を巻いて流れ灌漑に適している。その地域がチエン・サイ（Chiềng Sai）であり、現在のマイチャウの町の市場付近にあたる。付近の盆地は水田開発に適していた。また、ポム・コン（pom cọng）の丘に銅を隠せると考えられた。もっと下ってボー・ルオン（*bỏk luông*）（「大きな泉」の意味）を発見した。現在のボー・ルオン村（bản Bó Luông）付近である。

最終的に居住地として定めたのがチエン・チュー（Chiềng Chu）である。それまでルオン・チュー（Luông Chu）とよばれていた地名をチエン・チューに改めたものであり、チューが「中心」の意味なので「チャウ（*chau*）」（「主」の意味）に改められ、ベトナム語なまりのチャウ（châu）に転じた。現在われわれがいるこのチエン・チャウである。

④　ターイがこの地に来るまではサー（*Xá*）の人々がいた。サーは腹が逆転していて入れ墨をしていた。そのサーを駆逐して、ターイが定住した。

迷信深いサーを「ここは悪魔の土地だ」と言って怖がらせ、「自分たちは太陽の子だ」と名乗った。そのうえで、もし信じないなら、ということで射的競争を行った。

「木に掛けた石に矢が命中して刺さるだろう。それが自分たちが太陽の子であることの証だ」、とターイは告げた。サーは弓に野生獣を射る矢をしかけて射った。一方で、ターイは石に矢の先がくっつくように蜜蝋で細工していた。だから石に命中したターイの矢は落ちなかった。

射的以外にも天に対するお供えで悪魔に祈り、悪魔が食べたお供えの方が太陽の子だという競争で、ターイは紙の服を着て悪魔を呼び寄せ、お供えを食べさせた。サーのは食べられなかった。これが、ハ・コン一族が今でも儀礼における服をとても重要視する理由である。服が土地の占有のシンボルなのである。

ついにサーはターイを太陽の子だと認めた。サーはターイに「自分たちはどこに住んだらいいか」と尋ねた。ターイは「サーは山で焼畑し、ターイは盆地で米を作る」と答えた。こうしてマイチャウの盆地をターイが開拓することになった。盆地はラン・ボンから一六代目で栄えた。

⑤　嗣徳帝《トゥドゥック》（在位、一八四七—一八八三年）の時代、ベトナム王朝の外敵排除に協力し、皇帝よりクアン・チュー（*Quân Chu*：管周?）、ドゥック・マーイ（*Đức Mai*：徳枚?）などの称号と剣、銅鼓などを賜った。それらは一九六五年に戦災で消失したが、ドゥック・マーイの称号を下賜された首領には妻が一二人、息子が四人いた。そこで四人の息子たちのために、マイチャウをパ、ヒン、ヒック、ムンの四分して分封した。その後ハ・コン一族による統治のもと一九四五年のベトナム民主共和国成立まで、実際には一九五〇年までマイチャウは発展した[10]。

以上が「資料４」である。紙幅の都合上「資料１～３」の全訳は示せないが、以下でこれら４つの資料を比較し分析する。

２　「資料１～４」の構成の比較

「資料４」の内容を整理すると、この語りは以下の五つの話題から構成されている。⑴故地における開祖ラン・ボンの出自の話、⑵故地を捨て紅河を下りダー河をさかのぼる流離漂泊譚、⑶ダー河右岸から陸行し、マイチャウの盆地を発見し入植する話、(4)先住民勢力を掃討するマイチャウ征服譚、(5)ハ・コン一族がベトナム王朝に臣服して官職を授かりマイチャウの安定と発展に尽くす話、である。

次に「資料1～3」の3資料の内容構成を整理し、時系列順に並べたのが、「表1」である。これら3資料の内容は、次のⅠ～Ⅴの5つの話題から成り立っている。すなわち、〈Ⅰ〉故地における開祖ラン・ボンの出自の話、〈Ⅱ〉故地を捨て紅河を下りダー河をさかのぼる流離漂泊譚、〈Ⅲ〉ダー河右岸から陸行し、マイチャウの盆地を発見し入植する話、〈Ⅳ〉先住民勢力を掃討するマイチャウ征服譚、〈Ⅴ〉周辺地域のターイとの関係を語る話、である。

この時系列順で構成されているのは「資料3」のみであり、「資料1」と「資料2」は〈Ⅰ〉〈Ⅱ〉〈Ⅲ〉〈Ⅴ〉〈Ⅳ〉の順である。つまり〈Ⅳ〉の先住民を駆逐する話と、〈Ⅴ〉マイチャウ開祖の兄弟たちのその後の話が入れ替わっている。「資料4」には〈Ⅴ〉が欠落している。〈Ⅴ〉の部分とは、たとえば「資料3」の以下の部分である。

この射的競争［筆者注：射的競争については次節参照］のあと、クニ作りの事業は障害なく進んだ。次男と三男の二人はひき続き人々に土地を開拓させ、田地を盆地へと次第に広げていった。マイ・ハー（Mai Hạ）まで達すると、そこは土地が良く、平地に大きな川が流れ、地形も水田に適していた。次男はすぐにマイ・ハーの家族と別れた。ほどなく人々は開拓地をマー川縁にまで広げた。まもなくザット翁（ông Dát）と呼ばれた三男は、配下とともにマー川を下り、新しい土地の開拓に出発することを次男に願い出た。次男は三男への餞別として、鉄の角、銅の角の牛を一頭解体して祖先を祀り、天地の儀礼を開催した。三男はマー川沿いを下った。日暮れまで進むと、両岸にロ・カム（Lò Khăm）一族とファム（Phạm）一族のターイがすでに居住していることを知った。そこで次の日、さらに進んだ。日中の半分を費やしたころ、水田にできる耕地を見つけた。皆嬉しさのあまり銃を撃ち、「やった！やった！」と歓喜した。三男は人々をそこに留まらせ土地を開拓させ、村を築き、ムオン・ハウ（Mường Hầu）、ムオン・コーン（Mường Khoòng）と名付けた。その意味は、自分たちのクニ、法（マイチャウに従属する法）を持つクニの意味である。

それ以来、マイチャウのターイとタインホアのムオン・ハウおよびムオン・コーンのターイは、つねに互いに行き来しあい助け合っている。また、ムオン・ハウおよびムオン・コーンのターイの人々は自分たちを「弟」として、マイチャウのターイを「兄」と呼んでいる。

次男と三男に従った人々の生活は、勤勉だったので徐々に生活も向上した。次男と三男の二人は長男を探しに各地に人を使わした。長男はモクチャウで村を築いていた。それほど遠くはないところにいたことに次男と三男の二人はとても喜んだ。現在でもムオン・モック[11]（Mường Mộc）［モクチャウ］、ムオン・マイ、ムオン・コーン、ムオン・ハウのターイはみな同一の父母から生まれた兄弟であると、お互い見なしている。兄弟同士なので、それぞれのクニで大事が生じると、互いに連絡し合い、訪ね合い、助け合ったので、生活は日ごとに良くなった［Nguyễn Hữu Thức 2002: 68］。

「資料1～4」の内容を詳細に比較して作成したのが「表1」である。これを見るとわかるように、これら4資料において、〈Ⅱ〉〈Ⅲ〉〈Ⅳ〉の内容はほぼ同じである。これに対して、〈Ⅰ〉における故地を捨てた理由に関する記述、および〈Ⅴ〉におけるモクチャウとの関係については、資料ごとに違いが大きい。のみならず既述の通り「資料4」には上の〈Ⅴ〉の部分が欠けている。

五　伝承にあらわれた民族間関係

繰り返しになるが、タイ系民族の年代記では、王統をその起源から物語ることがなによりも大切であった。マイチャウのターイの年代記「ハ・コン一族の来歴」中に記された、開祖の一行による移住開拓伝承に込められた主題は、ハ・コン一族によるマイチャウ支配の正統性に他ならない。つまり、外来王ラン・ボンがいかにしてマイチャウに君臨するに至ったか、その根拠が示されているのである。

ラン・ボンらは最初からマイチャウを目指して来たのではない。仔細あって故地を去り紅河を下り、今度はダー河を遡り陸行した到達点が、たまたまマイチャウだったのであり、道中にはいくつもの異民族との出会いがあった。交渉と折衝のみならず競合と対立さえあった。彼らは異民族たちとどのような関係を取り交わしつつ、マイチャウに入植することになったのであろうか。

1　紅河デルタ近辺における異民族との邂逅

「資料4」には、ラン・ボン一行は紅河をヴィエトチまで下ったが、キン族が土地を占めていたのでダー河を遡りホアビンまで来た。しかしここもやはりムオンが占めていて、さらに遡ったことが記されている。つまり、紅河デルタにはキン族が、その外縁に直近の盆地にはムオンが先住していた。「表1」の〈I〉にあたる部分に、具体的には「資料1」と「資料2」にはこう記されている。「平地に下りてくると、デルタにはすでにキン族がいて、川縁にはムオンがいた。そこでボーの滝（thác Bờ）まで〔筆者注：マイチャウ近いくのダー河にあったが、現在はホアビンダムの湖底に沈んでいる〕遡り（…）」と。また、いずれの資料にも、キン族と、あるいはムオンとの間に、対立や

「資料 2」(1988 年)：ドイモイ開始期	「資料 3」(2002 年)：市場経済の発展と関係改善期	「資料 4」(2013 年)：国際社会への進出期（WTO 加盟）
		雲南シップソンパンナー → ムオン・カー → 哀老山脈ムオン・ロー・ラン
ムオン・フアック・プアック・カー（バックハー）	ムオン・フアッ・プアッ・カー（バックハー）	ムオン・カー（雲南）
（記述なし）	生活困窮	（語らず）
長子ラン・ボンの母は、首領カーの第二夫人だったので、分封された土地が狭かった。土地は少なく、カヤ、ススキが多い。〈ラン・ボンが長男だとは、長男はモクチャウを開発したと言う以下の物語と矛盾〉	生活苦、予言者の進言	長子の母は始祖の第二夫人だったので、分封された土地が狭かった。
首領家の三人兄弟とその母	首領家の三人兄弟とその母	首領家の長男ラン・ボン
銅船（次三男）と皮船（兄と母）	銅船（次三男）と皮船（兄と母）	（語らず）
デルタにキン族、川縁にムオン	すでに居住者あり。予言者に従い、ダー河遡上。	キン族が多い
長兄と次三男が船を交代し、長兄だけが銅船に乗り換え先を行く。	「バー滝」と誤記。船をひっぱり滝を越える。長兄と次三男が船を交代し、長兄だけが銅船に乗り換え先を行く。	（ボー滝について語らず）ホアビンに留まったが、ムオンが多く、さらに上流へ。
小休止。木に兄の痕跡。	小休止。兄の痕跡発見。	「マイチャウに近い船着き場」〈ダー河交易の船着き場〉
ムクドリの群がマイチャウの方から来たのを吉兆とみなし、ムオン・ムン方面へ	黒ムクドリの群れを吉兆として、山に入る。	ムクドリが鳴いたのを、水のある場所のお告げとして、ムクドリの方へ
盆地を見て、「アーイ！」と歓声	盆地を見て、「アーイ！」と歓声	おどろいて「アーイ！」と歓声
銅（トーン）の槍先がなくなる	銅（トーン）の槍先がなくなる	銅（トーン）の槍先がなくなる
母に次三男が「真ん中に湧き水がある」とこたえる	子（？）が「真ん中に湧き水がある」とこたえる。	灌漑水田できる湧き水を発見
太鼓（コーン）が落ちて破れる。	広い土地を見て歓声をあげて太鼓（コーン）を打って、破れる。	水田開発の適地。銅を隠せる場所。
湧き水で水田開拓。しかし足りない。	（ボー・ルオンの名前はない）	泉を発見。
さらに下ってチエン・チャウの広い盆地を開拓し、祖先の霊を祀る。	ムン川沿いの開発の苦労	チエン・チャウに定住を決定。
（記述なし）	ホームシックの母が故地に帰る。	（語らず）

表1 「マイチャウ移住開拓伝承」（[樫永 2017: 70-71] の表を転載）

		「資料1」(1977年)：ベトナム社会主義共和国下で計画経済（バオカップ時代）
〈I〉 開祖の故地と出自	（記述者、語り手による）故地以前の起源地	広西
	故地	ムオン・フアッ・プアッ・カー(バックハー)
	故地での生活	(記述なし)
	故地を捨てる理由	土地がない
	先導者	首領家の三人兄弟とその母
〈II〉 流離漂泊譚：ホン河を下り、ダー河を遡上	船	銅船（次三男）と皮船（兄と母）
	ホン河とダー河の合流点	デルタにキン族、川縁にムオン
	ボー滝	長兄と次三男が船を交代し、長兄だけが銅船に乗り換え先を行く。
	ズット川・チョーの小川	小休止。木に兄の痕跡。
	兄との別れ	ムクドリの群がマイチャウの方から
〈III〉 マイチャウの発見	ダウ村・アーイ村	盆地を見て、「アーイ！」と歓声
	トーン村	銅（トーン）の槍先がなくなる
	ヴァーン村	母に次三男が「真ん中に湧き水がある」とこたえる
	コーン村	太鼓（コーン）を打って破れる。
	ボー・ルオンの泉	水田が作れるだけの湧き水
	土地開拓開始	さらに下ってチエン・チャウの広い盆地を開拓し、祖先の霊を祀る。
	母との別れ	(記述なし)

チエン・チャウの次兄が３人息子に土地を分封。その結果、サー・カー・ダーイとの衝突	カー村に城を築いた先住民サー・カー・ラーイとの衝突	腹が逆転していて、入れ墨をしているサーとの衝突
予言者の提案による、城塁への射的競争で、銅の矢のサーに対し、蜜蝋を塗った竹の矢のターイが勝つ。	予言者の提案による、岩壁への射的競争で、銅の矢のサーに対し、蜜蝋を塗った矢のターイが勝つ。	ターイは「太陽 (天？）の子」を名乗り、木にかけた岩への射的競争で、蜜蝋を塗った矢でターイが勝つ。
サーは神託として敗北を受け入れ移住。	サーは神託として敗北を受け入れ、ファーイ・ゾムへ退き移住。	サーはターイが「太陽（天？）の子」であることを受けいれ、山へ移住。
次兄が末子ザット翁を、鉄の角、銅の角の牛を殺して送り出す	次兄が末子ザット翁を、鉄の角、銅の角の牛を殺して送り出す	(語らず)
ロ・カム一族、ファム一族がすでに入植	ロ・カム一族、ファム一族がすでに入植	(語らず)
さらに下ってムオン・ハウ（われらがクニ)、ムオン・コーン（法のクニ）を作る	さらに下ってムオン・ハウ（われらがクニ)、ムオン・コーン（法のクニ) を作る	(語らず)
マイチャウが兄、タインホアが弟（互いに「伯父－叔父」で呼び合う）	マイチャウが兄、タインホアが弟	(語らず)
モクチャウは遠いので、現在は関係が少ない。	モクチャウに長兄発見。３兄弟それぞれのクニの同盟関係	(語らず)
〈Ⅰ〉〈Ⅱ〉〈Ⅲ〉〈Ⅴ〉〈Ⅳ〉	〈Ⅰ〉〈Ⅱ〉〈Ⅲ〉〈Ⅳ〉〈Ⅴ〉	〈Ⅰ〉〈Ⅱ〉〈Ⅲ〉〈Ⅳ〉

拮抗関係は記されていない。だからターイが自らすみ分けのために退去した、と解釈することができる。

以下では、資料におけるターイとムオンおよびキン族との関係について考察する。

1　ムオンとの関係

各資料には、右記以上に詳しくムオンとの関係は記されていない。要するに、ターイはムオンとの争いを好まず、自ら上流部へ新天地を求めた。両者はこうして平和的に盆地を住み分けたのである。

「ハ・コン一族の来歴」［Đặng Nghiêm Vạn (chủ biên) 1977］を通読してもムオンとの対立や抗争の記述はない。宇野も指摘するとおり、黎朝（一四二八―一七八九）は太祖黎利《レ・ロイ》（Lê Lợi）（在位一四二八―一四三三）がライチャウ（Lai Châu）討伐に赴いたのを皮切に、一五世紀を通じて現ベトナム西北部やラオス方面のターイやラオなど

〈Ⅳ〉 先住民を駆逐するマイチャウ征服譚	先住民との土地争い	チエン・チャウの次兄が3人息子に土地を分封。その結果、サー・カー・ダーイとの衝突
	射的競争	予言者の提案による、城塁への射的競争で、銅の矢のサーに対し、蜜蝋を塗った軽い矢のターイが勝つ。
	先住民の排除	サーはファーイ・ゾムへ移住、ナー・フォンへ。
〈Ⅴ〉 周辺地域のターイとの関係	三男、マー川へ	次兄が末子ザット翁を、鉄の角、銅の角の牛を殺して送り出す
	マー河沿いに先住のターイ	ロ・カム一族、ファム一族がすでに入植
	三男による新天地開拓	さらに下ってムオン・ラウ（われらがクニ）、ムオン・コーン（法のクニ）を作る
	マイチャウとタインホアのターイ	マイチャウが兄、タインホアが弟（互いに「伯父－叔父」で呼び合う）
	モクチャウの長兄との関係	長兄の美人娘が妾なので、次三男と関係断絶
物語の順番		〈Ⅰ〉〈Ⅱ〉〈Ⅲ〉〈Ⅴ〉〈Ⅳ〉

タイ系諸族を鎮定するために、繰り返し軍隊を送った。その前線はつねにムオンの領域よりも上流部にあったから、黎朝に協力したムオンはタイ族と戦った［宇野　一九九九：一五三］。ここで宇野がタイ族と呼ぶのはターイの中でも主に黒タイを示しており、「ハ・コン一族の来歴」にはマイチャウのターイ（白タイ）は黎朝側に与したことが記されている。しかし、七〇〇年にわたってムオンとターイが平和的に共存してきたとは信じがたい。

マイチャウはマー川とダー河の間を結ぶ交易の中継地であるとともに、タインホアのムオンとホアビンのムオンの交流の中継地でもあった。ホアビン省のムオン・ビ(12)を占めるムオンとマイチャウのターイの言語、物質文化、衣食住、農耕技術等に、互いの文化的影響が色濃いことは以前から指摘されていた［Lâm Bá Nam 1992: 304; Nguyễn Hữu Thức 1998］。

しかも、ムオンという民族名はもともとフランス植民地期に、統治する側が付けた他称であり、自称はモル（Mol）である。一方ターイ語でムオンとは、首領を頂点とする階層的政治組織を含む、ターイによる盆地政体としてのクニを意味する。つまりムオンは、ターイ型の統治体制を自分たちの盆地の統治制度として採用していたのである。ここに端的に、ターイとムオンの間の政治的、文化的交渉の古さがあらわれている。この隣接する盆地民同士が対立拮抗する場面も歴史的には多々あった。

たとえばマイチャウの伝承に、四人の息子を持つ父親が三人の兄弟には後を嗣いで自分の村を食邑させたが、四男はムオン・ビ（Mường Bi）首領家のムコにしたという話がある［Nguyễn Hữu Thức 1998: 635］。また、「ハ・コン一族の来歴」には、黄旗軍によって西北地方は蹂躙された一八七三年、ムオン・マイ、ムオン・トゥオン（Mường Thượng）［現トン・ダウ社とチエン・チャウ社付近］のターイ首領がムオン・ビに奔り、ムオン首領にかくまわれた記事［Đặng Nghiêm Vạn (chủ biên) 1977: 641］がある。こうしたムオンとターイの間の政略結婚や政治同盟の存在は、両者の間に恒常的な緊張関係がむしろ潜在していたことを示唆している。

にもかかわらず、これらの資料がムオンとの対立関係を一切記していないのは、「ベトナム諸民族の団結」というイデオロギーに沿って編集しなおされているからと推察できる。たとえば「資料１」が公表された一九七七年といえば、ベトナム戦争が終結しベトナム社会主義共和国が発足して間もなくであり、全土で社会主義的集団化とベトナム国民化が進められている時期だったのである。だが、このことを証明するには、他の古い年代記写本の記述を解読し比較検討する必要があり、今後の課題である。

２　キン族との関係

ターイが紅河を下って最初に出会った異民族はキン族であった。キン族が占めている紅河デルタから自ら退去したことが、各資料に記されている。〈Ⅱ〉にはキン族についてこれしか語られていないが、ベトナム王朝との関係が「資料2～4」では結末部分に語られている。

たとえば「資料2」には、「他の地域におけるターイと同様、マイチャウのターイの各土侯は、当地にクニを作る際には（ベトナムの）朝廷にやってきて臣服の意を示し、国内の他の民族とともに、故郷である国土を建設し防衛する事業に参加した」とあり、「資料3」には「一四世紀にマイチャウのターイ社会は形成されて安定し、当時の封建朝廷にも知られるようになった」とある。「資料4」については前節で示したとおり、一九世紀以来ベトナム王朝から官職を授かり土司となったターイ首領が、王朝の庇護下にあるマイチャウの発展に尽くしたことが述べられているのである。

「ハ・コン一族の来歴」全体を見渡しても、黎朝期以来マイチャウの各首領が一貫してベトナム王朝に従属し、冊封を受け官職を授与されたという記述には事欠かない［Đặng Nghiêm Vạn (chủ biên) 1977: 227-252］。マイチャウにおける支配を確立したハ・コン一族による支配の正統性が、黎朝期以降はベトナム王朝によって与えられ、保証されたことが強調されているのである。

2　マイチャウにおける異民族との邂逅

1　先住民との射的競争

「資料4」によると、「ターイがこの地に来るまではサーの人々がいた。サーは腹が逆転していて入れ墨をしていた」。つまりマイチャウに先住異民族がいた。「資料1～3」には、サー・カー・ダーイ[13]（*Xá Khá Đai*）すなわち「腿に入れ墨のある奴ら」として記されている。土地の支配をめぐって衝突し合った両者は、ついにどちらがマイチャウの支配者にふさわしいか、ターイとその先住民との間で神意を問う競争を行うことになった。そのクライマックスが射的の競争であった。「資料２」にはその内容が以下のように要約されている。

　ターイの首領はサーの首領に射的競争を持ちかけた。いずれが岩壁に命中させ、そこにさし込むかを以て勝ちとする。サーは剛力にものを言わせて銅の矢先を命中させたが、すべて地上に落っこちた。ターイは矢先には竹を用い、先端は蜜蝋で粘りをつけ、適度な距離から撃った。すると矢は落っこちず岩壁にくっついた。サーは謀略によって負けたのだが、カミすなわち土地神が受け入れてくれなかったからだと思い込み、その地を去ることを受け入れ、ターイの首領に土地の主たる権利を譲った。

この伝承の類話が、モクチャウのターイの間に伝わる年代記『ピエット・ムオン（Piết Mường）』にも記されている［Đặng Nghiêm Vạn 1988: 40］。のみならず、阮朝の編纂事業の成果の地理書『大南一統志』のモクチャウの項にもその類話が掲載されている。

　車《サー》氏（họ Xa）が輔導を世襲するようになったのは、次の話に基づく。もともと車氏は哀牢城にいた。国長は長子が嗣ぐ。ゆえに次子は自ら良い土地を求めて出ていかなくてはならない。次子は幽河を越え、石塊を手にして天のお告げを求めた。曰く「あらゆる山川を訪ね歩き、石が報せるところに自分は居を定めます」と。モクチャウに来ると、突然お告げがあった。そこで、先住集団の長に対して「神託によると、高山絶嶺にある石に矢を射て、落ちなかった側の集団こそがこの土地を占めることにしよう」と、射的競争を持ちかけた。車氏は橄欖《かんらん》の木ヤニで矢が落ちないよう細工した。さらには高山の上に人を配し、「車氏を土地の支配者とする」と、神のお告げが天から降ったように演出した。これを真の神託であると思いこんだ先住集団は恐れおののき、車氏に土地を譲った［Nguyễn Tạo (dịch giả) 1969: 14, 144］。

マイチャウの西に隣り合っているモクチャウは、サー（車）氏が代々ターイ首領の地位を世襲し支配してきた。両地域のターイの移住開拓伝承を比較すると、矢の細工のために塗ったのが蜜蝋でなく橄欖の木ヤニであるとか、いくつか微細な差異があるとはいえ、大筋は似た先住民との射的競争の話がクライマックスなのである。

2　先住民サー・カー・ダーイの正体

それにしても、ターイがマイチャウの盆地にやってきたときのサー・カー・ダーイとは何者なのだろうか。「資料1～3」には、サー・カー・ダーイはマン・ホア（Mán Hoa）の別名であるとし、とくに「資料2」は、現在の民族分類に比定すると、サー・カー・ダーイはシン・ムン（Xinh Mun）であると見なしている。

モン・クメール語系のシン・ムンは、ソンラー省やライチャウ省の山間で焼畑を主生業とする村落をつくっている［Viện Dân Tộc Học (biên soạn) 1978: 118-125］。人口約二三〇〇〇人（二〇〇九）という小集団で、近隣のターイによる文化的影響を強く受けてきた。ダン・ギエム・ヴァンは、サー・カー・ダーイとシン・ムンを同一とみなす根拠として、射的競争の伝承の分布とシン・ムンの居住地域の分布の重なり合いを指摘する［Đặng Nghiêm Van 1988: 41］。しかし、シン・ムンをサー・カー・ダーイとターイが呼んできたという証拠はない。また、とりわけターイにとって「他者」であることを端的に表示している縞々の腿《カー・ダーイ》、すなわち腿などに入れ墨をする習慣について、これまでの民族誌に記述がない。

ここでサーについて付言しておこう。サーは、ターイにとって、自分たちが盆地から駆逐したと見做している、先住の山地異民族を総称する侮蔑的呼称である［cf. 樫永　二〇一一：一〇二―一〇四］。ふつうマイチャウではターイがサーと呼んでいるのはザオである。ザオはかつてキン族にマン（Mán：蛮）と呼ばれ、フランス植民地期の民族誌でも、ザオはしばしばマンと記載されていた。そこからマン・ホアは、花ザオという集団として解釈できる。しかし、花ザオというザオの下位集団は知られていない。ベトナムの民族学では、ホアビン省付近に分布しているタイトズボンザオや銭ザオといったザオの下位集団が、中国から南下してやってきたのは一五世紀以降としている［Viện Dân Tộc Học (biên soạn) 1978: 312］。だとすればターイの方がむしろマイチャウの先住民である。しかもタイトズボンザオや銭ザオにはマン・ホア（花ザオ）という他称はない。つまり、サー・カー・ダーイの正体は不明という他ない。

六　伝承における銅のシンボリズム

ターイは先住民を駆逐して、マイチャウの盆地を手中に収めた。当地には水稲耕作に必要な平地と水があった。のみならず効率的に水路を築き土地を耕起する農具の製作に、金属は不可欠である。「資料４」に銅が登場するのはおそらくそのためであろう。杖の先の銅が落ちた話、ポム・コン村に銅を隠す話など、銅の登場の仕方はやや唐突であるが、「資料１～３」話の各部に銅があらわれるのである。そこで本節では銅のシンボリズムについて考察する。

１　支配の正統性と銅

「表１」にまとめたとおり、「資料１～３」のあらわれる銅に関連する話は以下のとおりである。

〈Ⅱ〉で、紅河を下りダー河を遡上する際に、ラン・ボンの一行が銅船と皮船に別れて乗船する話、〈Ⅲ〉で、マイチャウの土地開拓開始期に銅の槍先を失うというトーン村の地名由来譚（トーンは銅を意味する）、〈Ⅳ〉で、先住民との射的競争で、銅の矢を用いるサーに、蜜蝋の竹矢を放ったターイが勝利した話、〈Ⅴ〉で、マイチャウ開拓後、タインホア方面の新開地を求めて去る末弟に対し、ラン・ボンが鉄の角、銅の角の牛を供犠する話である。伝承を構成する〈Ⅱ〉から〈Ⅴ〉各部に、銅が重要なアイテムとして登場するのである。

ここで筆者が思い出したのは、黒タイの年代記「クアム・トー・ムオン」である。天地創造、巨人伝承、太古の洪水による生命の滅亡のあと、ついに人間が天から降臨するという場面で、次のように語られる。「天は、八つのひょうたんと、八本の天を支える銅柱をもった人間を地上世界に配した。八つのひょうたんには、諸々のもの、田に植える三三三の米、水にすむ三三三の魚、三三三氏族の人間がはいっていた」［樫永　二〇〇三：一六八—一六九］。

天上から降臨して最初にクニ作りをする始祖のタオ・スオン（*Tạo Xuông*）とタオ・ガン（*Tạo Ngần*）は、銅柱とひょうたんのセットを携えていた。ひょうたんの中味が、命あるもの、生存を支える有機無機のものを象徴しているとすれば、銅柱は土地に対する支配の正統性と権威の恒久性を象徴している。

マイチャウのターイの移住開拓伝承における皮船と銅船の皮と銅も、それぞれ同様の二項対立を象徴していると推察できる。つまり、「資料1〜3」で故地を去るラン・ボンの兄と母が、最初に銅船ではなく皮船に乗ったのは、故地の首領の後継者たりえないこと、すなわち故地における支配者たる権威の喪失を意味していた。しかし、ダー河を遡上する途中で長男は次男ラン・ボンらと船を交替させ、自分は銅船で先に上流へと行ってしまう。この逸話は、長男が他の兄弟と袂を分かち、独りモクチャウで新しいクニの開祖となることを暗示している。

一方で、長男と別れた次男のラン・ボンと三男は、トーン村で銅の槍先を失う。つまり彼らはまだマイチャウにおける支配権を掌握できていないのである。しかしラン・ボンはポム・コン村に銅を隠せると考えたわけであるから、マイチャウを支配する意志はあった。その後、射的競争において先住民サー・カー・ダーイの射手が放った銅の矢は岩に刺さらずことごとく落下した。このことは、先住民の支配権が喪失したことの隠喩であり、ラン・ボンはマイチャウを手中に収め、その後ターイ首領一族はポム・コン村に居を定めるのである。最後に、新天地を求めマー川方面へとマイチャウを去る三男を鉄の角、銅の角の牛で送り出した話も、三男が新天地における支配者となることを承認した証として解釈できるのである。

2　前近代の銅山開発

銅がなぜ支配の正統な権威の象徴なのであろうか。このことは一八～一九世紀の中国・東南アジア境界地域の鉱山開発、という歴史的背景が関わっていると思われる。

前近代ターイ首領の権力基盤を、経済活動と人口の動態に注目することで明らかにした岡田の研究によると、「一八世紀の東南アジア北部は、中国市場の拡大により内陸交易が活発化し、人口急増を背景とする華人の大量流入により、内陸フロンティアにおいて多くの中国市場向けの産品の開発が進展し、そのことがさらに交易を活性化させるという構造が生まれることとなった。その代表的な商品の一つが鉱産資源であった」［岡田二〇一二：二七］。

たとえば現在はハザン省の中越国境をはさんだ中国側に位置しているが、二〇世紀までベトナム最大の銅山として知られていた聚龍銅山は、一八世紀当時アジア随一の生産量を誇り、数万人が採掘に従事していた。一七一五年の長崎新令によって日本銅の輸出量が激減して銭荒が発生するなかで、一八世紀には雲南銅の需要が高まり、大量の中国人鉱徒が雲南の各銅山をはじめ聚龍銅山にも押し寄せ、大規模開発が進んだ。聚龍銅山の場合、タイ系民族の首領黄氏が銅山を管理していたが、実際に採掘したのは中国人採鉱組織であり、黄氏は組織から税を徴収して収入を得るほか、国境を往来する商人から税を徴収するなど、鉱山開発によって活性化した交易から富を得ていた。こうした鉱山開発の影響は在地社会にもおよび、鉱山労働者の生活上の需要が現地社会の商品経済化を促進した。現地首領らは、賦役として住民を鉱山労働に使役する世襲権力者というより、むしろ経営者あるいはブローカー的に立ち働くことで、鉱山開発と内陸交易に依存して勢力を拡大した統治者であった。西北地方においても、諸鉱山の開発・経営に一貫して現地のターイ首領は大きな役割を果たしていたのである(14)［岡田 二〇一一：二七―二八、一〇八―一〇九］。

たとえばフランス植民地期において西北部の黒タイ各首領の中で最も強力であったマイソン（Mai Sơn）についても、『大南一統志』に、興化省枚山《マイソン》には銅鉱と金鉱があることが記されている［Nguyễn Tao (dịch giả) 1969: 20］。田地が狭いマイソンのターイ首領の経済基盤は、鉱山開発と大きな関係があったのである。また、「資料1」にある「ハ・コン一族の祖先は広西出身で、ハノイで商人をしていた」という伝承も、ハ・コン一族の出自と一族のベトナムとの関わりの古さを示すだけでない。銅などの鉱産資源や、桂皮などの森林産物のブローカー的存在として活躍した、前近代のターイ首領の役割(15)を示唆しているのである。

3　銅と牛

前節「2」における「資料3」からの引用にあるとおり、ラン・ボンは末弟オン・ザットの門出に際して「鉄の角、銅の角の牛」を供犠した。これが頑強な牡牛という意味なのか、角を鉄や銅で装飾した牛という意味なのかはっきりしないが、ターイの間にある口語的な慣用表現として、鉄と銅を対にした組み合わせは他にも例がある。たとえば、黒タイ年代記「クアム・トー・ムオン」においては伝説上の巨人が「鉄、銅の投網の足」を作った［樫永 二〇〇三：一六七―一六八］。ターイの間で金と銀の対が貴金属の代名詞であるのに対して、鉄と銅の対はしばしば実用的な金属の代名詞である。だが、ここではこの鉄、銅がオン・ザットの新天地における支配の正統性を意味している。オン・ザットはその後、現タインホア省の山間盆地ムオン・ハウとムオン・コーンすなわち現タインホア省バートゥオック（Bá Thước）県で君臨することになる。

なお『資料』に掲載されたハ・コン一族の系譜と事績には次の記述がある。

ラン・ボンから八代下った後裔ラン・ソム（Lang Xôm）には息子が三人いた。マイチャウの荒蕪地の開発に尽力し、長男カム・ボン（Khẳm Bông）がムオン・ハ、次男カム・ピエン（Khẳm Piểng）がムオン・トゥオンを食邑できた。これに対してカム・パイン（Khăm Panh）はムオン・コーンを食邑することになった。カム・パインはムオン・コーンの開拓が済むと、さらに下手の開発に着手した［Đặng Nghiêm Vạn (chủ biên) 1977:231］。

ここに、ムオン・コーンの開祖はオン・ザットであるとは記されていない。九世代下のカム・パインである。そこでムオン・コーンの側に伝わるターイの伝承を検討した。するとそこには「ムオン・ハー（マイチャウ）からやってきたカム・パイン（Khăm Panh）がムオン・コーンを最初に開き、後に他のクニをも統治した」［Lê Nai và Mai Xuân Đáng 1992: 325］とあり、「資料３」ではなく、『資料』の記述に符合している。とはいえ伝承上、ムオン・コーン開祖の故地がマイチャウとされていることはまちがいない。

オン・ザットの門出の話に戻ると、もう一つ気になることがある。それは「鉄の角、銅の角」の供犠獣が、水牛ではなくて牛であったことである。

ターイの共同体の守護霊祭祀で、供犠獣はふつう水牛である。貴族も平民も階層に関係なく、祖先祭祀における供物として、あるいは姻族をもてなす饗宴の食事に必要な肉には、上から水牛、ブタ、ニワトリの順の序列があり、しかもいずれかの肉が不可欠である。牛が水牛のかわりとして扱われることはない。このターイの慣習に照らせば、牛はマイチャウに対するムオン・ハウやムオン・コーンの劣位を意味している。

さらに「資料1」には、オン・ザットがタインホア側で首領となった後の話として、次の逸話が語られている。

あるとき、(ムオン・コーン)首領は、(マイチャウ首領である)兄に水牛の腿を届けるように二人の従者に命じた。一人は黒い服、もう一人は白い服を着ていた。黒い服の男は担ぎ棒の前を、白い服の男が後ろをかついだ。遠路で喉が渇いたので小休止している間に、黒い服の男は刀でいたずらに細かい傷を天秤棒に刻みつけた。図らずも、それが文字をなし、次の意味に読めた。曰く、「私は夏祭りに水牛を解体したので使者二人を遣わし贈ります。黒い服の男は殺し、白い服の男は帰すよう、次兄様よろしくおねがいします」と。

二人が到着すると、兄はそれを読んで不審に思い、太鼓をうち鳴らし人を集めた。誰が読んでもその文字ははっきりとそう読めた。そのため彼は黒い服の男を殺した。白い服の男は恐れをなして逃げ失せた。いくら呼んでも呼べば呼ぶだけ逃げる。ついに彼は、弟にどう伝えたらいいか困った。しかし、理に適った話であった。なぜなら弟が兄に会いに来て確認すると、まさしく自分の字でそう書かれていたからである。あとで白い服の男に問うてわかったことだが、二人の男はどちらも読み書きできなかった。黒い服の男の刻んだ傷がそんな文をなしたのは天のお告げだろう。以来、弟は兄への贈り物を、水牛の腿からブタの腿にかえた。

新天地の首領となった三男によるマイチャウ首領である兄への贈与の品を、運び手の殺害を機に水牛からブタにした由来を語る話である。それにしても使者の殺害事件で贈り物がブタに変わったことは、何を意味するのであろうか。端的に、贈与の品が格下げされたのである。この格下げは、二つのクニ間の関係が従来より希薄になったことの証明として理解できる。

この話の中で、運び手の二人が、黒白の衣服の対立で述べられていることも興味深い。神託により「黒」は殺害され「白」が生存する。この黒白の対立は、ターイ内部における黒タイと白タイという集団アイデンティティのと関係があるのかもしれない。この点については本論文の趣旨から外れるし、今後の課題である。

七　外来王による支配とその正統性

一方、黒タイ年代記「クアム・トー・ムオン」においては開祖ラン・チュオン（Lang Chương）が黒タイの各クニを拓いたとされている。このラン・チュオン伝承とマイチャウのターイの移住開拓伝承は、いずれも貴種流離譚としての外来王伝承である。以下では、異なる地域に居住するターイの伝承を比較し、両者の共通点を手がかりとして、マイチャウのターイが外部諸集団との関係において、自分たちをどのように位置づけているのかを検討する。

1　黒タイ年代記との比較

これら二つの伝承の間にある重要な共通点は以下である。いずれの開祖も土地不足により故地を捨てたこと、紅河とダー河の合流点への言及、開祖が奸知により強力な先住民を排除した点、の三つである。

1　開祖の故地からの出奔

ラン・チュオンは末子、ラン・ボンは第二夫人の子であったため食べて行くに十分な土地を相続できなかった。

そこで故地を捨て苦難の末に新天地を獲得する。故地との関係は断絶し回復しない。これらの点が二人の開祖双方に共通している。

マイチャウのターイの移住開拓伝承においては、長男、次男、三男の兄弟がそれぞれモクチャウ、マイチャウ、バートゥオックの開祖となる（資料1〜3）。マイチャウの開祖である次男ラン・ボンと長男との関係が、最初に疎遠になる（資料1、2）。一方で三男との関係は、マイチャウを開発し終えた後も続き、三男が開発したバートゥオックも兄弟の序列を反映してマイチャウに従属する（資料1〜3）。しかし、使者の殺害事件を契機にこの兄弟関係も疎遠になる（資料1）。このように「資料1〜3」は、次男ラン・ボンを主人公とする三兄弟それぞれが開祖となって拓いた地域間の関係を語る。これに対して、「資料4」はラン・ボンのみを扱い、長男と三男に関する話はない。そのためマイチャウとモクチャウ、およびバートゥオックとの関係については語られない。

2　紅河とダー河の合流点

黒タイ年代記「クアム・トー・ムオン」の冒頭に「地と草木がなり始め、空がなり始めて、キノコの袋となる。七塊の地がなり始め、三つの五徳石がなりはじめる。九つの河がなり始め、ダー河と紅河の合流点がなり始める」［樫永　二〇〇三：一六七］とあり、天地創世神話が語られている。つまり、ダー河と紅河の合流点が、「クアム・トー・ムオン」で最初に登場する地理的に特定可能な場所でもある。

その後、巨人伝承と洪水神話を含む長い時間経過のあとに、ラン・チュオンと系譜的につながるタオ・スオン（*Tạo Xuông*）、タオ・ガン（*Tạo Ngần*）の二公が、ムオン・オム（*Mường Ôm*）、ムオン・アーイ（*Mường Ải*）という、おそらく想像上の土地に天上から降臨する。やがてタオ・ガンとその息子タオ・ロ（Tạo Lò）がムオン・ロ（*Mường Lò*）すなわちイエンバイ（Yên Bái）省ヴァンチャン（Văn Chấn）県ギアロ（Nghĩa Lộ）にクニを拓く［樫永　二〇〇三：

一六九]。したがって黒タイにとって、ギアロが最初に開いた土地である。

一方で、マイチャウのターイの移住開拓伝承には、ムオン・フアッ・プアッ・カーが故地として登場する。ベトナム民族学では、古い地名との音韻上の類似から、それがラオカイ省バックハー付近にあたるとされてきた[Đặng Nghiêm Vạn (chủ biên) 1977: 229]。しかし、現地の人々のあいだに「故地はバックハーである」とは伝承されていない。「クアム・トー・ムオン」におけるムオン・オム、ムオン・アーイと同様に、ムオン・フアッ・プアッ・カーは想像上の土地と考えるのが妥当であろう。するとマイチャウの伝承においても、最初に登場する地理的特定可能な場所は、「クアム・トー・ムオン」と同様、ダー河と紅河の合流点なのである。

実はこの地は、ベトナムの建国神話とされる雄王伝説が伝わるキン族の故地でもある。いわばベトナム始原の土地である。そこに至ったラン・ボンらの一行はキン族とは衝突せず、自ら身を引き退いて平和的なすみ分けの道を選ぶ。つまり、そこがキン族の領土であることを受け入れ、またキン族に従属して王朝の版図を守る意思が明確に表明されている。

ターイの伝承にダー河と紅河の合流点が登場するのは、ターイとキン族の関係性を示すためだけではない。その地域が経済的、文化的にも無視できなかったからである。たとえばフランス植民地期の二〇世紀前半に道路交通網が整備されるまで、黒タイにとっても、マイチャウのターイにとっても、ダー河と紅河の水運は、ベトナム王朝や雲南・広西側とを結ぶ通商や外交のルートとして不可欠であった。交通交易の大動脈の三叉路として、高度な文化や知識の重要な窓口だったのである。

3　奸知による先住民の排除

年代記によると、長い間黒タイの領域の中枢はムオン・ムオイ（*Mường Muổi*）すなわちソンラー省トゥアンチャウ(Thuận Châu)にあった。そこを最初にラン・チュオンが攻略して手中に収める際、先住民サーの首領アム・ポイ(*Ằm Pọi*)を駆逐できたのも、奸知によるものであった。彼はアム・ポイの娘と結婚して油断させ、婚姻の宴席で義父アム・ポイを殺し、トゥアンチャウを占めたのである[樫永　二〇〇九：五五]。先に見たように、ラン・ボンの射的競争での勝利と、それによるマイチャウの獲得をもたらしたのも、ターイ首領の奸知に他ならない。ここにはターイの先住民に対する知力と武力による優位が明示されているのである。

2　伝承にあらわれた民族間関係

このように黒タイの伝承との共通点を検討すると、マイチャウのターイの移住開拓伝承がもつ次のような特徴が明らかになる。つまりこの伝承は、故地の支配者の非嫡出子が、支配者の権威のシンボルである銅を失ったり獲得したりしながら流離漂泊する過程で、故地における出自と兄弟の関係を断ち、試練の末に自らが新たな土地における、最初の正統な支配者としての権威を手に入れる物語なのである。しかも、この過程で「マイチャウのターイ」という集団と他の民族、次いでターイの他の地域集団との境界が明確になる。このことを「表1」に沿って整理すると、以下のとおりである。

外来王となる開祖ラン・ボンの故地と出自が明かされる〈Ⅰ〉で、父および相続順位の上位者とラン・ボンらは決別し、系譜関係を断ち切って故地を去る。ラン・ボンら三兄弟と母が紅河、ダー河を流離水行する〈Ⅱ〉において、キン族、ムオンとの領土区分とすみ分けが明確になる。のみならずラン・ボンはダー河遡上中に長兄と決別し、モクチャウのターイとの分枝が生じる。ラン・ボンが陸行してマイチャウを発見する〈Ⅲ〉で母はホームシックにかかって故地に戻り、上の世代とのつながりが完全に絶える。ラン・ボンが先住民との領土の奪い合いに勝ち、外来王としてマイチャウに君臨するに至る〈Ⅳ〉では、先住民サーに対する優位が決定し、サーとの間で平地と山地というすみ分けも確立される。こうしてマイチャウの発展がもたらされるが、続く〈V〉で、弟との決別と弟によるクニ作りを通して、マー川流域に住むターイの各集団との対等に近い共立関係が決まる。

つまりこの伝承は、キン族を最上位とし、次にターイ、最下位にサーを位置づける、ターイから見た民族間の序列を根拠づける内容である。のみならずターイ内の下位集団同士は、対等に近い同属意識によって平和的に盆地ごとにすみ分けることをも示しているのである。

マイチャウのターイ首領が手に入れた権威は、他の民族や集団との力関係とのバランスから次のような特徴をもっていた。⑴開祖は中国方面の遠方に故地とする異人という開祖の外来性、⑵故地における祖先や家族との関係を断絶し、開祖の系譜がマイチャウで新たに創生されたこと、⑶マイチャウにおける支配の正統性は、先住民との射的競争を通して神によってまず認証され、⑷またその権威はベトナム王朝による認証でさらに強化され、それによって現地支配の安定がもたらされたことである。

八　おわりに

マイチャウは一九五〇年頃にまで遡る古い観光地である。一九九〇年代には染織物と民族舞踊など、現地少数民族の文化を観光資源として商品化し、ベトナムの市場経済化の進展とほぼ軌を一にして、エコツーリズムとエスニック観光による先駆的発展を遂げてきた。二〇一三年には現地ターイの伝統と文化を維持し保存する試みが、マイチャウ博物館設立として具現化する。観光客による現地の伝統や文化に対する関心の高まりを背景に、そこで試みられたのがマイチャウのターイの移住開拓伝承の語り聞かせ、という歴史の資源化であった。

この伝承の骨子は貴種流離譚を伴う外来王伝承である。マイチャウにおけるターイ首領による支配の正統性が、射的競争の勝利による先住民排除の形で神によって認証されたこと、歴史的にはベトナムの冊封体制の中で王朝によって認証されたことが明示されている。のみならず、キン族、ターイ、先住民たちという民族間の序列と、地域ごと、地勢ごとのすみ分けの根拠もここで示されているのである。

さらに本稿では、ターイの移住開拓伝承について過去に刊行された3つの文献（資料1〜3）と比較して、ハ・コン・ティンの語り（資料4）の内容の特徴を明らかにした。

ベトナムの経済発展およびマイチャウの観光化との関連で述べると、「資料1〜4」は、それぞれ異なる時代背景で公開されたものである。たとえば「資料1」（一九七七年）は、ベトナム戦争が終結後間もなく、ベトナム社会主義共和国全土で社会主義的集団化が進んでいる時期であり、マイチャウへの観光客は、保養目的で訪れる共産主義諸国の技師や役人だけに限られていた。次に、「資料2」（一九八八年）は、ベトナムの市場経済化が始まってまもなくで、マイチャウの観光開発がまだ計画段階だった頃に書かれた。「資料3」（二〇〇二年）の時期になると、ベトナムの市場経済化もすでに軌道に乗り、旧西側諸国との外交関係も改善されて、飛躍的な経済発展が国際的な注目を集めていた。しかもその時期にはすでにマイチャウも、国際的なエスニック観光とエコツーリズムの拠点として有名になっていた。「資料4」（二〇一三年）は、ベトナム戦争終結からまもなく四〇年、市場経済化からも二五年以上を経て世界経済への参入を目指しＷＴＯ（世界貿易機関）に加盟（二〇〇七年）するなど、国民の多くが豊かさを手に入れた後のものであった。

これら四つの資料の内容を比較すると、いずれも同じ伝承に基づく記述と語りであるにもかかわらず、その強調点が一九七七年からの四〇年間に時期を追って変化してきたことに気づく。とくに「資料4」に特徴的なのは、マイチャウの開祖ラン・ボンのみの物語として編集し直されている点である。他の資料に登場するラン・ボンの母、長兄、末弟は登場しないのである。そのため、ターイの他の地域集団との関係をめぐる話もすべて切り捨てられている。その裏には、ベトナムの経済発展と国民化が進んだ現在、マイチャウの人々にとって周辺のターイの他の集団との経済的、政治的関係が日常生活で意識されなくなり、むしろ省都や首都との物質的、経済的つながりの方が強く意識されるようになったという、意識変化があると思われる。

最後に、歴史の資源化の観点から話をまとめよう。実はベトナムで歴史の資源化と呼べる現象は、近年急に始まったのではない。一九九〇年代以来、少数民族地域においても、革命と脱植民地闘争を記念する遺物や場所が次々と史跡認定され、各地でそれぞれの観光化が試みられてきた。ディエンビエンフーが戦勝五〇周年を祝賀する二〇〇四年を期にかなり観光地として整備されたのは、その顕著な例である［樫永　二〇一六］。しかし、こうした動きは少数民族地域においては革命と戦争の史跡に偏りがちである。ほとんどが諸民族の団結とベトナムの一体化を強調するための歴史の資源化であった。

これに対して本稿で取りあげた例は、少数民族自身による歴史認識が資源化された点で、ベトナムにおける歴史の資源化としては特徴的なものである。マイチャウのターイの移住開拓伝承などは、一九八〇年代までは、明確に共産党によって前近代的封建領主による人民の搾取と抑圧の歴史として批判される類のものであった。市場経済化が始まり一九九〇年代になっても、こうした歴史的伝承の観光資源化を、行政や公安が許可する状況にはまだなかった。しかし、国家の安定を背景に一定の経済発展を果たし、国際社会への参入を目指そうという現在、かつてのターイ首領たちが権力を握っていた時代を記憶している者もほぼいなくなった。マイチャウをめぐる社会的環境もかかわり、この伝承の内容は国家にとって害が小さいとみなされたのであろう。

そもそも「ハ・コン一族の来歴」には、一五世紀の黎朝以来マイチャウのターイ各首領がベトナム王朝に従属し、冊封を受け官職を授与された記述が豊富である。『大越史記全書』『大越史記續編』『欽定越史通鑑綱目』『大南一統志』などのベトナム史書から、少数民族各首領が受けた姓と官職を検討した嶋尾［一九八四］の研究も、ターイ首領が一五世紀以降ベトナム王朝に帰順の意を示し、繰り返し冊封を受けていたことを裏付けている。ベトナム史の内容にたがわず、マイチャウのターイの移住伝承も、ベトナム王朝に前近代から服属していたことを強調している。つまり、フランス植民地支配から独立を果たす前から「諸民族が団結し、ベトナムは一つ」であったとする国家側の主張を裏付ける内容になっているのである。だからこそ、この歴史的伝承は観光化の中で資源化され得た。

資源の資源たるゆえんは、ある目的のためにそれが操作・加工され、商品化され消費される点にある。本稿で呈示した博物館におけるハ・コン・ティンの語りも、伝承者が読み解いた文書記録に基づく伝承を、文書に直接アクセスできない消費者としての聞き手のために、いわば簡便な商品としたものと言える。その商品価値がどれだけのものかはまだ十分にわからないが、「資料1〜3」の内容と形式の中に、時代に応じた変化の痕跡が明白なように、観光化との関連で資源化された語りも、同様にこの先変化して行くのであろう。

注

（1）二〇〇〇年代以降、マイチャウ以南に分布するターイが白タイではなく赤タイ（Tầy Đanh, Thái Đỏ）を自称する現象が生じているが、本稿の主題からはずれるため本稿では詳述しない。なお、赤タイに関しては拙稿［樫永　二〇一〇：五七―五八］参照。

（2）Zing.vn より「Thời sự（時事）二〇一二年九月四日二三：五八」の記事「Người đàn ông dựng bảo tàng 1.000 cổ vật vì yêu vợ（妻への愛ゆえに千の古物で博物館を建てる男性）」http://news.zing.vn/nguoi-dan-ong-dung-bao-tang-1000-co-vat-vi-yeu-vo-post271349.html（最終閲覧二〇一六年六月一六日）。

（3）ターイ文字の印字体としては黒タイ文字しか汎用していないため黒タイ文字が用いられている。「*Hườn miện chường tồng chường tữ chường mữ chù dõng khong càu phi Tẫy Mai Chau*」と翻字できる。

（4）防水加工した表表紙と裏表紙、およびジンチョウゲ科やクワ科の植物繊維による手漉き紙三九葉からなる線装本で、横三二

cm×縦一九cm。表表紙と裏表紙は、ともに半分が失われている。表側（資料整理者が付したらしいタイトルシール側）から一九葉のうち三七頁と、裏側から二〇葉のうち三七頁に文字が記されている。つまり表側からと裏側からの二書を合わせて一冊をなしている。

（5）黒タイの年代記とは、クアム・トー・ムオン、クアム・ファイン・ムオン（*Quăm Phanh Mường*）、タイ・プー・サック（*Táy Pú Xớc*）と題された三つの文書群である。これらのうちクアム・トー・ムオンは、天地開闢に始まり、ギアロに始祖が降臨し、ムオンがそこに最初に築かれて以来の各首領の系譜と事績を記している。クアム・トー・ムオンが階層をとわず黒タイの村内に広く流布していたのは、葬式で故人の棺桶の前でこれを読誦する習慣が、一九五〇年代以降の共産党の指導によって衰退するまで続いていたからである［樫永　二〇〇七：二四—二八、五四］。

（6）キン族の父系集団ゾンホ（dòng họ）は、祖先の忌日、墓の場所、事績を記録し、祖先祭祀を行う際の根拠として、父系を辿る「家譜」を伝えてきた。社会主義化以降、家譜は「封建」文化の象徴として廃棄、没収されたが、中国におけるのと同様、市場経済化以降は家譜再編が一種のブームなった［嶋尾　二〇〇〇：二一三、宮沢　二〇〇四：一五二—一五三］。なお、黒タイの系譜文書「家霊簿（*xổ phi hươn*）」については拙著［樫永　二〇〇九］参照。

（7）文字通り読めばラン・ブンであるが、ターイ語ではしばしば /un/ と /on/ の音は入れ替え可能である。本稿では、マイチャウの開祖の名はラン・ボンに統一する。

（8）この語りは拙稿［樫永　二〇一七：六七—六八］にもすでに紹介したが、若干の字句の訂正を施した。

（9）タイ系民族が一三世紀頃中国から急速に南下して、東南アジア北部の各盆地に数々の「準水力社会」的な国家社会を形成したとする、いわゆる「大いなる沸騰」説は、黒タイや白タイの年代記にある外来王伝承をその証左として、一九七〇年代以降のベトナム民族学でも受け入れられた。ここにもそれが反映されている。なお、現在の通説では、タイ系民族はかつて現ベトナム東北部から広西壮族自治区にかけてにいたとされている［飯島　一九九九：一三七］。

（10）インドシナ戦争（一九四六—一九五四）期にマイチャウからフランス軍が撤退を余儀なくされるまで、フランス植民地政府は現地ターイ首領のハ・コン一族を地方行政官に任じていた。

（11）ソンラー省モクチャウ。

（12）一九世紀末にホアビン省にあった大小七〇の盆地政体ムオンの中でも名高い四大ムオンの一つがムオン・ビ（旧石碑社）で、タンラック（Tân Lạc）県にあった［宇野　一九九九：一三八］。

（13）「資料3」ではサー・カー・ラーイ（Xá Khả Lai）だが、ターイ語で /d/ と /l/ の子音の転訛は珍しくない。

（14）ベトナム黎朝鄭政権は、広南阮氏との長期の戦争とオランダを介した対日生糸輸出の衰退により疲弊したデルタからの税収不足を補うために、鉱山物、森林産物などの天然資源を豊富に産する北部山地を新たな対外交易品の供給元として期待し、一七二〇年に銅と桂皮の専売制を施行する。一九世紀初頭には黎朝の鄭政権下で、マー川下流域のターイ首領何功泰《ハ・コン・タイ》（Hà Công Thái）［?～一八二二］が中国向けの輸出産品であった桂皮の生産と交易の利権により勢力を拡大する［岡田　二〇一一：三一、八四］。

（15）「改土帰流」を実施した明命帝期の一八二〇年代を境に、銅、シナモンに対する阮朝側のノルマ制が徹底され、タイ系各首領たちの弱体化と阮朝への従属が進む［岡田　二〇一一：八五―八六］。

引用文献

飯島明子
　一九九九　「北方タイ人諸王国」石井米雄、桜井由躬雄編『東南アジア史I　大陸部』山川出版社、一三三―一五頁。
今村宣勝
　二〇一二　「多民族国家――五四の民族」今井昭夫、岩井美佐紀編『現代ベトナムを知るための六〇章（第二版）』明石書店、五五―五八頁。
宇野公一郎
　一九九九　「ムオン・ドンの系譜――ベトナム北部のムオン族の領主家の家譜の分析」『東京女子大学紀要論集』四九（二）：一三七―一九九。
岡田雅志
　二〇一一　『一八～一九世紀ベトナム・タイバック地方ターイ（Thai）族社会の史的研究』大阪大学大学院文学研究科博士学位申請論文。
樫永真佐夫
　二〇〇三　「（注釈）クアム・トー・ムオン」『ベトナムの社会と文化』三：一六三―二四三。
　二〇〇四　「ベトナム・ターイ学プログラム」『民博通信』一〇四：二二―二三。
　二〇〇七　『東南アジア年代記の世界――黒タイの「クアム・トー・ムオン」』風響社。
　二〇〇九　『ベトナム黒タイの祖先祭祀――家霊簿と系譜認識をめぐる民族誌』風響社。
　二〇一〇　「ベトナムにおける黒タイとは誰か」塚田誠之編『中国南北の国境地域における多民族のネットワーク構築と文化

の動態』二〇〇七～二〇〇九年度科学研究費補助金（基盤研究Ｂ）研究成果報告書、五三―六九頁。

二〇一一　『黒タイ年代記――「タイ・プー・サック」』雄山閣。

二〇一三　「国境貿易と在地性――ベトナムとラオスの黒タイの事例」塚田誠之編『中国の「国境文化」の人類学的研究』科学研究費補助金（基盤研究Ｂ）「中国の『国境文化』の人類学的研究」成果報告書、九九―一一二頁。

二〇一六　「ベトナムにおける民族文化の資源化と観光開発――マイチャウとソンラーにおけるターイの事例から」塚田誠之編『民族文化資源とポリティクス――中国南部地域の分析から』風響社、二九五―三二二頁。

二〇一七　「くにゆずりした先住の人たちの行方――ベトナム、マイチャウのターイの伝承から」『季刊民族学』一三〇：六三―七六。

嶋尾稔

一九八四　『ベトナム黎朝と山地少数民族』東京大学文学部東洋史学科卒業論文。

二〇〇〇　「一九～二〇世紀初頭北部ベトナム村落における族結合再編」吉原和男・鈴木正崇・末成道男編『〈血縁〉の再構築――東アジアにおける父系出自と同姓結合』風響社、二一三―二五四頁。

ダニエルス、クリスチャン

二〇〇二　「（東南アジアと東アジアの境界）タイ文化圏の歴史から」中見立夫編『（アジア理解講座一）境界を越えて――東アジアの周辺から』山川出版社、一三七―一八九頁。

二〇〇四　「タイ族は国王の系譜をかく描けり――広西における漢族と非漢族の間」『アジア遊学（特集：族譜――家系と伝説）』六七：五二―七一。

福田康男

二〇一八　「ベトナムマイチャウにおけるくに祭りの再開」『ベトナムの社会と文化』八：一八七―二〇二。

宮沢千尋

二〇〇四　「ベトナムの家族、親族、家譜――地域的多様性と時代による変化」今井昭夫・岩井美佐紀編『現代ベトナムを知るための六〇章』明石書店、一五一―一五五頁。

Achariya Nate-Chei

2009　*Ethnic Tourism as a Space of Understanding "the Other": Exploring the Case of White Tai Etunic Tourist Village in Upland Vietnam*, presented in the Third International Conference on Southeast Asia (ICONSEA 2009) from the 8th to 9th of December

2009, in the Faculty of Arts and Social Sciences, University of Malaya, Kuala Lumpur.

Bùi Văn Kím, Mai Văn Trí, Nguyễn Phụng
1972 *Góp phần tìm hiểu tỉnh Hoà Bình,* Hoà Bình: Ty văn hóa thong tin tỉnh Hoà Bình.

Đặng Nghiêm Vạn
1988 Lai lịch người Thái và người Thái đất Mai Châu, Đặng Nghiêm Vạn et al. *Tìm hiểu Văn hóa cổ truyền của người Thái Mai Châu,* Hà Sơn Bình: Ủy ban Nhân dân huyên Mai Châu. Tr.29-46.

Đặng Nghiêm Vạn (chủ biên), Cầm Trọng, Khà Văn Kiến Tòng Kim Ân
1977 *Tư liệu về lịch sử xã hội dân tộc Thái,* Hà Nội: Nhà xuất bản Khoa học xã hội.

Hoàng Trần Nghịch và Tòng Kim Án (biên soạn)
1990 *Tư Điển Thái* – Việt. Hà Nội: Nhà xuất bản Khoa học xã hội.

Lâm Bà Nam
1992 Mối quan hệ Thái-Mường (Lịch sử và hiện đại), Chương trình Thái học Việt Nam (biên soạn), *Hội thảo Thái học, Lần thứ I 25-26. XI. 1992 Kỷ yếu),* Hà Nội: NxbVăn hoá Dân tộc. Tr.301-306

Lê Nai và Mai Xuân Đáng
1992 Người Thái Tây Bắc Thanh Hóa và mối quan hệ văn hóa dân tộc, Chương trình Thái học Việt Nam (biên soạn), *Hội thảo Thái học, Lần thứ I 25-26. XI. 1992 Kỷ yếu),* Hà Nội: NxbVăn hoá Dân tộc. Tr.321-334.

Nguyễn Hữu Thức
1998 Vài ảnh hưởng qua lại giữa văn hóa Thái (Mai Châu) và văn hóa Mường ở Hòa Bình, Chương trình Thái học Việt Nam(biên soạn), 1998, *Văn hoá và lịch sử người Thái ở Việt Nam,* Hà Nội: Nhà xuất bản Văn hoá Dân tọc. Tr.634-642.
2002 Chuyện kể về người Thái đến ở đất Mai Châu, Chương trình Thái học Việt Nam (biên soạn), *Văn hoá và lịch sử các dân tộc trong nhóm ngôn ngữ Thái Việt Nam,* NxbVăn hoá Thông tin. Tr.64-68.

Nguyễn Tạo (dịch giả), Phạm Như Kim, Lê Phục Thiện, Đàm Duy Tạo (duyệt giả)
1969 *Đại-Nam Nhất-Thống-Chí: Tỉnh Hưng-Hóa Tập Thượng và Hạ*（大南一統志 興化省　上下）, Saigon: Nhà Văn-hóa, Phủ quốc-vụ-khanh đặc-trách văn-hóa.

Tran Thi Hue
1998 Tourism and cultural identity preservation of Thai People in Lac Hamlet, Mai Chau District, Hoa Binh Province. In Paper

presented at *Vietnamese-Thai Collaborative Workshop on Ethnic Communities in Changing Environmente* (Chiang Mai, Thailand, December 9-15) pp. 20.

Viện Dân Tộc Học (biên soạn)

1978 *Các dân tộc ít người ở Việt Nam (các tỉnh phía Bắc),* Hà Nội: Nxb Khoa học Xã hội.

Võ Thị Thường

2002 Lễ "Cha chiêng"- của người Thái Mai Châu Hoà Bình, Chương trình Thái học Việt Nam (biên soạn), *Văn hoá và lịch sử các dân tộc trong nhóm ngôn ngữ Thái Việt Nam.* Hà Nội: Nhà xuất bản Văn hoá Thông tin. Tr.583-595.

●第三部　歴史のアーカイブ化と景観の資源化

国境地域の歴史文物とその資源化
――雲南省孟連県・娜允古鎮を事例に

長谷川　清

一　はじめに

中国は「悠久の歴史」を持つとされる。歴代王朝の事績を記録した「正史」その他の漢籍史料類は諸民族、及び諸集団の間で起きた接触・交渉、対立・競合・征服、逃亡・移住などの出来事からなる地域の多様な歴史が記述されている。こうした過去の物質的な痕跡として、遺構や遺跡、建造・建築物、モニュメント、古文書、石碑、壁画、器物などが中国の全土に多数残されている。これらの文化財は中国では「文物」と総称され、歴史的過去を再構成する有力な手がかりとなり、史料として活用されるが、同時に、祭祀儀礼や口頭伝承などの集合的記憶も過去についての貴重な資料となっている。

著名な遺跡や歴史的建造物・建築物は今日、観光資源として活用されるだけでなく、ナショナリズムの喚起や国威発揚においても重要な役割を果たしている。また歴史上、商業、交易、統治支配、宗教信仰などで一定の役割を演じた場所や革命運動の拠点などは、「中華民族」としての輝かしい過去を懐古する郷愁的な場所として、観光地のリストに新たに加えられるようになっている。国家や政府の側はそれらを観光や教育、啓蒙の資源とし

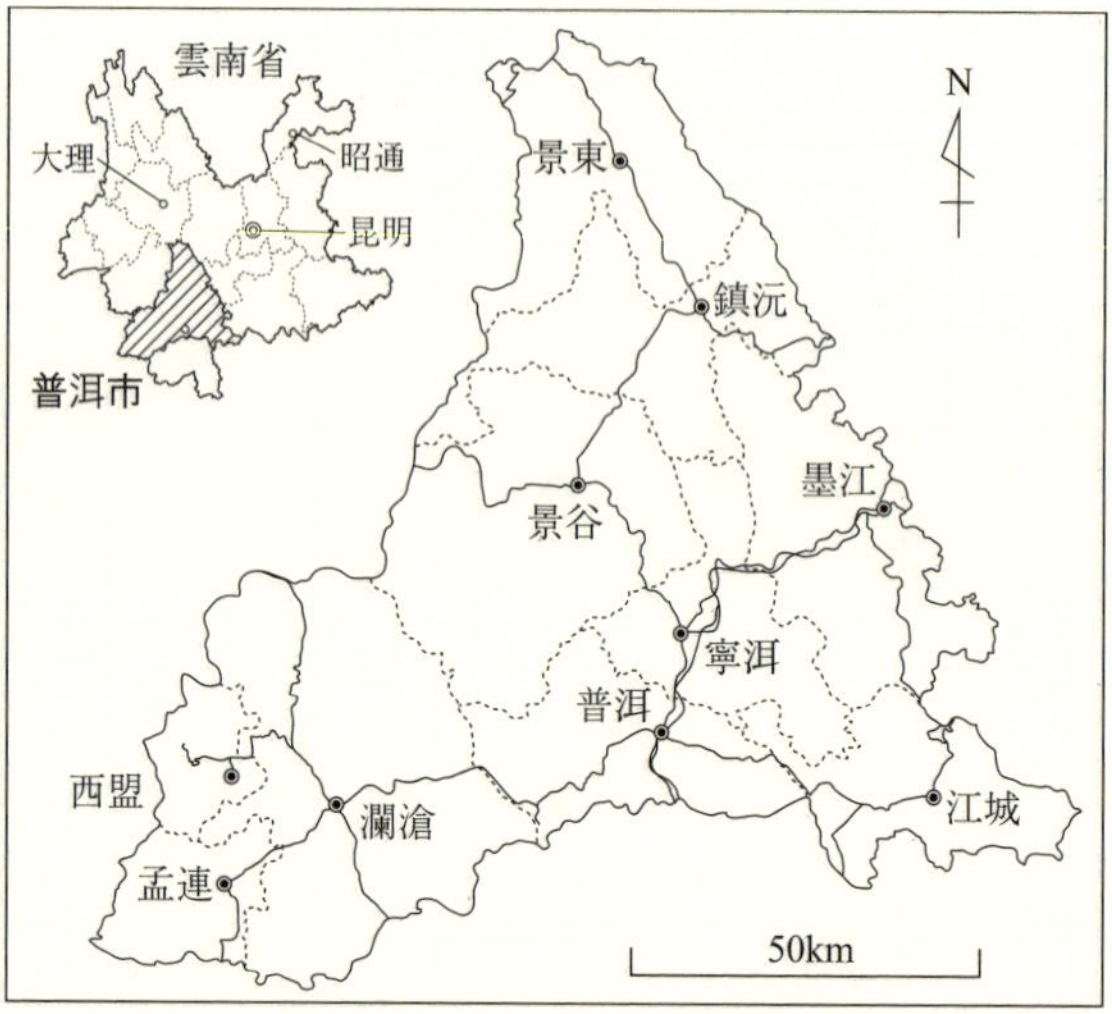

図１　娜允古鎮（旧称：孟連鎮）の位置（出所）［http://www.dtdmap.com/china/yunnan/2209.html.］に基づき作成。

て利用するために整備や保存に努めている。

詳細は後述するが、中国では重要な文物が蓄積する都市や小城鎮、古村落を歴史文化名城・名鎮・名村に指定し、歴史的景観や環境の保全をねらいとした法体系を整えるようになっている。こうした状況の中で、王朝や国家の統治支配の変遷や政治・経済・社会体制を主題にした歴史記述とは異なった視点から、多様なローカリティを内包した地域社会やエスニック集団の過去を掘り起こし、歴史を再現するための試みがさかんになっているが、これは中国政府が称揚する愛国主義教育とも密接な関係を有している。

本稿では、歴史の資源化という課題に対して、雲南省の国境地域の少数民族、具体的にはタイ（傣）族の事例によって考察する。以下に取り上げるタイ族は、雲南省普洱市（旧思茅市）の孟連傣族拉祜族佤族自治県（以下、孟連県）を拠点に居住する集団であり、歴史的には中国王朝の土司制度の枠内にあって「孟連長官司」、「孟連宣撫司」という官職を与えられ、雲南省南部からミャンマーのシャン州にかけて影響力を行使した（以下、孟連土司）が、その伝統的な統治体制や政治・社会組織は中華人民共和国が成立するまで保持されてきた。民族アイデンティティの面においても他のタイ系諸集団と境界を有する共属意識（自称はタイ・レム）が維持されてきた点で注目にあたいする。統治権力のシンボルであったのは孟連宣撫司の拠点としての建築物（土司衙門）である。

表1　孟連県の人口統計　（単位：人）

民族名	1955年	1982年	1990年
タイ族	12,842	18,801	22,075
ラフ族	13,859	34,393	31,384
ワ族	13,199	22,302	26,451
漢族	1,071	8,572	13,643
ハニ族	2,386	4,974	6,502
その他	1,259	2,108	2,645

（出所）［孟連傣族拉祜族佤族自治県志編纂委員会編　1999: 46］に基づき、筆者が作成。

今日、この建築物は民族歴史博物館として活用されている。孟連土司の歴史的過去はどのように再構築され、ローカルな歴史として表象されているのだろうか。博物館に展示された「公式」の歴史はどのような特徴を有するのだろうか。この点を中心にして歴史の資源化について考えてみたい。

孟連県は雲南省南部の国境地域に位置し、ミャンマーのシャン州と接している。タイ族、ラフ（拉祜）族、ワ（佤）族などの少数民族が居住している。対外開放政策の展開を受け、一九九一年には国境貿易の拠点である口岸（国家二類）に指定された。しかし、単なる経済開発の拠点だけではなく、かつての孟連土司の歴史的景観・史跡を有するとして、二〇〇一年、雲南省政府によって歴史文化名城（省級）、二〇〇六年には国務院から全国重点文物保護単位（第六期）に認定された。さらには「娜允古鎮」「娜允古城」等の名称とともに、中国歴史文化名鎮としての認定（第四期）を受けている[1]（二〇〇九年一一月）。以下、孟連土司の統治権力が及んだ区域という意味で言及する場合には孟連、民国期以降の地方行政単位（県級）の場合には孟連県、孟連鎮・娜允鎮（孟連県の下位の行政単位。二〇〇〇年代初め、孟連鎮は娜允鎮に変更）で表記していくものとする。

二　歴史の資源化と史跡・文物

1　文物工作との歴史文化の調査研究

中国における史跡や歴史的建造・建築物を対象に、歴史の資源化をめぐる諸問題を検討していくにあたっては、「文物」についての扱いや法的制度の変遷を理解しておくことがまず必要である。とくに、中国政府の主導する「重点文物」の認定制度と「歴史文化名城」「歴史文化名鎮」「歴史文化名村」（これらについては後述）などの歴史資源の選別及び管理、保存をめぐる文物工作・文化行政がどのような特徴を有しているかについては、個別の文物を取り巻く政治的、経済的、社会的文脈のありかたにも影響を及ぼす要因であると把握しておくことが肝要である［王衛明　二〇〇三］。

中国における国家的な規模での文物工作は民国期に始まっている。すなわち、「古物保存法」という文化財や建造物の保護に関する法律が制定された（一九三〇年）。しかし、この時期は戦争混乱期であり、実質的な成果にはあまり進展がなかった。日中戦争の終結後、中華人民共和国の成立にともなって文物局が設置され、関連の規定も改めて制定されたが、翌年五月、政務院は文物・古跡を保護する政令を公布し、中国全土を対象にした文物工作が開始された。その後、国務院は「文物保護管理暫行条例」（一九六一年）を制定し、第一期の全国重点文物保護単位を発表した。文物の保護・保存政策と対象リストの形式が整備されたが、文化大革命の開始によって中断した。

改革開放政策の実施以降、文物の重要性に対する認識が高まっていく。その具体的な成果が一九八二年に制定された「中華人民共和国文物保護法」（以下、文物保護法）である。ここでいう文物とは何か。すなわち、文物保護法では、以下を文物とみなし、国家の保護対象とした。①歴史、芸術、科学価値を有する文化遺跡、古墳、古建造物、石窟寺と石彫刻、壁画、②重大な歴史事件、革命運動または著名人物に関わる重要な記念意義、教育意義または史料価値を有する近現代重要史跡、物件、代表建造物、③歴史上各時代の貴重な芸術品、工芸美術品、④歴史上各時代の重要な文献資料及び歴史、芸術、科学価値を有する手稿と図書資料、⑤歴史上各時代、各民族社会制度、社会生産、社会生活を反映する代表物件、等々（第二条）。文物保護法はその後、何度か部分的な改定が

表2　全国重点文物保護単位の指定・登録数

種類	1961年（第1期）	1982年（第2期）	1988年（第3期）	1996年（第4期）	2001年（第5期）	2006年（第6期）	2013年（第7期）
①古遺址	26	10	49	56	145	220	516
②古墓葬	19	7	29	22	50	77	186
③古建築	77	28	107	110	248	513	795
④石窟寺及び石刻	21	5	27	10	32	63	110
⑤近現代重要史跡及び代表性建築	33	10	45	51	41	208	330
⑥その他	4	2	1	1	5	1	7
合計	180	62	258	250	521	1,082	1,944

（出所）［https://zh.wikipedia.org/wiki/ 全国重点文物保護単位］を一部修正して引用。

なされ、今日に至っている[2]。

全国重点文物保護単位の指定についてみておこう。「不可移動文物」（移動不可能な文化財）の中で、最高の等級とされた文物が「全国重点文物保護単位」として登録されるが、二〇一四年（第七期）までに総計四二九七件がその対象になっている。

表2はジャンルごとに第一期から七期までの状況を示している。補足しておきたいのは、第一期（一九六一年指定）から第三期（一九八八年指定）までの全国重点文物保護単位の種類と、第四期から第七期の種類は異なっており、第四期以降の分類方式によって統計を整理したことである。すなわち第三期までは、①古遺址、②古墓葬、③古建築及び歴史記念建築物、④石窟寺、⑤石刻及びその他、⑥革命遺址及び革命記念建築物、の六種類に分けていた。これに対し、第四期からは、革命遺址及び革命記念建築物（⑥）を近現代重要史跡及び代表性建築とし、石窟寺（④）、石刻及びその他（⑤）を石窟寺及び石刻に改めた。ただし、若干はその他に入れられている。また、古建築及び歴史記念建築物は古建築に、若干を近現代重要史跡及び代表性建築に入れている。いずれのジャンルも増加しているが、第五期の指定以降の古建築と近現代重要史跡及び代表性建築の増加は顕著である（図2）。

図２　全国重点文物保護単位の指定・登録数の比較

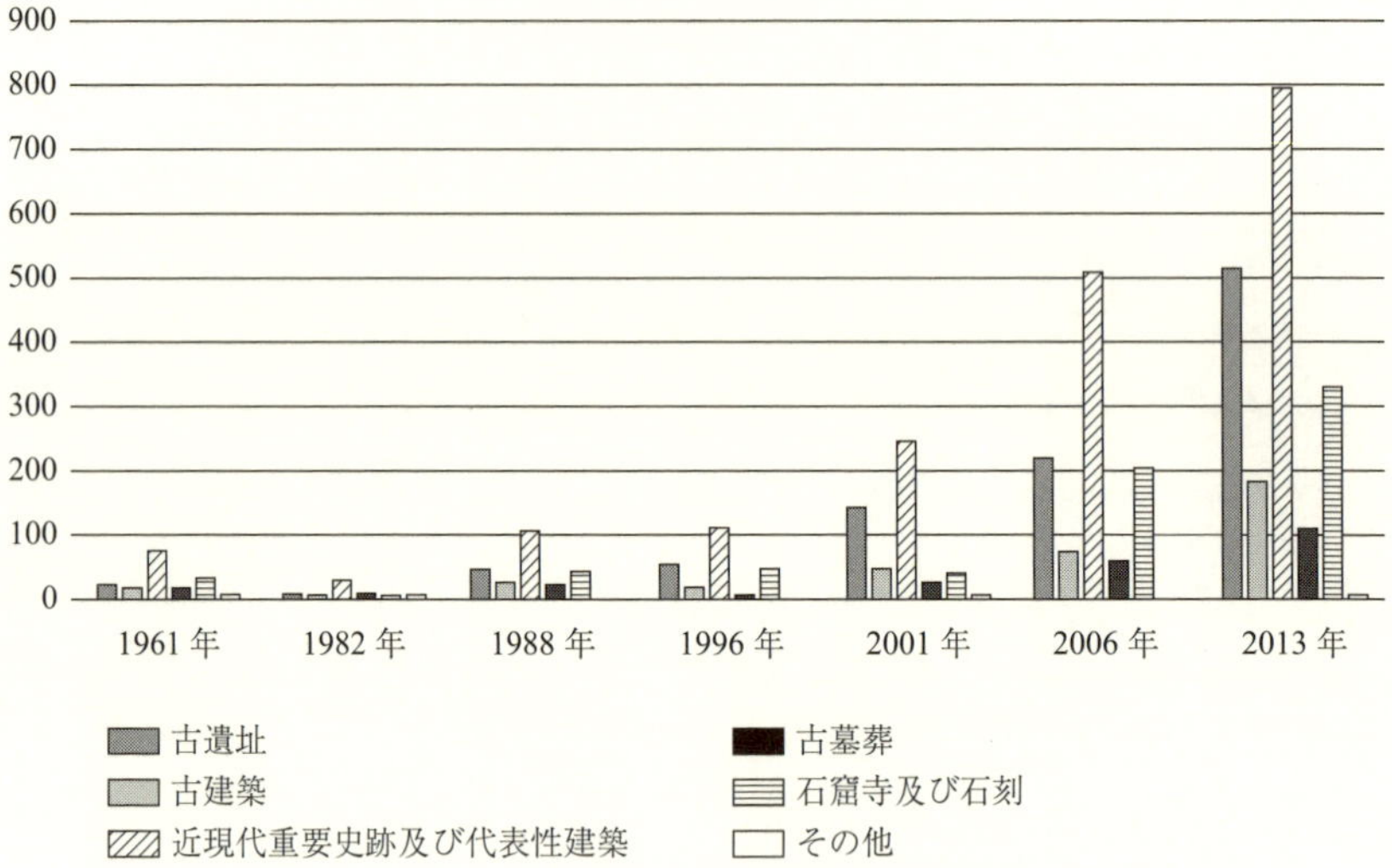

（出所）［https://zh.wikipedia.org/wiki/全国重点文物保護単位］の統計に基づき、筆者が作成。

２　歴史文化名城・名鎮・名村

改革開放政策にともなう経済建設への転換は、大規模な都市改造や都市建設によって影響を受ける歴史的建造・建築物や景観をどのように保護するかに対する関心を高めた。一九八一年一二月、国家基本建設委員会、国家文物事業管理局、国家城市建設総局は国務院に対して、共同で「関於保護我国歴史文化名城的請示」を提出した。この中で、「歴史文化名城」という概念が提唱された。北京大学の侯仁之、建設部の鄭孝燮、故宮博物院の単士元らが文物保護の重要性とその制度設計の必要性について論じたのである。それは、文物保護法に基づいて指定された文物を多く有し、歴史的価値や記念的な革命意義を備える都市を歴史文化名城として選定し、トータルな観点から歴史的景観の維持や保存、管理にあたるというものである。

文物保護法は歴史文化名城を法的に明確にしたが、国務院は一九八六年に公布した第二期の歴史文化名城の通知において、「歴史文化保護区」という概念を提示した。

文物・古跡が比較的集中し、特定の歴史的時期の伝統的な風貌と民族特色を有する街区や建築群、小城鎮、村落なども保護が必要であるとし、この観点に立って、二〇〇二年には歴史的な価値を有する都市の街道、村落まで対象範囲を拡大した。こうした措置を講じた背景には、改革開放がもたらした経済発展による都市化の拡大、伝統的な歴史的建造物や景観の減少などへの危機感、歴史文化遺産への関心の高まりがあったのである［張松 二〇一二］。

二〇〇三年、中華人民共和国建設部と国家文物局は「関於公布中国歴史文化名鎮（村）（第一批）的通知」の公布とあわせて、「中国歴史文化名鎮（村）評選弁法」を公布し、第一期の対象として一二村落を認定した。第二期として二四村落（二〇〇五年九月一六日）、第三期として三六村落を指定した[3]（二〇〇七年六月九日）。

二〇〇八年になると、国務院はさらに法的な整備を行った。歴史文化名城と歴史文化名鎮名村を統合して「歴史文化名城名鎮名村」と改称し、「歴史文化名城名鎮名村保護条例」（第五二四号国務院令）を公布した。指定の条件として、①十分に保全価値のある文化財を豊富に有していること、②歴史的建造物の集中している町並みを有していること、③伝統的な空間構造や歴史的な景観・風貌を保有していること、④歴史上での政治・経済・文化・交通の中枢や軍事の要地、重要な歴史事件が発生した場所、あるいは伝統的産業や歴史的建築文化、民族の特色を反映できる場所であること、これらの四つの評価基準を満たしていることとした。

これに対して、各省区の側では、歴史文化名城名鎮名村保護条例に基づき、保存すべき文物が多く、歴史的建造物が集中的に分布しており、伝統的な街並みや様式が保持された一定の規模を有する区域を選定し、歴史文化名城・名鎮・名村として保護・保存対象のリストに登録した。中国政府の主導による文物工作と名城・名鎮・名村の保護・保存の動きは中国各地に普及、拡大していく。あわせて省級の歴史文化名城や名鎮・名村のリストを作成し、個別の保護条例を策定していくのである。

表３　国家歴史文化名城・名鎮・名村の分布（2017年度）

省区・直轄市	国家歴史文化名城	歴史文化名鎮	歴史文化名村
北京市	1	1	5
天津市	1	1	1
河北省	5	8	12
山西省	6	8	32
内蒙古自治区	1	4	2
遼寧省	1	4	0
吉林省	2	2	1
黒龍江省	2	2	0
上海市	1	10	2
江蘇省	13	27	10
浙江省	9	20	28
安徽省	5	8	19
福建省	4	13	29
江西省	4	10	23
山東省	10	2	5
河南省	8	10	2
湖北省	5	12	7
湖南省	4	7	15
広東省	8	15	22
広西壮族自治区	3	7	9
海南省	2	4	3
重慶市	1	18	1
四川省	8	24	6
貴州省	2	8	15
雲南省	6	7	9
西蔵自治区	3	2	3
陝西省	6	7	3
甘粛省	4	7	2
青海省	1	1	5
寧夏回族自治区	1	0	1
新疆ウイグル自治区	5	3	4
総計	132	252	276

（出所）筆者作成。［https://ja.wikipedia.org/wiki/中華人民共和国国家歴史文化名城#北京直轄市］、［https://zh.wikipedia.org/wiki/国家歴史文化名城、中国歴史文化名城］、［https://ja.wikipedia.org/wiki/中華人民共和国中国歴史文化名鎮］などに基づく。

図3　国家歴史文化名城・名鎮・名村の合計数（2017年度）

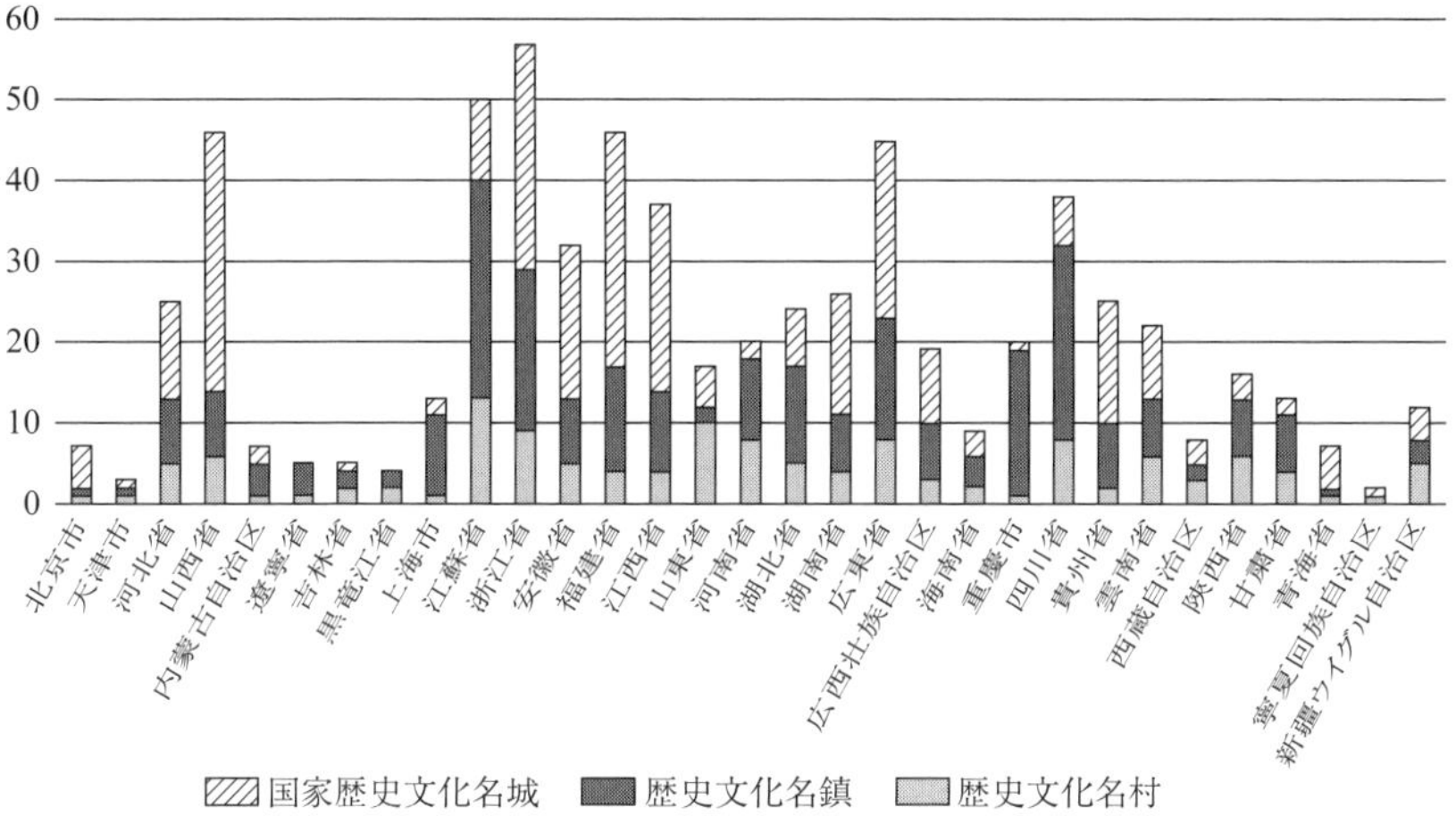

（出所））筆者作成。［https://ja.wikipedia.org/wiki/ 中華人民共和国国家歴史文化名城 # 北京直轄市］、［https://zh.wikipedia.org/wiki/ 国家歴史文化名城、中国歴史文化名城］、［https://ja.wikipedia.org/wiki/ 中華人民共和国中国歴史文化名鎮］などに基づく。

表3と図3は、二〇一七年の時点での中国全土を対象にした国家歴史文化名城・名鎮・名村の統計である。これから明らかになるように、歴史文化名城の指定数は江蘇、浙江、山東という順番であり、河南、四川、広東、雲南、陝西、山西と続くが、漢族の人口が多い沿海地域や内地に多く分布する傾向がある。歴史文化名鎮では、江蘇、四川、浙江、重慶、広東、安徽、福建、湖北という順である。とくに、沿海地域では江蘇、内陸地域では四川、重慶などが多い点が指摘できる。中国内地の漢族人口が集中する地域の都市や小城鎮が多く指定されていることが確認されよう（表3・図3）。

観光化との関係において指摘できる点は、こうした動きが中国国内で古鎮旅遊ブームが起こった時期に対応していることである。この点は、都市化が進み、伝統的なコミュニティの変貌が激しくなり、人びとのノスタルジア（郷愁）の対象として歴史的景観や建造物・建築物が価値を帯びてきたことを意味している。ノスタルジアを求める消費行動とそうしたニーズへの対応は、地域の発展戦略を構想する上でますます重要度を高めている。

二〇〇〇年代に入ると、人びとに共有される集合的記憶や多様な歴史を発掘して資源化していく動きが中国全土で進行してきた点が確認されているが、地域や民族、社会諸集団のアイデンティティの創出や再構築にも歴史文化遺産はきわめて大きな役割を果たす点にも注目しておく必要がある。「中華民族」としての優秀な伝統文化の称揚、民族精神や愛国主義の強調、都市と農村の調和的な経済発展、生態環境の保全、居住環境の改善などを通じて、人びとの生活意識の向上やナショナル文化の形成が重要な政策課題になったのである［周星　二〇一一］。そして、観光開発と文化保存のバランスをどうとるか、伝統文化をどのように継承するかの観点から検討がなされているが、関与しあう多様な利害関係者の合意形成をめぐる問題などに関心が集まっている［孔瓔紅・廖蓓　二〇一三］。

雲南省の状況を確認しておこう。雲南省では二〇〇七年までに一六の歴史文化名城（五カ所は国務院指定の国家歴史文化名城）、一二一の歴史文化名鎮・名村（五カ所は国家建設部、国家文物局指定の国家歴史文化名鎮・名村）及び一九の歴史文化街区を指定した(4)。

雲南省政府は「雲南省歴史文化名城名鎮名村名街保護条例」を制定し、二〇〇八年一月から実施した。雲南省の特徴は、少数民族の社会、経済、文化、歴史などが互いに深く関わっているが、他方、地域経済を構成する上では多数派の漢族が少数民族と密接な関係を有している。雲南省は民族文化大省の戦略を提起して以来、観光開発と民族文化の活用を重視してきた。観光化にとって魅力やブランドは不可欠である。各地域では、地域資源の発掘やメディアを駆使した広報に取り組み、観光キャンペーンを展開している。それは交易路、産業遺産、土司文物、革命拠点、口岸、生態環境など、多様な地域資源を発掘し、点在する資源のネットワーク化を図ることによって広域連携による観光地としての特色を打ち出し、ブランド化を進めていくものである(5)［木基元　二〇一二］。

この点は、少数民族地域の歴史を資源化していく要因となっており、諸環境を大きく変貌させている。社会主義体制への移行後、封建的な存在として否定され、荒廃していた国境地域の土司拠点のようなものもその価値が再認識されていくのである。同時に、地域の開発と歴史文化遺産の保護とをいかに調和させるかが文化行政の検討課題となり、歴史・文化的環境も含めた保全体制の構築が求められるようになっている。

二〇〇一年、孟連鎮は雲南省政府によって歴史文化名城（省級）、二〇〇六年には娜允古鎮として「雲南省十大名鎮」に選ばれている。孟連鎮がこうした称号を得たことの背景には、上述してきたような認識の高まりや歴史的資源への価値観の共有化がある［楊福泉等著　二〇一〇］。

三　エスニック・シンボルとしての歴史的建築物

1　タイ族土司の分布

土司制度は元代にその原型が作られた後、明代に本格的に導入され、洪武一五年（一三八二年）に設置された。雲南、貴州、四川、湖南、広西、湖北など、広く中国西南の非漢民族地区に分布したが、現地の土着首領を総管、知府、知州、県令、宣撫使、安撫使、招討使、長官などに任命し、地方行政制度に組み込んだ制度であり、「土司」あるいは「土官」と称している。一定の期間を経た後、正式の官僚（流官）に改められていった（改土帰流と呼ばれる）。

雲南に関して言えば、土司制度は他地域と同様、元代にその起源があるが、明代、清代に整備されていった。明代の資料である『土官底簿』では嘉靖一九年（一五四〇年）以前、雲南に設置された土司・土官は一五一を数えている。江応梁は明代のいくつかの資料を整理し、実態を明らかにしたが、天啓『滇志』に拠りつつ、「内域区」と「羈縻区」に分けた。前者には土官一九〇家、その他として千戸、百戸、通事、把事、同知、土目、土舍などが五〇家余りがある。後者には六八家の土司が設置されていたとした［江応梁　一九九二］。

江の研究は明代を対象にしたものであり、清代を含めると、五八三家が存在したという［龔蔭編著　一九八五］。傣族の土司は官職から分けると、土府、宣慰使司、宣撫使司、副宣撫使司、安撫使司、長官司、土知州、土把総、土巡検などのランクがあった。清代以降には改土帰流によって直接統治へと改めていき、廃絶していった。民国期まで存続したのは、怒江流域、騰龍沿辺（徳宏地域）、普思沿辺（西双版納地域）の土司であった。歴史上に存在した傣族の土司は八三家を数える。中華人民共和国が成立した時には雲南でわずか二二家の土司だけになっており、一八家が傣族であった。一九五五年の土地改革（和平土改）で終了した。

2　孟連土司の歴史

孟連宣撫司署がある地区は漢語では「旧城」と呼ばれていた。以下、孟連土司の歴史的変遷をたどっていこう。いつ頃から孟連という地名が漢籍史料に登場し、土司制度の廃止や民国期以降の変動を経て、今日の娜允鎮という名称へと変わってきたのであろうか。

雲南省南部には勐、孟から始まる地名（例えば勐海、孟定など）が多数あるが、傣語でいうムンを漢字で表記したものである。ムンは伝統的な盆地政体（ムアン）であるが、村落（バーン）の上位にある地理的概念とされる。その規模は様々である。孟連は傣語に由来する地名であり、「探し当てた良いところ」を意味する。この地名は唐代、南詔国の統治時代に現れたという。当時、孟連は永昌節度の管轄下にあり、「茫天連」と呼ばれていたと考えられている。南宋の後期には「孟連、俄麻甸」（現在の勐馬）などが漢籍史料に記録されている。

元代には「木連路軍民府」が設置された。至元二六年（一二八九年）であり、「木連」は孟連の別な表記である。木連路の管轄範囲は、孟連以外に蒙雷甸（現在の募乃）、蒙索甸（勐梭）、俄麻甸（勐馬）等を含んでいた。明代には「孟連長官司」（永楽四年〔一四〇六年〕設置）と表記され、その後、孟連宣撫司（康熙四八年〔一七〇九年〕設置）に改められた。明・清代、孟連土司は中国の王朝と密接な関係をもち、朝貢を欠かさなかった。永楽四年、刀派送は朝貢して孟連長官司を任じられた。また、康熙四八年には刀派鼎が朝貢、孟連宣撫司を任じられた。外患に対する防衛が土司の重要な役割であった。コンバウン王朝と清朝の関係は緊張した時期があるが、光緒八年（一八八二年）、シャン州のケントンが孟養、孟塁を糾合して孟連に侵攻したことに対し、孟連土司は出兵している。

孟連は歴史上、「塩茶古道」の重要な城鎮であった。大理、麗江、保山、臨滄からミャンマーのラシオ、アヴァ、マンダレーに至るにはかならず孟連を通過した。商品の集散地であったのである。普洱茶、磨黒の岩塩はこの交易路を通って運ばれた。雍正三年（一七二五年）、磨黒では岩塩が発見され、その産地として有名になった。また、孟連土司の管轄下にあった募乃では銀が発見された。茶、銀、岩塩などの交易で孟連は活況を呈し、それによって孟連宣撫司署は清朝とミャンマーとの境界地域における統治権力の重要な拠点となったのである。山地に居住するラフ族はその間接統治下に組み込まれていた。

民国期に入ると、孟連土司の統治体制は中央集権的な行政体系に編成されていく。民国二年（一九一三年）、この地域を管轄していた鎮辺直隷廳は鎮辺県と改められ、さらに民国四年（一九一五年）には瀾滄県へと変更された。宣統期（清朝）の東、西、南、北、中という行政区を踏襲し、孟連土司を南区に属させた。民国一八年（一九二九年）、瀾滄県では、各土司の管轄地域を孟連、東賓、西賢、圏六、西盟などの一〇区に分けた。末代土司にあたる刀派洪は在任中に義勇軍を組織して西盟区の班洪に赴き、イギリス軍に対抗した。一九三六年、中国とイギリスの国境画定交渉では代表を派遣して中国側の立場から領土の防衛を主張している。

民国一九年（一九三〇年）、民国政府は土司制度を廃止する通達を出した。これに対し、雲南省政府は従来の統治形式を採用しつつ、土司地域を分割し、行政的な管理を強めた。民国二一年（一九三二年）、瀾滄県は八つの区に分けられた。孟連土司は第二区を構成したが、その後、これらの区は廃止され、郷や鎮に改められた。孟連土司の管轄する地域は孟連鎮、勐達郷（一九四八年、南卡郷に改称）、勐海郷（一九四八年、鎮辺郷に改称）に分けられた。刀派洪は孟連鎮の鎮長に任じられたが、管轄範囲は三分の二に縮小された。

土司制度の解体後の大きな変更点は、孟連が思茅県に属する下位の行政単位となったことである。中華人民共和国の成立後、孟連土司の拠点は第二区、孟連区と呼ばれた。孟連鎮は孟連区政府が管轄し、文化大革命期には人民公社が置かれた。一九八八年の区郷体制改革によって、それまでの七区は二つの鎮（孟連鎮、勐馬鎮）と、五つの郷（芒街郷、景吭郷、芒弄郷、芒掌郷）からなる体制へと改められた。孟連鎮には娜允、街道、芒街、景吭、芒弄、芒掌が含まれた。その後、孟連鎮という名称は廃止され、それに代わって娜允鎮が正式の行政単位名になっている。以上が娜允鎮という漢語表記及び行政単位が登場してくるまでの歴史的経過である［孟連傣族拉祜族佤族自治県志編纂委員会編　一九九九：二六―三二］。

3　孟連宣撫司署の変遷

娜允鎮の中核をなす地区としての「娜允」は傣語では「内城」を意味する。孟連県内を流れる南垒河西岸に位置する。上城・中城・下城と二つの村落（芒方尚・芒方冒）から構成されている。孟連土司は傣語で「召賀罕（ツァオ・ホーハム）」と呼ばれ、「金色の宮殿の王」という意味を持つ。二八代の土司・刀氏の呼称であった。『雲南文物古跡』［李昆声　一九八四］に雲南省博物館の李昆声が「孟連宣撫司署」という紹介文を書いているが、全省で唯一の傣族、漢族の二つの民族の建築が合体した古代建築物であり、雲南辺境地区の一八の土司衙門の中で保存が比較的完全な形であると評価した。これは雲南省のアカデミズムの側から権威化された評価に関する言説として定着し［中共雲南省委政策研究室主編　一九八六：一二三一、李協軍・黄敏編輯　一九八六：二九三］、観光ガイドブックやウェブサイトでの孟連宣撫司署についての説明や紹介の基本となっている。なお、李は一八の土司衙門のリストはあげていないが、民国期にまで存続したタイ族の土司を念頭に置いていたのではないかと思われる。

今日、全国重点文物保護単位に指定されている建築物は光緒四年（一八七八年）から民国八年（一九一九年）までの期間に再建されたものである。土司衙門の建築物は何度かの火災で焼失、荒廃したとされている。史料の記述によれば、最初の土司衙門は永楽四年（一四〇六年）に建設されたが、光緒五年（一八七九年）に焼失した。刀派全（第二五代土司）は再建に着手し、刀派永（第二七代土司）が完成させた。敷地面積は一・二五万平方メートル。正庁（後庁）、議事庁、廂房（廂楼）、門堂（正門）、穀倉、廚房、監獄からなる。一九六五年、重点文物保護単位（省級）に指定された。一九九八年には愛国主義教育基地（省級）、二〇〇六年五月には国家級の全国重点文物保護単位（第六期）に指定された［雲南省住房和城郷建議庁編　二〇一〇：一三七―一四二］。

図 4　娜允古鎮（孟連宣撫司署所在地）
（出所）Google Map によって作成。南垒河（写真右側）の西岸地区が旧城と呼ばれる。南垒河の橋付近に孟連総仏寺があり、その北西に孟連宣撫司署（写真左上）がある。

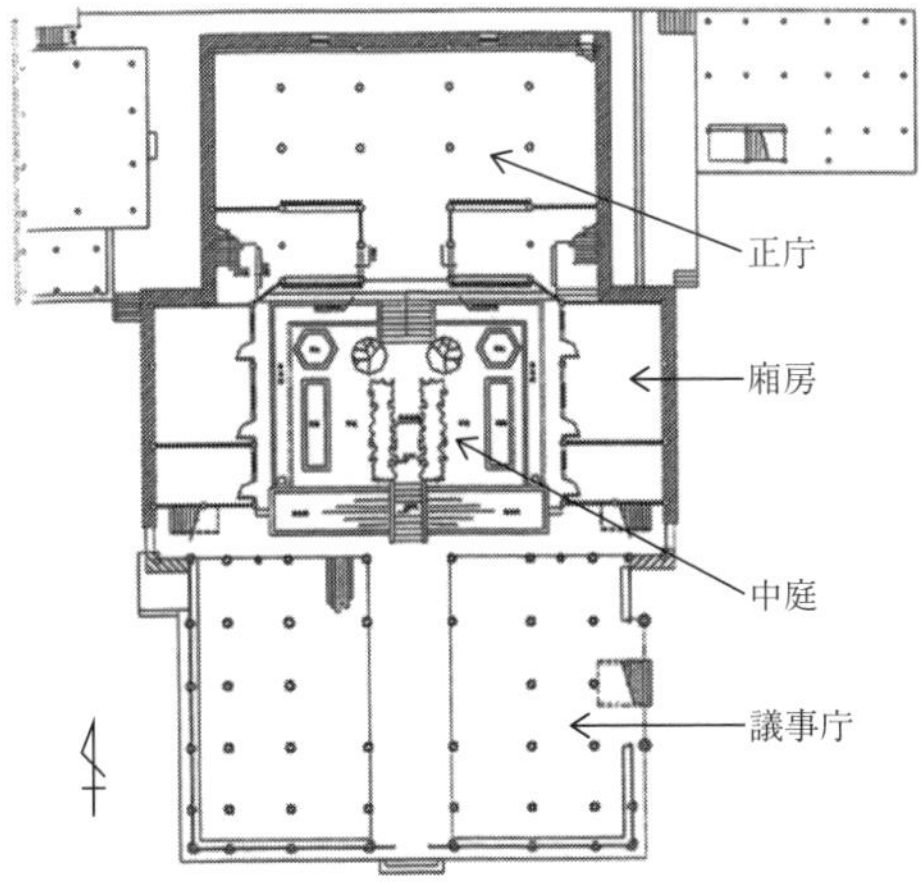

図 5　孟連宣撫司署の配置
（出所）［雲南省住房和城郷建議庁編 2010：138］より引用。中庭を囲んで廂房（東・西側）、正庁（北側）、議事庁（南側）が配置されている。

写真１　孟連宣撫司署の入り口（門堂、正門）筆者撮影（2005 年 8 月 21 日）

写真２　孟連宣撫司署の正庁（後庁）筆者撮影（2005 年 8 月 21 日）

中心の建築物は議事庁である。光緒四年（一八七八年）に建設された。長さ二三・二メートル、奥行一六・一メートル、高さ一〇・二メートルであり、六列四七本の柱で支えている（三層の屋根をもつ入母屋造りの高床式建築）。正庁、廂房とつながっており、四合院の形式となっている。内部はタイ族の形式だが、回廊部分は漢族式である。「走馬転角楼（回廊でつながった建築）」とも呼ばれる。正庁は民国元年（一九一二年）に建設された。「重檐硬山頂式建築（二層の屋根を持つ切り妻式建築）」であり、土司とその家族の居室として使われた。廂房は民国五年（一九一九年）に建てられ、「硬山頂沿廊式対称建築（切り妻式）」である。土司と官員が執務する場所である。門堂は民国八年（一九一九年）に建設された［黄桂枢　二〇〇一：一三八］。

四　文物工作と文化行政

孟連宣撫司署についての調査研究に関連して、汪寧生は調査日記に「孟連土司衙署」（衙門）を一九七八年八月八日、文化館の刀建興とともに参観したことを記録している。刀建興は当時、孟連ではよく知られたタイ族の民間歌手（ツァーンハプ）であり、知識人である。汪寧生が以下を記録として残している。孟連土司は麓川土司から分かれたものであり、明初に孟連長官司を設置し、康熙年間に孟連宣撫使に昇格した際に宣撫司署に改められ、清末・民国初年に瀾滄鎮辺直隷庁の管轄となった。土司は現代まで世襲されたが、現在の衙門は光緒年間に刀派華が建設し、漢族式の建築である。現在に至るまで保存がよく、すでに省重点文物単位に指定され、保護が行われている。衙門は住宅と合体しており、前の部分が「議事庭」すなわち執務する場所であり、後ろの部分が「宮殿」で土司の居住する場所である。他に監獄、家内奴隷の住宅などがあり、同一の中庭を囲む建築物（院落）となっている。また、写真を二枚残しており、当時の衙門の保存状況が分かるが、入り口（正門）の左側の壁には「中国共産党万歳」という文字が書かれている［汪寧生 一九九七：一九二］。

思茅地区では、比較的規模の大きな文物調査は一九八三年に始まった。同年五月、思茅地区文化局に文物普査弁公室が成立した。各県の文化局から派遣された一三人の幹部に一二日間の文化研修を行ったが、それを指導したのは、雲南省文物普査弁公室の三人（邱宣充、闞勇、何金龍）である。地区を三つに分け、①瀾滄、西盟、孟連（何金龍が担当）、②墨江、普洱、思茅、江城（闞勇が担当）、③景東、鎮沅、景谷（邱宣充が担当）とし、作業を分担した。調査は五月中旬に始まったが、八月上旬で終了した。文物調査に動員された人数は全部で一一八人であり、省の文物専業幹部、地区・県・区の文化行政の幹部、地元の区・郷の行政幹部などが参加した。実地調査、写真記録、カード作成、標本の採集などを行い、古建築、古墓葬など文物の各項目について四六七件が登録された［雲南省思茅地区行政公署文化局編 一九九二：三二〇―三二一］。

孟連県の場合、八三年六月から雲南省文化庁、思茅行署文化局、思茅地区文物普査組の協力のもと、県文化局がスタッフを組織し、孟連宣撫司署が所蔵する文物と県内に分散する文物を中心とした調査を実施した。景東、鎮沅については事情があって調査できなかったので、翌年八月から九月に実施した。これらの文物調査をもとにして、八四年一二月に思茅地区文物管理所が発足した。また、孟連宣撫司署内に「孟連民族歴史博物館」が開設された。さらに一九八九年末までに瀾滄県、景谷県に文物管理所、景東・鎮沅・西盟の三県では県文化館内に文物室、普洱・墨江・思茅、江城の四県では文物組が成立した。

このようにして文物管理の体制ができあがったが、それを県級以上の文化局が統括したのである。文物保護法にしたがい、文物の保護・保存、管理・修復、調査が主な業務であった。この後もこうした調査研究は続けられ、さらに六二件が加えられ、一九八七年末までに五二九件のリストができあがった。この一連の作業を通じて、思茅地区の文物に関して分布や保存の状態が把握でき、その後の文化行政の基礎となった［黄桂枢主編　二〇〇二］。重点文物は法律によって保護・保存の対象とされた。

重点文物の修復は重要であった。一九八三年から八七年にかけて景東文廟の古建築群が修復された他、八五年から八七年には孟連宣撫司署古建築群が修復された。一九八五年三月から五月にかけて、雲南省文物普査弁公室は省博物館において「雲南省文物普査成果匯報展覧」を開催した。思茅地区からは九二件の文物が出展されたという［雲南省思茅地区行政公署文化局編　一九九二：二九六、三一六―三一九］。

筆者が最初に孟連鎮を訪れたのはちょうどこの時期である。一九八五年から一九八七年にかけて雲南民族学院で研究活動に従事したが、雲南省図書館や雲南大学の資料室などを回っては文献資料を閲覧するなど、タイ族地区の研究を進めたが、タイ族のような国境地域の民族について現地調査の許可を得ることは難しかった。外国人が観光旅行で入ることができたのは西双版納であった。全域が対外開放になったばかりで、景洪県や勐海県ならば旅行の行動は比較的自由であった。春休みになったのをきっかけに、一九八六年四月から五月にかけての時期を調査旅行にあてた。水かけ祭りを参観した後、その足でできるだけ各地を回ってみることにした。当時、勐海県から公共バスを乗り継ぎ、瀾滄を経由して孟連鎮に入ることができた。町の中にはタイ族以外にワ族の人びとも多く見かけ、エキゾチックな雰囲気であった。市場で物のやり取りをしていた光景が印象に残っている。当時の日記をみると、四月二六日に孟連宣撫司署を参観している。ミャンマー側に逃れていた最後の土司の正妻が帰郷し、それを人民政府の側が対応していた。孟連文化館を訪ねたが、土司官署は修復途中であった。正妻を囲んで、タイ族の人びとが集まっており、糸を結ぶ儀礼をしている場面を見ることができた。土司の写真がおかれていたが、室内は今日見るような整備された状況でなかった。玉座もあった。近くの寺院は荒廃していた。寺院壁画には白く漆喰がぬられ、痛みも激しかった。文革の爪痕は寺院内部に残されていた。仏像はなかった。一九八〇年代後半から復興が進むが、ちょうどその直前の状況を目撃したことになる。

文献史料に関しての状況も確認しておこう。雲南省では一九八四年に民族文字資料の整理・編纂を担当する部署（雲南省少数民族古籍整理出版規劃弁公室、昆明）が成立した。第一輯に『孟連宣撫史』を出版したが、これは漢語と傣語による対訳の資料集である〔刀永明・刀建民翻訳、刀永明校注　一九八六〕。孟連に関する史料（漢籍）は、『蛮書』『元史』『明史』『明実録』『清実録』『清史稿』『永昌府志』などに分散していた〔雲南省少数民族古籍整理出版規劃弁公室編　一九八九〕。この時期には、地元のタイ族知識人などの協力を得て史料の整理が進められた。『孟連宣撫史』は土司の系譜や移住伝承、歴史的な出来事などを記録し、孟連土司の「公式」の歴史テキストとなっている。(6)

五　歴史文化名城・名鎮と博物館の建設

1　歴史的景観の「発見」

孟連宣撫司署の所在地でもある旧城は、観光ガイドブックやキャンペーンでは「娜允古鎮」、「娜允古城」と称されているが、その他にもタイ族の唯一の歴史文化名城、雲南省の西南辺疆の緑宝石（エメラルド）などの呼称を得ている。行政的なイメージが付着する孟連鎮や孟連自治県に代わる地域ブランド化のシンボルや表象が重要な役割を果たすようになった。(7) こうした状況にあって娜允古鎮の中核をなすのが歴史的建築物としての孟連宣撫司署である［張海珍・鄭明 二〇〇六、小葉嫩主編 二〇一六］。

孟連宣撫司署の評価については、前述したように、李昆声が先鞭をつけているが、二〇〇一年六月、雲南省地理研究所旅游規劃センターの王筱春、陸泓らが地理学の観点から詳しい調査を行い、集落地理を分析したうえで、娜允古鎮は中国で現存する最も完全な形のタイ族の歴史文化古城であると結論づけた［陸泓・王筱春・朱彤 二〇〇五］。以来、娜允古鎮は現代に残されたただ一つの「傣族古鎮」、七〇〇年以上の長い歴史や官府、仏教寺院、官宅、民居、官道などの多様な物質文化と景観要素から構成された「土司文化」の基盤、「文化空間」として豊かな歴史文化遺産を存続させていると説かれている［張海珍 二〇一〇］。

以下、孟連鎮の都市建設の変遷を確認しておこう。南塁河を挟んで孟連宣撫司署がある西岸の地区が古い歴史を残しているという共通認識が地元の人びとにはあるが、それは自治区人民政府の成立（一九五四年六月）まで、この地区が孟連土司の政治的、文化的拠点であったことに由来している。これに対して、南塁河の東側は中華人民共和国の成立以降、都市建設が進行してきたという点が際立っている。孟連自治区の成立後、南塁区東岸に新城区の建設計画が打ち出され、翌年から五八年にかけて政府機関や公共施設が次々と建設された区域の新城区には今日、主要な道路として孟連大街、城東路、城北賀航路、登改路、白象路などがある。孟連大街には人民政府、公安局、病院、郵便局、商業局の建物が立ち並ぶが、これらは一九五〇年代以降に建てられたものである。また、一九五八年以降には個人経営の商店が廃止され、これに代わった国営の商店、金融機関、集市の設備などが新城区に移転した。例えば、孟連街（五日ごとに定期市が開かれる）はもとは南塁河西岸の下城にあり、一九四〇年代には街路の両側に日用雑貨などの店舗が建てられていた。その後、定期市の用地は新城区に移された。建物は一九七〇年代までは瓦葺きの平屋も多かったが、八〇年代に入ってから新城区は拡大の一途をたどり、鉄筋コンクリートの建物が増えていった〔孟連傣族拉祜族佤族自治県志編纂委員会編　一九九九：二一一―二一二〕。

こうした事態の進行に対し、二〇〇〇年代に入ると、学術・文化行政に携わる知識人や政府関係者、地元住民の間で、孟連宣撫司署及び周囲の集落環境を保存することやその緊急性についての認識が強まっていく。その結果、第十一期五カ年計画の時期（二〇〇六―二〇一〇年）において大規模な景観整備が展開していくことになった。すなわち、孟連県政府は「三山一河旅遊風景区」（金山、銀山、法（帕）罕山、南塁河から構成される）の整備工事、勐外土司避暑山寨、三つの民族村、娜允広場、神魚池、民族団結柱、民族風情を題材としたモニュメントの建設工事を行う方針を打ち出したのである。

娜允古鎮の改修工事は二〇〇八年から始まった。巨額の資金（一九・三億元）を投入して魅力的な古鎮を整備し、「土司文化」を展示するというものである。宣撫司署の建築物だけでなく、寺院、精霊祭祀の標示物やシンボル、村人の公共施設、植生などを含め、周辺環境の保存と維持にも配慮し、孟連土司辺境旅遊区（国家四Ａ級の観光スポット）の建設や世界文化遺産への登録申請をも視野に置くというもので、意気込みに満ちた取り組みであった。観光客のための遊覧ルートの整備と道路改修、政府機関や学校施設の移転、孟連博物館の建設などを盛り込んだ開発計画であった[8]。

この改修工事の実施に際して、孟連県政府は「娜允傣族歴史文化名鎮保護管理条例」（二〇一〇年三月一九日施行）を策定した。これは文物保護法、雲南省の保護条例の方針に沿いつつ、孟連地区の実情にそくした内容となっている。すなわち、保護・保存・管理の範囲は、孟連宣撫司署を中心として東は南塁河、城西路、西は芒畔路、北は南雅路の区域であり、総面積は七三・二八八二公頃（ヘクタール）とする（第二条）。県政府は娜允名鎮保護管理機構を設立し、その任にあたる（第六条）。保護区域には、①孟連宣撫司署、②伝統的な宗教施設、③傣族伝統民居、④古井戸、古道、古樹、竜山（立ち入り・伐採禁止の森林）、⑤龍血樹の群生林及び原生林などがあり、民族宗教、財政、住房（住居）、城郷建設（城鎮・農村建設）、公安、国土資源、水務、林業、文化、環境保護、広播電視（テレビ・ラジオ放送）、旅遊、工商、電力等の行政各部門と娜允鎮人民政府が連携して保護・管理を行うとした（第七条）。また、タイ族の伝統的な家屋の様式を保存するために、区域内にある建築物は二階建てまでとした[9]。

保護区域内の上城、中城、下城にはそれぞれに寺院があった。上城の寺院は土司家族のための施設であり、その建立年は一八六八年と伝わる。筆者が一九八六年に訪れた時にはかなり荒廃した状況となっていたが、その後、補修工事が行われた。中城には宣撫司署の運営や行政などに関わる官員の寺院であった。一九一〇年の建立と伝わるが、文物保護単位（県級）に指定された（一九八九年五月一〇日）。その後、省級の文物保護単位に昇格した（二〇〇三年一二月一八日指定）。現在は娜允村委会五組の寺院となっている。下城にあった寺院は一九五三年に火災に遭った後、復興されることはなかったが、二〇一一年二月、その跡地に孟連総仏寺が建立され、孟連県の宗教行政（上座仏教）の拠点として現在は機能している。

２　孟連民族歴史博物館の創設

雲南省政府は地元政府を指導するかたちで連携し、孟連宣撫司署の再活用を図っていくが、その具体的な形式が博物館化による活用である。一九八四年から「孟連民族歴史博物館」が創設され、清朝から賜与された孟連土司の官服、印璽、刀剣、儀仗類、公文書、傣語の文献資料、民族衣装、生産用具、生活用品、工芸品などを展示することにしたのである。これは孟連土司の関与したローカルな歴史を対象に、それを資源化していく作業でもあった。一九九八年、孟連宣撫司署は雲南省政府によって愛国主義教育基地に指定され、二〇〇九年からは入場料を免除している。かつての王宮や宮殿建築が博物館として活用されていく事例は世界各地に見られるが、多様なエスニック集団が交錯し、複雑な歴史と政治権力の興亡が激しく展開してきた中国の国境地域のような状況下ではきわめて珍しい事例だと言える。

誰が孟連県の公式の歴史記述に関わったかをみておこう。こうした県レベルの歴史の記述や史料集の編纂は雲南省では一九八〇年代の前半に再開している。孟連県の場合、一九八三年四月、孟連県志編纂委員会が発足したことが重要な契機となっている。政府役人やタイ族出身の民族エリート、知識人による孟連関係の漢籍文献の整理、傣語年代記その他の文書史料の漢訳を通じて研究が進展し、孟連県を対象とした編年体の歴史記述が行われていく。その成果の一つが『孟連傣族拉祜族佤族自治県志』の第一八章の「土司」である。漢籍史料を主体とし、傣語史料を補助として扱い、タイ族の孟連地域への移住、土司制度の創始、発展、廃止に至るまでの七百年余りの歴史を描いている[10]［孟連傣族拉祜族佤族自治県志編纂委員会編　一九九九：二一七―二二八］。

もう一方の重要人物は張海珍である。彼女は一九五八年、孟連県の勐馬に生まれた。傣名を召罕嫩という。一九七八年、雲南大学漢語言文学に進学し、一九八二年、雲南大学を卒業した。以来、孟連県文化館を拠点に文物工作と文化行政に従事してきた人物である。孟連宣撫司署に保存されている傣文史料の翻訳整理、民間文学集成、民族民歌集成に関する資料収集に多くの業績を残しているが、その学歴からも窺えるように、雲南大学という学術研究の拠点や昆明在住の知識人、文化人との交流のパイプがあった。二〇〇八年一月から二〇一三年五月までは普洱学院民族文化研究中心に勤務し、孟連民族歴史博物館の館長も務めた。また、八〇年代から小説を書き、作家として一定の成果と評価を得ており、雲南省作家協会、民間文学家協会のメンバーでもある。代表作は二〇〇四年に発表された『娜允傣王秘史』であり、孟連土司の事績を描いた「紀実文学」として高い評価を得ている[11]［召罕嫩　二〇〇四：三四一―三四二］。

3　歴史展示の特徴

孟連宣撫司署の建築構造については前述したとおりだが、議事庁の二階の部分は土司と官員たちが審議を行うスペース（議事庭）であり、玉座と官員組織の座席が展示されている。以下、歴史展示の特徴を簡単にみておこう。基本となっているのは、土司文物の展示とあわせて、各時代の政治・社会・経済状況や出来事を描いた一九枚のパネルである。展示パネルは年代が明記されているものと年代を明示しないものとに分けられるが、出来事などの一場面が線画で描かれ、それはあたかも大判の連環画を時代順に理解していくような内容構成となっている。記述の言語は漢語のみであり、傣語は一切使われていない。タイ族の年代記にあるエピソードを語るパネルも混じるが、漢籍史料の記録に基づく歴史記述が中心となっている[12]。

パネルの内訳は以下のとおりである。中国土司制度を説明したパネルでは、元・明・清代に西南及び西北の少数民族地域で実施された統治制度の概要が示される。また、孟連土司の統治組織及び罕罢法（在位一二八九～一三〇九年）から刀派洪（在位一九三一～一九四九年）までの二八名の土司の名前と在位期間を「孟連土司世系」のパネルで示している。この他、地図パネルでは孟連土司の統治範囲が雲南省から東南アジア大陸部に及んでいたことを説明している。

歴史的出来事については、ムンマオからの移住者による孟連の発見、ワ族の首領との婚姻関係、土司（木連路軍民府、孟連長官司、孟連宣撫司）の設置、中国歴代王朝への朝貢、辺境の防衛、議事庭の創設、三仏祖（大乗仏教の三聖仏）、ラフ族との関係や山官を介した間接統治、孟連の経済開発（募乃銀山）、商品経済、宣撫司署の再建、外患に対する防衛やコンバウン王朝、ケントンとの関係、イギリス軍への抵抗、国境画定交渉への関与、中国国民党や中国共産党との関係、民族解放など、唐代から元・明・清代を経て民国期、中華人民共和国までを扱っている。

これらの展示パネルは、現行の民族政策の正当性や経済開発、国境を越えた貿易活動や人びとの往来などを孟連土司の歴史的展開の中に見出し、現在から過去を選択的に再構成した内容となっている点に特徴がある。こうした歴史のナラティブは、孟連が歴史文化名鎮の基準・条件にあっていることを具体的に示したものと解釈することも可能である。すなわち、①地域の社会経済に重要な影響を及ぼしたことがあり、ある地域内で、重要な影響力を及ぼしていること、②陸路の交通の中枢として、人の流れや商品、物産の集散地であること、③重大な建設工事、④革命史上、重大な歴史事件の舞台となり、革命政権の駐在地であること、⑤外来勢力の侵略への抵抗や反撃の歴史があること、⑥中国の伝統的な造営の理念が具体化されていることなどの諸要件に対し、各パネルの意味内容とストーリー構成において、孟連民族歴史博物館の歴史展示はこれらの①から⑥をすべて満たしている。

換言すれば、孟連民族歴史博物館において展示される「歴史」とは、中国政府の公式の歴史認識や歴史観がマスター・ナラティブとなっており、特定の利害関係や政治的、社会的立場にそくして操作的に選択された構築物とみなすことが妥当であろう。中国の民族自治地方の存在理由は、中国政府の民族政策の下で、各民族が国家の統一、社会の安定、民族団結を保持し、共に繁栄・発展していくという点に主眼がある。「統一された多民族国家」という理念や「中華民族」の一体性の保持、地域経済や社会文化の発展、民族文化の尊重と共存などに合致する「史実」に光があたり、資源化されているのである。

六　歴史資源の活用と観光文化

ここでは、孟連宣撫司署という歴史的建築物が博物館として活用されるだけでなく、「文化空間」や地域・民族のシンボルとして、どのように機能しているかについて検討してみたい。

二〇〇〇年代に入ってから、孟連県政府は孟連（娜允）鎮を古城・古鎮イメージと結びつけ、観光地としてのブランド化を図ってきた。そのコンセプトは「遊古城、捉神魚、逛金三角（古城を遊覧し、神魚をつかまえ、黄金の三角地帯を回り歩く）」であり、民族文化、自然景観、国境観光を組み合わせるというものである。観光キャンペーンにも積極的に取り組んできたが、ハード面のインフラ整備とあわせて、孟連県政府が取り組んだのは新たな祝祭イベントの創出である。観光の目玉として「東方水上狂歓節――中国・孟連娜允神魚節」を毎年開き、他地域との差別化を図っている。

雲南省では少数民族の伝統的な民俗行事の観光資源化が各地で進行してきた。タイ族に関しては、水かけ祭り（潑水節）が代表的であり、これは孟連地域でも同様である。徳宏や西双版納でも観光資源として活用され、イベントの内容を増やし、集客力の保持に努めている。しかし、水かけ祭りは孟連独自の民俗行事ではなく、ブランド化に果たす役割も限定的である。これに対して、孟連県政府はタイ族の民間に伝わる神魚伝説をもとにして住民参加型の「神魚節」を企画し、体育、娯楽、文化、経済を融合した祝祭イベントに仕立て上げた。二〇〇四年のことである。以来、孟連県政府の主催によって行われている。毎年四月九日から一三日に開催され、水かけ祭りがその後に続くが、祝祭的な雰囲気を盛りあげ、特色化をもたらしている。二〇〇八年には雲南省の「十大民族狂歓節」の一つに選ばれ、孟連県の非物質文化旅遊項目に加えられた。

孟連民族歴史博物館において「土司文化」はどのように再現されているだろうか。「孟連県傣族宣撫古楽」はこの点を具体化させたものである。宣撫古楽は歌謡、舞踊、音楽の三つが合体した上演芸術であり、その起源は明・清代にさかのぼるとされ、歴代の孟連土司は重視したという［金虹・師問寧　二〇一三］。二〇〇八年、雲南省政府は第二期の省級非物質文化遺産にこれを登録したが、二〇一〇年からは「孟連県傣族宣撫古楽」と称されている。これを機に「孟連県傣族宣撫古楽協会」が発足し、宣撫古楽の伝承基地を活動拠点にして演目の上演や若手の人材育成を行っている。上演の様子はウェブサイトで動画としてアップロードされている(13)。

孟連県はミャンマーと国境を接している。孟連口岸や勐啊、芒信などの通道を拠点とした国境貿易を地域経済の要としている。普洱市は瀾滄ラフ族自治県、孟連タイ族ラフ族ワ族自治県、西盟ワ族自治県から構成されている。雲南省の重点プロジェクトである「普洱緑三角」の重要拠点の一つとして娜允古鎮を整備しつつ、民族文化と歴史観光の結合を進めている。複数の歴史資源を結びつけたストーリーを紡ぎだすことによって、普洱緑三角がつながりのある観光ルートになっていくことが期待されているが、かつて孟連土司がこの国境地域を管轄してきたという歴史を資源化し、それに真正性を付与する文化的装置こそが娜允古鎮の孟連宣撫司署なのである。

七　おわりに

中国各地には史跡や歴史的建造物・建築物が数多く残っている。この点は雲南省の国境地域も例外ではなく、孟連宣撫司署はその典型的な事例である。かつての孟連土司の統治範囲には様々なエスニック集団が居住し、それぞれを担い手とする複数のローカルな歴史がある。その発掘や資源としての活用はまさに進行中であり、例えば茶馬古道に関わる史跡や歴史文物などはその最も有力な物質的装置である。埋もれた歴史や集合的記憶を丹念にひとつひとつ掘り起こしていく作業が各地の文化館や地方政府の文化部門によって進められているが、本章が扱ってきた孟連土司の歴史的建築物や歴史的景観は保存する意義や価値があると評価され、権威づけられた存在になりつつある。様々なエスニック集団の歴史はしばしば集合的記憶をともなっており、ノスタルジアの対象にもなる。今後、これらは観光を通じた地域経済の活性化やアイデンティティ構築にも活用されていくであろう。

中国には多様なタイプの史跡や歴史文物があるが、グローバル化の進展によって急速に変貌を遂げる日常世界の現実に対して、それらは人びとを魅了し、想像力を喚起する存在となりつつある。事例研究を積み重ねていく意義があるように思われる。

注

（1）筆者が最初に孟連県を訪問したのは一九八六年四月から五月にかけてである。二〇〇五年八月に再訪し、その後も短期間の調査には赴いたが、資料不足は否めない。執筆にあたり、現地で入手した文献資料のほかに、関連のウェブサイトも活用した。今後に向けた資料整理を行うことを目的としている。

（2）文物保護法は一九九一年、二〇〇二年、二〇〇七年、二〇一三年、二〇一五年、二〇一七年に条項を修正している。中国の文物工作の変遷や法制度の特徴については、[https://baidu.com.item/ 中国歴史文化名城] [https://zh.wikipedia.org/wiki/ 全国重点文物保護単位] を参照（最終閲覧日：二〇一八年三月三一日）。

（3）全国重点文物の種類や分布状況、指定の変遷について、以下のウェブサイトを参照。一九八二年、一九八六年、一九九四年と三回にわたって公布された後、増補が追加されている [https://ja.wikipedia.org/wiki/ 中華人民共和国国家歴史文化名城＃北京直轄市]、[https://zh.wikipedia.org/wiki/ 国家歴史文化名城、中国歴史文化名城]、[https://ja.wikipedia.org/wiki/ 中華人民共和国中国歴史文化名鎮] などを参照（最終閲覧日：二〇一八年三月三一日）。

（4）雲南省における重点文物の指定に関しては、［邱宣充・張瑛華編著　一九九二］を参照。第一期に指定された文物（一九六五年）のリストには「古建築及び歴史記念建築物」に孟連宣撫司署が含まれている［同　一九九二：四五二］。

（5）以下のウェブサイトを参照。「雲南省創意打造『旅遊小鎮』品牌」[http://www.yndaily.com、雲南日報網]、「雲南：旅遊大省将重点打造六〇个旅遊小鎮」[http://finance.sina.com.cn/20050809/1141256237.shtml]（最終閲覧日：二〇一八年三月三一日）。

（6）一九八〇年代にはタイ族の年代記史料の漢訳や漢籍史料との対照・注釈の作業が進められた。①『孟連土司歴史』は一九世紀初めに孟連宣撫司の管轄下にあった上允土司の刀派漢が語った内容を康朗崗允が記録したものである。一九八五年一〇月に雲南人民出版社から翻訳された『思茅玉渓紅河傣族社会歴史資料』に収められている。②『上允下城刀正記保存的孟連歴史』は初代から二三代の刀派華までを記述している。『思茅玉渓紅河傣族社会歴史資料』に収められている。③『孟連土司歴史述録』は民間に伝わっている傣語の写本である。一九八七年、孟連歴史民族博物館の刀正興と孟連県志弁公室の莫如徳が漢語に訳した。雲南省民族研究所編輯の『民族調査研究』（一九八八年一・二期合刊）に所収。タイ族の孟連への移動、初代から末代土司、刀派洪まで二八代の土司系譜（世系）を扱っている。④『孟連地方大事』（阿哈拉勐）は傣暦一二二六年（一八六四年）から傣暦一三三八年（一九七六年）までの出来事を記録している。孟連県民委の刀進民（傣族）が翻訳し、孟連県志弁公室の楊光明、莫如徳が記述した。一九八七年刊行の『雲南少数民族社会歴史調査滙編（四）』に収められている［孟連傣族拉祜族佤族自治県志編纂委員会編　一九九九：三七二―三七三］。

（7）二〇〇五年五月一七日に、中央電視台で「魅力名鎮：雲南娜允古城——最後一个傣族古城」が放映された。雲南省の六〇余りの歴史文化名城・名鎮・名村のうち、茶馬古道上にあるのは四六カ所を数える［木基元　二〇一〇、余剣明　二〇一〇］。二〇〇三年に出版された『茶馬古道』は版を重ねているが、娜允古鎮を茶馬古道上の重要な貿易拠点として紹介している［《茶馬古道》編輯部編　二〇〇七：七三―七五］。

（8）孟連宣撫司署を拠点とした整備・開発については、「雲南孟連巨資保護娜允古城　傣族古城再現土司文化」［http://www.china.com.cn/culture/txt/2008-08/26/content_16335188.htm］、「孟連投1・3億修娜允古城」［http://www.ce.cn/culture/old/200808/25/t20080825_16607436.shtml］などを参照（最終閲覧日：二〇一八年三月三一日）。

（9）以下のウェブサイトで条例の全文を見ることができる［https://baike.baidu.com/item/ 雲南省孟連傣族拉祜族佤族自治県娜允傣族歴史文化名鎮保護管理条例］（最終閲覧日：二〇一八年三月三一日）。

（10）こうした史料の編纂と歴史記述に関わった人物の一人に孟連県文化館の莫汝徳がいる。「孟連土司歴史簡簡述」［http://www.daizuwang.com/Article_Show.asp?ArticleID=1527］を書いている。これは孟連県の公式な歴史記述として活用されている（最終閲覧日：二〇一八年三月三一日）。

（11）この本が書かれる過程は、歴史が文芸化されていく問題として興味深い。張海珍は一九九八年に思茅地区文連から執筆計画を提出し、許可された。二〇〇一年四月、孟連鎮が雲南省の歴史文化名城に指定された際、雲南省作家協会のメンバーが同地を訪問した。著名な作家である張長、劉永年らから激励を受け、同年六月、思茅県委宣伝部と県文化局は執筆計画を許可した。その後、彼女は全体構想と最初の数章をもって昆明に赴き、黄堯（雲南省作家協会副会長）の指導を受け、二〇〇二年一一月、雲南省作家協会文学院の契約作家となった。歴史記述の部分については、王国祥（雲南省社会科学院民族文学研究所研究員）の指導を受けた。発表後、この作品は「長篇紀実文学」として注目され、雲南省第五回文学芸術創作三等省、第四期の雲南文化精品工程賞を受賞した［召罕嫩　二〇〇四］。彼女の経歴については「故事作者：召罕嫩」［http://blog.sina.com.cn/s/blog_8ec877f80100uhle.html］を参照。『人民日報海外版』（二〇〇〇年一一月一〇日第五版）は彼女を「古鎮歴史文化の発掘者」として高く評価している［www.people.com.cn/GB/paper39/1912/307584.html］（最終閲覧日：二〇一八年三月三一日）。

(12) 展示されているパネルについて、それらを全て撮影・記録しているのは「孟連宣撫司署――歴経六六〇年的孟連土司制度、保存最完好距今一〇〇多年的土司衙署建築群」[https://kknews.cc/history/vp84lby.html]（最終閲覧日：二〇一八年三月三一日）である。民族誌的資料としても貴重な記録である。

(13) 孟連宣撫古楽には「所喃窩罕」「嘎飛典」「謝列卯」「嘎喃挪」「嘎憨咏」「嘎光」などの種類があるが、中国の動画サイト「中華視頻」「騰訊視頻」などで視聴することができる。例えば、「全景中国普洱城市周：孟連傣族宣撫古楽舞 哲嘿傣」[http://v.china.com/original/travel/11159712/20160802/23201333.html] などが参考になる。

参考文献

《茶馬古道》編輯部編
　二〇〇七　『茶馬古道』西安：陝西師範大学出版社。

刀永明、刀建民（訳）、刀永明（校注）
　一九八六　『孟連宣撫史』昆明：雲南民族出版社。

龔蔭（編著）
　一九八五　『明清雲南土司通纂』昆明：雲南民族出版社。

黄桂枢
　二〇〇一　『思茅文物考古歴史研究』昆明：雲南民族出版社。

黄桂枢（主編）
　二〇〇二　『思茅地区文物志』昆明：雲南民族出版社。

江応梁
　一九九二　「略論雲南土司制度」『江応梁民族研究文集』北京：民族出版社。

金虹・師問寧
　二〇一三　『雲南孟連傣族宣撫土司礼儀音楽調査与研究』昆明：雲南教育出版社。

孔瓔紅・廖蓓
　二〇一三　「古鎮旅遊開発中利益相関者理論的運用研究」『広西社会科学』二〇：一二三―一〇―一二五。

李昆声
　一九八四　『雲南文物古跡』昆明：雲南人民出版社。

李協軍・黄敏（編輯）
　一九八六『雲南風物志』昆明：雲南人民出版社。
陸泓・王筱春・朱彤
　二〇〇五『娜允傣族古城』『建築師』第三期：五六―六一。
孟連傣族拉祜族佤族自治県志編纂委員会（編）
　一九九九『孟連傣族拉祜族佤族自治県志』昆明：雲南人民出版社。
《民族問題五種叢書》雲南省編輯組
　一九八五『思茅玉渓紅河傣族社会歴史調査』昆明：雲南人民出版社。
木基元
　二〇一二『雲南歴史文化名城研究』昆明：雲南大学出版社。
邱宣充・張瑛華（編著）
　一九九二『雲南文物古蹟大全』昆明：雲南人民出版社。
汪寧生
　一九九七『西南訪古卅五年』済南：山東画報出版社。
王衛明
　二〇〇三「東アジアの歴史と文化財」京都橘女子大学文学部文化財学科編『文化財学概論』京都：京都橘女子大学。
小葉嫩（主編）
　二〇一六『文化普洱・孟連』昆明：雲南出版集団・雲南人民出版社。
楊福泉等著
　二〇一〇『雲南名鎮名村的保護和発展研究』北京：中国書籍出版社。
余剣明
　二〇一〇「雲南茶馬古道文化線路的現状与保護」『中国文化遺産』二〇一〇：八―一八。
雲南省編輯組
　一九八七『雲南少数民族社会歴史調査滙編（四）』昆明：雲南人民出版社。
雲南省少数民族古籍整理出版規劃弁公室（編）・刀永明（輯）
　一九八九『中国傣族史料輯要』昆明：雲南民族出版社。

雲南省思茅地区行政公署文化局（編）
一九九二『思茅地区文化志』昆明：雲南民族出版社。
雲南省住房和城郷建議庁（編）
二〇一〇『雲南芸術特色建築物集錦（上冊）』昆明：雲南出版集団公司・雲南美術出版社。
張海珍
二〇一〇「娜允傣族古鎮保護的価値存在的問題」『雲南名鎮名村的保護和発展研究』一四二―一五八。
張海珍・鄭明
二〇〇六『孟連娜允辺地緑宝石』昆明：雲南出版集団公司・雲南美術出版社。
張　松
二〇一二「当代中国歴史文化名城保護的法制建設進程」『城郷規劃』第一期：五八―六九。
中共雲南省委政策研究室（主編）
一九八六『雲南省情』昆明：雲南人民出版社。
召罕嫩
二〇〇四『娜允傣王秘史』昆明：雲南人民出版社。
周　星
二〇一一「現代中国社会における古村鎮の『再発見』」『愛知大学国際問題研究所紀要』第一三八号、八九―一一一。

革命の歴史の資源化
——紅色文化における解放の語りと展示の分析を中心に

高山陽子

一　はじめに

紅色文化とは、中国の社会主義革命精神を称える文化である。具体的には主として毛沢東時代（一九四九〜一九七八）に作られた革命歌（紅歌）やドラマ（紅色戯）、映画（紅色電影）などの紅色経典、愛国主義教育基地に定められた各種の革命博物館や革命記念館、それを巡る社会主義革命観光（紅色旅游、以下レッドツーリズムと記す）が挙げられる。

紅色経典には、近年のドラマ『林海雪原』（二〇〇四年放送）、『洪湖赤衛隊』（二〇一〇年放送）、『江姐』（二〇〇九年放送）にように毛沢東時代に作られた作品がドラマとして改編されて人気を博しているものもある。『江姐』は、国共内戦（解放戦争）(1)中、重慶で地下活動を行うヒロイン江姐（江竹筠）が党員の裏切りによって投獄され、一九四九年一一月三〇日の重慶解放前に殺されるという話である。これは一九六一年出版の小説『紅岩』を原作とするドラマで、これまで幾度も映画化・ドラマ化されている。小説では、ヒロインが最後に人民解放軍によって助け出されるのに対して、ドラマでは史実通りに歌楽山で射殺されて終わる。かつての紅色経典は革命英雄の姿が極端に形式化されていたが、改編版のドラマは革命精神を描きつつ現代的解釈を加え、登場人物に深みを持たせている[2]。

例えば「『江姐』における汚職と腐敗は裏切り者の身体を通して表現され、「獄中八条[3]」は幹部が思想を腐敗させる経緯について深く考えさせるものである」〔戴清　二〇一〇〕という。かつての『江姐』は、ヒロインの崇高な革命精神が強調されていたが、ドラマでは逮捕される前の彼女の日常生活を描くことで、現代ドラマとして面白みのあるストーリーとなっている。

紅色経典は、社会主義革命を賛美するという性格上、解放戦争や日中戦争（以下、抗日戦争と記す）、階級闘争を題材とする。そのため、『林海雪原』や『江姐』、『洪湖赤衛隊』は解放戦争を舞台とする。また革命歌「東方紅」や「共産党がなければ新中国はない」（没有共産党就没有新中国）なども抗日戦争期に作られた。こうした紅色経典は毛沢東様式（毛沢東時代美術）という様式に基づく。一九七六年の文革終了後、この様式は衰退するものの、紅色経典の主要なコンテンツが一九二一年の中国共産党の誕生から一九四九年の建国宣言までであることに変わりはない。

Rong Caiは、現代の紅色経典は念入りに演出されたものであることを述べた上で、革命の歴史の現代的解釈について以下のように指摘する。

「紅色経典は社会主義的過去にフォーカスを当てながら、覇権的な歴史の解釈を広範囲にわって構成する。テクストの意図的な修正は革命の新しい解釈と、歴史および国民意識の意味を潜在的に再定義することを可能にする。こうして紅色経典の改編は単に商業ベースの話に留まらないのである」[Rong 2013: 667-668]。

二〇〇八年以降の薄熙来による「唱紅打黒」（革命歌の唱歌・マフィア撲滅）運動において革命歌がノスタルジックなものとして再び注目されたことは記憶に新しい[4]。紅色経典を含む紅色文化の影響は様々な側面で見られる。いわゆるマオバッグ（カーキ色のキャンパス地に「為人民服務」と印刷されたショルダーバッグ）は熱狂的な毛沢東崇拝者だけが持っているものではなく、今では北京や上海の空港のみやげ物店に並ぶ商品となっている。

『江姐』放送後、ドラマの原作『紅岩』の舞台となった重慶の歌楽山を訪れる観光客が増加している。ここを訪問する人びとにとって歌楽山での出来事は紅色経典の『紅岩』を通して理解されている。「『紅岩』のような革命小説は人民中国における歴史記憶と国民意識の構築と密接に結びついている。一般的に中国人が革命関連施設として紅岩を見るとき、それは主として小説や映画などの文化的な作品に基づいている[5]」[Denton 2014: 79]。

二〇一三年に発足した中国紅色文化研究会はマルクス＝レーニン主義、毛沢東思想、鄧小平理論、三つの思想、科学の発展について研究・宣伝する組織である。その会長の劉潤為は紅色文化の特徴として、第一にマルクス＝レーニン主義を中核とする社会主義運動に基づく先進文化であること、第二に『礼記』や『墨子』などの中国伝統文化と矛盾しない文化であること、第三にフーコーやサイードなどの現代思想を取り入れた世界の優秀文化であることを上げている[6]。

現代の紅色文化は毛沢東時代の社会主義文化に現代的要素を合わせたもので、ドラマにも現代的な解釈が加えられている。そこで主題として何度も登場するのが解放戦争である。解放という言葉は、中国共産党成立から建国宣言までの二八年の社会主義革命の成功と同じ意味を持つ。それゆえに解放の語りの確立過程は、社会主義革命の歴史の資源の過程と平行しているのである。本稿では、紅色文化としての解放の歴史の資源化について、毛沢東様式という様式面と解放の語りという題材の側面から分析することを試みる。

二　紅色文化の様式の成立

紅色文化の形成過程は五段階に分けることができる（表1）。第一期は、紅色文化の題材となる出来事の発生である。一九二一年の中国共産党成立から南昌蜂起、井岡山根拠地形成、反「囲剿」、長征、抗日戦争、解放戦争を経て一九四九年の建国宣言に至るまでである。その第二期は、その様式の形成期である。毛沢東様式という人民共和国における公的な芸術様式は、一九四二年の延安講和に始まり、毛沢東死去の一九七六年まで続いた。一九五〇年代に導入されたソ連の社会主義リアリズムを取り入れた董希文の『開国大典』（一九五三）や靳尚誼の『十二月会議』（一九六一）、高虹の『決戦前夕』（一九六四）などの写実的な油絵が作成された。また「工業学大慶」や「批林批孔」といったスローガンを掲げた宣言画　作られ、劉春華の『毛主席去安源』（一九六七）が様々な媒体に印刷された。この時期を最も象徴するのが一九六六年に発表された八つの革命模範劇（様板戯）である。すなわち、日中戦争を舞台とするもの（『紅灯記』『沙家浜』）、国共内戦を舞台とするもの（『智取威虎山』『紅色娘子軍』）、朝鮮戦争を舞台とするもの（『奇襲白虎団』）、階級闘争を描くもの（『白毛女』『海港』）である。文革期の中国で幾度も上演されたこれらの作品の特徴は、「敵（日本軍、国民党、地主、軍閥など）による苦しみを訴え、敵との闘争と勝利によって共産党政権の正統性を示す」［田村　二〇一四：九四］ことであった。この時期に、『超一曼』などの抗日英雄の映画が制作されたが、それらは英雄への「鎮魂歌」でもあり、「英霊たちへの哀惜や哀悼の念」が込められている［劉文兵　二〇一三：九七］。

また、天安門広場の人民英雄記念碑と瀋陽の中山広場の毛沢東像はこの時期を代表する記念碑である。一九四九年九月三〇日にアヘン戦争以来の犠牲者を人民英雄として称える記念碑の建設が決まり、一九五八年に

表1　紅色文化の形成過程

第1期　1921～1949	紅色文化の出来事の発生
第2期　1949～1976	毛沢東様式の形成
第3期　1978～1994	毛沢東様式の衰退
第4期　1994～2004	愛国主義教育の教材としての紅色文化
第5期　2004～	レッドツーリズムの資源としての紅色文化

竣工した。デザインとしては正面（北側）に「人民英雄永垂不朽」という毛沢東の文字があり、南側に周恩来による記念碑の説明が金文字で刻まれている。台座は、「虎門銷烟」（アヘン戦争）、「金田起義」（太平天国の乱）、「武昌起義」、「五四運動」、「五卅運動」、「南昌起義」、「抗日遊撃戦」、「勝利渡長江・解放全中」、「支援前線」、「歓迎人民解放軍」というアヘン戦争から解放に至るまでのレリーフで飾られている。一九三〇年代の記念碑の台座にもレリーフが用いられることがあったが、人民英雄記念碑のように物語性が明確に表現されたものではなかった。革命を物語で表現するという様式は典型的なスターリン期の社会主義リアリズムを用いたもので、その後の革命記念碑の一様式となる。一九七〇年竣工の毛沢東像（毛沢東思想勝利万歳）の台座には、「井岡山的星火」、「抗日烽火」、「埋葬蔣家王朝」、「社会主義好」、「三面紅旗万歳」、「無産階級分化大革命勝利万歳」の彫像があり、一九二七年から一九六九年までの主要な出来事を描く。

第三期は、改革開放によって社会主義イデオロギーが弱体化した時期である。各地にある解放記念碑や革命博物館はこの時期に建てられたものも多い。例えば上海の人民英雄記念塔は一九九四年に竣工した。もともとは上海解放一年を記念して一九五〇年に建設が計画されたが、その後の混乱により、計画が実施に移されたのは一九八七年になってからであった。上海の解放日にあわせて、記念塔の除幕式は一九九四年五月二七日に行われた。また、一九八八年には長春解放記念碑と瀋陽に東北解放記念碑（写真1）が序幕し、ともに彭真が揮毫した。東北解放記念碑碑文には、「遼瀋戦役は五二日間の激戦を経て、一一月二日に中国人民解放戦争を決定付けた重要な遼瀋・平津・淮海の三大戦役における最初の偉大なる勝利を得た」ことが記されている。一九九三年には毛沢東生誕一〇〇年を記念してコインや切手などが制作され、一種

写真１　東北解放記念碑（2011 年 8 月、筆者撮影）

の毛沢東ブームが起こった。そして一九九四年から江沢民は愛国主義教育を始動し、革命博物館の建設や軍事ドラマの制作が加速し、革命の記憶が新に作られるのである。

第四期は、愛国主義教育の教材として愛国主義教育基地が形成される時期である。一九九四年、「愛国主義教育実施綱要」が公布され、共産党や社会主義だけではなく中華民族の伝統文化を含む愛国主義という概念が確立した［武小燕　二〇一三］。一九九七年からそれを具体化するように、愛国主義教育模範基地の指定が始まった。全国愛国主義教育模範基地は、一九九七年一〇〇ヶ所、二〇〇一年一〇〇ヶ所、二〇〇五年六六ヵ所、二〇〇九年八七ヶ所、指定され、二〇一七年四一ヶ所が指定された。全国レベルの他に省レベル、県レベルにおいて博物館や記念館、烈士陵園が愛国主義教育模範基地に指定されている。

第五期は、紅色文化を資源とするレッドツーリズム開発の時期である。この時期、革命の歴史はテーマに基づいて一二の地区に分けられた（表2）。一九二一年、中国共産党は上海において第一回党大会を開く（テーマ1）。一九二七年に共産党軍は江西省南昌で初めて武装蜂起を起こしたが、失敗し、井崗山根拠地で紅軍（中国工農紅革命軍）を設立する（テーマ2）。一九二九年、共産党は広西に革命根拠地を作るために百色蜂起を起こし、左右江ソビエト地区を樹立する（テーマ3）。長征中の遵義会議で毛沢東の党内における指導権が定まる（テーマ4）。長征の難所である長江上流の金沙江を越えて（テーマ5）、延安にたどり着いた紅軍は根拠地を築く（テーマ6）。九一八事変後、勢力を拡大する関東軍に対してゲリラ活動を行った趙一曼や楊靖宇らは処刑される（テーマ7）。国共合作後、国民革命軍に編入された新四軍と八路軍は各地で日本軍と戦う（テーマ9、テーマ10）。解放戦争が始

表2　12のレッドツーリズム地区

	中心地域	テーマ	主要な施設
1	上海、南京	歴史の始まり、党の創立	中共第一次全国代表大会会址、雨花台烈士陵園
2	韶山、井崗山、瑞金	革命のゆりかご、領袖の故郷	井岡山革命烈士陵園、毛沢東旧居、八一起義記念館、古田会議旧址
3	百色	百色の大嵐、両河の紅旗	百色起義記念館、広西農民運動講習所旧址
4	遵義	歴史の転換、奇襲による勝利	遵義会会議址、遵義紅軍烈士記念碑
5	雲南省北部・四川省西部	困難辛苦、革命の奇跡	扎西会議記念館
6	延安	延安精神、革命聖地	八路軍西安弁事処記念館、延安革命記念館
7	松花江、鴨緑江、長白山	抗聯の英雄、果てしない雪原	ハルビン烈士陵園、東北烈士記念館、九一八歴史博物館、抗美援朝烈士陵園、遼瀋戦役記念館
8	淮海	東進の序曲、淮海の決戦	新四軍記念館、淮海戦役烈士陵園
9	大別山	千里の躍進、将軍の故郷	鄂豫皖ソビエト区博物館、新四軍記念館
10	太行山	太行の硝煙、勝利の曙光	八路軍太行記念館
11	重慶	川陝ソビエト区、紅岩精神	歌楽山烈士陵園、紅岩記念館
12	北京、天津	人民の勝利、たなびく国旗	天安門広場、毛主席記念堂、中国国家博物館、中国人民革命軍事博物館

［高山 2015］

まり、淮海戦役の勝利によって人民解放軍は長江以北へ進軍する（テーマ8）。重慶を陥落し（テーマ11）、共産党が勝利を収める（テーマ12）。

表2の通りに一二の地区には中心となる愛国主義教育模範基地がある。各地の博物館や記念館は愛国主義教育模範基地に指定されたものの、多くの施設では資金不足から、展示の単調さや古さが問題となっていた。そこで二〇〇四年末、中国共産党中央宣伝部、国家発展・改革委員会、財政部、国家文物局は「五三三行程」を発布し、施設に対して五年以内に施設の展示内容・サービスと教育効果・環境保全の三点を改善するよう指示した。具体的には、新しい現物の資料や図版の収集、ジオラマ・パノラマなどの模型展示の制作、最新の映像技術の駆使、思想性・芸術性・鑑賞性の増強を指している(7)。

紅色文化が内容と様式において定まるまでにはいくつかの段階があることが確認できる。文革終了後、極度に形式化・思想化された毛沢東様式に対して大々的に批判されたものの、消滅することはなかった。二一世紀に入ると、抗日戦争・解放戦争および社会主義期への懐かしさや、その時代を象徴する文物として保存する動きが起こり、紅色文化は政治的資源としてのみではなく、商業的資源や歴史的資源としての価値も高まっているのである[8]。次節では紅色文化における解放の語りを出版物や軍事ドラマの事例から辿っていきたい。

三　解放の語り

1　三大戦役の語り

解放戦争は遼瀋戦役、淮海戦役、平津戦役の三大戦役をもって語られる。一九四八年九月から一一月にかけて長春と瀋陽で展開された遼瀋戦役（一九四八年九月一二日〜一一月二日）では、林彪の指揮する東北野戦軍（東北人民解放軍）が五〇万の国民党軍を破る。これによって錦州、長春、瀋陽が解放される。淮海戦役（一九四八年一一月〜一九四九年一月）では、六〇万の人民解放軍が徐州付近に布陣する国民党軍の主力八〇万を殲滅する。平津戦役（一九四八年一一月〜一九四九年一月）は一九四九年一月一五日、東北野戦軍が天津を解放し、さらに北京を守備していた溥作義を説得して無血開城させる。三大戦役はここで終わるが、渡江戦役（一九四九年四月二一日〜五月二七日）で、南京（四月二三日）、太原（四月二四日）、杭州（五月三日）、武漢（五月一七日）、南昌（五月二二日）、上海（五月二七日）が解放される。広州解放は一〇月一四日、重慶解放は一一月三〇日、海南島の解放は翌年の五月一日である。

解放に至るまでの道のりについてまとまった出版物としては、一九六〇年に出版が開始された『星火燎原』[9]がある。これは一九五七年の人民解放軍成立三〇年を記念して一九五六年、人民解放軍総政治部が全国に向けて原稿を募集し、編集・出版したものである。周恩来や劉少奇、鄧小平、彭徳懐、賀龍などの多くの指導者らが寄稿し、三万部ほどの原稿が集まった。朱徳が著した序は「人民解放軍は人民の軍隊である」という一文から始まる。

そして人民解放軍の制度が党の指導の下に整備されていったことに言及した後で、以下のように述べている。

「中国共産党の大部分の歴史は、とりもなおさず革命の武装闘争を指導した歴史であった。われわれの党が革命の武装闘争を指導した経験はきわめて豊富である。毛沢東同志の軍事思想は、中国共産党の正しい軍事路線を代表し、中国の革命戦争の豊富な経験を集約している。毛沢東同志はわが国の民主革命と社会主義革命を勝利にみちびいた過程で、マルクス・レーニン主義の不燃的な心理を創造的に活用して、わが国の条件にもとづいて、革命の問題から社会主義建設までマルクス・レーニン主義をかがやかしく発展させた」[朱徳 一九七一：一二〇]。

序についで最初に語られる歴史は聶栄臻による一九二七年八月一日の南昌蜂起である。

「偉大な南昌蜂起はすでに二〇年もむかしのことである。われわれの党が中国人民の革命戦争を指導した歴史は、南昌蜂起から新しい時代にはいったのである。今日われわれが当時の闘争をふりかえり、その歴史的意義を全面的に認識し、その経験と教訓をしめくくることは、やはりきわめて必要なことである」[聶栄臻 一九七一：二七]。

南昌蜂起に続いて秋収蜂起、広州蜂起、井岡山革命根拠地、閩西根拠地、反「囲剿」戦、長征と進む。毛沢東の党内における絶対的地位が確立した遵義会議については劉伯承が張国燾を批判しながら次のように回想する。

「遵義会議は、当時決定的意義をもっていた軍事面、組織面での誤りを、全力を集中して是正した「左」翼路線の指導者は、陣地戦をもって遊撃戦と運動戦にかえ、いわゆる「正規」戦争をもって人民戦争にかえようとした。このあやまった軍事路線が、第五次反「包囲討伐」の失敗を決定づけ、長征初期の重大な損失を招いたのである」［劉伯承　一九七二：一五］。

最終巻において葉剣英は三大戦役を次のように振り返る。

「第三次国内革命戦争が、敵の戦略的侵攻・わが方の戦略的防御の段階を経て、わが方の戦略的侵攻・敵側の戦略的防御の段階に入ってからは、人民解放軍があいついで大量の敵軍を殲滅したため、一九四八年八月になると、敵と味方の軍事力の比率には、いっそう顕著な変化が起こった。人民解放軍は一九四六年六月の一二〇万人から二八〇余万人に増加し、国民党の軍隊は四三〇万人から三六〇万人に減少、そのうち第一線で使えるものは一七〇余万にすぎなかった。このころ、人民解放軍は、数のうえでは国民党の軍隊よりも少なく、装備の点でも劣っていたが、二年余にわたる内線および外線作戦のなかで、すでに大きく自己の戦闘力を高めていた。人民解放軍は大量の敵を消滅し、大量の近代兵器を鹵獲して、自らの装備を強化し、強大な砲兵と工兵をつくりだし、陣地攻撃の能力をも高めた。石家荘、四平、開封などの戦役で、陣地攻撃の経験を積み、運動戦だけではなく、陣地戦もできるようになっていたのである［葉剣英　一九七二：三二］。

こうして解放戦争の歴史は、共産党の正当性の文脈に沿って、経験者の記憶を通して語られていった。しかし、一九五九年の廬山会議における彭徳懐・黄克黄・張天聞・周小舟の失脚に始まり、一九六六年の劉少奇の失脚、一九七一年の林彪事件（九一三事件）、文革期の劉伯承や賀龍らの迫害など、革命の物語から登場人物が次々と消えていった。その典型的な例は、『開国大典』における人物の変化である。最初に、自殺した高崗が消去され、文革期に劉少奇と林伯渠が消去された。また、林彪の題字が掲げられた遼瀋戦役記念館は、一九六三年に開館したが、林彪事件後、取り壊され、延安の革命記念館では廬山会議後、彭徳懐に関する展示の変更が余儀なくされたのである。

2　軍事ドラマの中の解放

人民解放軍の活躍を礼賛する軍事ドラマは、歴史ドラマやホームドラマ、恋愛ドラマと並ぶ一分野である。共産党のプロパガンダであるゆえに、他分野のドラマよりも視聴率は落ちるが、『長征』（二〇〇一年放送）や『亮剣』（二〇〇四年放送）など高視聴率を記録したものもある［本田　二〇〇八：三八］。近年の軍事ドラマと革命模範劇の違いは、林彪や劉少奇、劉伯承、彭徳懐、賀龍、陳毅、聶栄臻、粟裕など、社会主義体制下で失脚した人物や文革中に批判された人物が一九八〇年代以降、名誉回復し、その後、映画やドラマで描かれるようになった。毛沢東と大きく仲違いしなかった朱徳は、様々な軍事ドラマの中で「政治のことはわからない」というセリフを口にする。解放を描くドラマは、一九四五年八月一五日の日本の無条件降伏から始まる。例えば全五〇話のドラマ『解放』（二〇〇九年放送）は以下のナレーションから始まる。

「一九四五年八月一五日、日本帝国主義は無条件降伏を宣言し、九月二日、中華民族は抗日戦争の偉大な勝利を迎えた。中共は内戦を停止し平和な国家を築くため、毛沢東自ら重慶へ赴き、蒋介石と《双十協定》に合意した。しかし翌日、蒋介石は各戦場の司令官に対して共産党討伐を密かに命令し、白崇禧を国防部長に、陳誠を参謀総長に、何応欽を軍事参謀団中国代表団団長に任命した。アメリカの支持の下、蒋介石はマーシャル、張群、周恩来による軍事三人委員会と協議する一方、解放区に兵を進めていた」。

上海の内戦反対運動、聞一多の暗殺と民主同盟委員の陶行知の病死が続き、上海の内戦反対運動や周恩来の努力もむなしく、一九四六年八月、国民党軍は冀魯豫解放区に進軍する（第四話）。

第五話には「三大互助」運動（政治思想・軍事技術・体力において相互に助け合う運動）で知られる王克勤[10]（一九二〇～一九四七）のエピソードが描かれる。王克勤は、魯西南戦役（一九四七年六月三〇日～七月二八日）で死去し、その追悼式が定陶で行われた際には、劉伯承と鄧小平は弔電を打った。さらに、王克勤は「模範共産党員」「戦闘英雄」「革命烈士」と称えられ、一九六九年に定陶烈士陵園に埋葬された。

ドラマでは彼の軍事的貢献だけではなく、優しい人柄が強調される。ドラマには、徐庄という村で石頭という息子の帰りを待つ母親、王さんが登場する。「石頭を見ましたか？」という質問を繰り返す王さんに対して、兵士たちは「頭のおかしいばあさんだ」と冷罵するが、王克勤は「お年寄りには敬意を払わなければならない」と言って王さんに丁寧に接する。そして、王さんを慰めるため、王克勤は「石頭に会った、彼は元気でやっている」と嘘をつくが、実は石頭は二年前、日本軍に殺されたことを王さんから告げられる。王さんは王克勤の優しさに感謝し、二人は親子の契りを結ぶ。その後、部隊が村を離れるときに王さんは王克勤に籠いっぱいの卵を持たせようとするが、彼は「人民解放軍は人びとから物を受け取らない」という。王さんが「これは母親から息子への贈り物です」と言うと、王克勤は「それならば」といって卵を受け取る。その後、戦闘場面へと移り、王克勤は銃に撃たれて死亡する。王克勤の遺体のそばで歌う王さんを見た兵士たちは涙ぐむ。

その後、定陶戦役（一九四六年九月三日～八日）、魯南戦役（一九四七年一月二日～二〇日）、莱蕪戦役（一九四七年二月

二〇日～二三日）の勝利が続く（第六話～第一〇話）。一九四七年三月、二〇万の国民党軍を率いて延安に迫る胡宗南に対して党中央は、爆撃を受ける防空壕の中で会議を開く。五大書記（毛沢東・朱徳・周恩来・劉少奇・任弼時）のうち、四人が延安撤退に賛成したため毛沢東もそれに賛成し、「必ず延安に戻ってくる」と宣言する。延安撤退を決めたものの、なかなか撤退準備を進めない毛沢東の身を案じた彭徳懐は、部下たちに「主席を担いでも身を守れ」と命じて、担ぐ練習をさせる。彭徳懐は、爆撃音が響く中でも執筆を止めない毛沢東を促し、ようやく毛沢東らを撤退させ、西北野戦軍（後の第一野戦軍）の司令官兼政治委員として胡宗南と対峙する（第一二話）。延安を離れた党中央は、劉少奇と朱徳が土地改革と根拠地建設を担当し、毛沢東、周恩来、任弼時が陝北（陝西省北部）に留まって軍事指揮を執ることを決める（第一三話）。

毛沢東らは、陝北の佳県を中心に戦闘を繰り返し、やがて一九四八年五月、河北省の西柏坡に党中央を置き、三大戦役の指揮を執ることになる。そこへ華東野戦軍（第三野戦軍）副司令の粟裕が到着し、五大書記と陳毅、彭真、薄一波、聶栄臻、李先念らに江南に進行するのではなく黄淮に留まり兵力を集中させて国民党軍を殲滅させることを提議し、その案が承認される。これが淮海戦役の伏線となる（第三〇話）。

一九四八年八月、華東野戦軍の許世友と譚震林率いる部隊が済南を侵攻し、九月一六日に済南戦役が始まる。九月二四日の済南解放後、許世友は毛沢東に託された酒を椀に注いで、多くの負傷兵の前で次のように言う。「最初の一杯は済南を解放し、壮烈に犠牲になった戦友たちに捧げる。」酒を地面に流した後、「次の一杯は前線支援をしてくれた勇敢な民工たちに捧げる」と言う。最後に「全中国解放のためこの酒を飲み干す」と言い、残りの酒をラッパ飲みする。それを見つめる高揚した兵士らは腕を掲げながら「毛主席万歳！」と叫ぶ。この劇的な場面とは反対に、南京の国民党軍将校らは済南陥落に意気消沈し、失敗の原因を互いに擦り付け合う（第三四話）。陝北や西柏坡の質素な民家における党中央の穏やかな会議の様子と、南京の豪華な建物における国民党の形式主義的・権威主義的な会議の様子はドラマ全体を通してコントラストを成す。

こうした場面は、国民党の敗北が蔣介石一人の資質に起するのではなく、国民党の組織としての腐敗がその原因であることを繰り返し主張しているようである。また、上海の経済統制を試みる蔣経国の「打虎行動」(腐敗を打つ)が浙江財閥(蔣介石・宋子文・孔祥熙・陳立夫の四大家族)の前に失敗する場面が続く(第三六話)。蔣経国の努力が空回りする様は、四大家族が支配するブルジョワ社会の腐敗に問題があると物語る。

この後、三大戦役の話が続く。俯瞰撮影された戦闘シーンは何度も使いまわしされるので、実際の戦役の様子を再現しているわけではない(11)。大勢のエキストラが出演する大規模な戦闘シーンでは荘厳な男声合唱の曲が流れ、その会戦の結果のナレーションが入る。第四〇話以降は国民党将校らがどのように投降に至ったか――共産党側の表現では蜂起(起義)したか――がストーリーの主軸となる。傅作義の北京無血開城に至るまで、北京在住の知識人らと何度も議論する様子が描かれる。平津戦役が終わり、人民解放軍が一九四九年二月三日、永定門から北京に入城する映像は実録フィルムが用いられている(第四七話)。最終話は、渡江戦役の勝利後、人民解放軍の上海入城の実録フィルムと毛沢東の建国宣言の実録フィルムの映像が映り、全五〇話のドラマが終わる。

長征物語の形成について分析した鐙屋によると、その歴史は過去の出来事が描写されることによってではなく、英雄たちが活躍する典型的な物語が融合されて組み立てられるという[鐙屋　二〇一二：二〇]。紅色文化としての軍事ドラマも同様であり、いくつかの主要な戦役とその中で突出した革命烈士のエピソードを掘り下げることで解放の物語を作り出している。こうした戦役と革命烈士は軍事ドラマにおいてのみではなく、各地の革命博物館や烈士記念館でも展示の主要な構成要素となっている。

史実に基づくドラマではあるが、個々のセリフはフィクションである。それでも時系列に沿って解放戦争が進む映像は、あたかもドキュメンタリー映像のようであり、最終話では再現ドラマと実録フィルムが融合している。抗日戦争ドラマでは主人公がカンフーの達人で日本兵を片っ端から倒すものや、派手なワイヤーアクションを使うものがあるが、共産党の歴史を描く軍事ドラマでは、淡々と事実が伝えられる。テッサ・モーリス＝スズキが指摘するように、過去を再現した映画は観客の共感を喚起する能力があり、その映像における事実と虚構の線引きは曖昧なものである［モーリス＝スズキ　二〇〇四：一五二］。このように解放戦争の劇的なシーンは、テレビに映るだけではなく、革命博物館でもパノラマ・ジオラマや歴史画という形でも再現され、既成事実になっていくのである。

四　革命博物館における解放の展示

1　革命博物館と烈士陵園

革命博物館の建設計画は一九三三年に始まる。共産党は瑞金に中華ソビエト共和国を建設した後、中央革命博物館の建設に着手し、小規模な博覧会を開催した。当時の展示品は烈士のブリーフケースや日用品、遺品、革命に関わる文物などであった。延安では延安魯迅美術学院が九一八展覧会や魯迅逝去四周年展覧会などを開催したように、解放区では不完全な統計ではあるが、一九三回の展覧会が開催され、そのうち六八回が農業・工業に関するもの、四〇回が軍事闘争に関わるもの、五二件が文化教育事業に関わるものであることが確認されている。一九四一年、歴史博物館の建設が提案され、一九四六年、「陝甘寧辺区革命博物館籌備委員会」を発足させ、一九四八年に最初の革命博物館である東北烈士記念館（写真2）がハルビンに誕生した［中国革命博物館編一九八五、桑世波　二〇一三］。

ハルビンでは東北烈士記念館と同時に烈士陵園も建設された。こうした施設は、犠牲者を烈士として追悼することで共産党の正当性を示す意味を持っている。解放戦争中に国民党軍が発いた烈士墓に関するニュースは、強

写真2　東北烈士記念館超一曼像（2015年8月、筆者撮影）

い表現で国民党軍の残虐性を非難している。(12) 祖先祭祀を重視する漢族の伝統から見ても、戦死者を英雄として称える軍事的な慣習から見ても、烈士祭祀は極めて政治的な儀礼であった。そのため、烈士陵園は一九五〇年代から各地に建設され、今では愛国主義教育模範基地の中でも大部分を占める。

建国宣言後の烈士追悼としては任弼時のものが代表的である。五大書記の中で最年少の任弼時は一九五〇年一〇月二七日に脳出血で死亡し、北京の八宝山（現在の八宝山革命公墓）に埋葬され、墓石には毛沢東が「任弼時同志之墓」と揮毫した（写真3）。「任弼時の死に対する感情のほとばしりは、間違いなく党と人びととの結びつきを強く表現するものであった」[Hung 2011: 229]という。

三九四ヶ所の全国愛国主義教育模範基地のうち、約七割を占める革命関連施設は次のように分類できる。抗日戦争博物館（九一八歴史博物館、侵華日軍七三一部隊罪証陳列館、侵華日軍南京大屠殺遇難同胞記念館、中国人民抗日戦争記念館、上海淞滬抗戦記念館など）、解放戦争博物館（八一南昌起義記念館、井岡山革命博物館、莱蕪戦役記念館など）、人民解放軍の歴史を展示する軍事博物館（中国人民軍事革命博物館、中国人民解放軍海軍誕生地記念館、海軍博物館など）、特定の烈士を顕彰する烈士記念館、烈士の墓と資料館を持つ烈士陵園である。軍事博物館は抗日戦争博物館と解放戦争博物館を合わせたようなものである。

抗日戦争博物館と解放戦争博物館は一般的には戦争博物館に分類される。戦争博物館は詳細において多様性はあるにせよ、以下のような類似した展示構造を持つ。「まず、ナチスや旧日帝などの〝敵〟の強大化のプロセスを再現することから始まり、それによる自国民・自集団の抑圧と大量虐殺、それに対する自国民・自集団の抵抗の称賛、そして最後に付け足しのように平和を希求することで終わる」〔竹沢　二〇一五：一九〕。勝利で終わる点では抗日戦争博物館と解放戦争博物館は同じであるが、来館者にもたらす感情は異なる。前者は国辱(13)（国恥）と被害者性を喚起させるのに対して、後者は革命の正しさを喚起させる。例えば、侵華日軍南京大屠殺遇難同胞記念館の前庭には苦しむ高齢者や子どもの彫像が並び、八一南昌起義記念館の前庭には力強い紅軍兵士の彫像が立つ。言い換えれば、前者はファシズム日本という絶対的な悪の存在を浮き彫りにし、後者は中国共産党という絶対的な正義の存在を浮き彫りにするのである。

2　解放の記憶の生成

写真3　八宝山革命公墓任弼時墓（2013年8月、筆者撮影）

南昌八一起義記念館は一九五七年に開館し、井岡山革命闘争史博覧（現在の井岡山革命博物館）は一九五九年に開館した。三大戦役については、一九六五年開館の淮海戦役記念館、一九六三年開館の遼瀋戦役記念館、一九九七年開館の平津戦役記念館がある。遼瀋戦役記念館の再建は一九八八年であった。淮海戦役記念館は二〇〇七年にこれまでの四倍の規模に拡大された。一九八〇年代、戦争博物館の建設が始まるが、今のような大規模なジオラマ・パノラマ、レリーフを持つ施設になったのは二一世紀に入ってからであった。

革命博物館（軍事博物館と解放戦争博物館を含む）の展示をモデル化したものが図1である。比較的規模の大きい革命博物館の場合、正面ゲートから入ると、左右または正面に記念像がある（写真4）。建物の前には階段がある。

図１　革命博物館モデル（筆者作成）

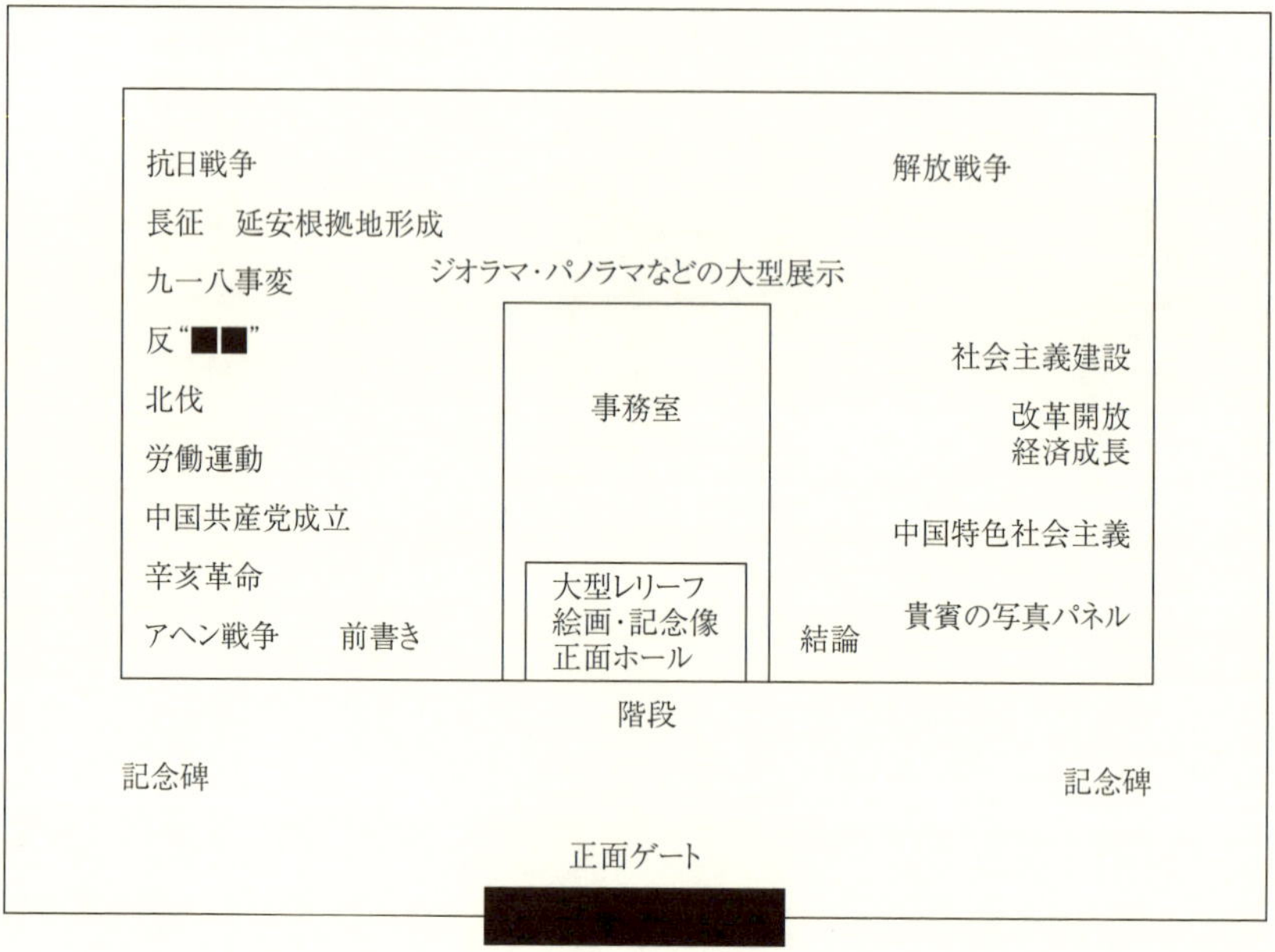

身分証を見せて建物内に入ると、最初に広く作られた入口ホールがあり、そこには大型の絵画かレリーフ、指導者や烈士の銅像が設置されている（写真5）。入口ホールから左に入ると展示が始まる。一般的には、前書き、アヘン戦争以降の西洋列強の支配、辛亥革命、五四運動、中国共産党成立、ストライキなどの労働運動、北伐、反「囲剿」、九一八事変、長征、延安革命根拠地成立、抗日戦争、解放戦争、社会主義建設、改革開放・経済発展、中国特色社会主義、貴賓の写真展示、結語となっている。

従来の革命博物館は烈士の遺品や不鮮明なモノクロパネルが展示の中心であったが、リニューアル後は、ジオラマ・パノラマ（写真6）と大きな歴史画（油絵）があり、多くの来館者がそこで写真撮影をする。ジオラマ・パノラマと歴史画の題材に用いられるのは、南昌蜂起や秋収蜂起、井岡山会師（井岡山における毛沢東と朱徳の再会）、古田会議、長征、遵義会議、三大戦役などの重要な出来事である。初期の共産党については、集合写真を除くとほとんど写真資料が残っていないが、歴史画に繰り返し描かれることで、その場面が既成のものとして見る人の記憶に留まる。

南昌蜂起そのものの写真は現存しないが、中国国家博物館、中国人民革命軍事博物館，南昌八一起義記念館が所蔵する黎冰鴻による三枚の『南昌起義』は、どれも建物前で周恩来が演説する場面であり、南昌蜂起前の定番である。秋収蜂起を描いた歴史画で最も有名なのは、何孔徳・高泉・紀暁秋・陳玉先の『秋収起義』（一九七三）である。人びとを率いて山道を歩く毛沢東の姿を描いたこの絵画は、類似した絵が映画『ラストエンペラー』（一九八七）の冒頭で溥儀がソ連から中国に連行された場面で、駅舎内の大きな壁画に用いられる。実際、こうした歴史画は一九五〇年には存在していないが、社会主義中国を象徴する絵画として効果を持つ。井岡山会師や遵義会議なども同様で、当時の写真は存在しないが、毛沢東様式の歴史画がその場面を決定付ける役割を果たし、

写真 4　南昌八一起義記念館記念碑。左から劉伯承・葉挺・周恩来・賀龍・朱徳（2007 年 8 月、筆者撮影）

写真 5　平津戦役記念館ホール。左から周恩来・朱徳・毛沢東・劉少奇・任弼時（2017 年 8 月、筆者撮影）

写真 6　武漢五大会址記念館。左から惲代英・瞿秋白・毛沢東・任弼時・蔡和森（2017 年 3 月、筆者撮影）

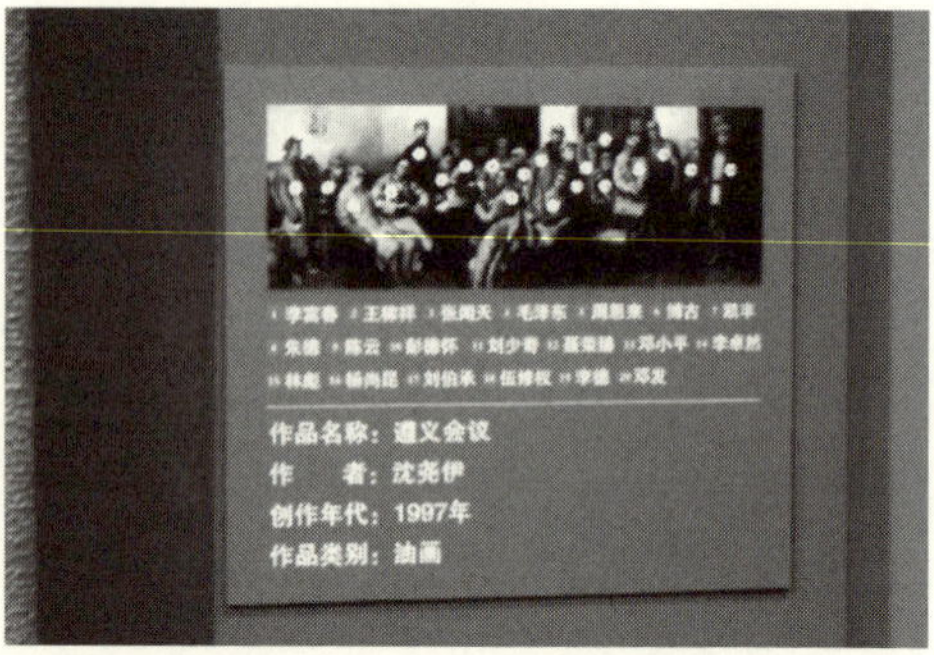

写真７　中国国家博物館『遵義会議』解説（2017年8月、筆者撮影）

ドラマや映画においても同じ構図が用いられる。とりわけ、毛沢東様式の歴史画を彷彿とさせる場面が荘厳な曲に合わせて動くオープニングの映像は、動くパノラマのようである。

革命博物館に展示される歴史画は毛沢東時代の作品と、ポスト毛沢東時代の作品の二種類がある。後光が差す毛沢東という前者の特徴を後者はやや後退させているものの、両者の様式上の違いは際立っていない。一九九七年と二〇〇七年に『遵義会議』を描いた沈尭伊は、毛沢東時代末期から制作活動を始め、現在でも毛沢東時代と同じ作風を持つ。多数の指導者が一同に会する歴史画やマネキンを伴うジオラマには、人物を特定するための解説が付いている（写真７）。つまり、毛沢東様式の歴史画を見る上で重要な点の一つは、そこに誰が描かれているかである。幾度も描き変えられた『開国大典』は、「もろもろの変更にもかかわらず、この絵の基本構成と中心人物だけは不変だった」〔ウー　二〇一五：二四八〕と指摘される通り、歴史画は、それが歴史上の事実であることに疑いを抱く余地を与えない。

地方の革命記念館について最後に補則しておきたい。博物館では地方出身の革命家や革命烈士に関する展示が見られる。蘇州革命博物館では秦邦憲（博古、無錫出身）、侯紹襄（上海松江出身）、張聞天（上海南匯出身）について展示されている。そのうち、張聞天は遵義会議で総書記に選出され、その後、中央委員・政治局委員となるが、廬山会議で批判され、「反党分子」として監禁される。名誉回復は一九七九年である。革命博物館は名誉回復を証明する公的空間になっているのである。

五　おわりに

紅色文化としての革命の歴史が資源化される過程は次のように整理できる。一九五〇年代、各地で烈士を追悼し、烈士に関わる資料を保存収集する。同時に朱徳や葉剣英、徐向前らの記録『星火燎原』が出版される。一九六〇年代、『紅色娘子軍』や『白毛女』、『紅灯記』などの革命模範劇が確立し、共産党の正義が語られる。一九八〇年代に開館した革命博物館は一九九〇年代に愛国主義教育模範基地、二〇〇〇年代にはレッドツーリズムの目的地となる。また、二〇〇〇年代から辛亥革命を含む革命や戦争を描いたドラマや映画が大量に制作される中で、井岡山会師や遵義会議のような場面が歴史的な事実として記憶に残り、資源化されていくのである。

すなわち、革命の歴史の資源化は、毛沢東様式という強固に構築された様式と、繰り返される解放の語りという記憶から成り立つ。民国期に近代西洋美術を学んだ芸術家であっても毛沢東時代を生き残るには、毛沢東様式を受け入れざるを得なかった。結果として、相当数の毛沢東様式の作品が作られ、その中には傑作も含まれている。現在の革命博物館などに置かれる毛沢東様式の記念碑や絵画類は、過剰な思想性を排除し英雄表象の要素のみを残したものと言える。そもそも、雑多な芸術様式が混合して作られた毛沢東様式は、何が毛沢東様式であるか、と定義することは難しく、反対に容易であったのは、「これは毛沢東様式ではない」と批判することであった。換言すると、見る人に「革命的なもの」と信じさせることができれば、それは毛沢東様式なのである。ドラマ『解放』では、彭徳懐や粟裕、林彪などの指導者を英雄らしく描き、王克勤や許世友を通して正義を描き、犠牲者を烈士として顕彰することで彼らを鎮魂する。英雄を英雄らしく表現するという意味では、ドラマは現代版毛沢東様式である。それは思想の側面ではイデオロギー性を少し弱め、様式の側面ではより洗練させたものである。

ドラマにおける陝北や西柏坡の党中央が置かれた民家や野戦軍（人民解放軍）の兵舎、戦闘場面のくすんだ色合いは、毛沢東様式の歴史画とよく似ている。特に戦闘場面は毛沢東時代に描かれた英雄表象をそのまま再現しているようであるが、ただし毛沢東時代の過剰な身体技法はない。全体に見られる素朴な雰囲気はノスタルジアを演出する。ノスタルジアは大衆文化発信の常套手段となっており、紅色文化がノスタルジックなものとして多くの人びとに受け入れられるのは決して中国特有の現象ではない。

実社会から疎外されていると感じる人ほど、過去に理想を求めやすい。一般的に、社会の急速な変化に取り残されたと感じる高齢者や経済発展の恩恵を受けていないと感じる低所得者が、「唱紅」運動の参加者となり、軍事ドラマの視聴者となり、入場無料の軍事博物館や革命博物館の来館者となる。反対に、海外旅行や海外留学するだけの経済的ゆとりのある層の人びとにとって紅色文化はさほど魅力的なものには映らない。紅色文化は特定の人びとの感情に働きかけるものとなっている点では資源化されているが、それに資源としての価値を見出さない人びとも少なくないのである。

注

（１）　中国の社会主義革命戦争の呼び名は多様であるが、本稿では一九二四年から一九五〇年の共産党と国民党の戦争を解放戦争と総称する。

（２）　ただし、紅色経典を大衆迎合的に改編したドラマには批判も多い［任志明・黄淑敏　二〇一二］。

（３）「獄中八条」は江姐が同房四人に語って聞かせる心得である（第二九話）。一、指導者の腐敗を防止する。二、党内の教育と実践的闘争の訓練を許可する。三、理想主義は不要である、上級幹部を盲目的に信じてはならない。四、思想上の路線に注意する、「右」から急に「左」へ飛んではならない。五、敵を軽視してはならない。六、党員は幹部指導者の経済・恋愛・生活スタイルの問題を重視する。七、整党整風を厳格に行う。八、叛徒と特務を厳重に罰する。

（４）　薄熙来のキャンペーンに関する論考には、Xiao Mei［2013］や Huang Chengju［2014］などがあり、「唱紅」は多くの退職者たちにとって社会との繋がりを持つ重要な機会であると指摘される。

（5）同じ現象は映画『地道戦』（一九六五）にも見られる。これは、抗日戦争中、河北の農民が避難路として地下トンネルを掘りめぐらせ、日本軍を撃退するという話である。実際にトンネルは掘られたが、映画のようにゲリラ戦を展開できるようものではなかった。この映画が何度も上映された結果、映画の戦争表象が歴史的事実と受け止められるようになったという［劉文兵二〇一三］。

（6）劉潤為「紅色文化——中国人的精神脊梁」『中国共産党新聞網』http://theory.people.com.cn/n/2013/0924/c143844-23013262.html（二〇一八年一月二二日アクセス）。

（7）「全国愛国主義教育模範基地〝五三工程実施細則〟」（二〇〇四年）『中国文明網』http://www.wenming.cn/ziliao/wenjian/jigou/zhongxuanbu/201203/t20120314_559937.shtml（二〇一八年一月二三日アクセス）

（8）中国の社会主義ノスタルジアについて論じたものは、Yue Ming-Bao［2005］や Lin Chunfeng［2015］などがある。

（9）翻訳は一九七一～一九七二年、『井岡山への道』『瑞金の赤旗』『長征』『日中戦争（上）』『日中戦争（下）』『国共内戦』として全六巻で出版された。

（10）「王克勤営里的新互助」「王克勤与〝三大互助〟」運動『解放軍報』（二〇一八年一月一一日）http://www.81.cn/jfjbmap/content/1/2018-01/11/05/2018011105_pdf.pdf（二〇一八年二月五日アクセス）

（11）中国のドラマにおいて大規模な戦闘シーンが同じドラマの中で何度も使われるのはよくあることである。

（12）「行回日寇、冀魯豫烈士陵園、横遭蒋偽軍摧毀」『人民日報』（一九四六年九月一八日）、「蒋軍残虐及地下英烈」『人民日報』（一九四七年二月一日）

（13）民国期、「国恥」という語はアヘン戦争後に西洋列強に奪われた土地、すなわち、租界・租借地の設置を象徴するものとして用いられていた。一九二〇年代以降、『国恥史』や『中国国恥地図』などが出版され、何年に何の条約によってどこの領地が失われたかを地図と共に詳細に記している。この語は、一九九〇年代の愛国主義教育の中で再登場し、愛国心を喚起させる効果を持った［Callahan 2010］。

参照文献

〈日本語・中国語（五〇音順）〉

鐙屋一

二〇一二「『長征物語』の形成と背景――長征史研究の現在とその問題」『目白大学人文学研究』八：一九―三五。
ウー・ホン
二〇一五『北京をつくりなおす――政治空間としての天安門広場』国書刊行会。
朱　徳
一九七一「人民の軍隊、人民の戦争〈序〉」『星火燎原一　井岡山への道』新人物往来社、一九―二四頁。
聶栄臻
一九七一「南昌蜂起の歴史的意義と教訓」『星火燎原一　井岡山への道』新人物往来社、二七―三六頁。
桑世波
二〇一三「紅色文化與革命紀念館的発展」『博物館研究』一二三期：二一―二六。
高山陽子
二〇〇九「社会主義リアリズムの系譜――近代中国におけるモニュメントを中心に」『国際関係紀要』一八（一／二）：一〇一―一三六。
二〇一〇「商品化される社会主義――赤いポスターを事例に」小長谷有紀・川口幸大・長沼さやか編『中国における社会主義的近代化』勉誠出版、一二五―一五三頁。
二〇一五「社会主義キッチュと革命観光」『国際関係紀要』二四（一／二）：五五―七九頁。
竹沢尚一郎
二〇一五「フォーラムとしてのミュージアム」竹沢尚一郎編著『ミュージアムと負の記憶――戦争・公害・疾病・災害　人類の負の記憶をどう展示するか』東信堂、三―三六頁。
田村容子
二〇一四「革命叙事と女性兵士―中国プロパガンダ芸術における戦闘する女性像」『地域研究』一四（二）：九二―一一一。
中国革命博物館編
一九八五『解放区展覧会資料』文物出版社。
中国人民革命軍事博物館編輯
一九八一『中国人民革命戦争地図選　一九二七―一九四九』地図出版社絵出版。
任志明・黄淑敏
二〇一一「電子媒体時代映視改編的市場策略分析」『蘭州大学学報（社会科学報）』三九（一）：三七―四二頁。

武小燕
　二〇一三『改革開放後中国の愛国主義教育——社会の近代化と道徳の機能をめぐって』大学教育出版。
本田善彦
　二〇〇八『人民解放軍は何を考えているのか——軍事ドラマで分析する中国』光文社新書。
モーリス＝スズキ、テッサ
　二〇〇四『過去は死なない——メディア・記憶・歴史』岩波書店。
劉文兵
　二〇一三『中国抗日映画・ドラマの世界』祥伝社新書。
劉伯承
　一九七二「長征を回顧して」『星火燎原三　長征』新人物往来社、一一—二四頁。

〈英語〉
Callahan, William A.
　2010 *China: the Pessoptimist Nation.* Oxford University Press.
Chen, Yunqian
　2014 “Local Exhibitions and the Molding of Revolutionary Memory (1927-1949).” *Chinese Studies in History,* 47(1): 29-52.
Denton, Kirk A.
　2014 *Exhibiting the Past: Historical Memory and the Politics of Museums in Postsocialist China.* University Hawai’i Press.
Ho, Denise Y. and Jie Li
　2016 “From Landlord Manor to Red Memorabilia: Reincarnations of a Chinese Museum Town.” *Modern China,* 42(1): 3-37.
Huang, Chengju
　2014 “Power, Ambitions, and Arrogance: Lessons if Bo Xilai’s ‘Singing Red Song’ Campaign as a Political Communication Project.” *Global Media Journal (Australian Edition),* 8(1): 1-13.
Hung, Chang-Tai
　2011 *Mao’s New World: Political Culture in the Early People’s Republic.* Cornell University Press.
Lin, Chunfeng

2015　“Red Tourism: Rethinking Propaganda as a Social Space.” *Communication and Critical/Cultural Studies,* 12(3): 328-346.

Song, Geng
2010　“Chinese Masculinities Revisited: Male Images in Contemporary Television Drama Series.” *Modern China,* 36(4): 404-434.

Takayama, Yoko
2012　“Red Tourism in China.”『比較地域大国論集』11: 113-130.

Yue, Ming-Bao
2005　“Nostalgia for the Future: Cultural Revolution Memory in Two Transnational Chinese Narratives.” *The Chine Review,* 5(2): 43-64.

〈新聞記事〉

「行回日寇、冀魯豫烈士陵園、横遭蒋偽軍摧毀」『人民日報』（一九四六年九月一八日）

「蒋軍残虐及地下英烈」『人民日報』（一九四七年二月一日）

戴清「以当代視野詮釈革命歴史」『光明日報』（二〇一〇年八月一三日）

羅丹青「老〝洪湖〟人賛賞新〝洪湖〟」『光明日報』（二〇一〇年八月一三日）

王開忠「現在的愛国主義教育基地可看性強了」『光明日報』（二〇一一年一月一二日）

〈ウェブサイト〉

劉潤為「紅色文化――中国人的精神脊梁」『中国共産党新聞網』
http://theory.people.com.cn/n/2013/0924/c143844-23013262.html（二〇一八年一月二三日アクセス）

全国愛国主義教育模範基地〝五三三工程実施細則〟（二〇〇四年）『中国文明網』
http://www.wenming.cn/ziliao/wenjian/jigou/zhongxuanbu/201203/t20120314_559937.shtml（二〇一八年一月二三日アクセス）

「王克勤営里的新互助」「王克勤与〝三大互助〟」運動『解放軍報』（二〇一八年一月一一日）
http://www.81.cn/jfjbmap/content/1/2018-01/11/05/2018011105_pdf.pdf（二〇一八年二月五日アクセス）

〈カタログ〉

『紅色経典・沈尭伊歴史油絵作品』（慶祝中華人民共和国成立六〇周年）吉林美術出版社、二〇〇九年

雲南省元陽棚田地域における景観とその資源化
――村民による映像撮影への関わりを中心に

孫　潔

一　はじめに

本稿では、中国雲南省元陽地域におけるハニ族のエスニック・シンボルであるキノコハウス（「蘑菇房」）に焦点をあて、政府、知識人、観光業者、映画撮影班、地元民など様々な主体によって、歴史的な要素がいかに選択、維持、構築され、またどのように資源化されてきたのかを明らかにする。特に、二〇〇〇年代にこの地を訪れてきた映画やテレビドラマの撮影班が、村民による映像撮影への関わりを切り口として、いかに村落景観の生成に関与してきたのかを解明したい。

近年の人類学では、歴史を「現在」と対立させ、固定された「過去」の事実や出来事としてのみでは把握しきれないことを示している。張佩国は歴史を「今を生きる」ものとして捉え、歴史を「過去」と「現在」との二者に分解せず、「通時性」と「共時性」を融合して全体的に考察した上に書く「歴史的民族誌（historical ethnography）」を推奨している。さらに、歴史を全体的に視野に入れることを前提にフィールドワークを行う際、フィールドワークで得られた歴史資料に対して敏感になるとともに、現在の人々がいかに「歴史を構築・創造

（making history）」しているかという実践の側面も呈示する必要があると主張している［張　二〇一一：一一七］。また、歴史を記録する媒体としては、文字によるものが多い一方で、非文字のテクストも少なくなく、多様な様式と形態があると思われる。したがって本稿は、そのような、文字によらない歴史を記録するハニ族のエスニック・シンボルの一つ、キノコハウスの二〇年間に及ぶ外観の変遷の歴史を辿りながら、消えつつある建造物がいかに選択され、歴史的に維持・構築され、またどのように資源化されているかを考察したい。

中国において民族の歴史といえば、往々にして進化論的な思考様式が見受けられる。一九五〇年代の中国では大規模な民族調査と民族識別工作が前ソ連の指導を受けて行われた。中国の民族政策決定にはスターリンの民族に関する定義が採用され、大学のテキストにも引用された。またモルガンの『古代社会』やエンゲルスの『家族・私有資産・国家の起源』なども教科書として使用されていた。民国時代の主流であった構造・機能主義に進化論が取って代わり、社会思想や教育研究だけではなく、国家統合の政治的イデオロギーをも主導した。進化論的思考様式の影響は今なお根強い［秦　二〇〇六：一一六］。この進化論的思考様式にしたがって、一九五〇年代に中国の少数民族が「原始社会」（例としてハニ族やラフ族など）、「奴隷社会」（イ族）、「封建社会」（ペー族やタイ族など）などにそれぞれ位置づけられていた［高　二〇〇三：一一一］。そして、これらの民族の発展の歴史を「原始社会→奴隷社会→封建社会」という直線的な図式で捉え、主に生産方式による分類された社会の類型を時間軸に現在との距離をとっている。すなわち、「過去から現在、そして未来へ」という歴史の進化プロセスにおいて、「原始社会＝古代」、「封建社会＝近代」さらに「共産主義社会＝未来」との図式を当てはめることで理解・説明がなされてきた。その結果、中国において、少数民族に対する「エキゾチック」、「時代遅れ」、「原始的、野蛮的」というステレオタイプイメージは二つの意味合いを有しているといえる。「エキゾチック」は漢民族との違いを強調しており、「時代遅れ」や「原始的」は、古代まで遡り、大昔の生活・生産様式を再現している民族であることを意味している。

この少数民族に対する二つの認識が、漢民族だけではなく当該民族の人々自身にも内化されて、自己認識が形成され、また強化されている。本稿では、研究対象であるハニ族の村落におけるキノコハウスを事例として、外部社会に考えられた、歴史を表象するエスニック・シンボルのイメージがいかに内化されるかを提示したい。

本稿の研究対象である元陽県箐口《チンコウ》村は中国雲南省紅河ハニ（哈尼）族イ（彝）族自治州に属している。村は標高一六五〇メートルに立地しており、面積は五ヘクタールである。二〇一六年末時点で、村全体は二三二世帯で、一〇二六人が居住しており、村民の九八％がハニ族である。二〇〇〇年から二〇〇四年にかけて、元陽県政府は約二〇〇万元を投資し、箐口村を「ハニ民俗文化生態村」と改名し、観光開発を執り行ってきた。二〇〇一年一〇月、村は入園料一〇元を徴収しはじめ、ハニ族の文化を展示する民俗村として開園した。二〇〇〇年以降箐口村の知名度は国内外を問わずに高まるようになり、二〇〇二年から様々な映画やテレビドラマの撮影班が箐口村をロケ地として選んできた。二〇〇八年の末には、村の観光事業の主導権が元陽県旅遊局から観光業者である雲南世博公司に置き換えられた。

二〇〇〇年当初、箐口村がハニ族の伝統文化を代表できる村として選ばれたのは、当村において多くのキノコハウスが保持されていることが重要な要素であったと思われる。キノコハウスとは、ハニ族家屋の伝統的な建築スタイルで、マッシュルーム型の茅葺き屋根を持つため、蘑菇（マッシュルーム）のハウスと名付けられたものである。大半のキノコハウスは、六〇～八〇平方メートルの茅葺き屋根に一・五トンの稲藁や茅が必要となり、屋根の稲藁は上手く維持したとしても、五、六年ごとに一回交換しなければならない。しかしながら、一九九〇年代以後、収穫量の高い改良品種の稲が生産の主体となり、従来の茎の長い藁がなかなか手に入らなくなった。それに加え、稲藁の家屋は火事になりやすい危険性を含んでおり、また都会の住宅の影響を受け、近年では一般的には新築を建てる場合、殆どキノコハウスを建てることはなくなった。そのため一九九〇年代後半から、元陽県内におけるキノコハウスの数が急速に減少したのである。一方、二〇〇〇年には、箐口村の敷地面積は広くないものの、キノコハウスが殆どそのまま残っており、新たに改築しなければならない住宅は六〇軒ぐらいしかなかった。また隣接している全福庄や麻栗寨と比べると、箐口村の世帯数は少なく、改築する規模や必要な資金などが比較的少なく、さらに大通りまでの距離も近いこともあり、それまで無名だった村は一躍民俗生態村となり、視察団や観光者を迎える村と変化した。

二〇一三年六月、箐口村の所在地である紅河地域の棚田、「紅河ハニ棚田」が文化的景観として世界遺産リストに登録された。世界遺産に指定された村落は全部で八二村ある。その中でも「代表的」なものとして五つの村落が挙げられている。[1]しかしながら、二〇〇〇年から政府が大金を投資して、ハニ族文化を展示させようとしてきた箐口村はその五つの村落から除外されている。また、当初独特な住宅スタイルとして選ばれた箐口村のキノコハウスは、外観や建築材料などにおいても大きく変化してきた。

そこで本稿では、箐口村におけるキノコハウス外観の変遷の歴史を考察することで、この村でキノコハウスの歴史がいかに構築・創造され、またどのように資源化されているかを明らかにすることを目的とする。資料としては、部分的に一九八〇年代後半から相次いで出版されている研究報告などに依拠しつつ、筆者が二〇〇五—二〇〇七年、及び二〇一四年、二〇一六年に行った現地調査に中心的に依拠することとする。

二　キノコハウスについて

1　キノコハウスの起源に関する言説

キノコハウスの起源に関しては、主に以下の三つの言説が流布している。ハニ族の古い歌における「口承」伝承についての書籍と、民族識別の成果としての『哈尼族簡史』という二つの文字の記録、そして現地でハニ族の祭司であるモピが筆者に語ってくれた物語である。

(1)　ハニ族の古い歌における言説

歴史が古いとされる書籍からその民族の起源を探っていくことは学説的によく見られる。ハニ族の言葉は言語学的にはシナ・チベット語族のチベット・ビルマ語派、イ族群に属している。本来、文字を持たず、中国では一九五八年にローマ字表記の文字が作られ試行されたが、普及には至っていなかった〔『哈尼族簡史』編集組一九八五〕。自民族の文字を持たないものの、ハニ族の人々の価値観、習俗、信仰、生きる知恵及び生活技能などは、いずれも古い歌という形で祭司であるモピに世々代々継承されてきた。元陽の著名な司祭である朱小和の語りを編纂したハニ族の古い歌集である『哈尼族古歌』（一九九二年）はハニ族の社会生活における百科事典だといわれている〔厳・李　二〇〇八：一二三〕。この書籍に掲載されているハニ族の古い歌『安寨安居』でキノコ型の家屋について、以下のような記述がある。

先祖又去到惹羅山上／瞧見大雨洗過的山坡／生満紅箇緑箇的蘑菇／蘑菇盖護住了柱頭／是大雨淋不着的式样／是大風吹不着的式样／惹羅先祖瞧着了／哈尼寨房的式样有了。〈日本語訳：先祖がまた惹羅山へ行った／大雨で洗われた山坂を見かけ／（山坂が）赤い緑のキノコで一杯覆われた／キノコの蓋が（家の）柱を守っていて／それが大雨に降られないかたちだ／惹羅先祖はそれを気に入った／（このように）ハニ人の村は家のかたちを獲得できた〉〔西双版納傣族自治州民族事務委員会　一九九二：一三九〕

この記述のある『哈尼族古歌』というハニ族の書籍ではキノコハウスの歴史をハニ族の先祖と結びつけ、そのマッシュルームの形を先祖の神様により得られたという記述をしている。

(2)　『哈尼族簡史』におけるキノコ型家屋に関する言説

一方、一九五〇年代に行われた民族識別の成果として編集され、ようやく一九八五年に出版された『哈尼族簡史』では、ハニ族の住宅建築について以下のように書かれている。

ハニ族の住宅は現地で建築材料を調達しており、現地の生活に適応する建物を造っている。通常は土と木で造られた二階建ての住宅で、石で基礎を建て、土レンガで壁を造る。外形では正方形も、長方形もある。屋根には平たい屋根、二斜面、四斜面の屋根がある。平たい屋上を持つ住宅は「土掌房」と呼ばれ、内陸と紅河の南部に広く分布している。その構造としては、胴差しという横木の上に一面に棒状の木を敷き、その上に茅を敷き、さらにその上は雑質のない、綺麗な土で覆われている。最後は水で土を固めてからできあがる。屋根でありながら作物を干す台ともなっている（村落が高い山と険しい峰の山腹に散らばっている。山の斜面には広い平地がないため、もう一つの生活と労作の場となっている）。斜面屋根の多くは稲藁や茅で覆われ、一部分が瓦屋根だ。二階建ての家屋で、一階は人に飼われている家畜の住まいで、二階は人々が生活している〔『哈尼族簡史』編集組　一九八五：一〇五－一〇六〕。

上述した内容によると、民族識別に関する現地調査を行なった一九五〇年代にも、また本が出版された一九八五年にも、ハニ族の住宅に関しては、明確に「蘑菇房」とは呼ばれていなかった。また、現在一般的に「イ族」の伝統的な家屋だと認識されている「土掌房」が、ハニ族も居住している家屋であったと判明した。さらに、一九八二年に出版された『哈尼族社会歴史調査』を調べたところ、「蘑菇房」という名前は見つからなかった〔『民族問題五種叢書』雲南編輯委員会　一九八二〕。黄紹文によると、ハニ族は雲南省ないしベトナムやミャンマーにも居住している越境民族であるため、彼らの住宅様式は地理環境により様々である。標高一〇〇〇～一四〇〇メートルほどの地域に居住しているハニ族は平たい屋根を持つ「土掌房」に、標高一二〇〇～一九〇〇メートルの地域に居住しているハニ族はキノコハウスにそれぞれ居住しており、さらに、哀牢山地域では瓦屋根の瓦家屋と、北西地方では高床式の家屋で生活している〔黄 二〇〇九：一〇八―一一八〕。すなわち、民族による違いより、むしろ居住している地形、自然環境により決められていたと思われる。現在、「蘑菇房」がハニ族のエスニック・シンボルとされ、「土掌房」がイ族のものであるとされているが、上述した歴史資料から調べたところによると、少なくともハニ族の伝統的な建物である「蘑菇房（キノコハウス）」という名称の獲得は近年のことであると思われる。

(3) 祭司が語るキノコハウスの物語

文字による記載だけではなく、現在、村で生活している人々がいかに家屋の歴史を語っているかも重要なことである。筆者が二〇〇七年にフィールドワークで村を訪れる際、キノコハウスの歴史について、村のモピ（祖先と死者儀礼に関する知識を持つ人、主に葬送儀礼を行う役割を果たしている）李氏がこのように語ってくれた。

昔々、ハニ族の先祖が山の洞窟に居住していた。しかし、狭くて汚くて、なかなか住みやすいところではなかった。祖先が北方から紅河まで移住してくる途中、蟻や虫がきのこの下で風と雨から身を守っているのを見かけた。それをヒントにして、ハニ族の人々はキノコハウスを建てるようになった。一番早くキノコハウスを建てた大工がアイェン（阿烟）と彼の二人の息子の親子三人だった。彼らの妻が材料を運んだり、食事を作ったりして、家族全員が協力して家を建てた。その後、ハニ族がキノコハウスの修繕をし、建物を二階から三階まで増築し、また作物を干すためのテラスも新しく建築した（モピ李氏による解釈、二〇〇七年のフィールドワークに基づく）。

二〇〇〇年以後、国内外から多くの研究者が箐口村を訪れており、上述したモピ李氏の解釈と似ている内容もほかの書籍に記載されていることが明らかになる［陳など　二〇一六、李　二〇一二など］。さらに、この物語が現地の村民たちに受け入れられ、学者や観光者向けにキノコハウスの歴史として伝えられていることもよく見受けられる。

２　伝統的なキノコハウスの構造

元陽県におけるキノコハウスは殆どが正方形か長方形となっており、基本的に分厚く外壁と内部の高床式構造で構成されている。一般的には外壁が横八メートル、奥行き六メートル、高さ四メートルと厚さ四〇センチである。屋根は稲藁や茅で覆われていて、四五度ぐらいの斜面になっている。茅の厚さは三〇～四〇センチぐらいである。人間の生活によって、人間が一階に住む家屋と、人間が二階に住み、一階に家畜の住まいとなる二種類の家屋に大別される［黄　二〇〇九：二四—二五］。箐口村では、基本的に一階はウシ、ブタ、ニワトリなどの家畜の住まいと、農具の収納場として使用しており、二階の広間は人々が居住している。二階の広間の外にはテラスがあり、外からテラスまで直接上がる梯子がある。そのテラスは洗濯物や野菜を乾燥させたり、農具を修理したりする場所である。テラスからは直接広間に入ることができる。広間には、火床、炊事場、神棚、ベッドなどが置かれている（図１）。広間の天井は高く、天井に近いスペースを三階に造り、穀物を乾燥させ、保存する倉庫として使用している家屋もある。

キノコハウスの外観の最大の特徴は茅葺きや稲藁の屋根である。稲藁や茅で覆われた屋根は火事になりやすく、雨漏りやネズミの被害も多い。前述のとおり、上手く維持できたとしても、五～六年ごとに稲藁や茅を交換しなければならないので、手間とお金がかかる。さらに、キノコ型家屋の広間には、火事の拡大を防ぐために、小さい窓を一つしか作らないので、広間が一年中暗くて生活しにくく、村民たちは不便なところであるとしばしば語る。

ハニ社会では年配の老夫婦が長男か末っ子の家族と同居することが一般的である。独立した子供を結婚させるために、親の力で新築造りに協力しなければならない。いずれにしても、新築か古い家屋を改築することは世帯にとって非常に重要なことである。家屋を建てることも、村内で財力と地位を顕示するためにも欠かせないイベントである。キノコハウスは、平たい屋上を持つ住宅「土掌房」に工夫を加えており、紅河地域における移り変わりやすい天気に相応しく、また穀物を乾燥・保存させる役割を果たすために、現地で手に入れやすい茅や稲藁などの建築材料で造られた独特な家屋スタイルである［朱　二〇一六：一一二］。新築として建設する際に、キノコハウスの屋根を平らにし、コンクリートや瓦の屋根に置き換え、また内装の壁を白く塗りつけ、窓の数とサイズを増やすなどの新しいスタイルにする家屋は当地域において広がっていた。すなわち、一九九〇年代までは茅葺き屋根のキノコハウスを建築しても、その後茅葺き屋根を諦めて、新しいスタイルの家屋にしたとしても、それは村民たちの生活の知恵による現実的な選択であった。しかしながら、二〇〇〇年以降は観光開発や世界遺産登録に巻き込まれ、地元民たちは自由に家屋の

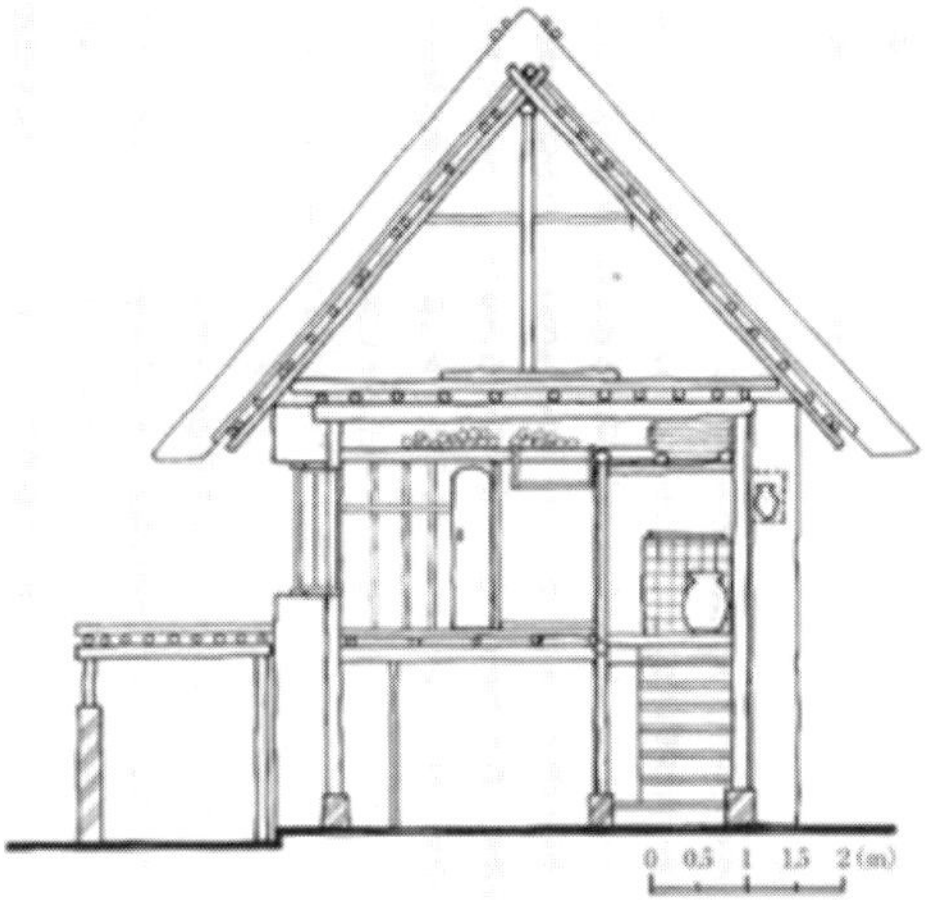

図1　立面図　ハニ族の家屋［須藤　2013: 99］

スタイルを選択することができなくなった。

三　箐口村におけるキノコハウスの歴史的変遷

元陽県における家屋の建築には主に四種類ある。それは、(1)「自建房（農家自分で建築した家屋）」、(2)「異地搬遷房（山崩れ地域から平地まで引っ越してきた移民たちの家屋）」、(3)「扶貧安居房（貧乏な世帯を救済し、彼らに良い居住環境を提供する家屋）」、(4)「地震安居房（耐震補強工事を行った家屋）」などである。「自建房」を除いて、他の三つはいずれも政府の補助金により建てられた家屋である。それはすなわち実用性、施工の便利さ、低コスト、村民の受容度などに重点を置き、家屋の建築スタイルについては、特に決まりがないということである［元陽県建設局　二〇〇八］。元陽県建設局により公布された公文書によると、「茅草房」を取り壊し、石やコンクリートで建築された家屋、あるいは茅葺きの屋根をコンクリートか瓦屋根に改築することで、地元民をより良い環境に居住させる事例が大いに顕彰されている。

景観は歴史の中で絶えず変化を遂げながら、様々な意味を付加されて提示されている。ハニ族のエスニック・シンボルであるキノコ型家屋を、最も識別できる外観と構築材料だけに絞って通時的に辿ってみると、以下の四つの段階に分けられる。

1　第一段階（一九九〇年まで）――「茅草房《マオツォファン》」としてのキノコハウス

ハニ族の知識人である黄紹文は、一九九〇年まで箐口村では全ての家屋が茅葺き屋根のキノコハウスであったと強調している［黄　二〇〇九：九］。また一九九〇年三月、当地域で開催された第一回目の「ハニ国際会議」で撮影され、その後論文集に掲載された箐口村の写真でも証明できるという。さらに、筆者を含めて数人の学者による村民への聞き取り調査によると、「九〇年代、我々の村では、みんなが蘑菇房に住んでいました。木、竹、藁、草などを簡単に調達できましたから。今は、みんなに『蘑菇房』という美しい名前で呼ばれているが、元々は『茅草房』でした」〔李　二〇一二：二三―二五、湯など　二〇一六：五五八など〕。

「茅草房」とは主に茅葺きの家屋である。茅、藁、草などを材料にして、家屋の屋根を葺く構造の一つである。ハニ族地域だけではなく、日本の合掌作りのような、世界中で広く見られる家屋構造である。しかしながら、中国においては、「茅草房」はあばら屋で、一般的に「貧乏」のシンボルの一つとして認識されている。「茅草房」のイメージといえば、「夏不避雨、冬不御寒、四面透風、揺揺欲墜」（夏は雨を避けられず、冬は防寒できない。風が壁の隙間から吹き込み、ぐらぐらして今にも倒れそうだ）〔鄭　二〇〇四：三四〕。「茅草房」、「蘑菇房」、また「合掌作り」はいずれも主に藁、茅、木、竹など自然から調達した建築材料を使用する。茅葺き屋根が最も大きな特徴である。ただし、「合掌造り」は職人の高度な技術で出来ている家屋であり、「蘑菇房」は親族や村落の友人で造ることが可能である〔稲村　二〇一四：五二〕。一方、「茅草房」は藁葺きのあばら屋で、強風に屋根の藁が吹き飛ばされそうな家屋だというイメージが強いと区別できる。

一九九〇年までの箐口村における家屋の建築材料は、主に土と稲藁、木などである。壁は土台に近い部分が石積みで、その上から「土基」という日干し煉瓦を積み上げる。屋根は稲藁葺きで、方形に近い寄棟造りである。つまり、ハニ族のキノコハウスの屋根に葺かれた茅や稲藁などは、時代遅れの少数民族や、漢民族地域で貧乏な家しか使用しなかった建築材料であり、経済的な余裕を持たない貧乏なシンボルであると判断されていた。また上述した歴史資料に、一九八〇年代に出版された書籍では、「蘑菇房」という名前は見つからなかった〔『哈尼族簡史』編集組　一九八五、『民族問題五種叢書』雲南編輯委員会　一九八二など〕。したがって、当時はハニ族のキノコハウスがまだエスニック・シンボルの地位を獲得できず、あばら屋の「茅草房」と混同されていたとも考えられる。

２　第二段階（一九九〇年～二〇〇〇年）――茅葺き屋根から平たい屋根へ

一九九〇年代中頃から、石やブロックなどの建築材料で壁を作り、コンクリートで平たい屋根を建てる家屋が多くなってきた。二〇〇〇年に、箐口村がハニ民俗生態村に改変される際に、村全体一四九世帯のうち、六一世帯が既にキノコ型屋根ではなく、コンクリート製の平たい屋根か瓦屋根だった［黄　二〇〇九：九］。つまり、村の半分近くの世帯が現代風の屋根を選択しており、残りがキノコハウスのままであった。ハニ社会も、他の中国農村地域と同じように、経済的に余裕のある世帯しか新築にできず、それは外部に顕彰する物質的な証でもあった。村民たちに度々「どうしてあのボロボロな、古いキノコハウスに興味を持ち、撮影していますか」と聞かれたように、経済的に豊かな人々しか新しくて平たい屋根の家屋に建て替えられなかったとも解釈できよう。二〇〇七年、筆者がＬ氏（ハニ族、女性、六〇歳）に新築建設について聞き取り調査を行った。Ｌ氏の自慢話によると、一九九四年ごろ、箐口村で初めてコンクリートで家屋を建て替えた。二階の家屋を建てたが、キノコ型の茅葺き屋根ではなく、平たい屋根だったという。

従来、「茅草房」を消滅させることが政府の「扶貧工作」[2]の目的であり、茅葺き屋根を取り外すことを、政府をはじめとして多くの村民たちも望んでいたとも考えられる。二〇〇三年から二〇〇七年にかけて、元陽県政府が居住環境のよくない八一五一世帯に補助を行い、「扶貧安居（貧乏状態から救済し、安らかに居住させる）」プロジェクトを推進した。中では、茅葺きの屋根を取り除き、コンクリートや石ブロックを藁や土の代わりに建築することがクローズアップされ、報告されていた［元陽県建設局　二〇〇八］。

3　第三段階（二〇〇〇年～二〇〇八年）——キノコ型屋根を維持する

二〇〇〇年から二〇〇一年、元陽県政府は箐口村を「ハニ民俗文化生態村」と改名し、約二〇〇万元を投資し、観光開発を執り行ってきた。箐口村を民俗村として選んだ理由は、上述したように、平たい家屋をキノコハウスに改築しなければならない住宅が六〇軒ぐらいしかなかったことが最も重要なポイントであると思われる。

まず、村内の民家は中身の新旧を問わず、「キノコハウス」の文字通りに屋根を稲藁で覆い、マッシュルーム型の屋根に改築された。改築または維持するために、敷地面積一平方メートルあたり四五元の補償金を村民へ支払う政策も講じた。いわゆるハニ族の伝統的な建築スタイルである「蘑菇房」を建築・維持するためである（写真1）。村の中心部には「ハニ民俗生態陳列館」を建て、ハニ族およびハニ族のサブ・グループに関する分布、歴史、文字、服飾、農具などを展示していた。そして、散策コース、水車、水臼など「原生態」文化を代表できそうな展示物を建築するようになった。当然、「陳列館」や「水車」、「水臼」などの置かれた小屋が茅葺き屋根を持つキノコハウスを新しく建設した。

写真1　箐口ハニ民俗生態村におけるキノコハウス（2007年1月10日、筆者撮影）

一方、二〇〇四年に雲南大学が村の入り口に「雲南大学ハニ族研究基地」を建てた。基地の内部はトイレ、シャワー付きの現代風の農家であるが、建物の外観は茅葺きの屋根を敷いて、またコンクリート製の壁を黄色く塗りつけた。また、二〇〇二年から、キノコハウスが多く残されたことと、大通りまで交通の便利さによって、映画やテレビドラマの撮影班がこの村に進出するようになった。例えば、映画『雲南の少女・ルオマの初恋』（二〇〇二～二〇〇三）、テレビドラマ『天下一碗』（二〇〇五）、映画『陽もまた昇る』（二〇〇五～二〇〇六）などがロケ地をこの村に選んでいた。さらに、二〇〇四年、紅河州政府による「抗震安居（防震、安穏に暮らす）」プロジェクトが推進されたので、村全体において新築、改築が盛んになってきた。

この時期のキノコハウスの建築材料は、一九九〇年以前の土に代わってブロックと石で壁が積み上げられた。しかしながら民俗村を改築するために、屋根が平たい屋根から伝統的な茅葺き屋根へ戻ってきたと窺える。陳列館や研究基地などの新築も、茅葺き屋根と黄色い壁を作っており、村全体のイメージに合わせるような家屋造りだと思われる。特に指摘したいことは、屋根の骨組みが竹か木で造られており、その上に、重層的に茅、藁、草などを重ねて敷いて、一五～二〇センチの厚さの持つ重層な屋根となっていることである。このように丁寧に手を加えた屋根のキノコハウスを「古いキノコハウス」と名づけたいと思う。

4　第四段階（二〇〇八年～現在）――キノコハウスの簡略化と統一化

二〇〇八年、観光業者である雲南世博公司が元陽地域の観光開発に参加するようになった。観光者をもてなす民俗村としての箐口村にあたっては、観光開発及びマネジメント、運営などの権利が元陽県旅遊局からこの雲南世博公司へと移っていった。まず、雲南世博公司が「ハニ民俗生態村」という観光向けの村名を「箐口民俗村」に改名した。そして、これまでロケ地として映画やドラマに撮影された家屋、広場などに「ロケ地」を表明する宣伝看板を立てた。つまり、箐口村がロケ地として利用され、村で映画やドラマを撮影したことを村落の歴史として再資源化し、観光開発に取り組んでいたといえよう。また、宣伝看板も、道順を示す看板もわざとキノコの型を採用している。外部世界と接触したことがある若者が、自文化のキノコハウスをアメリカのアニメでありふれたキノコハウス『スマーフ』と連想し、「我々の村ではテレビで見たキノコハウス（スマーフのこと）を有しているよ」と自慢話をするのを筆者ははじめて耳にした。これはすなわち、共通しているキノコハウスを通して、ハニ文化をうまく異文化と結びつかせ、ハニ文化の位置付けを高めさせようとする試みだと思われる。さらに、雲南世博公司も景観を維持するために、村民にキノコハウスの茅替え、改築、新築などの建設を推奨し、世帯毎に一〇〇〇元の資金援助を行った。

二〇〇八年以後建てられたキノコハウスは伝統的なキノコハウスの簡略版ともいえよう。建築材料がほとんど鉄筋コンクリートで、壁はブロックと石を積み上げて、黄色く塗りつけられる。これまでの重層的な茅葺き屋根と違い、竹か木で立てられた骨組みの上に、アスベスト瓦を敷いてから、単層の茅葺き屋根を建てる。使用された稲藁は非常に少量で、茅葺き屋根の厚さも五〜一〇センチしかない。薄い屋根が風により吹き飛ばされるおそれがあるので、屋根の上にさらに竹で藁を押さえることもよくある。このような簡略されたキノコハウスを「新しいキノコハウス」と名付け、「古いキノコハウス」との区別をつけたい。つまり、キノコのかたちだけを重視するキノコハウスの建設は、世博公司にとっても村民たちにとっても、ユネスコの諮問機関であるイコモスの基準に合わせる便宜策であると思われる。二〇一〇年、箐口村合計二〇六世帯のうち、「古いキノコハウス」を持つ世帯が一〇四世帯で、「新しい茅葺き屋根」の世帯が七九で、そして平たい屋根の世帯は一九しかなかった［李二〇一二：一〇］。

二〇一二年、紅河州政府が「宜居紅河・美麗家園（住みやすい紅河・美しい家屋）」プロジェクトを進めてきた。二〇一三年、紅河ハニ棚田が世界遺産登録できたのはこのプロジェクトの推進が関連している。イコモスが提示した文化の真正性（オーセンティシティ）について、キノコ型家屋の材質のみに焦点を絞り、茅葺であることが評価されている［稲村　二〇一六：三九五］。したがって、箐口村だけではなく、元陽地域の観光ルート周辺の村落もキノコハウスの茅葺き屋根を強制的に付けられ、黄色い壁を塗りつけられ、いわゆる広い範囲にわたりキノコハウスの村落に統一された。村民たちはこのような住宅の統一化作業を、「穿衣戴帽」（服を着せる、帽子を被らせる）と揶揄している。つまり、茅葺きの屋根が帽子に、黄色い壁が衣服と喩えられている。また危険建造物に対して、政府側が最大三万元の建築資金を援助し、ステレオタイプのキノコハウスを建てさせる。これによって、これまで経済的な余裕を持たなかった貧乏な農家が、一躍新築を手に入れるチャンスを掴んだのは誰にも分かる事実である。従って、一部の村民たちは「不公平だ」と不満をこぼし、新たな格差の問題が生じてきたのである。

四　キノコハウスの資源化

1　キノコハウスのロケ地化

箐口村では二〇〇二年から二〇〇八年にかけて、様々な映画・ドラマ撮影班を迎えた（表1）。聞き取り調査によると、地元政府は映画ロケ地の誘致を行っていなかった。いずれも棚田を写した大量の写真、特にキノコハウス、棚田、雲海と織りなす写真が広く伝播されており、撮影班の関心を惹きつけてきたということである。撮影班が箐口村において映画やドラマに撮影したキノコハウスを選択、改築さらに新築を行った。具体的な事例を見てみよう。

(1)　古いキノコハウスの選択

『雲南の少女・ルオマの初恋』という映画は、棚田を世界遺産リストに登録させるために、雲南省紅河ハニ族イ族自治州政府が有名な映画監督章家瑞[3]に依頼し、棚田およびハニ族の宣伝映画を撮影してもらったものである。この映画は二〇〇二～二〇〇三年に箐口村で撮影されていた。映画を観てみても、いずれも似たようなキノ

表1　箐口村をロケ地にして撮影した主な映画とドラマ（2002年～2008年）

撮影時期	映画／ドラマ名	関係人物	映画／ドラマ概要	ハニ族との関わり
2002～2003年	『婼瑪的17歳』邦題：『雲南の少女・ルオマの初恋』	登場人物のハニ族がすべて本物のハニ族である。	17歳のハニ族少女ルオマの初恋と、それを契機とするルオマの成長物語である。	棚田を世界遺産登録へ申請するための宣伝映画。
2005年	『天下一碗』邦題：『天下で一番有名な丼料理』（ドラマ）	中国版の『チャングムの誓い』だと評価された。ハニ族の人々が大衆役を演じた。	清末、挙人程華強が官職を辞め、故郷に戻り、地元料理である「過橋米線」を「天下で一番有名な料理」まで発展させた物語である。	社会背景をフランス人が雲南からベトナムまでの「滇越鉄路」建設と設定。ハニ族が鉄道建設に反対する側として登場。
2005～2006年	『太陽升起的地方』邦題：『陽もまた昇る』	監督：姜文 音楽：久石譲 俳優：房祖名（ジャッキー・チェンの息子）	はっきり区切られているわけではないが、4つの部分から成る映画。1つ目は、中国南部の村を舞台に、気の触れた母とその息子を描く物語。	素朴な中国南部の村として登場し、全くハニ族と関係ない物語。
2007年	『天堂への梯子』（ドイツ）	不明	棚田の素晴らしさと勤勉なハニ族を描くドキュメンタリーである。	ハニ族の生活、労働などの風景をそのまま記録した。
2008年	『俄瑪之子』邦題：『ヘオマの子』	監督及び俳優が全てハニ族の人々である。	映画好きなハニ族少年阿水が父親とともに各村へ映画を上映して回る物語。	ハニ族の監督のライフストーリーによる改編された物語。

コハウスだったので、どの家で撮影したのかが分からなかったのだが、二〇〇七年、筆者が村民Z氏の実家で食事会に参加した際、偶然に他の村民から「映画『ルオマの初恋』の主人公のお宅はここです」という話を耳にした。映画で脇役として参加したことを自慢話にする村民とも何人か出会ったこともある。それにもかかわらず、筆者の重要なインフォーマントであるZ氏は母親の自宅がロケ地として選択されたことを一度も話さなかった。そして、Z氏に確認した上で、その理由を尋ねてみると、Z氏は「ボロボロで醜い、お客様に見せることは恥ずかしい」と答えてくれた。確かにこの家屋はあばら屋というほどではないが、一般的な家よりは簡易なキノコハウスであると思われる。映画撮影側が純粋な少数民族を描くために、立派な家屋より、古くて粗末なキノコハウスを選択し、撮影していたと思われる。

（2）　新しいキノコハウスの建築

二〇〇一年に、政府は村中心部にあった小学校を立

写真２　ドラマ『天下一碗』のロケ地（箐口村、2006年２月筆者撮影）

ち退かせ、その跡地に「ハニ民俗生態陳列館」を建てた。そして、二〇〇五年に、陳列館の前の広場でキノコハウスのような建物をいくつか新築した。それがテレビドラマ『天下一碗（邦題：『天下で一番有名な丼料理』）のロケ地・祭祀台である。このテレビドラマが、時代・社会背景を清末、フランス人が雲南からベトナムまでの「滇越鉄路」建設するという設定で、ハニ族の人々が鉄道建設に反対する側として登場していた。ドラマの中で、ハニ族の民族的雰囲気を醸し出させようと、祭祀用の土台が頻繁に撮影されていた（写真２）。しかしながら、このような祭祀土台は元々ハニ文化においては、存在していなかった建物である。強いて言うならハニ文化と関わりがあるのは茅葺きの屋根しかないと思われる。ドラマ撮影完了後、政府の要請により、これらの建物がハニ文化を代表させる新しい景観として解体せず、そのまま保存された。観光者は祭祀土台を村落におけるキノコハウスの一部分と見なし、その土台とともに記念写真を撮影している。一方、この祭祀土台が村の中心地に位置しているため、村民たちの新しい集まり場として機能している。さらに、祭祀土台にある広場が政府の代表団や観光者を接待する場として外部世界と接触できる空間ともなっていて、村民たちに好まれるところとなった。

(3)　村民のキノコハウスの解体と改築

上述した祭祀土台の広場は撮影用、観光用の広場である。箐口村には実際に祭祀用の広場があり、毎年祭祀後、牛の下顎骨を飾る「磨秋房」や祭祀用のブランコはこの広場にある。この広場は二〇一〇年以降、「姜文広場」

と新しく名付けられた。「姜文」とは中国有名な映画監督兼俳優で、数多くの映画を撮影しており、国内外で様々な賞を獲得した実力のある人物である。姜文は二〇〇五年から二〇〇六年にかけて、箐口村で映画『陽もまた昇る』を撮影していた。箐口村から眺める広い棚田や、大きなキノコハウスが映画で映されていたが、映画の内容からいえば、素朴な中国南部の村を舞台にして、気の触れた母親とその息子を描く物語で、まったくハニ族と関係を持たない映画である。

姜文はある棚田の眺めのよい立地を気に入り、そこに撮影用のキノコハウスを建てようと企画していた。しかしながら、そこは村民C氏の自宅で、建て直してから三年もたたない新築であった。ハニ族の風習では新築を三年以内で取り壊してはいけないため、C氏の父親は自宅を撮影ロケ地に徴用されることに対して激しく反対した。それにもかかわらず、元陽県政府は有名監督が撮影した映画を通して、元陽県の知名度の向上を期待していたため、村幹部であるC氏にプレッシャーをかけ、結局C氏の新築が取り壊され、その上に撮影用のキノコハウスが改築された(4)。改築されたキノコハウスは茅葺き屋根以外、地元民のキノコハウスとは完全に異なっている。撮影班が村落を離れて以後、撮影用のキノコハウスは一部分がC氏に返され、その後また取り壊され、C氏が再び新築を建てた。一部分が広場に保存されており、二〇一〇年以降は「ハニ文化伝承センター」となり、広場も「姜文広場」と資源化されてきた。

中国民族発展の進化論においては、ハニ族は氏族の残余、無文字、父子連名制、双子への嫌悪、焼畑の営み(5)、また茅葺き屋根の家屋などの理由で、一九五〇年代当初「原始社会」に位置づけられていた。ハニ族に対する漢民族からのまなざしは「原始的」というネガティブなイメージが今もなお強い。そのため、純粋なハニ族を描くにあたっては、古くてボロボロな家屋にハニ文化の真正性を代表させることは政府、監督や観客など人々の期待通りであるといえよう。また、ハニ文化の詳細はすべて現代人に知れ渡っていないにもかかわらず、辺境地域における視覚的表象としての棚田や茅葺き屋根の住まいが、過ぎ去った過去や郷愁を喚起させる風景としても注目されている。従って、素朴な村落を表象するために、茅葺き屋根の家屋に焦点をあてるようになったのだと思われる。

２　キノコハウスの資源化──「歴史的要素」の選択

景観とは、主観的なまなざしや行為を通して様々に立ち現われてくる物理的環境を指す〔河合　二〇一三〕。キノコハウスはハニ族の伝統的な家屋であり、村落の景観を構成する重要な要素である。キノコハウスの資源化は様々な主体による異なる思惑で各自に資源化する実践として行われている。次に、箐口村におけるキノコハウスの資源化について、政府側、知識人、村民、観光業者及び映画撮影班による、歴史的景観としてのキノコハウスがいかに資源化されているのかを整理してみる。

中国においては、家屋をいつ、どこにどのように建設・改築するかについて地方政府が常に主導権を持っている場合が大半である。一九九〇年以前に、自宅の建築はほとんど村民たちに放任していた状態であったが、二〇〇〇年から二〇〇一年にかけて、地方政府は箐口村を「ハニ族民俗生態村」に改築し、村全体の家屋をすべて茅葺き屋根にして、「蘑菇房」と美称を名付けた。一方、雲南省では二〇〇三年に、「茅草房」、「杈杈房（木の枝で建てられた簡易な家屋）」など農村におけるあばら屋に対して改築プロジェクトをスタートした。つまり、箐口村以外の茅葺き屋根の家屋が「茅草房」であり、政府による救済すべく対象であるにもかかわらず、箐口村の「茅草房」はハニ族文化を代表させるシンボルとなり、観光者を誘致する資源として維持・保存しなければならない対象とされたのである。そして、二〇〇二年から二〇〇六年にかけて、茅葺き屋根を持つキノコハウスを撮影するために、多くの撮影班が箐口村に訪れてきた。撮影するにあたって、キノコハウスの建築と改築をめぐり、政府側が村民の利益を犠牲にして、撮影班に様々な便宜を図っていた。また、撮影終了後は、ロケ地を生かして観光誘致する景観に資源化してきた。さらに、棚田を世界遺産登録された二〇一三年以後、広い範囲で家屋を「穿衣戴帽」させ、キノコハウスの簡略化と統一化が避けられない結果となった。

前述の通り、二〇〇四年に雲南大学は箐口村に「ハニ文化研究基地」を建設した。一方、この基地の誕生にともない、箐口村に関する研究報告、論文、著作なども相次いで出版されていた。中には、村民たちに村落の日常生活を二年間記録し続けてもらい、二〇〇九年に出版された『最后的蘑菇房（最後のキノコハウス）』［馬　二〇〇九］と、ハニ族の研究者黄紹文による『箐口——中国哈尼族最后的蘑菇寨』（箐口村——中国ハニ族最後のキノコハウス村）［黄　二〇〇九］の二冊がある。この二冊ともが「最後」を題名にしており、知識人たちが精一杯、消滅に瀕するキノコハウスの重要さを訴えていると理解できる。つまり、二〇〇九年時点においては、当地域ではハニ族の伝統的なキノコハウスが消えつつあり、人為的に保存された箐口村が今後「歴史」となりうることを知識人は憂慮していたのである。そのため、茅葺き屋根を中心とする景観が、観光資源でありながら、且つ重要な歴史資源として他の村より一層重要視されるようになってきた。

世界遺産登録に成功した二〇一三年以前は、非日常的な風景を求めるために元陽まで訪れてきた観光者たちにとって、元陽県地域におけるキノコハウスの数が減少している中で、人為的にキノコハウスが保留されてきた箐口村は、特別な景観として惹きつけられるものであった。観光者にとって、幹線道路からキノコハウス及び棚田を遠くから眺めて撮影することが必要不可欠な旅程となっている。運がよければ、雲海にも遭遇できる。雲海、炊煙、家屋、棚田の織りなす景観はまるで「人間の仙境」のようである。そして、幹線道路から村に入り、広場から棚田を眺め、陳列館を見学し、キノコハウスや祭祀用の牛の下顎骨、農耕生産用の農具などを、「時代遅れ」、「原生態」などを表象する記号としてレンズに収めながら村全体を一周することは、観光コースの常となっていた。

農村、棚田、茅葺き屋根のキノコハウス、これらの物質的な景観がいずれも現代社会と対極させている「大昔」、「原風景」を彷彿させ、ノスタルジーを連想させる景観である。つまり、歴史的な要素を観光資源として消費しているといえよう。また、村落において時間的に現時点から数年前に遡った映画撮影の歴史を、残されたロケ地用のキノコハウスおよび村民の語りを通して再確認しているとも考えられる。しかしながら、筆者が二〇一六年に再び元陽県へ調査に訪れた際には、観光者たちは「穿衣戴帽」のキノコハウスにあまり関心を持たず、箐口村よりさらに交通の不便な阿者科村へ足を延ばすようになった。阿者科村は前述した世界遺産「紅河ハニ棚田」に指定され、「代表的」とされた五つの村落の一つである。今でも外部から村内までの大通りが繋がっていないので、車で入村することができない。交通が不便なおかげで、キノコハウスが六二軒ほど昔のままで残されている。観光者のキノコハウスへの関心は、いわゆる観光開発されていない村落、過去の風景をそのままとどめている村へ移っていると窺える。観光目的地の変化は、歴史の残留への憧れとしても理解できるだろう。

一九九〇年以前から現在にいたるまで、村民たちの思惑通りにキノコハウスを建築することはできなかった。元々、村民たちは「貧乏」の象徴である茅葺きの屋根を外したかった。その希望にもかかわらず、民俗村の建設、世界遺産申請及び映画撮影班の進出など、村落における歴史的なイベントを経験した上に、キノコハウスの維持・改築または新築が、補助金、観光収入など顕在的な経済利益と、また知名度の高揚や、観光客の誘致など潜在的な利益を含んでいると村民たちに十分に知れ渡ってきた。さらに、キノコハウスのスタイル自体が、原来ハニ族の先祖たちの住まいのかたちであるため、完全な外物より圧倒的に受け入れられやすかったとも思われる。特筆したいことは、映画撮影に選ばれ、観光者が憧れるキノコハウスが歴史のある古いもの、あるいは古い歴史をもっていると見せるものばかりだということである。例えば、ボロボロな家屋や、昔の生産農具、生活用品など、これらの外部から押し付けられた評価は、現地民であるハニ民族の人々自身にもある程度内化されていると思われる。つまり、古いものが価値を持ち、経済的な利益をもたらし、外部者の目線を引きつけると理解されるようになってきた。そして、撮影班の到来にともない、村民による映像撮影への関わりが多くなってきた。撮影道具の運搬などで日雇い労働者として雇用されると、一日に二〇~三〇元ぐらいの臨時収入が得られる。また、脇役として映画撮影への参加機会に恵まれたら、三〇~五〇元ぐらいの臨時収入を獲得できる。さらに、村民たちが映画撮影に巻き込まれたC氏の家屋の運命、姜文監督や主人公の逸話、撮影におけるエピソードなど、映画撮影に関する歴史を話題として資源化して、訪れてきた学者や観光者の間で話題のタネとして伝えている。

一方、二〇〇二年から進出してきた様々な撮影班が、箐口村をロケ地として選んだのは、多く残されたキノコハウスが村内にあるからであろう。そして、撮影のために古いキノコハウスを選択したり、キノコハウスを新築したり、また建て替えたりしたことは、村全体のキノコハウスの雰囲気に融合しているような景観づくりだと思われる。そして、二〇〇八年から観光開発に参入してきた観光業者である雲南世博公司が、歴史を表象するキノコハウスを維持しながら、またこれまで政府や村民にあまり意識されなかった撮影のロケ地に看板を建てて、箐口村でロケ地として撮影された村落史を観光資源として資源化しているとも窺えた。

五　おわりに

本稿では中国雲南省元陽県箐口村におけるキノコハウスの変遷を例として取り上げ、歴史を表象する要素としての家屋、またそれと関連する出来事が、政府、知識人、村民、映画撮影班及び観光業者たちが、それぞれの思惑によって、歴史を資源化するメカニズムを考察した。以上にみるように、キノコハウスの外観および建築材料の変遷は、時代の変化に応じて絶えず生成・変化されていく歴史ともいえる。結果、以下の二つのことが明らかになった。

一点目は、キノコハウスが時代に合わせた妥協物であることである。同地域の棚田を事例として、ユネスコの世界文化遺産における「普遍的価値」が政治的妥協物にすぎないと稲村は指摘していた［稲村　二〇一四：一二三―六九］。箐口村におけるキノコハウスの変遷で示されているように中国政府は異なる時代において、「扶貧」プロジェクトにおけるキノコハウスの除去、観光開発における保持や建て直し、また世界遺産登録申請と遺産保護に合わせての基準の制定など、様々な戦略を講じてきた。一方、村民たちも観光誘致や映画撮影参与など現実的な利益を優先に考えた上、また感情的に祖先の家屋のかたちを継承しており、政府の要請にあまり抵抗なくキノコハウスの外観に色々と工夫をした。その結果、現在「穿衣戴帽」させられているようにみえるキノコハウスは、やはり政府、観光業者、観光者、映画撮影班及び村民たちなど多様な主体によって構築された妥協物であるともいえよう。

二点目は、民族発展史における進化論的思考様式がキノコハウスをめぐる村落景観の建設に大きな影響を与えているということである。つまり、民族の歴史を「原始社会→奴隷社会→封建社会」という直線的な図式で捉えることが多い。一九五〇年代当初、漢民族の目線で「原始社会」に位置づけられたハニ族が、キノコハウスを維持しているからこそ、純粋な民族と成りえることを、ハニ族を含め関連している多様な主体が想定している。さらに、外部からのまなざしが内化されるプロセスにおいては、マスメディアである映画とテレビドラマがその内化プロセスに加速させたと思う。観光開発のために維持・改築された茅葺き屋根のキノコハウスが、映画撮影班の到来によって、新しく取捨選択されており、またキノコハウスの評価基準が新たに提示されるようになった。その結果、元々ハニ文化に存在していなかった、ロケ地で撮影されたキノコハウスも村落景観の一部分として、村民たちの自宅とともにハニ文化を代表させる記号となり、村で行われた撮影の歴史も村落歴史へと統合していくようになった。

景観はただ鑑賞対象とする自然景色ではなく、歴史のプロセスでもある。このプロセスはローカル社会における歴史形成のプロセスを含み、さらにイデオロギーを反映する歴史的な意義を有している［Eric & Michael1995: 23］。したがって、箐口村におけるキノコハウス景観の変遷が村落の歴史を形成するとともに、その変遷は当該時代のイデオロギーを反映しているものでもあろう。

注

（1）世界遺産に指定された際に、「代表的」とされた五つの村落は、Shangzhulu Old Village（上主魯老寨）、Quanfuzhuang Middle Village（全福庄中寨）、Niuluopu Village（牛倮寨）、Azheke Village（阿者科）、Yakou Village（埡口）、である。

（2）一九八六年、中国においては、一九八五年の一人当たりの年収が一五〇元以下の場合、貧困者だと判断され、政府がそれらの人々を貧困から脱出させる補助政策などが打ち出してきた。いわゆる「扶貧工作」、「扶貧工程」である。

（3）映画監督である章家瑞が二〇〇〇年代に、彼が撮影した『雲南の花嫁（花腰新娘）』、『婼瑪的十七歳（雲南の少女・ルオマの初恋）』および『紅河』という雲南省の少数民族を描く映画によって注目されており、国内外の映画祭で多くの賞を受賞した。

（4）C氏の自宅が取り壊された時、新築三年未満であったので、C氏一家は村の祭司に厄祓いしてもらった。

（5）元陽地域のハニ族が棚田を開墾しているのに対し、西双版納地域のハニ族（アカ）が焼畑を営んでいる。進化論においては、焼畑は棚田より先行する農業形態で、時代遅れの生産方式であるとされている。

参考文献

〈日本語文献〉

稲村務

二〇一四「中国紅河ハニ棚田の世界文化景観遺産登録からみる――『文化景観』と『風景』」『地理歴史人類学論集』一二三―六九。

二〇一六『祖先と資源の民族誌』めこん。

河合洋尚
二〇一三『景観人類学の課題――中国広州における都市環境の表象と再生』風響社。
秦兆雄
二〇〇六「中国人類学の独自性と可能性」『国立民族学博物館研究報告』三一（一）：一一七―一五三。
須藤護
二〇一三『雲南省ハニ族の生活誌』ミネルヴァ書房。
森明子（編）
二〇〇二『歴史叙述の現在――歴史学と人類学の対話』人文書院。

〈中国語文献〉
陳燕・尤偉琼
二〇一六「箐口村哈尼族〝蘑菇房〟現代変遷中的伝承」『思想戦線』第二期：三一―三五。
高其才
二〇〇三『中国少数民族習慣法研究』清華大学出版社。
『哈尼族簡史』編写組
一九八五『哈尼族簡史』雲南人民出版社。
黄紹文
二〇〇九『箐口――中国哈尼族最後的蘑菇寨』雲南出版集団公司。
李賽男
二〇一二『文化差異与審美距離――以雲南省元陽県箐口村哈尼族蘑菇房為例』修士論文。
馬翀煒
二〇〇九『雲海梯田里的寨子』中国社会科学出版社。
『民族問題五種叢書』雲南編輯委員会
一九八二『哈尼社会歴史調査』雲南民族出版社。
湯国栄・章錦河・孫晋坤・彭紅松・張瑜
二〇一六「旅游地民居景観形態演変中的旅游地方化建構――基于地方口述史的哈尼蘑菇房案例」『熱帯地理』第七期：

五五六―五六三。

西双版納傣族自治州民族事務委員会編

一九九二　『哈尼族古歌』雲南民族出版社。

厳火其・李琦

二〇〇八　「哈尼人的世界――以『哈尼族古歌』為基礎的研究」『民族文学研究』第四期：一二三―一二九。

元陽県建設局

二〇〇八　『元陽県農村住房建設管理情況及工作建議』。

張佩国

二〇一一　「歴史活在当下――〝歴史的民族誌〟実践及其方法論」『東方論壇』第五期：一―七。

鄭　凡

二〇〇四　『全球化視角的中国雲南』中国社会科学出版社。

朱良文

二〇一六　「対貧困型伝統民居維護改造的思考与探索――一幢哈尼族蘑菇房的維護改造実験」『新建築』四〇―四五。

〈欧文文献〉

Hirsch Eric and Michael O'Hanlon

1995　*The Anthropology of landscape. Perspectives on Place and Space.* Oxford, Clarendon Press.

歴史性と景観建設
——寧化石壁客家祖地における時間と空間の資源化

河合洋尚

一　はじめに

中国福建省西部の寧化県に「石壁」という地がある（図1）。同省沿岸部の福州市やアモイ市から寧化県石壁鎮（以下、寧化石壁）へ行くのに、バスで現在五〜六時間かかるように、この地は交通の不便な山岳地帯に位置する。しかし、このローカルな地名は、世界の華僑華人、とりわけ客家と呼ばれる集団の間では、よく知られるものとなっている。彼らの祖先のルーツにかかわる重要な地だからである。

客家は、中国のマジョリティである漢族のサブ集団であり、客家語と呼ばれる独自の言語と、円形土楼に代表される独自の文化をもつ「民族」として知られている。一般的な歴史に基づくと、客家の祖先は、もともと中原と呼ばれる中国北部の古代王朝所在地に住んでおり、特に唐代末期以降、戦乱を逃れるため、中国の東南部へ移住した。その南下の途中で客家の祖先が身を寄せたのが、寧化石壁であったといわれる。そして、客家は寧化石壁を中継地とし、中国南部各地へ、さらには世界各地に移住していったという。こうした歴史観に基づき、一九九〇年代には、寧化石壁で客家祖地という建造物がつくられた。寧化石壁は、今や客家の移住の歴史を体現

図１　寧化石壁および中原の位置（筆者作成）

するシンボルとして、広く知られるようになっている。

ところが、寧化石壁を客家のエスニック・シンボルとすることについて、疑問の目を向ける論者もいたことは興味深い［房　一九九六、陳　一九九七、劉　二〇〇二］。彼らは総じて、客家が寧化石壁を主要な移住ルートとしているのは、歴史的な事実ではなく、神話・伝承の類であるとみなしてきた。本文中で詳述するが、実際に寧化石壁は、全ての客家のルーツとなっているわけでもなければ、客家ではない漢族集団のルーツとなっていることすらある。こうした状況を鑑みると、寧化石壁を客家とアプリオリに結びつけるのではなく、どのような社会状況のなかで、寧化石壁が客家の歴史と結び付けられていったのか、そのプロセスをみていかねばならない。そのために本稿は、一九九〇年代に寧化石壁で客家祖地の景観が建設された過程を考察することで、いかに客家の「正統な」歴史観がそこに刻まれるようになったのかを明らかにする。

近年の人類学は、歴史を客観的な事実とするのではなく、さまざまな主体が特定の社会状況において歴史を再構成していく過程に、ますます注目するようになっている。エリック・ハーシュやチャールズ・スチュワート［Hirsch and Stewart 2005, Stewart 2016］らは、こうした時代の変化に応じて不断に生成されていく歴史を、「歴史性

（historicity）」と名づけている。したがって本稿は、客家祖地の建設をめぐる社会的状況、およびその景観建設をめぐる多様な主体を読み解くことで、この地で客家の歴史性がつくられていった過程を検討することを目的としている。(1)

二　寧化石壁をめぐる歴史記述とアーカイブ化

まずは寧化石壁をめぐる語りがどのように客家と結びつけられ、文字のうえで表されてきたのかをみていくことにしよう。

牧野巽によれば、寧化石壁をルートとする語りは、漢族の主要な移住伝説の一つである。牧野は、漢族の移住伝説として、華北の洪洞（大槐樹）伝説、福建人の河南省固始伝説、広東人の南雄珠機巷伝説などを挙げており、その一環として客家の寧化石壁洞葛藤村伝説にも言及している［牧野　一九八五：八四―九〇］。ここで牧野が「葛藤村伝説」と書いているものは、別名「葛藤坑の物語」とも呼ばれる。牧野が紹介しているように、この物語にはいくつかのバージョンがあるが、概して唐末の黄巣の乱の際に寧化石壁で家に葛藤を掲げた客家が難を逃れることができ、その生き残りが客家の祖先となったと語られる。(2)

寧化石壁を客家の移住における中継点とする伝承は、牧野も示しているように、族譜の記載や民間の語りにおいて早くからみられる。歴史学者・陳春声［二〇〇六：六―七］は、広東東部の韓江流域では早くも清代後期より、祖先が中原から寧化石壁を経由して移住してきたという伝承が族譜に書かれていると論じている。こうした寧化石壁をめぐる伝承は、主に広東省の客家地域で布教活動をおこなった宣教師の目にとまり、欧文で紹介されるようにもなった。例えば、広東省の客家地域で七年間にわたる宣教活動をおこなったバーゼル教会のチャールズ・

ピトンは、族譜に基づき、客家の祖先がもともと寧化石壁に居住していたと記述している〔Piton 1874〕。また、アメリカの宣教師であるジョージ・キャンベルも、広東省の客家地域における族譜の収集を通して、寧化石壁を客家の移住史における重要な中継点として位置づけた〔Champbell 1912〕。そして、彼等のこの見解は、当時の研究者や知識人の間で、国を超えて広まっていった。例えば、『台湾諸島誌』の著者である小川琢治は、ピトンを引用して、客家の祖先が寧化石壁から移住したことを明記している〔小川　一八九六：一六八〕。

さらに、こうした他者表象は、民国期に入ると客家の自己表象へと転換していった。なかでも、その重要な役割を果たしたのが、中国客家学の祖として名高い羅香林である。バーゼル教徒でもあった羅氏は、宣教師の記述を参照にして中原から客家への移住を図示したが、その南下の移住史のなかで、寧化石壁を重要な中継地として描出した〔羅　一九九二（一九三三）、第二章〕。さらに、彼は、寧化県をほぼ一〇〇パーセントの住民が客家である「純客家県」として位置づけたのである〔羅　一九九二（一九三三）：一二〇〕。それ以降、世界の中国研究者の間で、寧化石壁は客家の主要なルーツの一つとしての地位を確たるものとした。

こうして見ると、寧化石壁を客家の主要なルーツとする伝承は、二つの段階を経てアーカイブ化されてきたといえる。第一は民間の語りを族譜という文字に表すという段階、第二は族譜を見た外部者が「科学」の言説のもとで体系化していく段階である。第二の段階になると、もはや特定の地域における伝承にとどまることなく、世界中の誰もがアクセスできる資源へと転換していることがわかる。

一九七八年に改革開放政策が始まり、客家をめぐる研究が再開するようになると、中華圏では寧化石壁を客家のルーツとする見解が、「通説」として世間にも流布されるようになった。その主要な媒体として挙げられるのが、教科書、概説書、博物館などである。例えば、梅州市における小学生用の郷土教育用教材には、客家の移住史が掲載されているが、その重要な中継地として寧化石壁が紹介されている。(3) 論文や研究書に比べると広く読まれやすい概説書でも、同様に寧化石壁は客家の中継地として登場する［胡・莫・董・張　一九九七：七九―八一、譚二〇〇四：六七―六八ほか］。また、中国客家博物館をはじめ、中国の多くの博物館の展示において寧化石壁は、客家の移住史における主要なルーツであることが説明されている。さらに注目に値するのは、近年の子供向けのアニメでも、寧化石壁が客家の移住史における重要な地名としてたびたび登場することである。一例を挙げると、『客客龍時空歴検』という客家の移住史を題材としたアニメでも、寧化石壁を舞台とする「葛藤坑の物語」のシーンが登場する。このアニメは、ＤＶＤや絵本となって市場で流通している。

このように、寧化石壁が客家の移住史における重要な中継地であるとする語りは、「歴史的事実」（以下、史実）として市場で流通されるようになっている。実際、羅香林以降の客家研究では、客家が中原から寧化石壁を経由して世界各地に移住したという見解を、史実として認識している学者が少なくない。ところが、他方で我々が目を向ける必要があるのは、寧化石壁の客家のルーツとして単純に結びつけることに、否定的な議論もあるということである。先述した牧野巽はその先駆者の一人である。牧野は、羅香林の学説を引用しながらも、それを史実とすることを疑問視し、寧化石壁のような移住伝説を「史実と認めるよりは伝説」［牧野　一九八五：三］とみなした。瀬川昌久も族譜の検証から寧化石壁に触れ、それを史実として捉えるよりは、寧化石壁の伝承が描かれるようになった社会的状況について探究している［瀬川　一九九六：二二六―二二九］。また、歴史学者・陳支平は、数多くの族譜の検証を通して、寧化石壁が客家だけでなく一部の潮州人のルーツにもなっていることを、描き出した［陳　一九九七］。

そもそも筆者が、梅州市をはじめとする広東省の各地で調査をしていた時、民間社会では、祖先が寧化石壁から移住していることを、それほど頻繁に聞くことはなかった。確かに、彼らの族譜をみると、始祖の出身地が寧化石壁にあると書いてあるのだが、族譜の編纂に携わるような一部の知識人層を除くと、寧化石壁という名はそれほど広範に知られているわけではなかった。他方で、陳支平が論じたように、確かに一部の潮州人には、祖先が寧化石壁から移住したという宗族が存在していた。また何よりも注目に値するのは、羅香林が寧化石壁のほぼ全ての住民を客家としたのと裏腹に、寧化石壁の住民は少なくとも一九八〇年代まで客家としての自己意識をもっていなかったことである［呉　一九九四：二八、河合 二〇一三：二一二］。

近年、世界の客家研究では、客家が中原をルーツとしており、寧化石壁を経由して各地に移住したという見解が、ますます疑われるようになっている［房　一九九六、庄・高　二〇〇九、河合編　二〇一三］。そうした動向のなか、我々が注目すべきなのは、寧化石壁＝客家のルーツという図式を無批判に受け入れるのではなく、寧化石壁がどのような政治経済的状況のもとで客家の移住史と結び付けられていったのか、そのプロセスを検証することである。

三　客家地域における空間の生産と寧化石壁

歴史学者・飯島典子が指摘するように、客家という概念は太古の昔から存在していたわけではない。飯島によると、文献のうえで現代につながる客家の記述が歴史文献に登場するのは、一九世紀以降のことである。その背景には、西洋列強の進出と宣教師の記述が密接に関係している。飯島は、清末民初の史料を駆使し、客家の概念は東南アジアで先に生起し、後に香港、広東省中部を通じて中国大陸にフィードバックしていったことを指摘している［飯島　二〇〇七］。この見解は、人類学者によるフィールドワークのデータとも相反していない。一九七八年の改革開放政策以降に中国でフィールドワークをおこなった人類学者は、中国大陸でいま客家地域とされている地域の人々の多くが、客家としての自己意識をもっていなかったことを報告している［瀬川　一九九三：九一、瀬川・飯島編　二〇一二、河合　二〇一二、二〇一三、二〇一四］。

こうした状況は、客家の中心地とされる梅州市も例外ではない。確かに梅州市では民国期より一部のエリートが客家意識を高めたが、改革開放政策に入るまで民間で広く普及していたわけではなかった〔河合 二〇一三：二一〇―二一一〕。何よりも梅州市やその隣接する地域では、客家や客家文化が政策に利用されるわけでも、商品として資源化されるわけでもなかった。一九八〇年代に入り、客家華僑や日本人研究者が訪問するにつれ、梅州市の人々は自らが客家であり、梅州市が「客家の故郷」であるとする自意識を強めたのである。とりわけ、梅州市の代表団が一九八八年にサンフランシスコで開催された第九回世界客家大会に出席したことは、同市の文化政策にとって重要な転換点となった〔彭 二〇〇六：二一六―二一七〕。世界客家大会は一九七一年に香港で開催されたのを発端とし、世界中の客家が集まる親睦会として二～三年に一回開催されていたが、それまで中国大陸の客家が参加することはほとんどなかった[4]。第九回世界客家大会に参加した梅州市の代表団は、世界の客家のなかで同市が「客家の故郷」と位置付けられていることをそこで確認し、もし客家というブランドをうまく活用したならば、世界中の客家が投資に来てくれると確認した。続いて、梅州市政府は、一九八九年一二月一一日から一三日にかけて世界客家聯誼会を挙行し、客家華僑を中心とする外部の実業家と、五二項目、六億六〇〇〇万ドルの外資プロジェクト契約を結んだ〔譚編 二〇〇五：一二九、河合 二〇一三：二一六〕。

この梅州市での成功は、たちまち周囲の行政区に伝わった。なかでも、文献のうえで客家地域として描かれてきた江西省南部の贛州市、福建省西部の龍岩市、寧化県の諸政府は、我こそが客家のルーツであると主張し始めた。それにより、一九九〇年代初頭には、これらの地域の関係者の間で、「正統な客家のルーツ」をめぐる争いが勃発した。彭兆栄によると、その争いが最もヒートアップしたのが、一九九一年五月に上海で開催された、第一回客家学術シンポジウムであった〔彭 二〇〇六：二一六―二一七〕。このシンポジウムは、学術会議の形式をとってはいたが、地域政府やマス・メディアも参加した政治的な活動であった。激しい議論の結果、羅香林の学説に則り、贛州市を「客家のゆりかご」、龍岩市や寧化市を「客家の生育地」、梅州市を「客家の形成地」とする棲み分けをすることにより、いちおうの解決をみせた。ここで注目に値するのは、これらの行政区が自らを客家地域として主張した背景には、海外の投資者や観光客を引きつける意図があったことである。換言すれば、客家は、外部の人々を引きつける魅力に溢れた空間をつくりだすための、文化資源としてみなされるようになったのだといえる［河合　二〇一三：二二〇―二二一］。

アンリ・ルフェーヴルによると、空間は、必ずしも物理的な容器でも漠然とした拡がりでもなく、イデオロギーが投影される領土性の概念である。つまり、ここでいう空間とは、価値中立的なものではなく、政治的に境界づけられ、政治経済的な意図により意味が投影される、価値付与的なものとして提示されている［ルフェーヴル　二〇〇〇］。客家地域の文脈で言い直すと、梅州市、贛州市、龍岩市という行政区は単に人々やモノが並ぶ価値中立的な物的環境であるわけでなく、その背後には、この行政区をどのように政治経済的な利益を生み出す領域として生産するかというイデオロギーが介在する。そして、一九九〇年代以降、そのイデオロギーの根幹に客家という要素がとりいれられ、これらの地域があたかも客家文化に溢れる空間であるかのように「生産」する動きがみられるようになったのである。換言すると、その空間にいる限りにおいて、たとえ客家としての自覚のない人でも客家とみなされるようになるし、どこにでもあるようなモノも客家文化として表象されるようになる。筆者はかつて、このような過程を〈空間化〉と呼んだことがあるが［河合　二〇一三］、一九九〇年代に入ると、寧化県もまさにそうした〈空間化〉の波に巻き込まれるようになった。

前述の通り、寧化県は、族譜や研究書のうえで客家の移住史における主要な中継点として描かれてきたが、そこに住む人々はといえば改革開放政策に入るまで客家としての自意識に欠けていた。一九九一年一月、言語学者である呉文福が寧化の人々に「あなた方は客家ですか」と聞いたところ、「自分たちは客家ではない」と否定されたというエピソードも残っている〔呉　一九九四：二八〕。ところが、こうした住民意識とは裏腹に、一九八〇年代に入ると、寧化県の一部の知識人や政府関係者は客家としての自意識を強めていった。その要因の一つとなったのは、一九八四年に梅州市の文物考察チームが寧化石壁へと調査に訪れたことである〔彭　二〇〇六：二一九〕。その時、寧化県の一部の知識人は、寧化石壁が客家の主要な中継地であり、彼らが客家であることを自覚するようになった。また、一九八七年に台湾当局が戒厳令を解くと、台湾へ渡った寧化県の出身者が、祖先崇拝やルーツ探しなどの目的で「故郷」に戻ってくるようになった。彼らになかには、寧化石壁を客家の寄寓地と記載している台湾出版の専門書『客家人』（陳運棟著、一九七八年、出版）を携えて来る者もいたのだという〔彭　二〇〇六：二一九〕。

こうした外部との交流を通して、寧化県の一部の知識人は、寧化石壁が客家の移住史における重要な拠点であり、ここが客家の住む空間であるという意識を強めた。まず、一九八七年には、寧化県政府が「客家的第二祖籍――寧化」（客家の第二の故郷――寧化）というパンフレットを出した。そして、一九九〇年四月には、県政府の批准を通して寧化県客家研究会が成立し、同年にこの研究会は「客家祖地を開発する構想と提案」と題する文書を提示した。続いて、一九九一年二月には、同研究会の責任者であった劉善群が「客家祖地――寧化」という文章を書き、寧化が純粋な客家空間であることを文字として記したのであった(5)。

四　寧化石壁における客家祖地の建設と経済投資

一九八〇年代以降、台湾や東南アジアなどから寧化県出身の客家華僑(6)が次々と戻るようになり、寧化石壁＝客家の寄寓地という前提が文字として描かれるようになると、寧化県政府は、それを物質として目に見える形で表

写真１　客家公祠（左が正面、右が客家各姓の位牌堂）（2015 年 8 月、筆者撮影）

す行動にうつした。国内外の寧化県出身者、さらには寧化石壁をルーツとする世界中の客家が容易に参拝できるよう、客家の「聖地」――客家祖地を石壁に建設する決定をなしたのである。その発端としてまず着手されたのが、客家公祠の建設であった。一九九二年一一月、寧化県は第一回客家民俗文化節を開き、客家公祠の竣工儀式を盛大におこなった。次節で詳述するように、客家公祠は、客家祖地のなかで最も早く建設された主要な施設の一つである（写真1）。一九九三年から建設工事が始まり、一九九五年に完成した。同年一一月二八日には客家公祠の完成を祝う式典が催され、中国国内外から六万人を越える人々が寧化石壁に集まったのだという［小林　二〇一二：一九四］。

ここで注目に値するのは、客家祖地の建設において、数多くの華僑がこれに参与し、多額の金を寄付したという事実である。なかでも客家祖地の建設に最も貢献したのは、マレーシアの客家華僑であった。マレーシア南方大学の安煥然によると、一九九二年の第一回客家民俗節に参加した華僑は二三名にすぎなかった。ところが、一九九三年になると、マレーシアの客家が寧化石壁の建設に参与するようになった［安　二〇〇九：九〇二―九〇三］。その始まりは、一九九三年にジョホール・バルの肖光麟会長らが招待を受けて、寧化石壁を訪問したことにある。そして、同年五月には、肖光麟を団長、姚美良を顧問とする一四五名が団体で寧化石壁を訪れ、ここがマレーシア客家華僑のルーツであるという意識を強めた。その後、一九九九年までの間、肖光麟

表1　客家祖地および関連施設への寄付者一覧（1993年4月～2000年4月）

	団体、個人名	寄付金（元）
1	姚美良、姚森良一家（姚氏三代）	120万
2	香港崇正会	51万
3	浙江省寧海慈雲禅寺允慧法師	40万
4	香港胡文虎基金会	30万
5	何華英、黄水養など	23.6万
6	マレーシア客家公会連合会	2万
7	長汀県人民政府	2万
8	三明市タバコ局	2万
9	マレーシア・ジョホールバル客家公会	2万
10	シンガポール南洋客属総会	2万
11	マレーシア・サラワク客家公会	1.5万
12	イギリス崇正総会	1.5万
13	マレーシア・コタキナバル客家公会	1万
14	マレーシア・テノム客家公会	1万
15	シンガポール茶陽公館	1万
16	シンガポール茶陽励志社	1万
17	フランス崇正総会	1万
18	タイ客属総会	5000
19	香港梅県同郷会	5000
20	香港五華同郷会	5000
21	インドネシア客属総会・呉能彬	5000

出典：2015年8月13日に客家祖地で掲示されていた看板の数値に基づく。

は四回、姚美良は九回、姚森良が六回、寧化石壁を訪れた［安　二〇〇九：九〇三］。客家祖地では、一九九五年の客家公祠を端緒として次々に建造物がつくられていくが、金銭的な面で華僑が果たした役割は絶大であった。一九九三年から二〇〇〇年四月までの間で五〇〇〇元以上の寄付をした個人／団体は、表1の通りである。

表1をみると明らかであるように、寧化石壁に最も多くの寄付をしたのは、マレーシアの客家華僑である姚美良とその弟・姚森良、およびその家族一八名であった。また、マレーシアの客家団体としては、客家公会連合、ジョホールバル客家公会、および島嶼部にあるサラワク客家公会、コタキナバル客家公会、テノム客家公会が、それぞれ一万円以上の寄付をしている。さらに、タイガーバームの創始者である胡文虎の基金会だけでなく、香港、シンガポール、イギリス、フランス、タイの客家団体からも多額の寄付がなされている。他方で、浙江省寧海慈雲禅寺允慧法師[7]、長汀県人民政府、

表2　客家祖地の第一回「石壁功勋」(個人の部)

	氏名	国／地域	説明（概要）
1	黎国威	香港	香港上立大貿易有限公司理事長。香港客属団体首長聯誼会理事長。客家公祠の建設に大きな役割を果たした。
2	姚美良	マレーシア	マレーシア太平局紳。元全国政協委員、香港南源永芳集団公司理事長。石壁の祖先祭祀を提唱し、客家祖地の建設に尽力した。客家公祠基金会を組織し、110万人民元を寄付した。また、客家組織や客家の人々を引き連れ、彼らは100万元近い金を寄付した。
3	張譲生	シンガポール	シンガポール茶陽会館の元総務。シンガポールで客家祖地を宣伝し、シンガポール客家の寄付で石壁医院を立て、張氏家廟を修築した。シンガポールで最初に石壁にて祖先崇拝した人物。
4	黄水養	シンガポール	祖地の人民の健康を気遣い、石壁客家医院への寄付と支持をなした。
5	丘権政	中国	中国社会科学院僑聯副主席、文化部華夏文化促進会客家研究所所長、研究員。1992年以来、6回、寧化と石壁に調査に来た。客家祖地の建設にも大きく貢献した。
6	黄清林	タイ	客家祖地の建設に寄付をした。
7	肖畹香	マレーシア	マレーシア客家の長老。客家祖地の建設に9万元寄付をした。1996年、95歳の高齢で客家祖地の「碑林」を書いた。
8	姚森良	マレーシア	マレーシア太平局紳。マレーシア客家公会連合会顧問。香港南源永芳集団公司理事主席。シンガポール南洋客属総会名誉会長。客家祖地の建設に尽力した。1995年から2001年まで8回団体を引き連れて祖先祭祀に来た。
9	何華英	シンガポール	石壁客家祖地人民の医療事業にとりくみ、石壁客家医院の建設を支持し医療レベルの向上に尽くした。
10	肖光麟	マレーシア	ダトゥ、医学博士。マレーシア客家公会連合会会長、ジョホール・バル客家公会会長。1995年5月24日に初めて153名と石壁へ祖先祭祀をしにきて、客家祖先祭祀の礎を築いた。

出典：2015年8月13日に客家祖地で掲示されていた看板の数値に基づく。

三明市タバコ局など国内からの寄付もみられるが、総額としてみると華僑の寄付が大半を占めていることが分かる。もっとも二一世紀に入ると、国内からの寄付が増えているが、同時に、海外からもインドネシア、ミャンマー、カナダ、アメリカ合衆国、ブラジル、オーストラリア、モーリシャスなどより広い地域から寄付がなされるようになっている[8]。

二〇〇二年一〇月、寧化県政府は、客家祖地の建設において特別重要な役割を果たした一〇名に「石壁功勋」の名誉を与えた。その詳細は、表2の通りである。ここで挙げられている一〇名も、マレーシア、シンガポール、香港が大半を占めている。

ここから分かることは、客家祖地の建設は、決して国内だけに完結して進められていたわけではないということである。むしろ、海外に住む客家、とりわけマレーシアを中心とする積極的な参与があって、はじめて客家祖地が景観としてつくられたといっても過言ではないだろう。そして、二一世紀に入ると、客家祖地は次々と拡張していき、その景観には、客家の移住をめぐる歴史が刻まれるようになったのである。次に、客家祖地の景観を概観するとともに、そこにどのような歴史が刻印されるようになったのかを見ていくことにしよう。

五　客家祖地の景観と「歴史」の刻印

二〇一七年の時点で寧化石壁の地元住民が語るところによると、客家祖地の景観は、一九九〇年代と現在とではかなり異なる。具体的には、一九九〇年代の客家祖地には、先述した客家公祠、入り口の牌坊（写真2）、および両者の中間にある「客家魂」と刻まれた石碑（写真3）しかなかったのだという。ところが、二一世紀に入ると、尋根路、祭祀広場、葛藤広場などが建てられ、その景観は大きく変化することになった。

写真2　客家祖地の牌坊（2015年8月、筆者撮影）

現在、客家祖地の平面図は、図2のようになっている。牌坊から入り、日月池[9]を通ると、尋根路に入り、その両脇には、客家の各姓の石柱が林立している。さらに、その先に進むと祭祀広場があり、イベント時に集団祭祀ができるスペースとなっている。その両側には、レストラン[10]、および客家先賢像が置かれている。そして、その先には「客家魂」の石碑を設置した懐祖殿、葛藤広場、客家公祠がある。

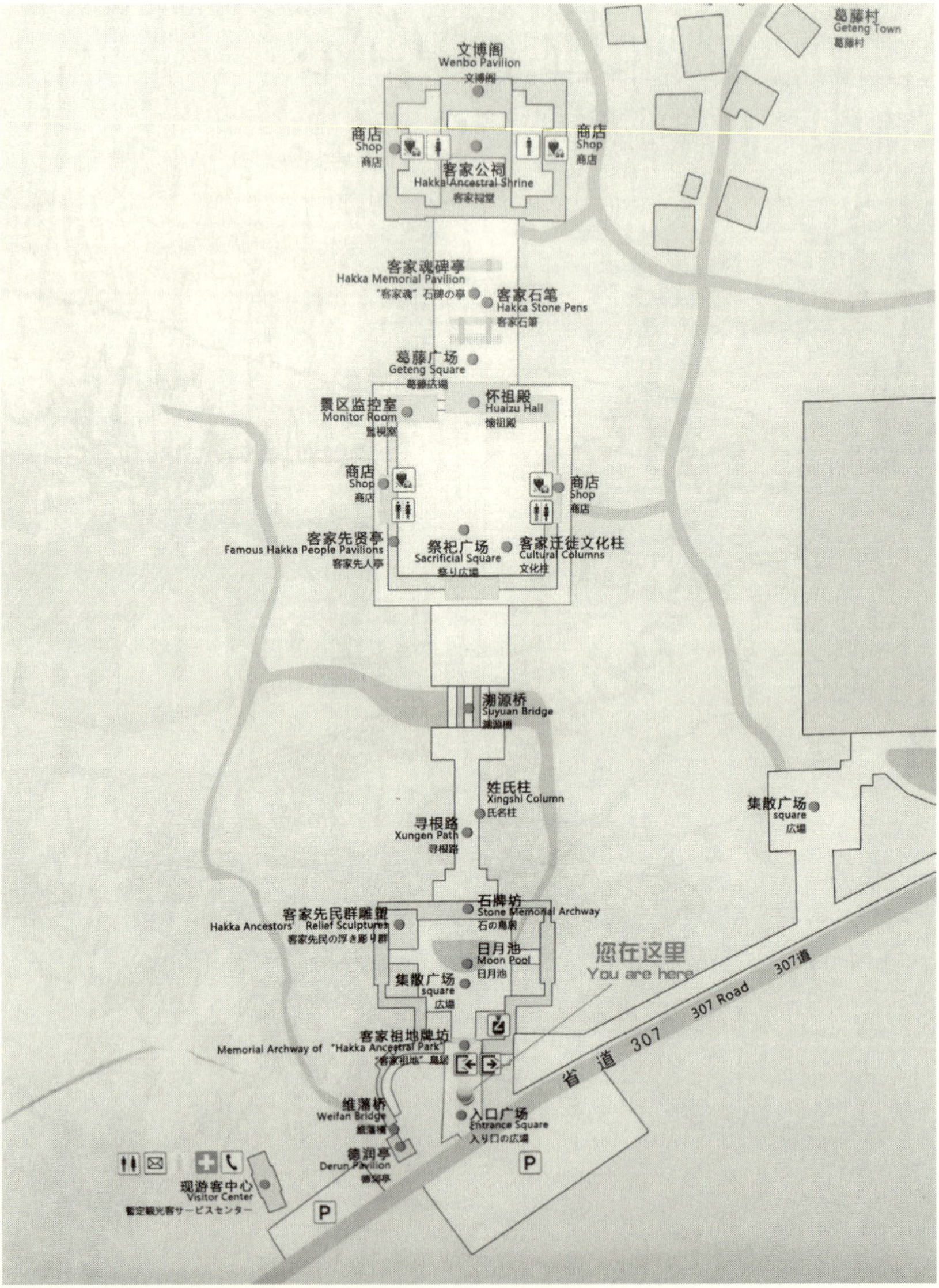

図２　客家祖地の平面図
出典：寧化石壁祖地の入り口にある案内図（2015 年 8 月時点）

ここで着目したいのは、これらの建造物には、客家の移住の歴史が刻まれているということである。その歴史は、目に見える形で地元住民や国内外の観光客に伝えられうる。客家祖地に刻まれている歴史について、特に顕著に表されている「客家魂」の石碑、客家公祠、客家先賢像、葛藤広場、尋根路の五つについて、次にみていくとしよう。

（A）「客家魂」の石碑と客家公祠

客家祖地のほぼ中央に位置する「客家魂」は、客家公祠の完成と同じ一九九五年に建てられた（写真3）。「客家魂」の文字を書いたのは、先述したマレーシアの客家華僑・姚美良である。この碑文では、表に「客家魂」の文字が刻まれているだけでなく、裏には客家の移住史が書かれている。その一部を抜き出すと次の通りである。

写真3　姚美良の直筆で「客家魂」と書かれた石碑（2015年8月、筆者撮影）

「客家は中原の漢族であり、唐代末期以降、度重なる南遷によって寧化石壁に集まった。客家文化は、ここが発祥地である。客家もここで誕生した」福建省寧化県人民政府筆。

この裏面には、客家が中原から南下して寧化石壁に集まり、そこから世界中に移住したという、「正統な」歴史が政治的権威をもって描かれている。他方で、客家公祠は、写真1にみるように、客家の各姓の位牌を置いた祖先崇拝の部屋だけでなく、客家の歴史や文化にまつわる展示もしている。

写真４　葛藤広場で台湾から来た団体客に「葛藤坑の物語」を話すガイド。写真中央奥の女性がガイドである（2015 年 8 月、筆者撮影）

そして、その展示コーナーには、やはり客家が中原から寧化石壁を通過して世界中に移住した歴史が、パネル解説で明確に描かれている(11)。

寧化石壁は、四〇元の入場料が必要であるが、そのなかにはガイド料が含まれており、団体客は優先的にガイドの解説を聞くことができる(12)。例えば、二〇一五年八月の段階では、一九九〇年代生まれの若い女性ガイドが三名おり、そのうち二人は寧化県出身（ただし一名は山東省、もう一名は台湾を祖籍地としており、いずれも客家を自認していなかった）、もう一人は江西省石城出身の客家であった。彼女らは、龍岩県のガイド専門学校で学習した後、客家祖地で勤務している。そして、彼女たちは、その知識でもって、客家が中原から南下してきた民であり寧化石壁を経由して世界中に移住したという歴史を、口頭で説明する。

（B）葛藤広場、客家先賢像

こうした客家の歴史は、客家祖地内部の物理的な環境のなかにも表されている。そのうちの一つが、葛藤広場である。葛藤広場は、二一世紀に入ってから、「客家魂」の石碑の背後につくられた。その中央には白い岩石があって「石壁記」という文字が刻まれており、石壁客家祖地の由来や発展の歴史が刻まれている。この石版の文字はだいぶかすれて読めなくなっているが、ここでガイドが先述した「葛藤坑の物語」を話す（写真４）。また、この歴史物語をうけ、寧化石壁では端午節の時に葛藤を掲げる習慣があることが、説明される。そもそも、この葛藤広場という名称は、「葛藤坑の物語」をめぐる歴史を説明するスポットとして建設されている。参観者は、ここ

写真5　尋根路の両脇にある「百姓柱」［左］とその石柱の表面［右］（2015年8月、筆者撮影）

で客家の祖先が寧化石壁にかつて集住した歴史を理解する。

他方で、広い祭祀広場の両脇には、客家の偉人たちの銅像が置かれている。その人物は、唐代の宰相である張九齢（六七八―七四〇）から、宋末に蒙古軍に抗して殉死した文天祥（一二三六～一二八三）、清末に蜂起した太平天国の主導者・洪秀全（一八一四―一八六四）、近代革命の推進者である孫文（一八六六―一九二五）、丁日昌（一八二三―一八八二）、丘逢甲（一八六四―一九一二）、そして前述した民族学者・羅香林（一九〇六―一九七八）まで、歴代の偉人たちが並べられている。ここでは中原から連綿と続く客家の歴史が、個人の経歴を通して知ることができるようになっている。

（C）尋根路

写真5にみるように、尋根路の両脇には「百姓柱」（または「姓氏柱」）という客家の各姓氏を記念した柱が、ずらりと並べられている。この柱の表面には、客家の姓が上方に刻まれており、その下に「〇氏始祖△△公記念碑」という文字が刻まれている。この表面に記された名称は、各姓の始祖である。そして、石柱の裏側には、この始祖を起点とする子孫が、中原から寧化石壁に逃げ、そこから世界各地に移住した家族史が示されている。

一例をあげると、李氏は、商代の李利貞を始祖とし、後に李珠開が寧化石壁の開祖となり、その子である李火徳が福建省西部の上杭県に移住したことにより、世界各地に子孫が分かれていったと、石柱の裏側に歴史が書かれている。この李氏の歴史は、福建省や広東省の李氏の間では、族譜によく描かれる「ありふれた」ストーリーである。これまで一部の人類学者・民族学者が指摘してきたように、年代のズレ違いなどの要因から、本当に福建省や広東省の李氏の間で李火徳が血縁上の祖先なのか疑わしいことがある〔房　二〇〇二：六五―六六；小林　二〇一一：一四五―一五二〕。にもかかわらず、客家の各宗族が寧化石壁を通って世界中に移住した歴史は、「史実」として客家祖地の景観に刻まれている。

六　考察と展望——時間と空間の資源化をめぐって

以上にみるように、寧化石壁はすでに客家の主要な中継地として公的に認識されており、その歴史は客家祖地の景観に刻まれるようになっている。ところが、改革開放政策が始まるまで、寧化石壁をめぐる史料には「客家」という文字がほとんど記載されておらず、そこに住む人々も自らを客家とはみなしていなかった。つまり、寧化石壁と客家との結びつきは、歴史的に連綿と存在してきたわけでない。むしろ、両者は、市場経済化の進む中国のなかで、県政府、学者、メディア、華僑などのはたらきかけにより、後に結びつけられるようになったのだといえる。なかでも、マレーシアをはじめとする華僑は、寧化石壁と客家を結びつける重要な役割を担ってきた。

それでは、客家のルーツとしての寧化石壁が強調され、その物的な表れとして客家祖地が建設された政治経済的背景は、どのようなものであったのだろうか。まず、その内的な要因として寧化県の状況を整理すると、この地は交通の便が悪い福建省西部の山岳地帯に位置しているため、改革開放政策が始まってからもしばらくは貧しい状況にあった。したがって、一九八〇年代以後半以降、梅州市などの影響を受けて自らが客家のルーツであると知ると、欧米の宣教師や羅香林らが書き記した「科学的」根拠に基づき、自らの行政区を客家空間として定義するようになった。それにより、東南アジア、香港、台湾などの客家華僑をひきつける魅力をつくりだし、地域経済を推進する政策に出たのである。実際、その空間のイデオロギーは、客家祖地という可視的な景観として体現された。一九九三年以降、寧化県政府が華僑から多額の寄付を受けたことを考えると、客家を文化資源として地域経済を推進する試みは、成功したと言ってもよいだろう。

他方で、なぜ海外の華僑が積極的に客家祖地の建設に寄与したのか、その外的な要因についても検討する必要がある。特にマレーシアの華僑、とりわけ発端となったジョホールバル客家公会が寧化石壁の建設に参与した理由については、安煥然の興味深い考察がある。安によれば、客家祖地の建設が提唱された一九九〇年前半、ジョホールバルは内部分裂の危機にあった。それゆえ、地縁、血縁、各団体の垣根を越えた、客家のシンボルを求めていた［安二〇〇九：九〇四―五］。そこで浮上した「想像上の」ルーツが、寧化石壁であった。絶対的多数のマレーシア客家は、寧化石壁からではなく、広東省の東部・中部および福建省西部の龍岩市（上杭県や永定県など）から移住し地縁団体を結成している。しかし、どの出身地であれ、祖先の多くは寧化石壁にルーツをもつため、さらに上の世代でつながることになる。したがって、寧化石壁は、客家の団結の象徴とみなされるようになったのである。

筆者が、マレーシアの半島部および島嶼部のサバ州で調査をおこなうなかで明らかであったのは、現地の客家にとって寧化石壁は円形土楼と同じくらい重要な位置を占めていたということである［河合　二〇一八：二七八］。マレーシアでは、すでに客家が移住してから二～五世代経っていることもあり、必ずしも中国での祖籍地が分からなくなっている。また、祖籍地を知っていても、あまり感情が分からず、寄付を求められるだけだから戻っても仕方がないと考えている人々もいる。彼らは、中国のどこから来たかよりも、客家であるというアイデンティティを重視している。だから、祖籍地に戻るのではなく、訪問団を組織して、客家の団結を象徴する寧化石壁や円形土楼を訪れる傾向が強まっているのである。紙幅の関係で詳しくは述べられないが、ベトナムの客家の間で

写真６　ホーチミンの観音閣入口に設置された牌坊。写真２にみる客家祖地のそれと酷似している（2013年８月、筆者撮影）

も同様の傾向がみられる。だから、一九九〇年代末、ホーチミンで客家の「聖地」である観音閣を建設した時、寧化石壁の客家祖地を模倣して、牌坊（写真６）および客家公祠を建設した［Kawai and Wu 2017］。こうした時流をふまえて、客家祖地では、各国の華僑に招待状を送り、毎年一一月に集団祖先祭祀の式典を催している。

こうしたグローバルな状況のもとで、寧化石壁で客家祖地が建設された背景には、ローカルな特色に溢れた空間を生産する意図があった。そして、この空間の生産過程において注目したいのは、同時に客家の移住史における寧化石壁の「正統な」歴史を提示すること、すなわち時間の生産がおこなわれていたという事実である。地理学者デヴィド・ハーヴェイは、グローバル化の促進により世界がつながり均質化していく過程を、「時間―空間の圧縮」と呼んでいる。そして、世界が均質するにつれ、各地域で空間の特色をつくりだし、外から観光客や投資者を招こうとするローカル化の動きが強まっていることを主張する［ハーヴェイ　一九九九］。客家祖地の景観建設は、まさにこうした「時間―空間の圧縮」の動きのなかで、寧化石壁というローカルな空間の魅力をつくりだす動きの一環として捉えることができる。ただし、ハーヴェイの議論は、こうしたローカルな空間が、いかに多様な行為主体によって生産されてきたのかという民族誌的な記述をしていない。

それに対して、本稿は、客家祖地の景観建設をめぐる事例を通して、時間と空間が資源化されていく過程を論じてきた。特にローカルな空間が生産される過程を横軸とするならば、特定の「歴史的事実」が選定されていく縦軸の過程があることを示してきた。その過程は、まさにヴァルター・ベンヤミンが「歴史哲学テーゼ」で論じたような、排除と選定の力学を伴うものである〔塚田・河合編 二〇一七：三二三―三二四〕。すなわち、まず寧化石壁が客家の主要なルーツとするアーカイブ（族譜など）に「科学的」な正当性が与えられ、それが政治的な権威をもって「正史」として受け入れられ、さらに景観として可視的に提示されている。そして、この物的状況は、さらに人々の歴史認識や客家アイデンティティに作用するのである。その反面、寧化石壁が客家以外のエスニック集団のルーツでもあり、そもそも現地でここが客家のルーツとみなされていなかった事実は、葬り去られていく。こうした「歴史」は、単に過去の諸事象を示したものではなく、アーカイブ化された史料に基づきつつも、現在の政治経済的状況に応じて新たに出現している。換言すると、寧化石壁をめぐる「歴史」は、過去‐現在‐未来と客観的に続くものではなく、現在を起点として過去と未来が並べ替えられたものといえる。近年、社会人類学では、後者を「歴史性」という概念で表している。[13] そして、本稿の事例は、「歴史性」が、時間‐空間の資源化の過程で現れていることを顕著に表しているのである。

〔謝辞〕本稿は文部科学省科学研究費助成事業「中国周辺部における歴史の資源化に関する人類学的研究」（基盤研究A・塚田誠之代表）の支援により実施した調査に基づいている。また本稿の推敲にあたっては、筆者よりも早く寧化石壁で調査をおこなった小林宏至氏（山口大学）より適切なアドバイスをいただいた。

注

（1）本稿の執筆にあたっては、より多様な主体を考慮に入れるため、寧化石壁だけでなく、香港、台湾、ベトナム、マレーシア、シンガポール、タヒチ、ニューカレドニア、ペルーなどの各地でもマルチサイト調査〔河合 二〇一七〕を実施した。

（2）なかでも最も有名なバージョンは、以下の通りである。黄巣の乱の際にある婦人が二人の男児を連れて逃げていた。その女性は、年長の男児を背負い、幼少の男児の手を引いて歩いていた。これを見た黄巣がその理由を聞くと、女性は、年長の男児が兄の子であり、その子が死ぬと家系が途絶えてしまうから背負っていたのだと答えた。これを聞いて感心した黄巣は、葛藤を家に掲げたならば軍隊が襲ってこないと教えた。婦人は急いで近くの山坑に入り、家に葛藤を掲げ、近所にも葛藤を掲げるよう教えた。そして、この葛藤を掲げた一帯は戦争の難から逃れることができ、ここは後に「葛藤坑」と呼ばれるようになったのだという。この葛藤坑の所在地こそが、今の寧化石壁である。なお、この物語の詳細については、小林［二〇一二：一九三―四］の紹介に詳しい。

（3）二〇〇九年四月に新世紀出版社より刊行された『客都梅州』（梅州市系列郷土教材、小学四年生用）では、第一章「根在中原的客家人」で寧化石壁が客家の南下における主要な拠点として紹介され、第一一章「五月初五桂葛藤」で注２に記した「葛藤坑の物語」が紹介されている。

（4）世界客家大会が初めて中国大陸で開催されたのは、一九九四年に梅州市で開催された大会である。

（5）寧化県客家研究会は、寧化石壁＝客家の中継地という図式を前提とし、さまざまな活動を展開した。具体的にこの会の活動は、一九九一年より本格化し、『寧化客家研究』の創刊、『客家祖地寧化石壁』叢書の出版、「寧化石壁与客家世界学術研討会」と題する国際シンポジウムの開催を積極的におこなった。そのなかで、初期の活動として注目に値するのは、一九九二年一一月に開催した第一回客家民俗文化節である。

（6）一般的に華僑は中国の国籍をもって海外に居住する人々、華人は移住先の国籍を取得し同化した中国系住民を指す。また、香港、マカオ、台湾に移住した人々は、同胞と呼ぶこともある。ただし、本稿では便宜上これらを区別せず、華僑と統一して記述している。

（7）宗教上の関係から、主に客家祖地ではなく、祖地の近くにある客海寺に寄付している。

（8）客家祖地に掲示されていた二〇〇〇年五月から二〇〇七年一〇月の数値に基づく。ここに掲載されていた国内の主な出資先は、寧化県林業局、寧化県交通局、寧化県タバコ公司、三明市客家聯誼会、三明タバコ公司、三明市政府、三明市林業局、三明市観光局、三明市財政局、福建テレビ局などである。寧化県、およびその上位の行政区である三明市の政府・企業関係が大半を占めている。

（9）いわゆる風水池であり、池の中心には陰陽を表した円盤台がある。風水は代表的な中原文化＝客家文化の一つとして表象されることがある［河合　二〇〇七］。

（10）このレストランでは、客家料理として「擂茶」「焼麦」「黄粿」「砣子」「酒醸」「糍粑」などが提供されている。なかでも、「擂茶」は祭祀広場に掲げてある案内で、とりわけ大きく宣伝されている。「擂茶」はマレーシア半島部や台湾で客家の特色とみなされる傾向が強い。

（11）客家公祠における文化と言語の展示は、客家一般というよりも、地元の方言や習俗を強調している。

（12）入場料やガイドの情報は、二〇一五年八月の時点のものである。ちなみに、女性ガイドの服は、赤・白・緑を基調としており、客家の特色を意味しているのだという。

（13）人類学において「歴史性」が注目されるようになったのは、二一世紀の初頭である。二〇〇五年に景観人類学の旗手の一人でもあるエリック・ハーシュが、チャールズ・スチュワートとの共著で、『*History and Anthropology*』誌に「歴史性」をめぐる特集号を掲載した［Hirsch and Stewart 2005］。その後、人類学では「歴史性」にまつわる論考が急増しており、その研究動向を二〇一六年の『*Annual Review of Anthropology*』誌でスチュワートが整理している［Stewart 2016］。歴史性が興隆した背景に、人類学における存在論的転回の高まりと無関係ではない。すなわち、歴史性の議論は、時間や歴史を、客観的な事実として捉えるのでも、主観的な歴史認識とみなすのでもなく、主観／客観の二分法を超えようとする。具体的には、①過去の事実およびそれを記録したテクストがいかに歴史の生成を導くのか（物質→歴史認識・実践）、②人々が現在の状況・実践に応じていかに過去や未来を不断に想起し歴史とそのテクストを再構築するのか（実践・歴史認識→物質）、に焦点を当てる。こうした「歴史性」の議論は、本書のいう「歴史の資源化」とも連関するものである。

参考文献

〈日本語文献〉

飯島典子
　二〇〇七　『近代客家社会の形成――「他称」と「自称」のはざまで』風響社。
小川琢治
　一八九六　『台湾諸島誌』東京地学協会。
河合洋尚
　二〇〇七　「客家風水の表象と実践知――広東省梅州市における囲龍屋の事例から」『社会人類学年報』三三：一三七―一六三。
　二〇一二　「広西省玉林市における客家意識と客家文化――土着住民と帰国華僑を対象とする予備的考察」『客家と多元文化』八：二八―四七。
　二〇一三　「空間概念としての客家――『客家の故郷』建設活動をめぐって」『国立民族学博物館研究報告』三七（二）：一九九―二四四。

二〇一七「都市調査とマルチサイト民族誌——広東省を中心として」西澤治彦・河合洋尚編『フィールドワーク——中国という現場、人類学という実践』風響社、一六九—三九二頁。
小林宏至
二〇一一「テクストとしての族譜——客家社会における記録メディアとしての族譜とそのリテラシー」『社会人類学年報』三七：一三七—一六三。
二〇一二「客家と寧化石壁伝承」瀬川昌久・飯島典子編『客家の創生と再創生』風響社。
瀬川昌久
一九九三『客家——華南漢族のエスニシティーとその境界』風響社。
一九九六『族譜——華南漢族の宗族・風水・移住』風響社。
瀬川昌久・飯島典子編
二〇一二『客家の創生と再創生』風響社。
塚田誠之・河合洋尚編
二〇一七『中国における歴史の資源化の現状と課題』（国立民族学博物館調査報告一四二）。
ハーヴェイ、デヴィド
一九九九『ポストモダニティの条件』（吉原直樹訳）青木書店。
牧野巽
一九八五『牧野巽著作集——中国の移住伝説・広東厳重民族考』御茶ノ水書房。
ルフェーヴル、アンリ
二〇〇〇『空間の生産』（斎藤日出男訳）青木書店。

〈中国語文献〉
安煥然
二〇〇九「馬来西亜柔佛客家人的移植形態及其認同意識」庄英章・簡美玲編『客家的形成与変遷（下冊）』国立交通大学出版社。
陳春声
二〇〇六「論一六四〇～一九四〇年韓江流域民衆「客家概念」的演変」『客家研究輯刊』二九八：一—一四。
陳支平

一九九七『客家源流新論』広西教育出版社。
房学嘉
一九九六『客家研究探奥』武陵出版有限公司。
二〇〇二『囲不住的囲龍屋——粤東古鎮松口的社会変遷』広州：花城出版社。
河合洋尚編
二〇一三『日本客家研究的視角与方法——百年的軌跡』北京：社会科学文献出版社。
二〇一四「族群話語与社会空間——四川成都、広西玉林客家空間的建構」韓敏・末成道男編『中国社会的家族・民族・国家的話語及其動態——東亜人類学者的理論探索』(Senri Ethnological Studies 90)、一一五—一三一頁。
二〇一八「馬来西亜沙巴州的客家人——関於移民・認同感・文化標志的多地点考察」韓敏・末成道男編『人類学視野下的歴史・文化与博物館——当代日本和中国的理論実践』(Senri Ethnological Studies 97)、二六五—二八〇頁。
胡希張・莫日芬・董励・張維耿
一九九七『客家風華』広州：広東人民出版社。
劉鎮発
二〇〇一『「客家」——誤解的歴史、歴史的誤解』学術研究叢書。
羅香林
一九九二『客家研究導論』上海文芸出版社（原版：一九三三年）。
彭兆栄
二〇〇六『辺際族群——遠離帝国庇護的客人』黄山書社。
二〇〇八「帝国辺陲政治地理学対客家文化的影響——以福建寧化客家族群建構為例」『客家研究輯刊』三三号。
譚元亨
二〇〇四『客家聖典』海天出版社。
譚元亨（編）
二〇〇五『梅州——世界客都論』広州：華南理工大学出版社。
呉福文
一九九四「閩西客家文化事象挙探」呉澤編『客家学研究』二号。
庄英章・高怡萍

二〇〇九　「全球視野中的客家研究」『客家学刊』創刊号：九四―一〇三。

〈英語文献〉

Campbell, George
1912 *Origin and Migration of the Hakkas.* Shanghai: *China Recorder* XVIII.

Constable, N.
1996 Introduction. Nicole Constable (ed.) *Guest People: Hakka Identity in China and Abroad.* Seattle and London: University of Washington Press.

Hirsch, Eric and Charles Stewart
2005 Introduction: Ethnographies of Historicity. *History and Anthropology.* 16(3): 261-274.

Kawai, Hironao and Wu Yunxia
2017 Construction of a Sacred Landscape by the Hakka in Southern Vietnam. In Han Min, Kawai Hironao, Wong Heung-wa (eds.) *Family, Ethnicity and State in Chinese Culture under the Impact of Globalization.* New York: Bridge 21 publications, pp.323-336.

Marcus, George E.
1995 Ethnography in/of the World System: The Emergence of Multi-Sited Ethnography. *Annual Review of Anthropology* 24: 95-117.

Piton, Charles
1874 On the Origin and History of the Hakkas. *The China Reivew* 2: 222-226.

Stewart, Charles
2016 Historicity and Anthropology. *Annual Review of Anthropology.* 45: 79-94.

あとがき

本書は、二〇一四年一〇月から二〇一八年三月まで、国立民族学博物館において開催された共同研究「資源化される『歴史』——中国南部諸民族の分析から」の成果である。本書に収録された一三本の論考は、中国南部とその周辺地域を対象とし、それぞれの視点から、各民族集団の「歴史」が現代的状況において再構築されていった過程を論じている。

言うまでもなく、歴史は、中国の人類学的研究に従事する研究者が避けては通れないトピックである。中国におけるる人類学者のフィールドワークでは、現地の人々の過去や記憶をめぐるインタビューだけでなく、村落や図書館や档案館における史料の収集も重要な位置を占める。また、文字の歴史が長いとされるこの国を調査するためには、多かれ少なかれ歴史学と対話することも必要となる。それゆえ、中国研究を専門とする人類学者は、文字資料に基づく歴史的文脈の解読にも精力を注いできた。だがそれにもかかわらず、中国研究者は、人類学という視点から「歴史」をみるということはどういうことであるのかという根本的な問いについて、意外にも正面から議論してこなかったようにみえる。

他方で、アフリカなど無文字社会を研究対象とする人類学者は、口頭伝承、図像、身体表現の解読を手がかりとして、早くから人々の語る「歴史認識」や「集合的記憶」に着目してきた。中国は、文字とそれによる歴史編纂が古くからおこなわれてきたというイメージが流布しているため、こうした無文字社会の「歴史」とは異なった客観的な歴史が存在しているかのように思われるかもしれない。だが、ここで注意すべきは、中国の五五の少数民族のなかには文字をもたなかった諸民族がおり、たとえ漢字を使う民族（漢族等）であっても一九四九年に中華人民共和国が成立するまで文字を読めない人々が多かったということである。そうした状況のなか、中国でも国家が「正統な」ナラティヴとする歴史とは別に、各民族集団／各地域の歴史記憶が育まれていったことは特筆に価する。こうした民間の記憶や語りに依拠した「歴史」に焦点を当てるアプローチは、本書の出発点にもなっている。

もちろん、中国の人類学的研究のなかには、民間で語り継がれてきた「歴史」に着目する研究もある。ただし、その多くは、「歴史」が、どのような社会状況下で、誰により、何の目的で構築／再構築されていたのかという動態を捉える視点に欠けてきたように思える。本書は、この不足を補うため、三つの部を設けて、現代中国における「歴史」の構築過程を議論してきた。それにより、各集団の「歴史」の語りが、さまざまな主体の働きかけを通して、「中華民族の多様性と一体性」を唱える国家のナラティヴに収斂されるようになった過程を論じている。ただし他方で、国家が主導する「正統な」歴史観に収斂されない複数の「歴史」物語があることも、部分的ではあるが提示している。また、本書は、地域を超えた比較研究をおこなうことで、中国という政治空間に限定して「歴史」の資源化を捉えるべきでないことも提示している。

このような現代中国における「歴史」の再構築に肉薄するためのキーワードとして我々が選んだのが、資源化である。ただし、本書は資源化の概念にあえて明確な定義を下さなかった。序文で触れたように、共同研究会では、資源化をめぐる統一的概念を定めるべきだとする意見もあったが、何をもって資源化とするのか、各民族の「歴史」を客体化しテクストに書くことを資源化といっていいのか、神話の創造やエスニック・アイデンティティの強化につながれば資源化といえるのか、それとも資源化というからには商品化されている必要があるのか、という問いに結論を出すことが難しかった。編者が資源化のあり方を定義することにより、その多様性を描きだす妨げになる危惧もあった。それゆえ、我々は、あえて各執筆者に資源化の定義や用法を委ねることで、中国における「歴史」の資源化の多様性を描き出すことにした。この試みが成功したかどうかは読者の判断にお任せしたい。だが、資源化を単なる政治経済的な利用という意味に限定することが効果的でないということは、本書の大半の執筆者が認めるところのものであろう。本書のいくつかの論考が示唆しているように、中国社会では「歴史」が政策的・商業的な目的で利用される前段階として、各地域や各民族の知識人が各々の「歴史」をテクストとして記録するアーカイブの作業を進めてきた。こうしたアーカイブとしての「歴史」は、文字資料だけでなく、モノ、景観、舞踊など多様な形でパッケージ化されうる。そのうえで、学者、政治家、商人などが、各々の目的に応じて「歴史」を選定・利用するというように、中国社会における「歴史」の資源化にはいくつかの段階があることも、本書の事例は示しているといえよう。

このように、本書の「歴史」研究は、単に文字として記載された客観的な事実を時系列上に並べることを意図しているわけでも(この作業は「歴史主義(historicism)」と呼ばれる)、それに対する各集団の主観的な「歴史認識」や「集合的記憶」を掘り起こすことも目的としているわけでもない。むしろ、こうした主観/客観の枠にとらわれず、テクストがいかに人々の「歴史」をつくりあげるのか、さらに、人々が現在の社会的状況においていかに過去と未来を想起して一時的につなげるのか、に着目している。そして、このアプローチは、本書でも部分的に触れたように、存在論的転回の影響を受けて近年の人類学でも注目を集めている、「歴史性」(historicity)の議論とも軌を一にしている。換言すれば、本書は、「歴史性」を人類学的な視点として提示するとともに、中国の事例から「歴史性」の人類学に寄与する可能性を秘めたものであるといえる。特に人々が現在の社会的状況において歴史を再構築するだけでなく、テクストという物質的存在が「歴史」をつくりあげていくという逆のベクトルは、中国社会の考察において重要である。上述したように、中国では「歴史」を資源化する過程で複数の「歴史」をアーカイブ化する作業が知識人によりまず着手されており、それらが「歴史」を再構築するための選択肢を与えてきたからである。本書はあくまで現代中国における「歴史」の資源化を対象としているが、各章の事例や論点は、中国の文脈を出て、将来的には「歴史性」の人類学そのものの議論にも寄与しうるものとなりうると我々は信じている。

ここで断っておく必要があるのは、「歴史」の資源化（＝「歴史性」）をめぐる構想は、本書で突如として現れたのではないということである。本書の母体となった国立民族学博物館の共同研究会は、同館の塚田誠之教授を中心として開催されてきた一連の研究会の延長線上にあり、その成果は風響社から『中国の民族文化資源――南部地域の分析から』（武内房司・塚田誠之編、二〇一四年）や『民族文化資源とポリティクス――中国南部地域の分析から』（塚田誠之編、二〇一六年）などとして刊行されている。本書の執筆者の大半はこれら一連の書籍の執筆者とも重なっている。そのメンバーには歴史学畑の研究者が含まれており、多くが歴史学と人類学の双方に通じている。だから、これまでも「歴史」の資源化と関連する議論はあったし、特に『民族文化資源とポリティクス』の第四部は実質的に「歴史」の資源化と関連する論考が収録されているといってもよい。その土壌のうえで塚田誠之、瀬川昌久、長谷川清の三氏が東京で会合をもち、本研究のトピックを「歴史」とする提案が出されたのである。

研究会は、二〇一四年度に第一回の会合を開いて以来、二〇一五年度に三回、二〇一六年度に三回、二〇一七年度に二回開催した。さらに、塚田教授を代表とする科研「中国周縁部における歴史の資源化に関する人類学的研究」（二〇一五～二〇一七年）との二人三脚で進めた。二〇一六年一〇月二二日には「中国における歴史の資源化――その現状と課題に関する人類学的分析」（塚田誠之代表）がこの科研の成果報告シンポジウムとして開催され、その成果は『中国における歴史の資源化の現状と課題』（塚田誠之・河合洋尚編、国立民族学博物館調査報告一四二、二〇一七年）として結実した。さらに、二〇一六一〇月二八日にも同科研との合同シンポジウムを再度開催し、議論を深めた。

このように本書は、これまでの中国民族文化の資源化をめぐる一連の議論、及び関連のシンポジウムの延長として位置づけられる。ただし、本書は「歴史」を中心的なトピックとしてとりあげており、「歴史」とその資源化をめぐる議論をより精緻化させたものになっていると、我々は自負している。なかでも本書第三部の景観およびそれと関連するナショナリズム、ノスタルジアというテーマは、おそらくこれまでにはない着眼点となっている。本書のいくつかの論考で述べられているように、現代中国では各地で伝統民居、モニュメント、博物館、テーマパーク、都市などが可視的な物体として建設されるようになっているが、そこでは各集団／地域の間で資源化された「歴史」が投影されることが多い。換言すると、中国の景観建設において選ばれる歴史的意味は、現在の社会的状況から一時的につくられた「歴史性」である。「歴史性の人類学」の主要な論者の一人であるエリック・ハーシュが景観人類学の代表人物の一人であることからも分かるように、両者の間には密接な関係が存在する。それゆえ、本書の編者は、共同研究会の代表者である長谷川とともに、景観人類学を専門とする河合が務めることになった。

共同研究会では、本書の一三名の執筆者のほか、瀬川昌久、上野稔弘、長谷千代子、長沼さやかの四氏が参加していたが、諸般の事情により本書に寄稿いただくことができなかった。だが、彼らの議論や提案は、本書を完成されるうえで大いに役立った。また、先述の合同シンポジウムに参加した横山廣子、蔡志祥、廖国一、松本ますみ、楊海英、藤井真湖、権香淑の各氏にも、貴重な視点や事例を提示していただいた。全てのお名前を挙げることはできないが、本書およびその母体となった研究会、および個々の研究にご助言・ご支持いただいた方々にも深く感謝申し上げたい。

なお、本書出版にあたり、館外での出版を奨励する国立民族学博物館の制度を利用した。共同研究会の開催もあわせ、本書の出版の重要な契機を与えていただいた国立民族学博物館の教員と編集出版委員会のスタッフには感謝の意を表する。また最後になるが、風響社社主の石井雅氏には今回も多大なるお力添えをいただいた。出版状況の厳しい中、本書の刊行にご理解いただき、出版にご尽力いただいたこと、心より感謝申し上げる。

二〇一八年一〇月七日

河合洋尚・長谷川清

高山論文

孫潔論文

河合論文

兼重論文

曽士才論文

樫永論文

長谷川論文

写真図表一覧

ヤ

ラ

マ

タ

サ

索　引

ア

兼重　努（かねしげ　つとむ）
1962年生まれ。
1999年京都大学大学院人間・環境学研究科博士課程研究指導認定退学。博士（人間・環境学）。専攻は文化人類学、西南中国地域研究。現在、滋賀医科大学教授。
編著に『功徳の観念と積徳行の地域間比較研究』（京都大学地域研究統合情報センター Discussion Paper Series No.33、2013年、林行夫と共編）、論文に“Diffusion of Knowledge with the Movement of Experts among Settled Village Communities : A Case Study of the Dong People in Southwest China” Takako Yamada and Toko Fujimoto eds, *Migration and the Remaking of Ethnic/Micro-Regional Connectedness,* (Senri Ethnological Studies 93、2016年)、「遺産登録をめぐるせめぎあい――トン族大歌の事例から」飯田卓編『文化遺産と生きる』（臨川書店、2017年)、「国家政策と民族文化――トン族の風雨橋を中心に」、松尾恒一編『東アジア世界の民俗――変容する社会・生活・文化』(『アジア遊学』215号、勉誠出版、2017年）など。

曽士才（そう　しさい）

1953年生まれ。

1986年東京都立大学大学院人文科学研究科中国文学専攻博士課程満期退学。

専攻は文化人類学、中国民族学。

現在、法政大学国際文化学部教授。

主著書として、『世界の先住民族――ファースト・ピープルズの現在 01 東アジア』（明石書店、2005年、共編著)、『中華民族の多元一体構造』（風響社、2008年、共訳)、論文として、「西南中国のエスニック・ツーリズム」（鈴木正崇編『東アジアの民衆文化と祝祭空間』慶応義塾大学出版会、2009年)、「中国貴州省における生態博物館の二〇年」（塚田誠之編『民族文化資源とポリティクス――中国南部地域の分析から』風響社、2016年）など。

樫永真佐夫（かしなが　まさお）

1971年生まれ。

2001年東京大学大学院総合文化研究科単位取得退学。博士（学術)。

専攻は文化人類学、東南アジア地域研究。

現在、国立民族学博物館教授、総合研究大学院大学教授。

主著書として、『黒タイ歌謡〈ソン・チュー・ソン・サオ〉――村のくらしと恋』（雄山閣、2013年)、『黒タイ年代記〈タイ・プー・サック〉』（雄山閣、2011年)、『ベトナム黒タイの祖先祭祀――家霊簿と系譜認識をめぐる民族誌』（風響社、2009年）など。

高山陽子（たかやま　ようこ）

1974年生まれ。

2007年東北大学大学院環境科学研究科博士課程終了。博士（学術)。

専攻は文化人類学。

現在、亜細亜大学国際関係学部教授。

主著書として、『民族の幻影――中国民族観光の行方』（東北大学出版会、2007年)、『多文化時代の観光学――フィールドワークからのアプローチ』（編著、ミネルヴァ書房、2017年)、「社会主義キッチュに関する一考察」(『亜細亜大学国際関係紀要』26号、115-134、2017年）など。

孫　潔（そん　けつ）
1973年生まれ
東北大学大学院環境科学研究科博士課程修了。博士（学術)。
専攻は文化人類学、中国地域研究。
現在、佛教大学専任講師。
主要論文として「非物資文化遺産としての食の観光化に関する一考察――中国雲南省昆明市の「官渡餌塊」を事例に」(『言語と文化』30号、2017年)、「棚田の文化資源化とその再資源化をめぐるポリティクス――中国雲南省元陽県を例として」塚田誠之編『民族文化資源とポリティクス――中国南部地域の分析から』、2016年)、「観光ガイドのライフヒストリーからみた中国の観光開発――雲南省元陽県棚田地域を例として」(『旅の文化研究所研究報告』24号、2014年）など。

執筆者紹介（掲載順）

塚田誠之（つかだ　しげゆき）
1952年、北海道生まれ
北海道大学大学院博士課程修了。博士（文学）。
専攻は歴史民族学。
現在、国立民族学博物館名誉教授。総合研究大学院大学名誉教授。
主要著書として、『壮族社会史研究——明清時代を中心として』（国立民族学博物館、2000年）、『壮族文化史研究——明代以降を中心として』（第一書房、2000年）、『民族文化資源とポリティクス——中国南部地域の分析から』（風響社、2016年、編著）、『中国の民族文化資源——南部地域の分析から』（風響社、2014年、武内房司との共編著）など。

松岡正子（まつおか　まさこ）

1953年生まれ。

1982年早稲田大学大学院文学研究科博士課程単位取得退学。博士（文学）。

専攻は文化人類学、中国民俗学。

現在、愛知大学現代中国学部・同大学院中国研究科教授。

主著書として、『青蔵高原のチャン族とチベット族——2008汶川地震後の再建と開発（論文篇・写真篇）』（あるむ、2017年）、『四川のチャン族——汶川大地震をのりこえて［1950 − 2009］』（風響社、2010年、共著）、『中国青蔵高原東部の少数民族——チャン族と四川チベット族』（ゆまに書房、2000年）。

稲村　務（いなむら　つとむ）
1966年生まれ。
1999年筑波大学博士課程歴史・人類学研究科文化人類学専攻後期課程退学。博士（学術）東北大学。
専攻は文化人類学
現在、琉球大学国際地域創造学部教授。
主著書として、『祖先と資源の民族誌——中国雲南省を中心とするハニ＝アカ族の人類学』（めこん、2016年）、論文として「ハニ＝アカ族の記憶と記録」『国立民族学博物館調査報告』（SER）142号（2017年）、「民族学者・柳田国男——座談会「民俗学の過去と将来」（1948）を中心に」『人間科学』37号（2017年、琉球大学）。

韓　敏（かん　びん）

1960年生まれ。

1993年東京大学大学院総合文化研究科博士課程単位取得退学。博士（人類学）。

専攻は文化人類学、中国及び東アジア地域研究。

現在、国立民族学博物館超域フィールド科学研究部教授。

単著として、『大地の民に学ぶ——激動する故郷、中国』（臨川書店、2015）、『回応革命与改革——皖北李村的社会変遷与延続』（江蘇人民出版社、2007）、主編著として『人類学視野下的歴史、文化与博物館——当代日本和中国人類学者的理論実践』（国立民族学博物館、2018、共編）、*Family, Ethnicity and State in Chinese Culture Under the Impact of Globalization.*（Bridge21 Publications、2017年、共編）、『中国社会における文化変容の諸相——グローカル化の視点から』（風響社、2015年）、『近代社会における指導者崇拝の諸相』（国立民族学博物館、2015年）、『革命の実践と表象——現代中国への人類学的アプローチ』（風響社、2009年）など。

吉野　晃（よしの　あきら）

1954年生まれ。

1990年東京都立大学大学院社会科学研究科社会人類学専攻博士課程単位取得退学。博士（社会人類学）。

専攻は社会人類学、生態人類学、東南アジア地域研究、道教研究。

現在、東京学芸大学人文社会科学系教授。

主著書として、『ミエン・ヤオの歌謡と儀礼』（大学教育出版、2016年、共著）、『中国の民族文化資源——南部地域の分析から』（風響社、2014年、共著）、『『東南アジア大陸部——山地民の歴史と文化』（言叢社、2014年、共著）、『生をつなぐ家——親族研究の新たな地平』（風響社、2013年、共著）、『東アジアにおける宗教文化の再構築』（風響社、2010年、共著）など。

野本　敬（のもと　たかし）

1971年生まれ。

2009年学習院大学大学院人文科学研究科史学専攻博士後期課程単位取得退学。

専攻は西南中国地域史・民族史。

現在、帝京大学短期大学現代ビジネス学科講師。

主な論文に、「雲南の歴史と自然環境」（氣賀澤保規編『雲南の歴史と文化とその風土』勉誠出版、2017年）、「イ族史叙述にみる「歴史」とその資源化」（塚田誠之編『民族文化資源とポリティクス——中国南部地域の分析から』風響社、2016年）、「清代雲南武定彝族土目那氏の動態にみる官—彝関係」（『国立民族学博物館調査報告』104、2012年）など。

編者紹介

長谷川　清（はせがわ　きよし）

1956年、埼玉県生まれ。

上智大学大学院博士後期課程単位取得退学。

現在、文教大学教授。

論文に、「都市のなかの民族表象――西双版納、景洪市における『文化』の政治学」（塚田誠之編『民族表象のポリティクス』風響社、2008年）、「宗教実践とローカリティ――雲南省・徳宏地域ムンマオ（瑞麗）の事例」（林行夫編著『〈境域〉の実践宗教の大陸部東南アジア地域と宗教のトポロジー』京都大学学術出版会、2009年）など。

河合洋尚（かわい　ひろなお）

1977年、神奈川県生まれ。

2009年、東京都立大学大学院社会科学研究科博士課程修了（社会人類学博士）。

専攻は社会人類学、景観人類学、漢族研究。

現在、国立民族学博物館グローバル現象研究部・総合研究大学院大学文化科学研究科准教授。

主著書として、『景観人類学の課題――中国広州における都市景観の表象と再生』（風響社、2013年）、『日本客家研究的視角与方法――百年的軌跡』（社会科学文献出版社、2013年、編著）、『全球化背景下客家文化景観的創造――環南中国海的個案』（暨南大学出版社、2015年、共編著）、『景観人類学――身体・政治・マテリアリティ』（時潮社、2016年、編著）、『中国地域の文化遺産――人類学の視点から』（国立民族学博物館、2016年、共編著）、『フィールドワーク――中国という現場、人類学という実践』（風響社、2017年、共編著）など。


資源化される「歴史」　中国南部諸民族の分析から

2019年3月10日　印刷
2019年3月20日　発行

編　者　長谷川　清
　　　　河 合 洋 尚

発行者　石 井　雅
発行所　株式会社　風響社

東京都北区田端 4-14-9（〒114-0014）
TEL 03(3828)9249　振替 00110-0-553554
印刷　モリモト印刷
編集サポート：古口順子・三上晃

Printed in Japan 2019 ©　ISBN978- 4-89489-264-4 C3039